Das Kollisionsrecht der ungerechtfertigten Bereicherung nach dem IPR-Reformgesetz von 1999

Studien zum vergleichenden und internationalen Recht -
Comparative and International Law Studies

Herausgeber: Bernd von Hoffmann, Erik Jayme
und Heinz-Peter Mansel

Band 89

PETER LANG
Frankfurt am Main · Berlin · Bern · Bruxelles · New York · Oxford · Wien

Maren B. Eilinghoff

Das Kollisionsrecht der ungerechtfertigten Bereicherung nach dem IPR-Reformgesetz von 1999

PETER LANG
Europäischer Verlag der Wissenschaften

Bibliografische Information Der Deutschen Bibliothek
Die Deutsche Bibliothek verzeichnet diese Publikation in der Deutschen Nationalbibliografie; detaillierte bibliografische Daten sind im Internet über <http://dnb.ddb.de> abrufbar.

Zugl.: Mainz, Univ., Diss., 2003

D 77
ISSN 0930-4746
ISBN 3-631-51997-4

www.peterlang.de

Meinen Eltern

Vorwort

Die vorliegende Arbeit wurde im Sommersemester 2003 durch den Fachbereich Rechts- und Wirtschaftswissenschaften der Johannes Gutenberg-Universität Mainz als Dissertation angenommen. Rechtsprechung und Literatur wurden bis Februar 2003 berücksichtigt. Die Entwicklung des Bereicherungskollisionsrechts auf europäischer Ebene wurde bis September 2003 nachvollzogen.

In diesem Zusammenhang möchte ich Prof. Dr. Peter Huber danken, der nicht nur die Anregung zur Untersuchung des Bereicherungskollisionsrechts gab, sondern mir auch während der Bearbeitung hilfreich zur Seite stand. Ebenso schulde ich Prof. Dr. Reinhard Hepting herzlichsten Dank für die zügige Erstattung des Zweitgutachtens und für die Möglichkeit während der Promotion an seinem Lehrstuhl als wissenschaftliche Hilfskraft mitarbeiten zu dürfen. Prof. Dr. Bernd v. Hoffmann danke ich für die Aufnahme in diese Schriftenreihe.

Mein Dank gilt aber vor allen anderen meinen Eltern Ursula Eilinghoff und Friedrich Anton Eilinghoff, sowie Jens Rohmeyer, die mit ihrer Geduld und selbstlosen Unterstützung erst den Grundstein für diese Arbeit gelegt haben.

Oberursel, im Oktober 2003 *Maren B. Eilinghoff*

Inhaltsverzeichnis

Abkürzungsverzeichnis ... 19

Abbildungsverzeichnis ... 27

Einleitung ... 29

Erster Teil
Die historische Entwicklung des nationalen Bereicherungskollisionsrechts

A. Kodifikation im EGBGB von 1896/1900 ... 35

B. Entwicklung im 20. Jahrhundert ... 35
I. Bis zur IPR-Reform von 1986 ... 35
II. IPR-Reform von 1999 ... 38

Zweiter Teil
Einheitliche Regelungen und Vorhaben auf internationaler Ebene

A. Der Weg zu einem einheitlichen Bereicherungs(-kollisions)recht ... 47
I. Sachrechtsvereinheitlichung ... 47
1. Durch Konventionen ... 47
2. Durch Gemeinschaftsrechtsakte ... 47
II. Kollisionsrechtsvereinheitlichung ... 52
1. EWG-Vorentwurf von 1972 ... 53
2. Aktuelle Entwicklung und Tendenzen ... 56
a. Wiederaufnahme der Arbeiten an Rom II ... 56
b. Arbeit der Groupe européen de droit international privé ... 61
III. Zusammenfassung zum Weg zu einem einheitlichen Bereicherungs(-kollisions)recht ... 62

B. Rechtliche Basis einer Rechtsvereinheitlichung auf europäischer Ebene 62
I. Allgemeines zur Rechtsetzungsbefugnis der Gemeinschaft 62
II. Rechtszustand vor Inkrafttreten des Amsterdamer Vertrages 63
III. Rechtszustand nach Inkrafttreten des Amsterdamer Vertrages 65
1. Die neuen Artt. 61 lit. c, 65 lit. b EGV 65
2. Die am Gesetzgebungsverfahren beteiligten Organe 69
3. Der Europäische Gerichtshof 72
4. Die Literatur 74
a. Die „Lehre von der Ergänzungsfunktion" 74
b. Die „lex specialis" - Theorie 77
c. Beschränkung der Harmonsierungsinstrumente im Rahmen von Art. 65 lit. b EGV 78
5. Stellungnahme 79
IV. Zusammenfassung zur rechtlichen Basis einer Rechtsvereinheitlichung auf europäischer Ebene 87

C. Sachstand (Rom II) 88
I. Schwerpunkt der Verhandlungen 88
II. Sachlicher Anwendungsbereich 89
III. Inhalt der geplanten Regelungen zur ungerechtfertigten Bereicherung 89
1. GEDIP-Entwurf 89
2. Entwurf der Arbeitsgruppe des Europäischen Rates 90
3. Vorschlag der Europäischen Kommission 92
4. Allgemeine Vorschriften 94
IV. Zusammenfassung und Vergleich des Vorschlages der Kommission zu Rom II mit dem autonomen deutschen Bereicherungskollisionsrecht 94

D. Bedeutung einer Kodifikation für das nationale Kollisionsrecht 95

Dritter Teil
Das nationale Bereicherungskollisionsrecht

A. Grundlagen 99
I. Gesetzgeberische Intention 99
II. Aufbau imd Struktur der Neuregelung 99
1. Allgemeine Regelungstechnik 99
2. Typologisch gegliederter Art. 38 EGBGB 101

III. Intertemporales Recht ... 103
1. Grundsatz ... 103
2. Problem des „gestreckten“ Tatbestandes ... 105
IV. Zusammenfassung zur allgemeinen Einführung ... 107

B. Rechtswahl ... 108
I. Einführung ... 108
II. Reichweite der Rechtswahlfreiheit im nationalen Bereicherungskollisionsrecht ... 110
1. Auslandsbezug durch Rechtswahl ... 110
2. Zeitliche Berschränkung der Rechtswahl ... 111
3. Einfluss der Artt. 29 Abs. 1, 30 Abs. 1 EGBGB auf die Rechtswahl bei Leistungskondiktionen ... 114
4. Ausschluss der Rechtswahl im internationalen Wettbewerbsrecht ... 115
5. Sonstige Einschränkungen ... 116
III. Voraussetzungen einer Rechtswahl ... 117
1. Wirksamkeit der Rechtswahl ... 117
2. Stillschweigende Rechtswahl im Prozess ... 118
3. Nachträgliche Rechtswahl ... 120
IV. Rechtsfolgen einer wirksamen Rechtswahl ... 121
1. Allgemeines ... 121
2. Rechte Dritter (Art. 42 S. 2 EGBGB) ... 122
V. Zusammenfassung zur Rechtswahl ... 123

C. Leistungskondiktion ... 124
I. Art. 32 Abs. 1 Nr. 5 EGBGB als vorrangige Bestimmung? ... 124
1. Allgemeines zu Art. 32 Abs. 1 Nr. 5 EGBGB ... 124
a. Ursprung ... 124
b. Inhalt ... 125
2. Rangverhältnis von Art. 32 Abs. 1 Nr. 5 EGBGB und Art. 38 Abs. 1 EGBGB ... 126
II. Art. 38 Abs. 1 EGBGB ... 129
1. Qualifikation ... 129
a. Qualifikation auf der Tatbestandsebene ... 129
aa. Grundlagen ... 129
(1) Einführung ... 129
(2) Vorgehensweise ... 130
(3) Qualifikationsstatut ... 132
(a) Qualifikation nach der lex causae ... 131

(b) Rechtsvergleichende Qualifikation ... 133
(c) Qualifikation nach der lex fori mit funktioneller Betrachtungsweise ... 133
(4) Zusammenfassung zu den Grundlagen der Qualifikation ... 135
bb. Der qualifikatorisch maßgebliche Zeitpunkt ... 135
cc. Die einzelnen Tatbestandsvoraussetzungen des Art. 38 Abs. 1 EGBGB ... 136
(1) Erstes Anwendungsmerkmal: Die Leistung ... 136
(a) Einführung ... 136
(b) Die neue Problematik um die Erstfragen im Internationalen Bereicherungsrecht ... 136
(c) Das Leistungserfordernis als Erstfrage im Rahmen von Art. 38 Abs. 1 EGBGB? ... 137
(d) Der kollisionsrechtliche Leistungsbegriff und das Zwecksetzungskriterium des sachrechtlichen Leistungsbegriffs ... 140
(aa) Fragestellung ... 140
(bb) Auslegung des Art. 38 Abs. 1 EGBGB ... 142
(cc) Fazit ... 146
(2) Zweites Anwendungsmerkmal: Der Eintritt einer Bereicherung ... 147
(3) Drittes Anwendungsmerkmal: Das Rechtsverhältnis ... 149
(a) Wirksamkeit des Rechtsverhältnisses ... 150
(b) Parteien des Rechtsverhältnisses ... 151
(4) Viertes Anwendungsmerkmal: Die Bezogenheit der Leistung zum Rechtsverhältnis ... 153
(5) Zusammenfassung zu den einzelnen Tatbestandsvoraussetzungen des Art. 38 Abs. 1 EGBGB ... 153
dd. Abgrenzung zu benachbarten Kollisionsnormen ... 153
(1) Anwendungsbereich neben Art. 32 Abs. 1 Nr. 5 EGBGB ... 153
(2) Abgrenzung zum Statut des zugrundeliegenden Rechtsverhältnisses ... 157
(3) Abgrenzung zum Deliktsstatut ... 157
(4) Abgrenzung zum Sachenrechtsstatut ... 158
(5) Zusammenfassung zur Abgrenzung zu benachbarten Kollisionsnormen ... 159
ee. Besonderes Qualifikationsproblem: Einordnung von constructive und resulting trusts ... 159

b. Qualifikation auf der Rechtsfolgenebene 161
2. Regelanknüpfung 164
a. Der Akzessorietätsgrundsatz 164
b. Das Rechtsverhältnis als integrativer Bestandteil des Anknüpfungsmoments 165
c. Wandelbarkeit des Leistungskondiktionsstatuts 167
d. Zusammenfassung zur Regelanknüpfung 167
3. Besonderheiten 168
a. Mehrere in Betracht kommende Rechtsverhältnisse im Zweipersonenverhältnis 168
aa. Einführung in die Problematik 168
bb. Das Zwecksetzungskriterium als Ausgangspunkt 169
cc. Die Maßgeblichkeit des objektiven Empfängerhorizonts 170
dd. Zusammenfassung zu den Fällen mehrerer in Betracht kommender Rechtsverhältnisse im Zweipersonenverhältnis 173
b. Deliktisches Ursprungsverhältnis 174
c. Fälle des Dissenses 176
d. Anwendung von UN-Kaufrecht im zugrundeliegenden Rechtsverhältnis 178
e. Fälle von Zuvielleistung im Zweipersonenverhältnis 180
aa. Zuvielleistung in Zusammenhang mit einem Rechtsverhältnis 180
bb. Zuvielleistung unabhängig von einem Rechtsverhältnis 181
cc. Zusammenfassung zu den Fällen von Zuvielleistung im Zweipersonenverhältnis 182
f. Condictio ob rem im Zweipersonenverhältnis 182
aa. Anknüpfung bei einer Leistung solvendi causa und zur Erreichung eines darüber hinausgehenden Zwecks 183
bb. Anknüpfung bei einer Leistung im Hinblick auf ein erwartetes Verhalten oder Ereignis 184
(1) Vorliegen einer Einigung in Bezug auf die Leistung 184
(2) Nichtvorliegen einer Einigung in Bezug auf die Leistung 186
cc. Zusammenfassung zur condictio ob rem im Zweipersonenverhältnis 189
g. Nichtanwendung der Akzessorietätsregel bei nur angenommenem gesetzlichen Schuldverhältnis? 189
h. Beachtung des Vernichtungsstatuts 191
i. Beachtung anderer Rechte bei Drohung 194

j. Leistungskondiktionen im Drei- oder Mehrpersonenverhältnis .. 195
aa. Einführung in die kollisionsrechtliche Problematik bei Mehrpersonenverhältnissen ... 195
bb. Methodisches Vorgehen ... 196
cc. Die im Bereicherungskollisionsrecht maßgeblichen Interessen ... 197
dd. Die einzelnen Fallgruppen ... 199
(1) Echte Verträge zugunsten Dritter ... 199
(a) Allgemeines ... 199
(b) Relevanz der Problematik für Art. 38 Abs. 1 EGBGB ... 200
(c) Bereicherungsstatut ... 201
(aa) Kondiktion zwischen Versprechendem und Versprechungsempfänger und zwischen Versprechungsempfänger und Drittem ... 201
(bb) Kondiktion des Versprechenden beim Dritten ... 202
(d) Zusammenfassung zu den echten Verträgen zugunsten Dritter ... 206
(2) Anweisungsfälle ... 206
(a) Einführung ... 206
(b) Bereicherungsstatut ... 207
(aa) Kondiktion zwischen Anweisendem und Angewiesenem und zwischen Anweisendem und Anweisungsempfänger ... 207
(bb) Kondiktion des Angewiesenen beim Anweisungsempfänger infolge fehlender oder fehlerhafter Anweisung ... 208
(cc) Kondiktion des Angewiesenen beim Anweisungsempfänger in sonstigen Fällen ... 214
(c) Zusammenfassung zu den Anweisungsfällen ... 215
(3) Akkreditiv ... 216
(a) Allgemeines ... 216
(b) Bereicherungsstatut ... 217
(4) Fälle der abgeirrten Leistung ... 218
(5) Zessionsfälle ... 221
(a) Allgemeines ... 221
(b) Bereicherungsstatut ... 223
(aa) Kondiktion des Schuldners beim Zessionar oder beim Zedenten bei Abtretung einer nicht bestehenden Forderung ... 223

(bb) Kondiktion des Schuldners beim Zessionar oder beim Zedenten wegen fehlgeschlagener Abtretung einer bestehenden Forderung 226
(cc) Kondiktion des Scheinzedenten beim Scheinzessionar wegen fehlgeschlagener Abtretung einer bestehenden Forderung 227
(c) Zusammenfassung zu den Zessionsfällen 229
(6) Kondiktion des freiwilligen Drittzahlers beim Gläubiger der Hauptschuld 229
(a) Allgemeines 229
(b) Bereicherungsstatut 230
(c) Zusammenfassung zur Kondiktion des freiwilligen Drittzahlers beim Gläubiger der Hauptschuld 232
(7) Kondiktion des Bürgen beim Gläubiger der Hauptschuld 232
(a) Allgemeines 232
(b) Bereicherungsstatut 233
(c) Das Problem der Versagung oder der Kumulation von Ansprüchen bei Auseinanderfallen des Statuts der Hauptschuld und des Bürgschaftsstatuts 234
(d) Zusammenfassung zur Kondiktion des Bürgen beim Gläubiger der Hauptschuld 237
(8) Unentgeltliche Weitergabe der Vertragsleistung an Dritte (Weitergabekondiktion) 237
(a) Einführung 237
(b) Bereicherungsstatut 239
(c) Zusammenfassung zur Weitergabekondiktion 242
(9) Rückgriffskondiktion 243
(a) Einführung in die Problematik 244
(b) Rückgriff des (freiwilligen) Drittzahlers beim Schuldner 244
(aa) 1. Fall: Zwischen Drittzahler und Schuldner besteht im Zeitpunkt der Zahlung kein Kausalverhältnis 244
(bb) 2. Fall: Zwischen Drittzahler und Schuldner besteht im Zeitpunkt der Zahlung ein auf Tilgung der Schuld gerichtetes unwirksames Kausalverhältnis 249
(cc) Zusammenfassung zum Rückgriff des (freiwilligen) Drittzahlers beim Schuldner 251

(c) Rückgriff des Bürgen beim Hauptschuldner 252
(aa) 1. Fall: Zwischen dem Bürgen und dem Hauptschuldner besteht kein Vertrag im Hinblick auf die Übernahme der Bürgschaft 253
(bb) 2. Fall: Zwischen dem Bürgen und dem Hauptschuldner besteht ein Vertrag im Hinblick auf die Übernahme der Bürgschaft 254
(cc) Zusammenfassung zum Rückgriff des Bürgen beim Hauptschuldner 255
(d) Regressansprüche zwischen mehreren gleichstufig verpflichteten Schuldnern 255
(aa) Einführung 255
(bb) 1. Fall: Die Verpflichtung aller Schuldner unterliegt derselben Rechtsordnung 255
(cc) 2. Fall: Die Verpflichtungen der Schuldner unterliegen unterschiedlichen Rechtsordnungen .. 257
(dd) Zusammenfassung zu den Regressansprüchen zwischen mehreren gleichstufig verpflichteten Schuldnern 259
III. Vorfragen im Rahmen des Bereicherungsstatuts 259
1. Einführung 259
2. Die Behandlung der Vorfrage nach dem Rechtsgrund 260
3. Zusammenfassung zu den Vorfragen im Rahmen des Bereicherungsstatuts 264

D. Nichtleistungskondiktionen 264
I. Eingriffskondiktion 264
1. Qualifiaktion 264
a. Die einzelnen Tatbestandsvoraussetzungen des Art. 38 Abs. 2 EGBGB 264
aa. Einführung 264
bb. Erstes Anwendungsmerkmal: Der Eingriff 265
cc. Zweites Anwendungsmerkmal: Der Eingriff in ein „geschütztes Interesse“ 266
b. Abgrenzung zu benachbarten Kollisionsnormen 268
aa. Abgrenzung zum Vertragsstatut 268
bb. Abgrenzung zum Delikts- und Sachenrechtsstatut 269
c. Zusammenfassung zur Qualifikation 271
2. Regelanknüpfung 272
3. Besonderheiten 274

a. Geltung der (deliktsrechtlichen) Ubiquitätsregel 274
b. Eingriff in Persönlichkeitsrechte („Streudelikte") 277
c. Geltung des Art. 40 Abs. 3 EGBGB im Internationalen Bereicherungsrecht 280
d. Eingriff in die Forderungszuständigkeit 282
aa. 1. Fall: Einziehung einer Forderung durch einen Nichtberechtigten 282
bb. 2. Fall: Eingriff durch Veräußerung der Forderung 286
e. Abweichung von der Regelanknüpfung zugunsten des Rechts, das die Vermögensverschiebung anordnet 287
f. Bereicherung zulasten der Insolvenzmasse 291
g. Wettbewerbsverstöße 292
h. Zusammenfassung zu den Besonderheiten 296
II. Sonstige Kondiktionen 298
1. Qualifikation 298
a. Einführung 298
b. Verwendungsersatzansprüche 299
c. Abgrenzung zum Statut der Geschäftsführung ohne Auftrag 301
2. Regelanknüpfung 301
3. Zusammenfassung zu den sonstigen Kondiktionen 303

E. Anwendung der Ausweichklausel (Art. 41 EGBGB) 304
I. Einführung 304
II. Anwendungsbereich 306
1. Allgemeines 306
2. Anwendbarkeit der Ausweichklausel auf Leistungskondiktionen 306
III. Die Generalklausel des Art. 41 Abs. 1 EGBGB 308
IV. Die Regelbeispiele des Art. 41 Abs. 2 EGBGB 309
1. Einführung 309
2. Art. 41 Abs. 2 Nr. 1 1. Fall EGBGB („rechtliche Beziehung") 311
a. Einführung 311
b. Anforderungen an die rechtliche Beziehung 312
3. Art. 41 Abs. 2 Nr. 1 2. Fall („tatsächliche Beziehung") 314
4. Art. 41 Abs. 2 Nr. 2 EGBGB („gemeinsamer gewöhnlicher Aufenthalt") 315
V. Besonderheiten 316
1. Maßgeblicher Zeitpunkt 316
2. Möglichkeit der Doppelanknüpfung 317
3. Art. 40 Abs. 3 EGBGB analog in den Fällen des Art. 41 EGBGB? 319

VI. Zusammenfassung zur Anwendung der Ausweichklausel 319

F. Renvoi 320
I. Einführung 320
II. Die Fälle im Einzelnen 322
1. Rechtswahl (Art. 42 EGBGB) 322
2. Leistungkondiktion (Art. 38 Abs. 1 EGBGB) 322
3. Eingriffskondiktion (Art. 38 Abs. 2 EGBGB) 324
4. Sonstige Nichtleistungskondiktionen (Art. 38 Abs. 3 EGBGB) 324
5. Wesentlich engere Verbindung (Art. 41 EGBGB) 325
III. Verweisung auf eine Rechtsordnung mit Rechtsspaltung 327
IV. Zusammenfassung zum renvoi 328

G. Reichweite des Bereicherungsstatuts 329

Vierter Teil
Internationales Zivilverfahrensrecht
- Internationale Zuständigkeit -

A. Einführung 335

B. Gerichtsstände 336
I. Gerichtsstand des Erfüllungsortes 336
1. Art. 5 Nr. 1 EUGVO/EuGVÜ 336
2. § 29 ZPO 338
II. Gerichtsstand der unerlaubten Handlung 339
1. Art. 5 Nr. 3 EUGVO/EuGVÜ 339
2. § 32 ZPO 340
III. Zusammenfassung zu den Gerichtsständen 341

Anhang 343

Literaturverzeichnis 361

Abkürzungsverzeichnis

Die verwendeten Abkürzungen sind mit einigen Ausnahmen den Abkürzungsverzeichnissen des aktuellen Palandt (s. im Literaturverzeichnis) zu entnehmen, dort S. XVII-XXXIII.

a.A.	andere Ansicht (-en)
Abb.	Abbildung
abgedr.	abgedruckt
ABl.	Amtsblatt
Abs.	Absatz
AcP	Archiv für die civilistische Praxis
a.F.	alte Fassung
AfP	Archiv für Presserecht
AGB	Allgemeine Geschäftsbedingungen
All E.R.	All England Law Reports
Alt.	Alternative(n)
Anl.	Anlage
Anm.	Anmerkung
Art.	Artikel
AT	Allgemeiner Teil
Aufl.	Auflage
AWD	Außenwirtschaftsdienst des Betriebs-Beraters
BayObLG	Bayerisches Oberlandesgericht
BB	Der Betriebs-Berater
Bd.	Band
BGB	Bürgerliches Gesetzbuch in der Fassung der Bekanntmachung vom 2.1.2002
BGBl.	Bundesgesetzblatt
BGH	Bundesgerichtshof
BGHZ	Entscheidungen des Bundesgerichtshofes in Zivilsachen
BR	Bundesrat
BR-Dr.	Drucksache des deutschen Bundesrates
BReg.	Bundesregierung
bspw.	beispielsweise

BT	Besonderer Teil (bei Literaturangaben) Bundestag (bei Drucksachen)
BT-Dr.	Drucksache des Deutschen Bundestages
bzw.	beziehungsweise
c./chap.	chapter
CISG	Wiener UN-Übereinkommen über Verträge über den internationalen Warenkauf v. 11.4.1980
Clunet	Journal du droit international privé
CMLRev.	Common Market Law Reviews
DDR	Deutsche Demokratische Republik
ders.	derselbe
d.h.	das heißt
dies.	dieselbe (-n)
Dok.	Dokument
Dr.	Drucksache
DRiZ	Deutsche Richterzeitung
DtZ	Deutsche Juristenzeitung
DZWiR...........	Deutsche Zeitschrift für Wirtschaftsrecht
EEA	Einheitliche Europäische Akte
EG	Europäische Gemeinschaft
EGBGB	Einführungsgesetz zum Bürgerlichen Gesetzbuch in der Fassung der Bekanntmachung v. 21.9.1994
EGV	Vertrag zur Gründung der Europäischen Gemeinschaft v. 25.3.1957
EheVO............	Verordnung (EG) Nr. 1347/2000 v. 29.5.2000 über die Zuständigkeit und die Anerkennung und Vollstreckung von Entscheidungen in Ehesachen und in Verfahren betreffend die elterliche Verantwortung für die gemeinsamen Kinder der Ehegatten
EMRK	Europäische Menschenrechtskonvention
EU	Europäische Union
EuBVO...........	Verordnung (EG) Nr. 1206/2001 v. 28.5.2001 über die Zusammenarbeit der Gerichte auf dem Gebiet der Beweisaufnahme in Zivil- und Handelssachen
EuGH	Gerichtshof der Europäischen Gemeinschaften

EuGVO	Verordnung (EG) Nr. 44/2001 v. 22.12.2000 über die gerichtliche Zuständigkeit und die Anerkennung und Vollstreckung von Entscheidungen in Zivil- und Handelssachen
EuGVÜ	Europäisches Übereinkommen über die gerichtliche Zuständigkeit und die Vollstreckung gerichtlicher Entscheidungen in Zivil- und Handelssachen v. 27.9.1968
EuInsVO	Verordnung (EG) Nr. 1346/2000 v. 29.5.2000 über Insolvenzverfahren
EuR	Europarecht
European Legal Forum	The European Legal Forum (Forum iuris communis Europae)
EUV	Vertrag über die Europäische Union v. 7.2.1992
EuZVO	Verordnung (EG) Nr. 1348/2000 v. 29.5.2000 über die Zustellung gerichtlicher und außergerichtlicher Schriftstücke in Zivil- und Handelssachen in den Mitgliedstaaten
EuZW	Europäische Zeitschrift für Wirtschaft
EVÜ	Römisches EWG-Übereinkommen über das auf vertragliche Schuldverhältnisse anzuwendende Recht v. 19.6.1980
EWS	Europäisches Wirtschafts- und Steuerrecht
f., ff................	und folgende
FamRZ	Ehe und Familie im privaten und öffentlichen Recht. Zeitschrift für das gesamte Familienrecht
Fn.	Fußnote
FS	Festschrift
GBl.	Gesetzblatt
GEDIP	Groupe européen de droit international privé
GEDIP-E	Entwurf der GEDIP einer Konvention über das auf außervertragliche Schuldverhältnisse anzuwendende Recht
gem.	gemäß
GoA	Geschäftsführung ohne Auftrag
GRUR	Gewerblicher Rechtsschutz und Urheberrecht
GRUR/Int.	Gewerblicher Rechtsschutz und Urheberrecht/ Internationaler Teil
h.M.	herrschende Meinung
Hrsg.	Herausgeber

Hs. .... Halbsatz

i.d.F. .... in der Fassung
i.d.S . ... in dem Sinne
IECL .... International Encyclopaedia of Comparative Law
insbes. .... insbesondere
Integration ...... Integration (Vierteljahreszeitschrift des Instituts für europäische Politik in Zusammenarbeit mit dem Arbeitskreis europäische Integration)
IPR .... Gutachten zum internationalen und ausländischen Privatrecht (bei Urteilen)
Internationales Privatrecht (bei Literaturangaben)
IPRax .... Praxis des Internationalen Privat- und Verfahrensrechts
IPRspr. .... Die deutsche Rechtsprechung auf dem Gebiet des Internationalen Privatrechts
i.S.v. .... im Sinne von
IZPR .... Internationales Zivilprozessrecht
i.V.m. .... in Verbindung mit
IzRspr. .... Sammlung der deutschen Entscheidungen zum interzonalen Privatrecht des MaxPlanck-Institutes für ausländisches und internationales Privatrecht

JA .... Juristische Ausbildung
Jher.Jb. .... Jahrbücher für die Dogmatik des heutigen römischen und deutschen Privatrechts (Jherings Jahrbücher)
Jhrg. .... Jahrgang
JuS .... Juristische Schulung
JW .... Juristische Wochenschrift
JZ .... Juristen-Zeitung

KO .... Konkursordnung v. 10.02.1877
KOM .... Dokumente der Europäischen Kommission für die anderen Organe (Legislativvorschläge, Mitteilungen, Berichte usw.)
KTS .... Konkurs- und Treuhandwesen
K-V .... Vorentwurf eines Vorschlages der Europäischen Kommission für eine Verordnung des Rates über das auf außervertragliche Schuldverhältnisse anzuwendende Recht

LGB. .... Landesgesetzblatt

lit.	litera
m.	mit
MDR	Monatsschrift für Deutsches Recht
m.E.	meines Erachtens
MJ	Maastricht Journal of European and Comparative Law
MPI	Max-Planck-Institut für ausländisches und internationales Privatrecht
MüKo	Münchener Kommentar
m.w.N.	mit weiteren Nachweisen
Nachw.	Nachweis (-e)
n.	numero (bei italienischen Gesetzestexten)
n.F.	neue Fassung
NILR	Netherlands International Law Review
NJW	Neue juristische Wochenschrift
NJW-RR	NJW Rechtsprechungs-Report Zivilrecht
Nr.	Nummer
NVZ	Neue Zeitschrift für Verkehrsrecht
o.	oben
ÖJZ	Österreichische Juristen-Zeitung
OLG	Oberlandesgericht
r.	rechte/-er/es
RabelsZ	Rabels Zeitschrift für ausländisches und internationales Privatrecht
Rdnr (-n).	Randnummer (-n)
R-E	Entwurf der Arbeitsgruppe des Europäischen Rates eines Rechtsaktes über das auf außervertragliche Schuldverhältnisse anzuwendende Recht
Rec des Cours .	Recueil des Cours de l'Académie de Droit international
REDI	Revista Española de Derecho Internacional
RG	Reichsgericht
RGBl.	Reichsgesetzblatt
rev.crit.dr.int. priv.	revue critique de droit international privé
riv.dr.int.priv. e proc.	Rivista di diritto internazionale, privato e processuale
RIW	Recht der Internationalen Wirtschaft

Rspr.	Rechtsprechung
s.	siehe
S.	Satz (bei Gesetzesangaben) Seite (-n) (bei Literaturangaben)
sec.	section
Slg.	Sammlung [der Rechtsprechung des Gerichtshofes und des Gerichts der ersten Instanz (Gerichtshof der Europäischen Gemeinschaften)]
SJZ	Süddeutsche Juristenzeitung
s.o.	siehe oben
Sp.	Spalte
st.	ständige(r)
StAZ	Das Standesamt
str.	streitig
s.u.	siehe unten
u.	und/unten
u.a.	unter anderem/ unter anderen
UNIDROIT	International Institute for the Unification of Private Law
Urt.	Urteil
usw.	und so weiter
u.U.	unter Umständen
v.	versus/ vom (-n)
v.a.	vor allem
VersR	Versicherungsrecht
Verw	Verweis
vgl.	vergleiche
VO	Verordnung
Vorbem.	Vorbemerkung
VuR	Verbraucher und Recht
W.L.R	The Weekly Law Reports
WM	Wertpapiermitteilungen (Zeitschrift für Wirtschafts- und Bankenrecht)
WRP	Wettbewerb in Recht und Praxis
z.B.	zum Beispiel

ZEuP	Zeitschrift für Europäisches Privatrecht
ZfRV	Zeitschrift für Rechtsvergleichung, Internationales Privatrecht und Europarecht
ZfS	Zeitschrift für Schadensrecht
ZIP	Zeitschrift für Wirtschaftsrecht; bis 1982: Zeitschrift für Wirtschaftsrecht und Insolvenzpraxis
zit.	zitiert
ZPO	Zivilprozessordnung v. 30.01.1877 i.d.F. der Bekanntmachung v. 12.09.1990
ZRP	Zeitschrift für Rechtspolitik
ZVglRWiss	Zeitschrift für vergleichende Rechtswissenschaft
ZZP	Zeitschrift für Zivilprozess

Abbildungsverzeichnis

Abb. 1 Echter Vertrag zugunsten Dritter 200
Abb. 2 Anweisungsfälle 207
Abb. 3 Fälle der abgeirrten Leistung 221
Abb. 4 Zessionsfälle 223
Abb. 5 Fälle der freiwilligen Drittzahlung 230
Abb. 6 Bürgschaftsfälle 233
Abb. 7 Unentgeltliche Weitergabe der Leistung an Dritte 242
Abb. 8 **Rückgriffskondiktion.** Zwischen Drittzahler und Schuldner besteht im Zeitpunkt der Zahlung ein auf Tilgung der Schuld gerichtetes Kausalverhältnis 241
Abb. 9 Fälle der gleichstufigen Verpflichtung mehrerer Schuldner 257

Einleitung

Im Mittelpunkt der nachfolgenden Untersuchung steht das Bereicherungskollisionsrecht als Teil des zweiten Unterabschnitts des fünften Abschnittes des Einführungsgesetzes zum Bürgerlichen Gesetzbuch, welcher mit der IPR-Reform von 1999 in das EGBGB eingefügt wurde.

Die Reform von 1999[1], deren Regelungsgegenstand neben dem Kollisionsrecht der außervertraglichen Schuldverhältnisse das Sachenrecht war, wird zuweilen als bedeutendste Neuregelung des autonomen deutschen Internationalen Privatrechts bezeichnet.[2] Mit der Integration bereicherungsrechtlicher Kollisionsnormen in das deutsche Internationale Privatrecht folgt Deutschland Italien[3], der Schweiz[4] und dem Vereinigten Königreich[5], die ebenfalls Reformen im Bereich des außervertraglichen Schuldrechts durchgeführt haben.

Mit der gesetzlichen Kodifikation ist das Bereicherungsrecht mit Auslandsberührung aber auch aus dem Zentrum des wissenschaftlichen Interesses gerückt. Wie ein Mauerblümchen[6] scheint dieses, im Gegensatz zum Internationalen Deliktsrecht, das weiterhin Anlass einer regen Auseinandersetzung ist[7], dahinzusprießen. Im Ausland ist hingegen im Hinblick auf das Internationale Bereicherungsrecht eine gegenteilige Entwicklung zu beobachten.[8]

---

[1] Im Folgenden auch: IPRG 1999.

[2] S. etwa *Pfeiffer*, NJW 1999, 3674 (3674).

[3] „Legge di riforma del sistema italiano di diritto internazionale privato, 31.5.1995, n. 218"; abgedruckt bei *Riering*, IPR-Gesetze in Europa, Nr. 3 b.

[4] „Bundesgesetz über das internationale Privatrecht vom 18.12.1987", auszugsweise abgedruckt im *Anhang* (S. 343 ff.).

[5] „Private International Law (Miscellaneous Provisions) Act 1995, c. 42, Part III (Choice of Law in Tort and Delict)", in Halsbury's Statutes Service: Issue 67, 45 Tort S. 1 ff. = http://www.hmso.gov.uk/acts/acts1995/Ukpga_19950042_en_1.htm; s. dazu *North/Fawcett*, Private International Law, S. 614 ff..

[6] *Siehr*, IPR, S. 259.

[7] Vgl. bspw. *Freitag/Leible*, ZVglRWiss 2000, 140 ff.; *Freyberger*, MDR 2001, 970 f.; *Gruber*, VersR 2001, 16 ff.; *Hein*, ZEuP 2001, 150 ff.; ders., ZVglRWiss 2000, 251 ff.; ders., NJW 1999, 3174 f.; *Huber*, JA 2000, 67 ff.; *Junker*, JZ 2000, 477 ff.; *Kullmann*, NJW 2000, 1916 (1917); *Looschelders*, VersR 1999, 1316 ff.; *Lorenz*, NJW 1999, 2215 ff.;

Wenig nachvollziehbar ist diese Entwicklung auf den ersten Blick, wenn man berücksichtigt, dass sich die Kollisionsrechtswissenschaft[9] über die wachsende praktische und wirtschaftliche Bedeutung des Bereicherungskollisionsrechts - im Gegensatz beispielsweise zur Geschäftsführung ohne Auftrag mit Auslandsberührung[10] - in Anbetracht der Zunahme von grenzüberschreitenden Geschäftsbeziehungen im Zuge des Europäischen Wirtschaftsraums im Klaren ist. Die Wissenschaft befindet sich mit dieser Einschätzung in Einklang mit den Regierungssachverständigen der Mitgliedstaaten der Europäischen Gemeinschaft (EG), die sich Ende der 70er, Anfang der 80er mit der Frage einer Kodifizierung der Kollisionsnormen im Bereich der Gemeinschaften zu beschäftigen hatten. Die Sachverständigen entschieden sich bei der Eingrenzung der regelungsbedürftigen Materien auch für eine Vereinheitlichung des auf außervertragliche Schuldverhältnisse anzuwendenden Rechts. Als Begründung wurde der enge Zusammenhang des Regelungsgegenstandes mit dem guten Funktionieren des gemeinsamen Marktes angeführt.[11]

Erklären lässt sich diese Wende vielleicht aber damit, dass mit der Reform unstreitig kein Bruch mit der bisherigen Rechtsentwicklung zum Bereicherungskollisionsrecht[12] eingetreten ist, sondern eine Regelung entstanden ist,

---

Schaub, RabelsZ 2002, 18 ff.; *Spickhoff*, NJW 1999, 2209 (2212 f.); ders., IPRax 2000, 1 ff.; *Vogelsang*, NZV 1999, 497 ff.; *Weller*, IPRax 2000, 202 ff.; *Ziegert*, ZfS 2000, 5 ff..

[8] Vgl. *Siehr*, IPR, S. 260: „Die Institution der ungerechtfertigten Bereicherung hat z.B. in anderen Ländern als „unjust enrichment" „restitution" „enrichement sans cause" oder Kondiktion zahlreiche Ableger gefunden und gedeiht dort prächtig."; Überblick zum ausländischen Internationalen Privatrecht der außervertraglichen Schuldverhältnisse bei *Busse*, Bereicherungsrecht, S. 10 ff.; *Wagner*, IPRax 1998, 429 (430 insbes. Fn. 10); *Plaßmeier*, Bereicherung, S. 94 ff..

[9] S. etwa *Plaßmeier*, Bereicherung, S. 21: „Es handelt es sich hierbei um eine Materie, ..., deren Bedeutung für die Zukunft aber nicht zu unterschätzen ist ....".

[10] S. *Wagner*, EuZW 1999, 709 (713): „Da Fälle der Geschäftsführung ohne Auftrag mit Auslandsberührung in der Praxis relativ selten sind, ..."; *Junker*, RIW 2000, 241 (244); ders., IPR, S. 367; **a.A.** *Degner*, RIW 1983, 825 (825).

[11] Vgl. *Giuliano/Lagarde*, Bericht, ABl. EG 1980 C 282/5.

[12] Die Neukodifikation des Internationalen Deliktsrechts orientiert sich auch in weitem Umfang an der vorherigen Rechtslage. Gleichwohl finden sich einige bemerkenswerte Neuerungen, wie z.B. die Modifikation des bislang herrschenden Günstigkeitsprinzips in Art. 40 Abs. 1 durch den grundsätzlichen Vorrang des Handlungsortes und das Optionsrecht des Geschädigten, s. dazu *Spickhoff*, IPRax 2000, 1 ff..

die den zuvor von herrschender Literatur und Judikatur entwikkelten Grundsätzen in weiten Bereichen folgt.[13] *Kreuzer*[14] bezeichnet die Neuregelung deshalb entsprechend der französischen Terminologie als „codification à droit constant", die den von Wissenschaft und Rechtsprechung bereits entwickelten Regeln gesetzliche Form gibt. Diese Tatsache könnte dahingehend missverstanden werden, dass sich eine umfangreichere Untersuchung nicht mehr lohnt. Eine daraus möglicherweise resultierende rückläufige Diskussionsbereitschaft lässt aber unberücksichtigt, dass der Themenkomplex durch Vereinheitlichungsbestrebungen auf europäischer Ebene[15] an Aktualität gewonnen hat. Geht man mit *v. Hoffmann*[16] und *Wagner*[17] in diesem Zusammenhang davon aus, dass die zügige Durchführung des Reformvorhabens der Beeinflussung der Verhandlungen auf europäischer Ebene dienen sollte, so erscheint es desto notwendiger, durch umfassende wissenschaftliche Erörterung die Schaffung eines ausgereiften und durch Rechtsklarheit geprägten Systems zu unterstützen, das nur mit den genannten Eigenschaften auf europäischer Ebene vollständig überzeugen kann. Daneben konnte die Reform, wie *Busse*[18] deutlich macht, auch nur die Kernprobleme des Internationalen Rechts der außervertraglichen Schuldverhältnisse erfassen, so dass durchaus Diskussionsbedarf besteht. Obwohl nicht weniges an früher Streitigem nun durch den Gesetzgeber geklärt worden ist, merkt auch *Spickhoff*[19] an, dass neue Zweifelsfragen hinzukommen werden. Abseits der neuen Regelungen finden

---

[13] S. *Fischer*, IPRax 2002, 1 (1): „Der Gesetzgeber hat ... beide Bereiche *(Anm.: das IPR der ungerechtfertigten Bereicherung und der GoA; Anmerkung vom Verfasser)* ... in die Neuregelung mit einbezogen, die im großen und ganzen der h.M. entspricht."; *v. Hoffmann*, IPR, § 11, Rdnr. 1: „In weiten Bereichen schreibt das Gesetz die bereits zuvor geltende Rechtslage fest ...."; Palandt/*Heldrich*, Vorb v EGBGB 38, Rdnr. 1: „Da das neue Recht im wesentlichen die in der Praxis ... befolgten Anknüpfungsregeln fixiert ...."; *Pfeiffer*, NJW 1999, 3674 (3675): „... keine umwälzenden Neuerungen ...."; *Rauscher*, IPR, S. 260: „Dadurch bleibt ... die bisherige Rechtslage erhalten ...."; *Sonnenberger*, rev.crit.dr.int.priv. 1999, 647 (647): „Tandis que les règles de conflit concernant la gestion d'affaires et l'enrichissement sans cause confirment pour l'essentiel les solutions adoptées par la jurisprudence antérieure, ...".

[14] S. *Kreuzer*, RabelsZ 2001, 383 (393).

[15] S. dazu u. Zweiter Teil A.II.2.a.

[16] S. *v. Hoffmann*, IPR, 6. Aufl., § 1, Rdnr. 134; Staudinger/*v. Hoffmann*, Vorbem zu Art 38 ff EGBGB, Rdnr. 5.

[17] Vgl. *Wagner*, EuZW 1999, 709 (710).

[18] S. *Busse*, RIW 1999, 16 (17 ff.).

[19] S. *Spickhoff*, NJW 1999, 2209 (2215).

sich Probleme, deren Lösung auf der Basis der vorhandenen Vorschriften keineswegs klar ist. In diesem Zusammenhang wird zumeist das bereicherungsrechtliche Problem der Mehrpersonenverhältnisse auf kollisionsrechtlicher Ebene aufgeworfen.[20] Wie sich im Folgenden noch zeigen wird, gibt es noch zahlreiche weitere Fragen, deren Beantwortung ausschließlich anhand des neuen Gesetzestextes schwer fällt. Zwar haben sich *Kreuzer*[21] und *Fischer*[22] in jüngerer Zeit bereits etwas näher mit der neuen Rechtslage auseinandergesetzt, jedoch fehlt eine umfassende Darstellung.

Gegenstand dieser Arbeit soll es daher primär sein, vorhandene Regelungslücken und Anwendungsprobleme der neuen Artt. 38-42[23] aufzuzeigen und für diese interessengerechte Lösungen vorzuschlagen, bzw. die vor der Reform bereits entwickelten Ansätze mit Blick auf die vom Gesetzgeber getroffene Entscheidung kritisch zu würdigen. Zum Zwecke des Verständnisses kann dabei auf eine Darstellung des Hintergrundes der Neuregelung nicht verzichtet werden. Aufgrund der zunehmenden Europäisierung des Rechts[24] und der aktuellen Geschehnisse in Brüssel[25] werden auch die Tendenzen des (Internationalen) Privatrechts der ungerechtfertigten Bereicherung auf internationaler Ebene berücksichtigt, zumal das autonome Kollisionsrecht von Vereinheitlichungsbestrebungen auf europäischer Ebene nicht unberührt bleibt. Um einen vollständigen Überblick über das Internationale Bereicherungskollisionsrecht zu bekommen, soll die Arbeit durch Fragen der Zuständigkeit im Internationalen Zivilverfahrensrecht abgerundet werden.

Im Folgenden wird somit zunächst die (historische) Entwicklung der Materie auf nationaler und internationaler Ebene nachvollzogen. Danach wird das Bereicherungsrecht mit Auslandsberührung im Einzelnen besprochen.

---

[20] Vgl. *Busse*, RIW 1999, 16 (20).

[21] S. *Kreuzer*, RabelsZ 2001, 383 ff..

[22] Vgl. *Fischer*, IPRax 2002, 1 ff..

[23] Alle nachfolgend nicht näher gekennzeichneten Artikel sind solche des deutschen „Einführungsgesetzes zum Bürgerlichen Gesetzbuch" (EGBGB) in der Fassung der Bekanntmachung vom 21.09.1994, BGBl. I, 2494, ber. BGBl. 1997 I, 1061.

[24] S. dazu allgemein *Coester-Waltjen*, Jura 1998, 320 ff..

[25] S.u. Zweiter Teil.

Erster Teil

Die historische Entwicklung des nationalen Bereicherungskollisionsrechts[26]

[26] S. dazu auch *Busse*, Bereicherungsrecht, S. 3 ff.; *Kreuzer*, RabelsZ 2001, 383 (386 ff.); *Plaßmeier*, Bereicherung, S. 26 ff..

Das Kollisionsrecht der außervertraglichen Schuldverhältnisse wird nach der IPR-Reform vom 1. Juni 1999 in den Artt. 38-42 erstmals in der (west-) deutschen[27] Geschichte umfassend geregelt.

A. Kodifikation im EGBGB von 1896/1900[28]

Aufbauend auf der dem Reich durch das Lex Miquel-Lasker 1873 übertragenen Gesetzgebungskompetenz zur Vereinheitlichung des gesamten Privatrechts[29], wurde am 18.8.1896 gleichzeitig mit dem Bürgerlichen Gesetzbuch das erste einheitliche deutsche Internationale Privatrecht in den Artt. 7-31 EGBGB verabschiedet. Obwohl in den Ersten (1874/88) und Zweiten (1891/95) Gesetzgebungskommissionen von *Gebhard* als Referenten für das Internationale Privatrecht Vorentwürfe[30] für eine vollständige Kodifikation des IPR vorgelegt wurden, entschloss sich die sog. geheime IPR-Kommission[31] unter Ausschluss *Gebhards* ohne grundsätzliche Diskussion und ohne protokollierten Beschluss, auf Kollisionsnormen zu den außervertraglichen Schuldverhältnissen[32] und Sachen zu verzichten.[33]

B. Entwicklung im 20. Jahrhundert

I. Bis zur IPR-Reform von 1986

Die Rechtsentwicklung im 20. Jahrhundert ist geprägt durch eine lebhafte Diskussion in Literatur und Rechtsprechung in den letzten drei Jahrzehnten.

Während sich *Bodenheim*[34] bereits 1918 in seiner Dissertation näher mit der Geschäftsführung ohne Auftrag mit Auslandsberührung beschäftigte, mussten erst siebzig Jahre seit dem Inkrafttreten des Bürgerlichen Gesetzbuches (mit

---

[27] S.u. Fn. 89.

[28] Überblick zum Rechtsstand im 19. Jahrhundert bei *Kreuzer*, RabelsZ 2001, 383 (386).

[29] Vgl. *Gmür/Roth*, Rechtsgeschichte, Rdnr. 412; *Kreuzer*, RabelsZ 2000, 383 (387).

[30] Abgedruckt bei *Hartwieg/Korkisch*, Geheime Materialien, S. 62 ff., 178, 252; *Plaßmeier*, Bereicherung, S. 422 f..

[31] S. dazu *Kreuzer*, RabelsZ 2001, 383 (387 f. insbes. Fn. 18).

[32] Eine Ausnahme bildete lediglich die spezielle Vorbehaltsklausel des Art. 12 EGBGB (von 1986-1999: Art. 38), das sog. privilegium germanicum, die dem Internationalen Deliktsrecht zuzuordnen ist, s. *Kreuzer*, RabelsZ 2001, 383 (388).

[33] Vgl. *Hartwieg/Korkisch*, Geheime Materialien, S. 374 f., 380.

[34] S. *Bodenheim*, Geschäftsführung ohne Auftrag.

Einführungsgesetz) am 1.1.1900 vergehen, bis eine nähere Auseinandersetzung mit dem Bereicherungskollisionsrecht aufgenommen wurde. Obwohl Arbeiten von *Zweigert*[35] und *v. Caemmerer*[36] Mitte des 20. Jahrhunderts den Grundstein[37] für ein Regelungsgerüst im Internationalen Bereicherungsrecht legten und Ordnung in das bis dahin völlig kontroverse Meinungsbild in Literatur und Rechtsprechung[38] brachten, wurde das Bereicherungskollisionsrecht bis Anfang der 70er Jahre stiefmütterlich behandelt[39].

Den entscheidenden Anstoß zu einer Auseinandersetzung mit dieser Materie gaben die Bestrebungen der Kommission der Europäischen Gemeinschaften zur Vereinheitlichung des internationalen Obligationenrechts, die ihren vorläufigen Niederschlag in einem am 6. Dezember 1972 vorgelegten „Vorentwurf eines EWG-Übereinkommens über das auf vertragliche und außervertragliche Schuldverhältnisse anwendbare Recht"[40] fanden. 1974 setzten *Zweigert* und *Müller-Gindullis*[41] die Diskussion in einem Beitrag zu den „Quasi-Contracts" fort.

Nach dem Beitritt des Vereinigten Königreiches Großbritannien[42] zu den Europäischen Gemeinschaften am 1. Januar 1973 äußerte dieses den Wunsch, den Anwendungsbereich des durch den Vorentwurf vorbereiteten Übereinkommens auf vertragliche Schuldverhältnisse zu begrenzen.[43] Obwohl die Kommission im März 1978 daraufhin in der Erwägung, dass ein auf diesen Bereich begrenztes Übereinkommen schneller zu realisieren sei, beschloss,

---

[35] S. *Zweigert*, SJZ 1947, 247 ff..

[36] S. *v. Caemmerer*, FS Rabel I, 333 (388).

[37] *Busse*, RIW 1999, 16 (17).

[38] Zusammenfassung der früheren Ansichten zum Internationalen Bereicherungsrecht bei *Balastèr*, Bereicherung, S. 40 ff.; *Busse*, Bereicherungsrecht, S. 5 ff.; *Knoch*, Aufgliederung der Kondiktionen, S. 2 ff..

[39] S. *Degner*, RIW 1983, 825 (825); *Hay*, Bereicherung, S. 3: „Bis in die jüngste Zeit in Literatur und Rechtsprechung spärlich geblieben, ..."; *Plaßmeier*, Bereicherung, S. 21: „... Materie, die bisher ... ein Schattendasein führte."; so auch *Knoch*, Aufgliederung der Kondiktionen, S. 1; *Reuter/Martinek*, Ungerechtfertigte Bereicherung, S. 764.

[40] Text teilweise abgedruckt im *Anhang* (S. 343 ff.); zu den Einzelheiten des Vorentwurfs vgl. *Siehr*, AWD 1973, 569 ff., und unten Zweiter Teil A.II.1.

[41] *Zweigert/Müller-Gindullis*, IECL, Vol. III (1973), Chap. 30, sec. 19, 20, 26 f..

[42] Daneben traten auch Nordirland, das Königreich Dänemark und Irland in die EG ein, s. BT-Dr. 10/504 v. 20.10.1983, 28.

[43] S. BR-Dr. 759/98 v. 4.9.1998, 10.

ihre Bemühungen zum außervertraglichen Schuldrecht zunächst einzustellen[44], fand die Auseinandersetzung im Internationalen Privatrecht kein Ende.[45]

Nachdem der Deutsche Rat für Internationales Privatrecht[46] 1972 bereits Vorschläge und Gutachten zur Reform des Internationalen Sachenrechts[47] erarbeitet hatte, legte die Zweite Kommission des Deutschen Rates für Internationales Privatrecht 1982 auf Veranlassung des Bundesjustizministeriums zwei Jahre zuvor auf der Basis von Einzelgutachten einen Vorschlag zur Reformierung des internationalen Rechts der außervertraglichen Schuldverhältnisse[48] vor. Das maßgebliche Gutachten zum Bereicherungskollisionsrecht wurde von *Schlechtriem*[49] erstellt. Der Arbeit *Schlechtriems* folgte 1984 *Degners*[50] Untersuchung zu den Quasikontrakten. Auf der Grundlage dieser überwiegend auf der Gerichtspraxis aufbauenden Gutachten brachte das Bundesjustizministerium 1984 einen Referentenentwurf zum Recht der außervertraglichen Schuldverhältnisse und für das Sachenrecht[51] vor. Dieser Entwurf wurde nicht Gesetz.

Bis auf die versteckte Vorschrift des Art. 32 Abs. 1 Nr. 5[52] ließ das IPR-Neuregelungsgesetz vom 25.07.1986[53], das seit dem 01.09.1986 in Kraft ist,

---

[44] Vgl. BT-Dr. 10/504 v. 20.10.1983, 28 (die Artt.10-14 des Vorentwurfes von 1972 wurden wieder eliminiert); s. dazu *Giuliano/Lagarde*, Bericht, ABl. EG 1980 C 282/7.

[45] Vgl. bspw. die vielzitierten Werke aus der darauffolgenden Zeit von *Hay*, Bereicherung; *Lorenz*, FS Zweigert, 199 ff.; *Reuter/Martinek*, Ungerechtfertigte Bereicherung, S. 765 ff..

[46] Der Deutsche Rat für Internationales Privatrecht wurde 1953 in Hamburg gegründet und setzt sich hauptsächlich aus deutschen IPR-Professoren zusammen. Diese beim Bundesministerium der Justiz angesiedelte Institution fungiert als Beratungsgremium der Bundesregierung und hat seit Beginn der 60er Jahre des 20. Jahrhunderts zahlreiche Vorschläge und Gutachten zur Reform des (im weiteren Sinn verstandenen) deutschen IPR erarbeitet und publiziert, vgl. *Kreuzer*, RabelsZ 2001, 383 (390, insbes. Fn. 37).

[47] S. *Lauterbach*, Gutachten zum internationalen Personen- und Sachenrecht.

[48] Vgl. *v. Caemmerer*, Gutachten.

[49] S. *Schlechtriem*, Bereicherungsansprüche, S. 29 ff.; fortführendes „Ergänzungsgutachten" von *Schlechtriem*, IPRax 1995, 65 ff..

[50] S. *Degner*, Quasikontrakt.

[51] „Referentenentwurf eines Gesetzes zur Ergänzung des Internationalen Privatrechts (außervertragliche Schuldverhältnisse und Sachen) vom 15.5.1984", abgedruckt im *Anhang* (S. 343 ff.).

[52] S.u. Dritter Teil C.I.

den vorliegend interessierenden Bereich ungeregelt. Die Kodifikation enthielt neben Regelungen zu allgemeinen Fragen des IPR vielmehr Vorschriften zum internationalen Personen-, Familien- und Erbrecht, sowie zum vertraglichen Schuldrecht.[54] Das Hauptanliegen des IPRG 1986 bestand in der Verwirklichung der Gleichberechtigung der Frau im Internationalen (Ehe-) Privatrecht.[55]
Als Begründung für die Beschränkung des Umfangs der Neuregelung auf die vertraglichen Schuldverhältnisse führte die Bundesregierung weiterhin noch nicht abgeschlossene Vereinheitlichungsbestrebungen innerhalb der Europäischen Gemeinschaften auf dem Gebiet der gesetzlichen Schuldverhältnisse an.[56]

II. IPR-Reform von 1999

Die unmittelbar auf das IPRG 1986 folgende Zeit beschreibt *Junker*[57] als eine „Phase der Konsolidierung". Dennoch war der Plan einer Füllung der wenigen noch offenbleibenden Lücken des im Wesentlichen durchnormierten IPR[58] mit der Reform von 1986 und dem Entwurf von 1984 noch nicht aufgegeben.

Die durch den Referentenentwurf initiierte Kodifizierung des Kollisionsrechts der außervertraglichen Schuldverhältnisse blieb jedoch zunächst liegen. Der Grund für diese Stagnation in der Entwicklung ist mit *Kreuzer*[59] in der geschichtlichen Gesamtsituation zu sehen, in der sich Deutschland Ende der achtziger/Anfang der neunziger Jahre befand. Die juristische Bewältigung der Vereinigung der Bundesrepublik Deutschland und der Demokratischen Republik lastete die Kapazitäten des Bundesministeriums der Justiz bereits in vollem Umfang aus. Das wissenschaftliche Interesse brach hingegen in den darauffolgenden Jahren nicht ab.[60] Mit erstmals umfassenden Darstellungen

---

[53] „Gesetz zur Neuregelung des Internationalen Privatrechts vom 25.07.1986", BGBl. 1986 I, 1142; im Folgenden: IPRG 1986; zur Reform s. etwa *Basedow*, NJW 1986, 2971 ff..

[54] S. BT-Dr. 10/504 v. 20.10.1983, 28/29.

[55] S. *Kreuzer*, RabelsZ 2001, 383 (388 f.); BT-Dr. 10/504 v. 20.10.1983, 1.

[56] Vgl. BT-Dr. 10/504 v. 20.10.1983, 29.

[57] S. *Junker*, RIW 1998, 741 ff..

[58] *Busse*, RIW 1999, 16 (16).

[59] S. *Kreuzer*, RabelsZ 2001, 383 (391).

[60] Vgl. etwa aus der darauffolgenden Zeit *v. Bar*, IPR II, § 6; *Ferid*, IPR, Rdnr. 6-227 ff.; *Firsching*, IPR, S. 286 ff.; *Kegel*, IPR, 6. Aufl., S. 448 ff.; *Kropholler*, IPR, 1. Aufl., S. 428

des genannten Themenkomplexes förderten einige Dissertationen[61] die rechtswissenschaftliche Entwicklung.

Neun Jahre nach dem Entwurf von 1984 wurde am 01.12.1993 eine überarbeitete Fassung[62] vom Bundesjustizministerium vorgelegt. Ein Gesetzgebungsverfahren schloss sich jedoch auch an diesen Entwurf nicht unmittelbar an. Ausschlagendes Moment war nach *Junker*[63] die fehlende Priorität, die der Materie im Rahmen der legislativen Vorhaben zukam.

1998 wurde das Normierungsvorhaben wieder aufgenommen.[64] Der leicht überarbeitete Regierungsentwurf von 1993 wurde unter dem Titel „Gesetz zum Internationalen Privatrecht für außervertragliche Schuldverhältnisse und für Sachen" am 24.08.1998 vom Kabinett beschlossen und noch vor dem Ende der 13. Legislaturperiode des Bundestages in den Gesetzgebungsgang eingebracht, jedoch vom alten Bundestag nicht mehr verabschiedet.[65]

Obwohl an der „Kodifikationsreife"[66] der Materie zu diesem Zeitpunkt keine Zweifel mehr bestanden, wurden Bedenken im Hinblick auf eine zügige Durchführung des Gesetzgebungsverfahrens in Folge des bevorstehenden Regierungswechsels laut.[67]

Am 01. Februar 1999 brachte die aus den Wahlen im Herbst 1998 hervorgegangene neue Regierung aus SPD/Die Grünen den Gesetzesentwurf der alten Regierung inhaltlich unverändert erneut in das Gesetzgebungsverfahren ein.[68] Der Entwurf wurde zwei Monate später, am 24.02.1999, vom

---

ff.; *Lüderitz*, IPR, Rdnrn. 311 ff.; MüKo/*Kreuzer*, BGB, Bd. 7, 2. Aufl., I Vor Art. 38; *Reithmann/Martiny*, Internationales Vertragsrecht, Rdnrn. 330 ff.; *Schlosshauer-Selbach*, IPR, S. 90 f.; Staudinger/*Lorenz*, Zweites Buch, 12. Aufl., § 812, Rdnrn. 114, § 816 Rdnr. 34 , § 817, Rdnrn. 19 ff..

[61] S. *Busse*, Bereicherungsrecht; *Plaßmeier*, Bereicherung.

[62] „Referentenentwurf eines Gesetzes zur Ergänzung des Internationalen Privatrechts (außervertragliche Schuldverhältnisse und Sachen) vom 1.12.1993", abgedruckt im *Anhang* (S. 343 ff.).

[63] Vgl. *Junker*, RIW 1998, 741 (742).

[64] Zum Ablauf des Gesetzgebungsverfahrens s. auch *Wagner*, IPRax 1999, 210 ff.

[65] Vgl. *Kreuzer*, RabelsZ 2001, 383 (391); s. dazu auch BR-Dr. 759/98 v. 4.9.1998.

[66] S. *v. Bar*, IPR II, Rdnr. 730.

[67] Vgl. *Busse*, RIW 1999, 16 (16).

[68] *Kreuzer*, RabelsZ 2001, 383 (392); BT-Dr. 14/343 v. 1.2.1999.

Bundestag in Erster Lesung beraten und an seinen Rechtsausschuss überwiesen.[69] Dieser empfahl dem Bundestag bereits einen Monat später, am 24.03.1999, einstimmig, dem Regierungsentwurf mit einer vom Bundesrat angeregten[70] marginalen klarstellenden Änderung im deliktsrechtlichen Bereich zuzustimmen.[71] Am 25.03.1999 folgte das Plenum des Bundestages der Empfehlung und nahm den Entwurf ohne Aussprache in Zweiter und Dritter Lesung einstimmig an.[72] Der Bundesrat ließ den Entwurf am 30.04.1999 passieren, ohne gem. Art. 77 Abs. 2 GG den Vermittlungsausschuss anzurufen.[73]

Entgegen allen Befürchtungen wurde das Gesetz[74] damit dennoch überraschend schnell nach etwas mehr als acht Monaten am 21.05.1999 ausgefertigt und am 31.05.1999 im Bundesgesetzblatt promulgiert.

Aus der Begründung der Bundesregierung zu dem Gesetzesentwurf[75] lässt sich die besondere Notwendigkeit und Dringlichkeit der Kodifikation nur mittelbar aus dem Verweis auf die zunehmende internationale Verflechtung entnehmen. Für die Schnelligkeit des Gesetzgebungsverfahrens finden sich in der Literatur unterschiedliche Begründungen, die jedoch miteinander vereinbar sind. Während *Kreuzer*[76] auf die geringe politische Relevanz des Regelungsgegenstandes, sowie auf den Umstand verweist, dass der maßgebliche Rechtsausschuss des Bundestages zu Beginn der neuen Legislaturperiode zeitlich noch nicht so stark beansprucht wurde, erklären *v. Hoffmann*[77] und *Wagner*[78] diese plötzliche Eile mit den parallel erfolgten

---

[69] S. BT-Plenar-Protokoll 14/21 v. 24.2.1999, 1559.

[70] Vgl. BT-Dr. 14/343 v. 1.2.1999, 20 f..

[71] *Kreuzer,* RabelsZ 2001, 383 (392); BT-Dr. 14/654 v. 24.3.1999, 3.

[72] *Kreuzer,* RabelsZ 2001, 383 (392); BT-Plenar-Protokoll 14/30 v. 25.3.1999, 2475.

[73] Vgl. BR-Dr. 210/99 v. 9.4.1999.

[74] „Gesetz zum Internationalen Privatrecht für außervertragliche Schuldverhältnisse und Sachen vom 21.5.99", in Kraft getreten am 1.6.99, BGBl. 1999 I, 1026. Dokumentation: Gegenäußerung der BReg.: BT-Dr. 14/343 = BR-Dr. 759/98; Stellungnahme des BR und Gegenäußerung der BReg.: BT-Dr. 14/343, Anl. 2 und 3. Erste Lesung: BT-Plenar-Protokoll 14/21, 1559; Empfehlung des Rechtsausschusses des BT: BT-Dr. 14/654. Zweite und Dritte Lesung: BT-Plenar-Protokoll 14/21; Beschluss des BR: BR-Dr. 210/99.

[75] Vgl. BR-Dr. 759/98 v. 4.9.1998, 1.

[76] S. *Kreuzer,* RabelsZ 2001, 383 (392); so auch *Busse,* RIW 1999, 16 (16).

[77] S. *V. Hoffmann,* IPR, 6. Aufl., § 1, Rdnr. 134; Staudinger/*v. Hoffmann,* Vorbem zu Art 38 ff EGBGB, Rdnr. 5.

Beratungen zu einem EU-Übereinkommen über das auf außervertragliche Schuldverhältnisse anzuwendende Recht[79], welche die Bundesrepublik Deutschland auf diesem Wege inhaltlich zu beeinflussen suchte. Die Orientierung an nationalen Entwicklungstendenzen in rechtsvergleichender Form und der Erfahrungsaustausch unter den Mitgliedstaaten ist bei Verhandlungen auf europäischer Ebene usus[80], so dass dieses Motiv nachvollziehbar ist. Die Europäische Kommission bezeichnete das deutsche Kollisionsrecht der ungerechtfertigten Bereicherung jüngst sogar als „hoch entwickelt“[81], so dass es nicht ausgeschlossen scheint, dass die Anregungen der deutschen Kollisionsrechtswissenschaft, basierend auf dem deutschen IPR der ungerechtfertigten Bereicherung, auf europäischer Ebene Berücksichtigung finden.

Berücksichtigt man, dass im Rahmen des Gesetzgebungsverfahrens zur IPR-Reform von 1986 mögliche Vereinheitlichungsbestrebungen in der EG (bzw. EU) als Grund für eine Begrenzung des Umfangs der Neuregelung auf vertragliche Schuldverhältnisse vorgebracht wurden, drängt sich die Frage auf, warum man die aktuellen Geschehnisse auf Gemeinschaftsebene 1998/99[82] nicht als ausreichenden Grund betrachtete, das Gesetzgebungsvorhaben zu stoppen[83].

---

[78] Vgl. *Wagner*, EuZW 1999, 709 (710).

[79] S. dazu u. Zweiter Teil A.II.2.

[80] Zur Erarbeitung bspw. des EVÜs berichten *Giuliano/Lagarde*, Bericht, ABl. EG 1980, C 282/6: „... wurden die Fragebogen einer ... Prüfung unterzogen, die sich ... auf die in den Mitgliedstaaten befindlichen Kollisionsnormen bezogen, sondern auch auf die neueren Entwicklungstendenzen, die sich ... in Rechtsprechung und Lehre ... abzeichnen ....“.

[81] Vgl. „Follow-up of the consultation on a preliminary draft proposal for a Council Reglulation on the law applicable to non-contractual obligations („Rome II“)”, s. http://europa.eu.int/comm/justice_home/news/onsulting_public/rome_ii/wai/news_summary_rome2_en.htm: „In particular contributions originating from the German legal system (where ... the private international law of unjust enrichment is very sophisticated) argued that ....”.

[82] S. dazu u. Zweiter Teil A.II.2.

[83] S. auch *Junker*, RIW 2000, 241 (242): „Vor dem Hintergrund der Vereinheitlichungsbestrebungen in der EG ist erstaunlich, dass ... gerade ... 1999 die Kodifikation des deutschen IPR durch das Kollisionsrecht der außervertraglichen Schuldverhältnisse arrondiert wurde.“; *Kreuzer*, RabelsZ 2001, 383 (462): „ Es liegt nahe, die Frage zu stellen, ob es rebus sic stantibus angezeigt war, mit dem IPRG 1999 ein nationales Gesetz zu verabschieden, das zu einem großen Teil dieselben Materien betraf. ..., ob die Mitgliedstaaten der Europäischen Gemeinschaften in einem Zeitpunkt noch die Berufung zur

Die Bundesregierung verwies 1998 in ihrer Begründung zum Gesetzesentwurf darauf, dass mit dem Abschluss der europaweiten Verhandlungen nicht zu rechnen ist und der Ausgang offen erscheint.[84]

Mit Blick auf die Ereignisse auf europäischer Ebene im Jahre 1998 konnte man damals durchaus Zweifel daran haben, dass 1999 weniger Anlass zur Annahme einer europaweiten Regelung bestand als 1986. Leugnen lässt sich aber nicht, dass der Erfolg des Brüsseler Projekts zu diesem Zeitpunkt nicht sicher war. *Wagner*[85] bringt als weiteren Grund für die „Missachtung" der Bestrebungen in Brüssel die inhaltlichen Unterschiede der Vorhaben und den unklaren Geltungsbereich des EG-Vorhabens an.

Im Hinblick darauf, dass es Brüssel bis dato noch nicht gelungen ist, die Materie flächendeckend zu vereinheitlichen[86], hat sich die damalige Einschätzung des Gesetzgebers als richtig erwiesen. Ferner hat man Brüssel mit dem Aufschub einer Regelung bis 1999 genug Zeit gegeben, eine europaweite Lösung zu finden. Das Kollisionsrecht der gesetzlichen Schuldverhältnisse war wissenschaftlich ausreichend ergründet und zur Beseitigung der Rechtsunsicherheit eine Kodifikation zwingend notwendig[87]. In einer solchen Situation ist es nicht wünschenswert, dass die Mitgliedstaaten ihre gesetzgeberischen Aktivitäten einstellen, sobald und soweit eine Gesetzgebungsbefugnis der Europäischen Gemeinschaften besteht.[88] Vielmehr ist es bei der Suche nach einer europaweiten Lösung sogar von Vorteil, wenn auf

---

Gesetzgebung im Bereich des Internationalen Privatrechts ... haben, indem die EU dabei ist, die ... Rechtseinheit wieder herzustellen.".

[84] BR-Dr. 759/98 v. 4.9.1998, 10.

[85] S. *Wagner*, EuZW 1999, 709 (710): „... ging das nationale Vorhaben mit Regelungen ... zum internationalen Sachenrecht weit über das Brüsseler Projekt hinaus. ..., dass offen war, ob die vereinheitlichten Regeln nur für Sachverhalte mit Bezug zu den Mitgliedstaaten der EU gelten sollten, so dass in sonstigen Fällen mit Auslandsberührung Raum für das autonome Kollisionsrecht war.".

[86] Vgl. dazu unten Zweiter Teil A.II.2.

[87] Vgl. BR-Dr. 759/98 v. 4.9.1998, 2.

[88] So auch *Kreuzer*, RabelsZ 2001, 383 (462): „Zum einen ist es ... zufällig, ob ... die EG von einer ... Gesetzgebungsbefugnis Gebrauch macht. Zum anderen werden die aus dem Versuchslabor der mitgliedstaatlichen Gesetzgebung hervorgehenden unterschiedlichen Gesetze ... dem gemeinschaftsrechtlichen Gesetzgeber ... helfen, bessere Gesetze zu erlassen. Nationale Reform-Experimente, ... führen zum bestmöglichen europäischen Internationalen Privatrecht.".

nationaler Ebene bereits ein Versuch der Regelung unternommen wurde, so dass Korrekturen erfolgen können und auf Bewährtes zurückgegriffen werden kann.

Das Reform-Gesetz trat auf diesem Hintergrund am 1.6.1999 in Kraft. Mit diesem Gesetz ist erstmals in der westdeutschen[89] Geschichte fast 100 Jahre nach dem Inkrafttreten des EGBGB im Großen und Ganzen kodifiziert, wessen Staates Recht in Fällen mit Auslandsberührung anwendbar ist. Regelungslücken bestehen lediglich noch in einzelnen Gebieten, wie im Bereich der Stellvertretung und des Internationalen Gesellschaftsrechts.[90] Eine Kodifikation dieser Fragen wurde von der Bundesregierung in der Begründung zum Gesetzesentwurf[91] zum Internationalen Privatrecht für außervertragliche Schuldverhältnisse und Sachen bereits 1998 angekündigt. Bis zum jetzigen Zeitpunkt gibt es aber noch keine konkreten Gesetzgebungsvorhaben.[92]

---

[89] In der DDR galt seit dem 1.1.1976 das Rechtsanwendungsgesetz v. 5.12.1975, GBl. DDR I Nr. 46, 748.

[90] *Staudinger*, DB 1999, 1989 (1589 Fn. 5) m. weiteren Hinweisen.

[91] BR-Dr. 759/98 v. 4.9.1998, 8.

[92] S. dazu *Junker*, RIW 2000, 241 (242): „Eine Kodifikation des Internationalen Gesellschaftsrechts, sei es auf deutscher oder europäischer Ebene, scheint dagegen auch nach der Centros-Entscheidung des EuGH [EuGH (Centros Ltd./Erhvervs - og Selskabsstyrelsen), RIW 1999, 447 f. = EWS 1999, 140 ff. = BB 1999, 809 ff.] noch in weiter Ferne zu liegen.“; zur Centros-Entscheidung s. etwa *Sonnenberger/Großerichter*, RIW 1999, 721 ff..

Zweiter Teil

Einheitliche Regelungen und Vorhaben auf internationaler Ebene

A. Der Weg zu einem einheitlichen Bereicherungs(-kollisions)recht

I. Sachrechtsvereinheitlichung

Eine Angleichung des Sachrechts der außervertraglichen Schuldverhältnisse ist in der Vergangenheit noch nicht erfolgt.

1. Durch Konventionen

Eine Konvention, die als Regelungsgegenstand die gesetzlichen Schuldverhältnisse beinhaltet, wurde nicht erarbeitet. Betrachtet man die Geschichte der Europäischen Gemeinschaft (EG) rückblickend, so fällt auf, dass bis auf das „Wiener UN-Übereinkommen über Verträge über den internationalen Warenkauf"[93] (UN-Kaufrecht/CISG) keine nennenswerte Sachrechtsvereinheitlichung in Form einer Konvention stattgefunden hat.[94]

2. Durch Gemeinschaftsrechtsakte

Im Zuge der Europäisierung des Rechts[95] wäre ferner eine Harmonisierung des Sachrechts der außervertraglichen Schuldverhältnisse durch einen Gemeinschaftsrechtsakt[96] denkbar.

Am 12. Februar 2003 hat die Europäische Kommission mit einer Mitteilung an das Europäische Parlament und den Rat mit dem Dokument „KOM 2003 (68) endgültig" den Aktionsplan „Ein kohärentes Europäisches Vertragsrecht"

---

[93] Abgedruckt bei *Jayme/Hausmann*, Privat- und Verfahrensrecht, Nr. 77; *Schulze/ Zimmermann*, Basistexte, II.5.

[94] S. Staudinger/*Magnus*, CISG, Einl zum CISG, Rdnr. 2: „Das CISG stellt die bisher bedeutendste privatrechtsvereinheitlichende Konvention dar.".

[95] S. dazu *Coester-Waltjen*, Jura 1998, 320 ff..

[96] Die europäische Kommission hat in ihrer Mitteilung vom 11. Juli 2001 (s. unten Fn. 99), neben dem Erlass neuer umfassender Rechtsvorschriften auf EG-Ebene drei weitere Optionen für denkbare Strategien im Binnenmarkt zur Harmonisierung des Privatrechts zur Diskussion gestellt; s. dazu *Sonnenberger*, RIW 2002, 489 (493 ff.); *Staudinger*, VuR 2001, 353 (354 f.).

vorgestellt.[97] Der Aktionsplan, der eine langfristig angelegte Strategie vorschlägt, zielt auf die Verbesserung des geltenden EU-Vertragsrechts ab. Schritte in diese Richtung sollen die Ausarbeitung eines gemeinsamen Referenzrahmens mit gemeinsamen Regelungen und Begriffsbestimmungen, die Herausbildung europaweit anwendbarer allgemeiner Geschäftsbedingungen und die Reflexion über die Frage, ob die Schaffung eines Vertragsrechts auf europäischer Ebene wünschenswert ist, sein.[98] Die betroffenen Gruppen hatten bis zum 16. Mai 2003 Zeit, zum Aktionslan Stellung zu nehmen.

Der Aktionsplan baut auf der damals lang erwarteten Mitteilung zum europäischen Vertragsrecht vom 11. Juli 2001[99] an den Europäischen Rat und das Europäische Parlament zum Europäischen Vertragsrecht[100] auf, die den Anstoß zu einer Diskussion über ein Vertragsgesetzbuch für den Binnenmarkt geben sollte.

Dieser Mitteilung gingen bereits zwei Resolutionen des Europäischen Parlaments aus den Jahren 1989[101] und 1994[102] voraus, in denen die Kommission

---

97 „Communication from the Commission to the European Parliament and the Council; a more coherent european contract law – an action plan" v. 12. Februar 2003, [COM (2003) 6 final], http://europa.eu.int/comm/consumers/cons_int/safe_shop/fair_bus_pract/cont_law /index_de.htm.

98 S. Neuste Informationen, IPRax 2003; VII.

99 Mitteilung der Europäischen Kommission vom 11. Juli 2001 an den Rat und das Europäische Parlament zum Europäischen Vertragsrecht [KOM (2001) 398 endgültig], ABl. EG 2001 C 255/1 = ZEuP 2001, 963 ff. = www.ipr.uni-koeln.de (Europäisches Privatrecht); s. dazu *v. Bar*, ZEuP 2001, 799 ff.; *Schulte-Nölke*, JZ 2001, 917 ff.; *Staudinger*, VuR 2001, 353 ff.; *Wägenbaur*, ZRP 2001, 533 f.; die Dokumente der Kommission, des Rates und des Parlaments sind - teilweise nur auf Antrag - einsehbar unter http.://www.europa.eu.int/.

100 Die Kommission hat die Mitteilung auf das Vertragsrecht beschränkt. Sie räumt aber ein, dass auch das Recht der ungerechtfertigten Bereicherung wegen des wirtschaftlichen Zusammenhangs einschlägig sein kann, s. Punkt 13 der Mitteilung der Kommission vom 11. Juli 2001 [KOM (2001) 398 endgültig].

101 Entschließung des Europäischen Parlaments zu den Bemühungen um eine Angleichung des Privatrechts der Mitgliedstaaten vom 26. Mai 1989, ABl. EG 1989 C 158/400 = ZEuP 1993, 613 ff. = www.ipr.uni-koeln.de (Europäisches Privatrecht).

102 Entschließung des Europäischen Parlaments zur Angleichung bestimmter Bereiche des Privatrechts der Mitgliedstaaten vom 6. Mai 1994, ABl. EG 1994 C 205/518 = ZEuP 1995,

aufgefordert wurde, mit den Vorarbeiten für ein Europäisches Zivilgesetzbuch zu beginnen.[103] Diese Resolutionen verklangen jedoch ungehört.[104] 1999 griff der Europäische Rat das Thema auf. In seiner Tagung in Tampere[105] vom 15. und 16. Oktober 1999 gelangte er zu der Schlussfolgerung, dass im Wege einer allgemeinen Studie die Notwendigkeit einer Angleichung der divergierenden zivilrechtlichen Vorschriften in den Mitgliedstaaten geklärt werden muss. Dieser Appell fand in der Öffentlichkeit eine relativ geringe Beachtung.[106] Dieses Engagement hat der Rat zu Laeken im Dezember 2001[107] ausdrücklich bestätigt. Am 15. November 2001 reagierte das Europäische Parlament im Anschluss an einen Rapport des Abgeordneten *Lehne* auf Empfehlung des Parlamentsausschusses für Recht und Binnenmarkt vom 6.01.2001 mit einer dritten Resolution[108] auf die Mitteilung der Kommission, die einen Zeit- und Arbeitsplan für die Entwicklung eines

---

669 ff. = www.ipr.uni-koeln.de (Europäisches Privatrecht); s. dazu *Tilmann*, ZEuP 1995, 534 ff..

[103] 1999 holte die Generaldirektion Wissenschaft des Parlaments ein Gutachten ein, das sich mit der Notwendigkeit und Möglichkeit der Schaffung eines Europäischen Zivilgesetzbuches befasste. Das Gutachten war im Herbst 2000 Gegenstand einer Expertenanhörung vor dem Rechtsausschuss des Parlaments. Zu der daraufhin geplanten neuen Resolution kam es in Folge der Mitteilung der Kommission im Juli 2001 nicht mehr, s. *v. Bar*, ZEuP 2002, 629 (629 f.) m.w.N..

[104] *Sonnenberger*, RIW 2002, 489 (489).

[105] S. Schlussfolgerungen des Vorsitzes des Europäischen Rates zu Tampere vom 15. und 16. Oktober 1999, NJW 2000, 1925 f. = http://europa.eu.int/council/off/conclu/oct99/oct99_de.htm, Punkt 39: „Im Bereich des materiellen Zivilrechts bedarf es einer allgemeinen Studie über die Frage, ob zur Beseitigung von Hindernissen für das reibungslose Funktionieren von zivilrechtlichen Verfahren die zivilrechtlichen Vorschriften der Mitgliedstaaten angeglichen werden müssen.“.

[106] *Sonnenberger*, RIW 2002, 489 (489).

[107] S. Schlussfolgerungen des Vorsitzes des Europäischen Rates zu Laeken vom 14. und 15. Dezember 2001, http://ue.eu.int/Newsroom/makeFrame.asp?MAX=&BID=7 6&DID=68829&LANG=2&File=/pressData/de/ec/68829.pdf&Picture=0, Punkt 37: „Der Europäische Rat bekräftigt sein Engagement in Bezug auf die politische Orientierung und die Ziele, die in Tampere festgelegt wurden, ...“.

[108] Entschließung des Europäischen Parlaments vom 15. November 2001 zur Annäherung des Zivil- und Handelsrechts der Mitgliedstaaten [KOM (2001) 398] = ZEuP 2002, 634 ff. = www.ipr.uni-koeln.de (Europäisches Privatrecht); Bericht des Ausschusses Recht und Binnenmarkt A5-0384/2001, erstattet von dem Abgeordneten *Lehne*; zur Resolution s. *v. Bar*, ZEuP 2002, 629 ff..

modernen gesamteuropäischen Privatrechts enthielt. In diesem Rahmen hat sich das Parlament ausdrücklich für eine „Weitung des Blicks auf ..., das Recht der außervertraglichen Schuldverhältnisse (Deliktsrecht, Bereicherungsrecht), ...“ ausgesprochen.

Mit diesen Entschließungen nehmen die Organe der Gemeinschaft auch auf die jahrelangen und intensiven Anstrengungen der Europäischen Rechtswissenschaft, die Schaffung eines einheitlichen Zivilgesetzbuches voranzutreiben, Bezug. Es ist in diesem Zusammenhang vor allem die auf private Initiative von *Ole Lando* hin - schon vor der ersten Resolution des Europäischen Parlaments - gegründete „Commission on European Contract Law“ zu nennen. Diese von der Europäischen Kommission unterstützte Arbeitsgruppe hat sich der Aufgabe angenommen, Grundsätze des Vertragsrechts für den gesamten Bereich der Europäischen Union in kodifikationsähnlicher Form zu fixieren.[109] Vorläufiges Ergebnis der Arbeit der ersten und der zweiten Kommissionen waren die „Principles of European Contract Law Part I and II“[110], auch *Lando-Principles* genannt. Obwohl *Tilmann*[111] 1995 noch davon ausging, dass sich der Ausschuss in einem weiteren Schritt den für den gemeinschaftsweiten Rechtsverkehr erforderlichen gesetzlichen Schuldverhältnissen, darunter auch des Bereicherungsrechts, annimmt, hat sich die dritte Kommission als Arbeitsgegenstand ein Gebiet ausgesucht, das nach deutscher Systematik dem allgemeinen Schuldrecht angehört[112]. Das Arbeitsergebnis der dritten Kommission, „Principles of European Contract Law Part III“, wurde 2002 ins Internet[113] gestellt und 2003 veröffentlicht[114].

Obwohl die Tätigkeit der Commission on European Contract Law mit Vollendung dieser drei Teile abgeschlossen ist, werden die Arbeiten von der

---

[109] Vgl. *Zimmermann*, ZEuP 1995, 731 (731).

[110] S. *Lando/Beale*, Principles = ZEuP 1995, 864 ff. (deutsche Übersetzung von Teil I) = ZEuP 2000, 675 ff. (deutsche Übersetzung von Teil I und II) = www.jus.uio.no/lm/eu.contract.principles.1998/index.html = www.ipr.uni-koeln.de; s. dazu *Zimmermann*, ZEuP 1995, 731 ff.; ders., JZ 1995, 477 ff.; ders., ZEuP 2000, 391 ff..

[111] Vgl. *Tilmann*, ZEuP 1995, 534 (536).

[112] Vgl. *Zimmermann*, ZEuP 2000, 391 (392).

[113] Unter www.ipr.uni-koeln.de findet sich ein link zu den Principles of Euopean Contract Law III von 2002.

[114] S. *Lando/Clive/Prüm/Zimmermann*, Principles III.

„Study Group on a European Civil Code (SGECC)“[115] weitergeführt. Die SGECC, die sich zum Teil aus Mitgliedern der LandoKommission zusammensetzt, verfolgt grundsätzlich dieselben Ziele wie die Commission on European Contract Law. Mit dem Ziel eines kommentierten Restatements soll ein „European Civil Code“ erarbeitet werden, welcher die im Wege rechtsvergleichender Forschung ermittelten allgemeinen Grundsätze des Europäischen Vermögensrechts enthält. Die Arbeiten der Study Group sind somit aber nicht - wie die der Lando-Kommission - auf das allgemeine Vertragsrecht beschränkt, sondern beziehen sich auch auf besondere Verträge, die gesetzlichen Schuldverhältnisse und das Mobiliarsachenrecht. Endgültige Vorschläge der Osnabrücker Arbeitsgruppe[116] („The Osnabruck Working Team on Extra-Contractual Obligations“)[117] zum Recht der ungerechtfertigten Bereicherung liegen bisher nicht vor.[118] *V. Bar*[119] hat die ersten Bände für 2004 angekündigt.

Auch UNIDROIT[120] hat Regelungen erarbeitet, die aber in Bezug auf den Themenkreis nicht über den der Lando-Principles hinausgehen.

---

[115] S. dazu *v. Bar*, ZEuP 2001, 515 ff.; 799 (800); ders., FS Henrich, S. 1 ff.; die Homepage des Gesamtprojekts: http://www.sgecc.net.

[116] Insgesamt ist die Arbeit auf sieben Arbeitsgruppen aufgeteilt: The Hamburg Working Team on Credit Securities, The Salzburg Working Team on Transfer of Moveable Property, The Nancy Working Team on Financial Services, The Edinburgh Working Team on Trust Law, The Osnabruck Working Team on Extra-Contractual Obligations, The Dutch Working Team on Sales, Services and Longterm Contracts; The Project Group on a Restatement of European Insurance Contract Law (Innsbruck Group).

[117] Diese Arbeitsgruppe hat ihren Sitz im Institut für internationales Privatrecht und Rechtsvergleichung der Universität Osnabrück und wird deshalb häufig als „von Bar Arbeitsgruppe“ bezeichnet; Homepage: http://www.europe.uos.de/ECC/index.htm.

[118] Arbeitspapiere finden sich unter http://www.europe.uos.de/ECC/work_in_progress.htm; zu den Konturen des Deliktsrechtskonzepts des Working teams liegt ein Bericht von *v. Bar*, ZEuP 2001, 515 ff., vor.

[119] S. *v. Bar*, ZEuP 2002, 629 (632 Fn. 12).

[120] „Unidroit Principles of International Commercial Contracts“ von 1994; Originalfassung bei *Unidroit* (Hrsg.), Principles of international commercial contracts = www.unidroit.org/english/principles/contents.htm.; deutsche Übersetzung abgedruckt bei *Bonell*, Unidroit Principles, S. 201 ff., sowie in ZEuP 1997, 890 ff. = IPRax 1997, 205 ff.; eine revidierte Version der Übesetzung bei *Schulze/Zimmermann*, Basistexte, III.15.

Ein weiterer Entwurf[121] eines europäischen Vertragsgesetzbuches wird gegenwärtig von der Akademie Europäischer Privatrechtswissenschaftler in Pavia unter der Leitung von *Guiseppe Gandolfi* erarbeitet. Der erste und zweite Teil sind bereits publiziert.[122]

Obwohl das Europäische Parlament in seiner Resolution vom 15. November 2001 einen „atemberaubend ehrgeizigen"[123] Zeitplan entworfen hat, ist eine Vereinheitlichung des Sachrechts der außervertraglichen Schuldverhältnisse vom jetzigen Standpunkt noch nicht konkret absehbar. Ein Problem stellt es nicht nur dar, eine konsensfähige Lösung in Bezug auf den Inhalt des Gesetzbuches zu finden, sondern auch auf allgemeine Fragen, wie z.B. das bis heute noch nicht geklärte Zuständigkeitsproblem[124], eine Antwort zu finden.

II. Kollisionsrechtsvereinheitlichung

Die Versuche, einheitliche Kollisionsnormen für das Recht der außervertraglichen Schuldverhältnisse mit supranationalem oder staatsvertraglichem Ursprung[125] zu schaffen, sind hingegen bereits unternommen worden, aber bisher erfolglos geblieben:

---

[121] Für ein einheitliches europäisches Zivilrecht oder Zivilprozessrecht setzten sich ferner die European Group on Tort Law (Tilburg Group), die International Working Group on European Trust Law, die European Research Group on Existing EC Private Law (Acquis Gruppe), The Common Core of European Private Law Project (Trento Gruppe), die Commission on European Family Law, die Working Group for the Approximation of the Civil Procedure Law (Storme Gruppe), die Society of European Contract Law (SECOLA) und die Working Group on European Life Annuity Law (Life-Group) ein; links zu den Homepages der verschiedenen Gruppen finden sich unter www.ipr.uni-koeln.de; zur Tilburg Gruppe s. auch *Spier/Haazen*, ZEuP 1999, 469 ff..

[122] Deutsche Fassung abgedruckt in ZEuP 2002, 139 ff. (Erster Teil) und 365 ff. (Zweiter Teil); *Schulze/Zimmermann*, Basistexte, III.10; französische Fassung bei *Gandolfi*, Code Européen de Contrats; s. dazu *Gandolfi*, ZEuP 2002, 1 ff.; *Sonnenberger*, RIW 2001, 409 ff..

[123] *V. Bar*, ZEuP 2002, 629 (632).

[124] Zu den Rechtssetzungsbefugnissen jüngst *Basedow*, AcP 2000, 445 (473 ff); *Sonnenberger*, RIW 2002, 489 (490 ff.); *Stathopoulos*, ZEuP 2003, 243 ff.; *Staudinger*, VuR 2001, 353 (357); *Tilmann/van Gerven*, Kompetenzen der EU, S. 185 ff..

[125] Nicht näher eingegangen wird auf das „Haager Übereinkommen vom 4.5.1971 über das auf Straßenverkehrsunfälle anwendbare Recht" (abgedruckt bei *Jayme/Hausmann*, Privat- und Verfahrensrecht, Nr. 100), sowie das Haager Übereinkommen vom 2.10.1973 über das

1. EWG-Vorentwurf von 1972

Die Rechtspolitik der Europäischen Gemeinschaften hat sich erst verhältnismäßig spät mit dem Internationalen Privatrecht befasst.[126] Unmittelbarer Anlass für eine Auseinandersetzung bildete die im Namen der Benelux-Staaten an die Kommission gerichtete Aufforderung vom 08.09.1967, das IPR im Bereich der Gemeinschaften auf der Grundlage des Benelux-Entwurfs zu einem einheitlichen Kollisionsrecht[127] zu vereinheitlichen.[128] Nachdem sich die Regierungssachverständigen der Mitgliedstaaten in zwei Treffen 1969 u.a.[129] für eine Harmonisierung des Internationalen Obligationenrechts ausgesprochen hatten (mit Ausnahme der deutschen Delegation), erteilte der Ausschuss der ständigen Vertreter der Mitgliedstaaten am 15.1.1970 den Auftrag, die Vereinheitlichung des Internationalen Privatrechts auf dem genannten Gebiet vorzubereiten.

Als ein maßgebliches Kriterium für die Entscheidung zugunsten einer Vereinheitlichung des Internationalen Obligationenrechts sieht *Wagner*[130] mit Verweis auf *Kropholler*[131] die sich in Zusammenhang mit dem „Brüsseler EWG-Übereinkommen über die gerichtliche Zuständigkeit und die Vollstreckung gerichtlicher Entscheidungen in Zivil- und Handelssachen“[132] (EuGVÜ)

---

auf die Produkthaftpflicht anwendbare Recht (abgedruckt in RabelsZ 1973, 594 ff.), welche Deutschland nicht ratifiziert hat.

[126] *Siehr*, AWD 1973, 569 (569).

[127] Aufbauend auf dem Entwurf „Traité Benelux portant loi uniforme relative au droit international privé“ vom 03.07.1969; deutsche Fassung abgedr. in Standesamt 1969, 250 ff., mit Verweis auf die Vorentwürfe (nicht in Kraft getreten).

[128] Vgl. *Siehr*, AWD 1973, 569 (569 insbes. Fn. 8).

[129] Daneben sprach man sich für eine Harmonisierung des Internationalen Sachenrechts, des auf die Form von Rechtsgeschäften und auf den Beweis anwendbaren Rechts, sowie die mit diesen Materien verknüpften Probleme des allgemeinen Kollisionsrechts aus, vgl. *Guiliano/Lagarde*, Bericht, ABl. EG 1980 C 282/1, 5 f.; *Siehr*, AWD 1973, 569 (570).

[130] Vgl. *Wagner*, EuZW 1999, 709 (709); so wohl auch *v. Hoffmann*, IPR, 6. Aufl., § 1, Rdnr. 117.

[131] Vgl. *Kropholler* Anm. zu BGH v. 22.6.1983-VIII ZB 14/82, JZ 1983, 905 ff.; ders., FS Firsching, S. 165 (172).

[132] „Brüsseler EWG-Übereinkommen über die gerichtliche Zuständigkeit und Vollstreckung in Zivil- und Handelssachen v. 27. Juni 1968“, BGBl. II 1972, 774, für die Bundesrepublik Deutschland seit dem 1.1.1999 (BGBl. II 1999, 419) in Kraft i.d.F. des 4. Beitrittsübereinkommens (BGBl. II 1998, 1411). Die konsolidierte Fassung des

stellende sog. forum shopping-Problematik[133] an. Das EuGVÜ stellt dem Kläger mehrere konkurrierende Gerichtsstände, an denen unterschiedliche Kollisionsnormen gelten, zur Verfügung.[134] Folglich kann er die Gerichte des Staates wählen, dessen Kollisionsrecht ihm ein Sachrecht zur Verfügung stellt, das seinen Ansprüchen günstiger ist. Um ein die unterschiedlichen Kollisionsnormen ausnutzendes forum shopping zu verhindern, ist eine Vereinheitlichung des Internationalen Privatrechts im Anwendungsbereich des EuGVÜ notwendig.[135] Wie sich unten noch näher zeigen wird[136], sieht das EuGVÜ, bzw. die neue EuGVO, nicht nur im Fall einer unerlaubten Handlung, sondern auch bei Bereicherungsansprüchen konkurrierende Gerichtsstände vor, so dass sich auch insoweit die forum-shopping-Problematik stellt.

Vor diesem Hintergrund stellte die Kommission am 23. Juni 1972 einen ersten „Vorentwurf eines EWG- Übereinkommens über das auf vertragliche und außervertragliche Schuldverhältnisse anzuwendende Recht“[137] fertig, der auch - wenngleich umstrittene[138] - Vorschriften zum Recht der außervertraglichen Schuldverhältnisse enthielt[139]. Im September desselben Jahres wurde

---

Übereinkommens nach dem Beitritt von Österreich, Finnland und Schweden ist veröffentlicht in ABl. EG 1998 C 27/1 = *Jayme/ Hausmann*, Privat- und Verfahrensrecht, 10. Aufl., Nr. 150; das EuGVÜ ist durch die Brüssel I-VO, „Verordnung (EG) Nr. 44/2001 des Rates v. 22.12.2000 über die gerichtliche Zuständigkeit und die Anerkennung und Vollstreckung von Entscheidungen in Zivil- und Handelssachen“, ABl. EG 2001 L 12/1 = *Jayme/Hausmann*, Privat- und Verfahrensrecht, Nr. 160, abgelöst worden; s. dazu auch u. im Vierten Teil und unter Fn. 218.

[133] Zum forum shopping allgemein s. *v. Hoffmann*, IPR, § 1, Rdnrn. 48 f..

[134] S. dazu *Wagner*, EuZW 1999, 709 (709): „An dieser „Zuständigkeitskonkurrenz“ wird sich durch die Revision des EuGVÜ nichts ändern.“.

[135] Vgl. *Kreuzer*, Europäisierung, 1. Aufl., S. 373 (407 ff.); *Kropholler*, JZ 1983, 905 (907); ders., Zivilprozessrecht, Art. 5 EuGVÜ, Rdnr. 73; ders., FS Firsching, S. 165 (173); *Wagner*, EuZW 1999, 709 (709); so wohl auch *v. Hoffmann*, § 1, Rdnr. 49; Staudinger/*v. Hoffmann*, Vorbem zu Art 38 ff EGBGB, Rdnr. 15.

[136] S.u. Vierter Teil B.

[137] Text teilweise abgedruckt im *Anhang* (S. 343 ff.); erläutert von *Giuliano/Lagarde/van Sasse van Yselt*, Acts and Documents, S. 241 ff.; zum Übereinkommen s. auch *König*, EuR 1975, 289 ff.; *Siehr*, AWD 1987, 569 ff.., m. weiteren Nachweisen unter Note *.

[138] *Einsele*, JZ 1993, 1025 (1025 Fn. 3); s. dazu auch *Degner*, Quasikontrakt, S. 77 f..

[139] Art. 10 (unerlaubte Handlung), Art. 13 (sonstige außervertragliche Schuldverhältnisse) des Entwurfs.

der Bericht dem Ausschuss der ständigen Vertreter zur Weiterleitung an die Regierungen der Mitgliedstaaten der Gemeinschaften vorgelegt.

Mit Blick auf diese Ereignisse kann das Jahr 1972 als Ausgangspunkt für die geschichtliche Entwicklung des Kollisionsrechts der außervertraglichen Schuldverhältnisse auf europäischer Ebene bezeichnet werden.

Endgültiges Ergebnis dieser Vereinheitlichungsbestrebungen war das „Römische Übereinkommen über das auf vertragliche Schuldverhältnisse anzuwendende Recht“ (auch EVÜ oder Rom I- Übereinkommen genannt)[140], das von sieben EG-Staaten am 19. Juni 1980 in Rom unterzeichnet wurde. Das Übereinkommen ließ bis auf die versteckte Vorschrift des Art. 10 Abs. 1 lit. e EVÜ, der durch Art. 32 Abs. 1 Nr. 5 EGBGB 1986 in das autonome deutsche IPR transformiert wurde[141], das außervertragliche Schuldrecht jedoch ungeregelt. Zurückzuführen ist diese Wende, wie bereits oben angedeutet, auf den zeitlich parallel erfolgten EG-Beitritt des Vereinigten Königreichs Großbritannien, Nordirlands, des Königreichs Dänemark und Irlands am 01. Januar 1973. Das Vereinigte Königreich sprach sich für eine Beschränkung des Übereinkommens auf vertragliche Schuldverhältnisse aus.[142] Die Haltung Großbritanniens wird in der Literatur[143] mit den

---

[140] „Römische Übereinkommen über das auf vertragliche Schuldverhältnisse anzuwendende Recht vom 19. Juni 1980“, ABl. EG 1980 L 266/1; Die konsolidierte Fassung des Römischen EWG-Übereinkommens nach dem Beitritt von Österreich, Finnland und Schweden ist veröffentlicht in ABl. EG 1998 C 27/34 = *Jayme/Hausmann*, Privat- und Verfahrensrecht, Nr. 70; *Schulze/Zimmermann*, Basistexte, II.30; s. dazu *Giuliano/ Lagarde*, Bericht, ABl. EG 1980 C 282/1.

[141] *Wagner*, IPRax 1998, 429 (431 Fn. 23): „Aufgrund der sog. Inkorporationslösung sind die staatsvertraglichen Regelungen in das EGBGB eingestellt und die Vorschriften des Übereinkommens ausdrücklich für nicht anwendbar erklärt worden (Art. 1 II des Vertragsgesetzes v. 25.7.1986, BGBl. 1986 II 809).“; zu Art. 32 Abs. 1 Nr. 5 s. auch Dritter Teil C.I.

[142] Vgl. BT-Dr. 10/504 v. 20.10.1983, 28 f.; *Giuliano/Lagarde*, Bericht, ABl. EG 1980 C 282/7; *North*, Contractual Obligations, S. 7 f..

[143] *Plaßmeier*, Bereicherung, S. 23, 24 insbes. Fn. 15; ebenso *Einsele*, JZ 1993, 1025 (1025): „... zumal das Bereicherungsrecht und dessen Funktion eng mit den wesentlichen Grundprinzipien der jeweiligen Rechtsordnung verbunden und entsprechend unterschiedlich ausgestaltet ist.“; so wohl auch Staudinger/*v. Hoffmann*, IPR, 13. Aufl., Art. 38, Rdnr. 18. Rechtsvergleichende Betrachtungen bei *Busse*, Bereicherungsrecht, S. 10 ff.; *Einsele*, JZ 1993, 1025 ff.; *Plaßmeier*, Bereicherung, S. 94 ff..

gravierenden Systemunterschieden zwischen den kontinentalen Rechten und dem common law begründet.

2. Aktuelle Entwicklung und Tendenzen[144]

a. Wiederaufnahme der Arbeiten an Rom II

Nach Rom I war es lange still um das Kollisionsrecht der außervertraglichen Schuldverhältnisse auf europäischer Ebene. Am 18.12.1997 beschloss der Rat der Europäischen Union[145], in dem verbleibenden Zeitraum bis zum Inkrafttreten des Vertrages von Amsterdam zu prüfen, ob die Ausarbeitung eines Übereinkommens über das auf außervertragliche Schuldverhältnisse anwendbare Recht erforderlich und möglich ist. Das angestrebte Übereinkommen wird in Anlehnung an das EVÜ (Rom I) auch als Rom II-Übereinkommen bezeichnet.

Eine unter österreichischer EU-Präsidentschaft eingesetzte EU-Arbeitsgruppe sprach sich noch im Jahr 1998 dafür aus, das Projekt anzugehen, worauf ihr das Mandat erteilt wurde, einen Entwurf zu fertigen. Diese Entwicklung wurde sicher dadurch begünstigt, dass sich das Vereinigte Königreich Großbritannien und Nordirland durch eine zum 1.1.1996 in Kraft getretene Gesetzesänderung[146] zwar nicht gänzlich, aber doch weitgehend von der kumulativen Anknüpfung (sog. *double actionability rule*)[147] an das Recht des

---

[144] Zur historischen Entwicklung von Rom II s. auch „Proposal for a Regulation of the European Parliament and the Council on the Law applicable to non-contractual Obligations (Rom II)" v. 22. Juli 2003 [COM (2003) 427 final], www.ipr.uni-koeln.de (Europäisches Kollisionsrecht), S. 3 f.; Text abgedruckt im *Anhang* (S. 343 ff.).

[145] Entschliessung des Rates vom 18.12.1997 zur Festlegung der Prioritäten für die Zusammenarbeit im Bereich Justiz und Inneres für den Zeitraum vom 1. Jan. 1998 bis zum Inkrafttreten des Vertrages von Amsterdam, ABl. EG 1998 C 11/2 (unter I 5.1.d).

[146] Private International Law (Miscellaneous Provisions) Act 1995, c. 42, Part III (Choice of Law in Tort and Delict), in Halsbury's Statutes Service: Issue 67, 45 Tort S. 1 ff. = www.hmso.gov.uk/acts/ acts1995/Ukpga_19950042_en_1.htm; s. dazu *North/Fawcett*, Private International Law, S. 614 ff..

[147] Die double actionability rule verlangt zum einen, dass das im Ausland begangene Delikt nach englischem/schottischem Recht einen Anspruch auf Schadensersatz begründen würde, falls es in England/Schottland begangen worden wäre; zum anderen darf die

Begehungsorts und die lex fori für Ansprüche aus unerlaubter Handlung gelöst hatten, so dass ein Konsens zwischen den Mitgliedstaaten möglich erschien.

In dem in Wien im Dezember 1998 gebilligten Aktionsplan des Rates und der Kommission zur bestmöglichen Umsetzung der Bestimmungen des Amsterdamer Vertrages über den Aufbau eines Raumes der Freiheit, der Sicherheit und des Rechts[148] betrifft eine der Prioritäten die Durchführbarkeit und Zweckmäßigkeit eines Rechtsinstruments über das auf außervertragliche Schulderhältnisse anzuwendende Recht. Diesbezügliche Maßnahmen sind binnen zwei Jahren nach Inkrafttreten des Amsterdamer Vertrages zu ergreifen. Der Rat bekräftigte die im Rahmen des Aktionsplans gesetzten Ziele auf seiner Tagung in Tampere im Oktober 1999.[149]

Die Arbeiten der Arbeitsgruppe des Europäischen Rates wurden Ende 1999 abgeschlossen.[150] Nach der Vergemeinschaftung der justitiellen Zusammenarbeit durch den Amsterdamer Vertrag[151] wartete man auf einen Vorschlag der Europäischen Kommission für einen Rechtsakt Rom II gem. Art. 67 Abs.

Handlung nach dem Tatortrecht nicht gerechtfertigt sein, s. *Wagner*, EuZW 1999, 709 (710 insbes. Fn. 19); ders., IPRax 1998, 429 (438 Fn. 129); s. dazu auch *North/Fawcett*, Private International Law, S. 609 f..

[148] Vgl. Aktionsplan des Rates und der Kommission zur bestmöglichen Umsetzung der Bestimmungen des Amsterdamer Vertrages über den Aufbau eines Raumes der Freiheit, der Sicherheit und des Rechts v. 3.12.1998, ABl. EG 1999 C 19/1 = IPRax 1999, 288 ff. (zweisprachige Mitteilung), Teil II B II Nr. 40 lit. b: „Folgende Maßnahmen sollten binnen zwei Jahren nach Inkrafttreten des Vertrages ergriffen werden: a) ... b) Erstellung eines Rechtsaktes betreffend das auf die außervertraglichen Schuldverhältnisses anzuwendende Recht (Rom II) ....".

[149] S. Schlussfolgerungen des Vorsitzes des Europäischen Rates zu Tampere vom 15. und 16. Oktober 1999, NJW 2000, 1925 f. = http://europa.eu.int/council/off/conclu/oct99/oct99_de.htm, Punkt 9: „Der Europäische Rat ersucht den Rat und die Kommission, in enger Zusammenarbeit mit dem Europäischen Parlament darauf hinzuwirken, daß der Vertrag von Amsterdam auf der Grundlage des Wiener Aktionsplans ... in allen Teilen und unmittelbar durchgeführt wird.".

[150] Der endgültige Entwurf eines Rechtsaktes der Arbeitsgruppe ist nicht publiziert worden. Allein der Bericht von *Wagner* in EuZW 1999, 709 ff., gibt einen Einblick in die Arbeit der Gruppe. Im Dokument des Rates der Europäischen Union v. 9. Dezember 1999, Dok. 11982/99, ist der vorläufige Text des Entwurfes abgedruckt.

[151] S. dazu unten Zweiter Teil B.

1 EGV, der dann in der zuständigen Arbeitsgruppe beraten werden musste. Der Zivilrechtsausschuss des Rates für Allgemeine Fragen selbst bekräftigte 2001 in einer Sitzung[152] nochmals, dass Rom II auf der Liste der geplanten Vorhaben nicht an Priorität verloren hat.

Die Kommission hat die Arbeit an einem Vorschlag zu Rom II aufgenommen und 1999 einen internen Entwurf zu einer Verordnung über das auf außervertragliche Schuldverhältnisse anwendbare Recht erarbeitet.[153] Im ersten Anzeiger[154] der Kommission (erstes Semester 2000)[155] wurde in der Rubrik 3.3 eine „Mitteilung im Frühjahr 2000" zu Rom II in Aussicht gestellt. Im zweiten Anzeiger[156] (zweites Semester 2000) beabsichtigte die Kommission zu Rom II die „Vorlage eines Grünbuchs[157] vor Ende 2000 [...] - ggf. Vorlage eines Entwurfs für eine Verordnung". Ein Grünbuch stellte auch ein Repräsentant der Kommission Mitte 2000 im Rahmen der Beratungen im Rat

---

[152] Vgl. Dokument des Rates der Europäischen Union v. 22. Oktober 2001, Dok. 12858/01, 2.

[153] EG-Kommissionsentwurf vom 21.6.1999; in der französischen Originalfassung abgedruckt bei Staudinger/*v. Hoffmann*, Vorbem zu Art 38 ff EGBGB, Rdnr. 16.

[154] Nach Inkrafttreten des Amsterdamer Vertrages war die Kommission mit vielen Initiativen beauftragt, die nicht nur aus dem Wiener Aktionsplan sondern auch aus den „Schlussfolgerungen von Tampere" stammten. Um ein regelmäßiges und möglichst klares Bild der Fortschritte und eventueller Lücken in diesem Bereich zu geben, entschied die Kommission, zweimal pro Jahr einen „Anzeiger" zu veröffentlichen, s. *Wilderspin*, Vergemeinschaftung des internationalen Schuldrechts, S. 77 (78).

[155] S. Mitteilung der Kommission an den Rat und das Europäische Parlament: Anzeiger der Fortschritte bei der Schaffung eines „Raumes der Freiheit, der Sicherheit und des Rechts" in der Europäischen Union v. 24.3.2000 [KOM (2000) 167 endgültig], 3.3, S. 17 = www.europa.eu.int/eur-lex/de/com/pdf/2000/com2000_0167de01.pdf (deutschsprachige Fassung).

[156] S. Mitteilung der Kommission an den Rat und das Europäische Parlament: Anzeiger der Fortschritte bei der Schaffung eines „Raumes der Freiheit, der Sicherheit und des Rechts" in der Europäischen Union: Halbjährliche Aktualisierung (2. Halbjahr 2000) v. 30.11.2000 [KOM (2000) 782 endgültig], 3.3, S. 17 = www.europa.eu.int/eur-lex/de/com/pdf/2000/com2000_0782de01.pdf (deutschsprachige Fassung).

[157] Anm.: Grünbücher sind von der Kommission veröffentlichte Mitteilungen über einen bestimmten Politikbereich. Sie richten sich vor allem an interessierte Dritte, Organisationen und Einzelpersonen, die dadurch die Möglichkeit erhalten, an der Konsultation und Beratung teilzunehmen, s. www.europa.eu.int/comm/off/green/ ndex_de.htm.

in Aussicht.[158] Auf Anfragen des Vereinigten Königreichs kündigte ein Kommissionsvertreter Mitte 2001 einen endgültigen Entwurf zu Rom II an, der dem Rat Ende 2001 zugestellt werden sollte.[159]

Was zunächst über die Presse[160] bekannt wurde, wurde von der Kommission 2001 bestätigt[161]: Die Kommission hat sich für Rom II für den Verzicht auf ein Grünbuch entschieden. Stattdessen hat die Kommission die Arbeiten an einem Vorentwurf eines Vorschlages des Rates fortgesetzt. Im Mai 2002 - nach Ablauf der im Wiener Aktionsplan festgelegten Frist - ist dieser Vorentwurf als Vorschlag des Rates zur Anhörung im Internet von der Generaldirektion Justiz und Inneres (Referat 3 - Justizielle Zusammenarbeit in Zivilsachen)[162] veröffentlicht worden. Auf den Vorschlag eines Vorentwurfes, der den Anstoß zu einer öffentlichen Debatte über den künftigen Gemeinschaftsrechtsakt Rom II geben sollte, gingen mehr als 80 Stellungnahmen ein.[163] Der entsprechende Kommissionsbericht[164] war Anfang

---

[158] Vgl. Dokument des Rates der Europäischen Union v. 5. Juni 2000, Dok. 7975/00, 4.

[159] Vgl. Dokument des Rates der Europäischen Union v. 16. Mai 2001, Dok. 8398/01, 3; Dokument des Rates der Europäischen Union v. 24. Juli 2001, Dok. 10965/01, 2.

[160] S. etwa Financial Times Deutschland v. 11.4.2001, „Brüssel streitet über Internet-Recht“: „Die ... geplante Vorstellung des Grünbuchs zum Rechtsstand für außervertragliche Schuldverhältnisse wurde kurzfristig abgesagt.”; The European Voice v. 12.4.2001, „Justice chief set to gag ‘Rom II’ critics“: „The Portuguese Commissioner is ditching his Green Paper on Rom II ....”.

[161] Mitteilung der Kommission an den Rat und das Europäische Parlament: Anzeiger der Fortschritte bei der Schaffung eines „Raumes der Freiheit, der Sicherheit und des Rechts“ in der Europäischen Union, Halbjährliche Aktualisierung (1. Halbjahr 2001) v. 23.5.2001 [KOM (2001) 278 endgültig], Punkt 3.3, S. 22 = www.europa.eu.int/eur-lex/de/com/cnc/2001/com2001_0278en01.pdf (englischspachige Fassung); es besteht allerdings eine Diskrepanz zwischen den deutschen und den anderen Texten. In der deutschen Fassung ist die Rede von der „Vorlage eines Grünbuches vor Ende 2001“, während die englischen und die französischen Fassungen einen Verordnungsvorschlag erwähnen. Es ist davon auszugehen, dass es sich in der deutschen Version um einen Übersetzungsfehler handelt, vgl. *Wilderspin*, Vergemeinschaftung des internationalen Schuldrechts, S. 77 (79).

[162] Anhörung über einen Vorentwurf eines Vorschlages für eine Verordnung des Rates über das auf außervertragliche Schuldverhältnisse anzuwendende Recht, abgedruckt im *Anhang* (S. 343 ff.).

[163] Interessierte Parteien hatten bis zum 15. September 2002 die Möglichkeit, ihre Bemerkungen schriftlich an die Generaldirektion Justiz und Inneres zu richten.

November 2002 im Internet zugänglich. Die Reaktionen reichten von gänzlicher Zurückweisung bis zu wenig kritischer Anerkennung. Obwohl vor allem die Kollisionsnormen zum Recht der unerlaubten Handlung im Vordergrund standen, wurde auch die Regelung zur ungerechtfertigten Bereicherung (Art. 10 des Vorentwurfes) der Kritik unterzogen.[165] Dies zeigen besonders die Stellungnahmen der Hamburg Group for Private International Law des Max-Planck-Institutes für ausländisches und internationales Privatrecht in Hamburg[166] und des Deutschen Rates für Internationales Privatrecht[167]. Am 7. Januar 2003 fand auf Veranlassung der Europäischen Kommission in Brüssel eine öffentliche Anhörung zu Rom II stattgefunden.[168] Im Mittelpunkt der Erörterungen standen vor allem deliktsrechtliche Problematiken.[169] Am 22.

---

[164] „Follow-up of the consultation on a preliminary draft proposal for a Council Regulation on the law applicable to non-contractual obligations („Rome II")", s. http://europa.eu.int/comm/justice_home/news/consulting_public/rome_ii/wai/news_summary_rome2_en.htm (englisch).

[165] S. www.europa.eu.int/comm/justice_home/unit/civil/consultation/contributions_en.htm, S. 1 f.: „The contributions focused on 12 major topics: Interest of a Rome-II-Regulation for the EU, Scope of Application (in particular IPRights; Art. 1), Universal scope of application (Art. 2), The general conflict of laws' rule (Art. 3), Product liability (Art. 5), Unfair competition and unfair practices (Art. 6), Defamation (Art. 7), Non-contracutal obligations other than tort (Art. 10), Freedom of choice (Art. 11), Rules of conduct and safety (Art 13), Ordre public (Art. 20), Relationship with other community instruments (Art. 23).".

[166] Die Hamburg Group for Private International Law setzt sich zusammen aus Wissenschaftlern des Max-Planck-Instituts für ausländisches und internationales Privatrecht in Hamburg (J. Basedow, F. Blobel, J. Essebier, J. v. Hein, A. Metzger, R. Michaels, H.-J. Puttfarken, J. Samtleben, J. Schnier, S. Schwarz) und des Lehrstuhls für ausändisches und internationales Privatrecht der Universität Hamburg (U. Magnus, P. Mankowski); die Stellungnahme ist unter http://europa.eu.int/comm/justice_home/news/consulting_public/rome_ii/wai/news_summary_rome2_en.htm, und unter http: //www. mpipriv_hh.mpg.de/, einsehbar.

[167] Stellungnahme der Zweiten Kommission des Deutschen Rates für Internationales Privatrecht, abgedruckt unter www.europa.eu.int/comm/justice_home/unit/civil/consultation/contributions_en.htm, S. 39 ff..

[168] „Hearing on a preliminary draft proposal for a council regulation on the law applicable to non-contractual obligations (Rom II)", www.europa.eu.int/comm/justice_home/unit/civil/consultation/contributions_en.htm# 070103.

[169] Die Anträge auf Wortmeldung, die vor der Anhörung zu stellen waren, waren sieben Bereichen zugeordnet (Allgemeines, geistiges und gewerbliches Eigentum, Produkt-

Juli 2003 hat die Kommission einen endgültigen Vorschlag[170] vorgelegt. Obwohl die wichtigsten Änderungen Persönlichkeitsverletzungen und den gewerblichen Rechtsschutz betrafen, sind auch im Bereicherungskollisionsrecht einige Änderungen im Vergleich zum Vorentwurf vorgenommen worden. Ein Abschluss des Gesetzgebungsverfahrens wird aber nicht vor 2004 erwartet.

b. Arbeit der Groupe européen de droit international privé

Als die Arbeiten an dem Rom II Projekt 1998 aufgenommen wurden, verlief die Arbeit auf zwei parallelen Bahnen. Neben dem Rat beschäftigte sich auch die „Groupe européen de droit international privé“(GEDIP)[171] während ihrer Jahrestagung vom 25.-27. September 1998 in Luxemburg - von eher wissenschaftlicher Seite - mit dem Thema. Dieses Projekt wurde autonom ausgeführt, allerdings im Rahmen einer Finanzierung durch das Grotius-Programm[172] der EG. Ihre Position hat die GEDIP in einem endgültigen Entwurf („Proposition pour une convention européenne sur la loi applicable aux obligations non contractuelles“, bzw. „Proposal for a Euopean Convention on the law applicable to non-contractual obligations”)[173] nach

---

haftung, Wettbewerb und unlautere Praktiken, Verleumdung, Umweltschäden, Verschiedenes).

170 „Proposal for a Regulation of the European Parliament and the Council on the Law applicable to non-contractual Obligations (Rom II)“ v. 22. Juli 2003 [COM (2003) 427 final], www.ipr.uni-koeln.de (Europäisches Kollisionsrecht); Text abgedruckt im *Anhang* (S. 343 ff.).

171 GEDIP ist ein Kreis von IPR-Lehrern aus allen EG-Staaten sowie aus der Schweiz und Norwegen. Die Gruppe sieht ihre Aufgabe in erster Linie darin, aus ihrer Sicht notwendige Integrationsprozesse in der Europäischen Gemeinschaft auf dem Gebiet des IPR im weiteren Sinne anzustoßen und Initiativen der EG- Kommission kritisch zu begleiten. Der Kreis hat sich auf Initiative von François Rigaux (Louvain) 1991 gebildet und umfasst heute ca. 25 Mitglieder. Die Gruppe tagt einmal jährlich auf Einladung des Mitglieds oder der Mitglieder eines der vertretenen Länder. Zwischen den Tagungen bereiten einzelne Mitglieder oder Arbeitsgruppen die für die nächste Tagung beschlossenen Themen und Projekte vor. Präsidentin ist derzeit Hélène Gaudemet-Tallon (Paris), Generalsekretär ist Marc Fallon (Louvain- La-Neuve), s. *Kreuzer*, RabelsZ 2001, 383 (399 Fn. 81); die Homepage der GEDIP: http://www.drt.ucl.ac.be/gedip.

172 Project No. GR/97/051.

173 Text abgedruckt im *Anhang* (S. 343 ff.) (französische Originalfassung); der Arbeitsgruppe, die den Vorschlag vorbereitet hat, gehörten G. Droz, M. Fallon, A. Giardina, O.

dreijährigen Vorarbeiten[174] festgehalten, der dem Generalsekretariat des Ministerrats zugeleitet wurde.

III. Zusammenfassung zum Weg zu einem einheitlichen Bereicherungs- (-kollisions)recht

Obwohl im Zuge der Arbeiten im Hinblick auf eine Vereinheitlichung des Vertragsrechts durch einen europäischen Rechtsakt auch die Harmonisierung des Sachrechts der außervertraglichen Schuldverhältnisse von Expertengruppen in Angriff genommen wurde, ist eine Sachrechtsvereinheitlichung auf diesem Gebiet bisher nicht konkret vorhersehbar. Das Europäische Parlament[175] nennt das Jahr 2010 für die Ausarbeitung und Verabschiedung eines europäischen Vertragsrechts, „was kühn, wenn nicht überzogen erscheint"[176].
Vielmehr beschäftigen sich die Europäische Kommission und der Europäische Rat aktuell mit einem Rechtsakt Rom II, der die Vereinheitlichung des Kollisionsrechts der außervertraglichen Schuldverhältnisse zum Gegenstand hat.

B. Rechtliche Basis einer Rechtsvereinheitlichung auf europäischer Ebene

I. Allgemeines zur Rechtsetzungsbefugnis der Gemeinschaft

Tritt an die Stelle des nationalen Kollisionsrechts eine Europäische Regelung, liegt darin ein Eingriff in Rechte der Mitgliedstaaten. Wegen der originären Hoheitsgewalt und der im Verhältnis zur Union ursprünglich umfassenden Zuständigkeit der Mitgliedstaaten ist als Grundsatz von der eingeschränkten Zuständigkeitsübertragung zwischen den Mitgliedstaaten und der Union auszugehen.[177] Nach dem Prinzip der begrenzten (enumerativen) Einzelermächtigung („compétences d'attribution"), das in Artt. 5 Abs. 1, 7 Abs. 1 S.

Lando, F. Pocar und - in einem späteren Stadium - P. Lagarde, C. Morse und K. Kreuzer an, s. *Kreuzer*, RabelsZ 2001, 383 (399 Fn. 82); Tagungsbericht von *Jayme*, IPRax 1999, 298.

[174] Vgl. zur Tagung vom 26.-28.09.1997 in Den Haag den Bericht von *Jayme*, IPRax 1998, 140 f., mit weiteren Nachweisen zu früheren Tagungen in Fn. 1.

[175] S.o. Fn. 108.

[176] *Sonnenberger*, RIW 2002, 489 (498).

[177] S. Beutler/Bieber/Pipkorn/Streil/*Beutler*, 3.2.2.2, Rdnr. 121.

2, 10, 249 Abs. 1 EGV, Art. 5 des Vertrages über die Europäische Union (EUV) zum Ausdruck kommt, bedürfen die Rechtssetzungsorgane der Gemeinschaften damit einer ausdrücklichen Kompetenzzuweisung in den Gründungsverträgen, um im Rahmen ihrer Ziele zur gemeinschaftlichen Normsetzung befugt zu sein (= begrenzte Verbandskompetenz).[178] Das Prinzip der begrenzten Einzelermächtigung dient vor allem dem Schutz der Mitgliedstaaten vor ungewolltem Souveränitätsverlust (Art. 5 Abs. 1 EGV).[179]

II. Rechtszustand vor Inkrafttreten des Amsterdamer Vertrages

Das Kollisionsrecht fand in der alten Fassung des EGV keine Erwähnung.[180] Einzelne, in ihrem Umfang nicht bestimmte Bereiche des Internationalen Privat- und Verfahrensrechts konnten vor Amsterdam nur durch den Regelungsauftrag an die Mitgliedstaaten nach Art. 220 EGV a.F.[181] (Art. 293 EGV) erfasst werden.[182] Der Unionsvertrag oder Vertrag von Maastricht hatte hieran nichts Grundsätzliches geändert.[183]

Art. 220 EGV a.F. stellt die Ausübung der den Mitgliedstaaten in diesem Bereich zustehenden Kompetenzen in den Dienst der Gemeinschaft.[184] Die Vorschrift enthält die staatsrechtliche Befugnis der Mitgliedstaaten, völkerrechtliche Verträge untereinander auszuhandeln und begründet eine gemeinschaftsrechtliche Verpflichtung zu solchem Tätigwerden, um die in ihm konkretisierten Ziele des Gemeinsamen Marktes auch für diese Materien zu

---

178 Vgl. *Streinz*, Europarecht, Rdnr. 436; *Deckert/Lilienthal*, EWS 1999, 121 (121); *Koenig/Haratsch*, Europarecht, Rdnrn. 54 ff., 57; siehe auch EuGH (EMRK-Beitritt der Gemeinschaft), Slg. 1996-I, 1759 (1787).

179 S. *Koenig/Haratsch*, Europarecht, Rdnr. 59.

180 Vgl. *Basedow*, CMLRev. 2000, 688 (688): „It did not provide for the harmonization or unification of contract law, nor did it touch upon the issues of private international law.".

181 Unter a.F. sind die Vorschriften des EGV in der durch den Maastrichter Vertrag geänderten Fassung zu verstehen.

182 Vgl. *Jayme/Kohler*, IPRax 1997, 385 (386); *Deckert/Lilienthal*, EWS 1999, 121 (133).

183 Vgl. *Jayme/Kohler*, IPRax 1997, 385 (386): „Das Kollisionsrecht ist auch dort als solches nicht erwähnt, wurde allerdings als Gegenstand der in der 3. Säule organisierten Zusammenarbeit in Zivilsachen betrachtet, wobei der Art. 220 EGV ausdrücklich vorbehalten blieb.".

184 S. *Kohler*, Revision, S. 1 (5).

erreichen.[185] Die auf der Grundlage dieses Artikels geschlossenen Übereinkommen sind dabei weder primäres noch sekundäres Gemeinschaftsrecht, sondern in Ausführung primären Gemeinschaftsrechts (hier Art. 220 EGV a.F.) vereinbartes Völkerrecht.[186]

Die staatsrechtliche Befugnis der Mitgliedstaaten, völkerrechtliche Verträge untereinander auszuhandeln, wurde im Rahmen der Ausarbeitung von Rom I zunächst auch aus Art. 220 Unterabsatz 1 EGV a.F. hergeleitet.[187] An diesen Unterabsatz wurde gedacht, weil diese Vereinheitlichung die Bestimmung des anwendbaren Rechts und dessen Anwendung erleichtert, damit die Rechtssicherheit erhöht und infolgedessen den Schutz privater Rechte zu Bedingungen sicherstellt, wie sie jeder Staat seinen Angehörigen in Sachverhalten ohne Auslandsberührung einräumt. Kommission und Mitgliedstaaten waren also der Meinung, dass Artikel 220 Unterabschnitt 1 EGV a.F. auch kollisionsrechtliche Verschiedenbehandlungen der Angehörigen der Mitgliedstaaten umfasst.[188] Die Darstellung des Rom I- Übereinkommens als Übereinkommen zur Durchführung des Art. 220 EGV a.F. wurde jedoch aufgegeben[189] mit der Folge, dass sich die Präambel des EVÜs nicht auf Art.

---

[185] Vgl. Groeben/Thiesing/Ehlermann/*Schwartz*, Art. 220, Rdnr. 2; zu Art. 220 EGV a.F. s. näher Beutler/ Bieber/Pipkorn/Streil/ *Haag*, Rdnr. 408; Überblick über die bisher geschlossenen Abkommen u.a. bei Grabitz/Hilf/*Schweitzer*, EU II, Art. 293, Rdnrn. 7 ff.; s. dazu *Deckert/Lilienthal*, EWS 1999, 121 (133, Fn. 153): „In Bezug auf Art. 220 EGV a.F. hervorzuheben ist das Brüsseler Übereinkommen über die gerichtliche Zuständigkeit und die Vollstreckung gerichtlicher Entscheidungen in Zivil- und Handelssachen v. 27.9.1968 (EuGVÜ), BGBl. II 1972, 774 (*Anm.:* abgedruckt bei *Jayme/Hausmann*, Privat- und Verfahrensrecht, 10. Aufl., Nr. 150; Anmerkung vom Verfasser) an dessen Stelle inzwischen die VO 44/2001, ABl. EG L 12/2001, 1 ff. (*Anm.:* abgedruckt bei *Jayme/ Hausmann*, Privat- und Verfahrensrecht, Nr. 160; Anmerkung vom Verfasser) getreten ist.“.

[186] Überwiegende Meinung, s. für viele Groeben/Thiesing/Ehlermann/*Schwartz*, Art. 220, Rdnr. 12, m. weiteren Nachweisen in Fn. 11.

[187] Vgl. Groeben/Thiesing/Ehlermann/*Schwartz*, Art. 220, Rdnr. 65; Kommission der EG, Bericht über die Sitzung der Regierungssachverständigen für internationales Privatrecht vom 20. bis 22.10.1969, Dok. 21.177/XIV/69, 7.

[188] S. Groeben/Thiesing/Ehlermann/*Schwartz*, Art. 220, Rdnrn. 67 f..

[189] Vgl. Groeben/Thiesing/Ehlermann/*Schwartz*, Art. 220, Rdnrn. 20 f., 69: „Die Heranziehung des Art. 220 EGV a.F. war unzulässig, da einzelne Mitgliedstaaten die Möglichkeit eines Beitritts dritter Staaten zu dem Übereinkommen offen halten wollten. Die Befugnis zur Einbeziehung dritter Staaten hat der Vertrag den Mitgliedstaaten nicht

220 EGV a.F. beruft. Die generelle Anwendbarkeit der Vorschrift auf Kollisionsrechtsvereinheitlichungen mittels völkerrechtlicher Vereinbarungen wurde vom Schrifttum aber weiterhin bejaht[190].

Mangels allgemeiner gemeinschaftsrechtlicher Normsetzungskompetenz war eine Harmonisierung durch sekundäres Gemeinschaftsrecht - auch im Bereich der vorliegend interessierenden Materie - damit nicht denkbar.[191] Der Schwerpunkt des Internationalen Privat- und Zivilprozessrechts der EG lag aus diesen Gründen bis Inkrafttreten des Amsterdamer Vertrages bei den Staatsverträgen.[192]

Deshalb strebte man in Brüssel im Hinblick auf Rom II zunächst die Ausarbeitung eines völkerrechtlichen Vertrages als klassischem Instrument der Rechtsvereinheitlichung an, der durch die nationalen Gesetzgeber der Mitgliedstaaten in Kraft gesetzt werden sollte.

III. Rechtszustand nach Inkrafttreten des Amsterdamer Vertrages

1. Die neuen Artt. 61 lit. c, 65 lit. b EGV[193]

Der Vertrag von Amsterdam vom 2.10.1997, in Kraft getreten am 1.5.1999[194], hat jedoch eine möglicherweise epochale Änderung mit sich gebracht:

Der Vertrag überführt die justitielle Zusammenarbeit in Zivilsachen aus der dritten Säule des Vertrages über die Europäische Union (Art. K.1 Nr. 6 EUV a.F.[195]) in die erste Säule, den EG-Vertrag („Der Säulenwechsel von Amster-

---

belassen."; anders *Basedow*, NJW 1996, 1921 (1923): „Sein *(Anm.: EVÜ; Anmerkung vom Verfasser)* Gegenstand ist in Art. 220 EGV nicht genannt, und deshalb nimmt die Präambel des EVÜ ... auch nicht auf Art. 220 EGV Bezug.".

[190] Groeben/Thiesing/Ehlermann/*Schwartz*, Art. 220, Rdnr. 69 (Fn. 63), m. Nachweisen aus dem Schrifttum.

[191] Vgl. *Wagner*, EuZW 1999, 709 (710).

[192] Vgl. *Jayme/Kohler*, IPRax 1990, 353 (353); dies., IPRax 1999, 401 (401).

[193] Ein kurzer Vergleich zwischen Maastricht und Amsterdam bei *v. Hoffmann*, European Community Law, 19 (31 Rdnr. 27).

[194] S. BGBl. 1999 II, 296.

[195] S. dazu etwa Groeben/Thiesing/Ehlermann/*Degen*, Art. K.1, Rdnrn. 1 ff..

dam").[196] Damit wird eine Hauptforderung der Wissenschaft[197] und der Berichte über das Funktionieren des Maastrichter Unionsvertrages[198] erfüllt.

In Titel IV des EGV übertragen Artt. 61 lit. c, 65 lit. b dem Rat die Zuständigkeit zur Ergreifung von Maßnahmen im Bereich der justitiellen Zusammenarbeit in Zivilsachen mit grenzüberschreitenden Bezügen, die die Vereinbarkeit der in den Mitgliedstaaten geltenden Kollisionsnormen und Vorschriften zur Vermeidung von Kompetenzkonflikten fördern. Art. 65 EGV überführt die bislang intergouvernementale Zusammenarbeit in Zivilsachen in eine Gemeinschaftspolitik.[199] Ein Blick auf den englischen Originaltext, in dem von „rules applicable in the Member States concerning the conflict of laws and of jurisdiction" die Rede ist, zeigt, dass sich unter der für die deutsche Rechtsordnung ungewöhnlichen Terminologie die Angleichung des Internationalen Privat- und Zivilverfahrensrechts verbirgt.[200] Art. 220 EGV a.F. ist allerdings in Form des neuen Art. 293 EGV unverändert beibehalten worden. Auch erfolgt die „Vergemeinschaftung" der Materie schrittweise, denn Art. 67 EGV sieht eine fünfjährige Übergangszeit vor, während der für das Handeln des Rates ein besonderes Verfahren gilt.[201] Hervorzuheben ist auch die gem. Art. 68 EGV eingeschränkte Vorabentscheidungszuständigkeit des *Gerichtshofes der Europäischen Gemeinschaften*.[202] Für das Vereinigte Königreich, Irland und Dänemark gelten gem. Art. 69 EGV besondere Regelungen, mit der sie sich von der gemeinschaftsrechtlichen Bindung an die Rechtsakte nach den Artt. 62 ff. EGV weitgehend freizeichnen.[203]

---

[196] Vgl. *Pfeiffer*, NJW 1999, 3674 (3674); *Streinz*, Europarecht, Rdnr. 53 a; s. dazu auch *Hailbronner/Thierry*, EuR 1998, 583 ff..

[197] S. *Besse*, ZEuP 1999, 107 (109), m. weiteren Nachweisen in Fn. 7.

[198] Vgl. nur den Bericht des Europäischen Parlaments, Nachweis bei *Besse*, ZEuP 1999, 107 (109 Fn. 9).

[199] S. *Besse*, ZEuP 1999, 107 (109).

[200] Vgl. *Jayme/Kohler*, IPRax 1997, 385 (386).

[201] Zu den Pflichten des Rates gem. Art. 67 EGV s. *Basedow*, Vergemeinschaftung des Kollisionsrechts, 19 (24 ff.).

[202] S. *Jayme/Kohler*, IPRax 1997, 385 (386); dies., IPRax 2002, 461 (464); zu der Rolle des Gerichtshofes siehe auch *Basedow*, Vergemeinschaftung des Kollisionsrechts, 19 (27 f.); *Leible/Staudinger*, European Legal Forum 2001, 225 (226).

[203] S. dazu *Basedow*, Vergemeinschaftung des Kollisionsrechts, 19 (28 f.); Callies/Ruffert/*Brechmann*, Art. 61 EG-Vertrag, Rdnr. 2; Abdruck der maßgeblichen Protokolle zu Art. 69 EGV bei Lenz/*Bardenhewer*, Art. 69; siehe dazu auch *Drappatz*, Überführung, S. 138 ff..

Artt. 61 lit. c, 65 lit. b EGV haben damit eine Rechtsgrundlage - ein in der Wissenschaft schon lange thematisiertes Erfordernis[204] - für den Erlass eines Gemeinschaftsrechtsaktes auf dem Gebiet des Kollisionsrechts geschaffen.[205] Vor diesem Hintergrund prognostizierten *Jayme/Kohler*[206] bereits 1999 eine grundlegende Wende im Bereich des Europäischen Kollisionsrechts und die „Abendstunde der Staatsverträge": Standen vorher die Staatsverträge im Vordergrund, so werden nun Rechtsakte des sekundären Gemeinschaftsrechts an deren Stelle treten.

Obwohl Artt. 61 lit. c, 65 lit. b EGV auf den ersten Blick als überfällige Kompetenzübertragung auf die Gemeinschaft erscheint, haben bereits zahlreiche Rechtswissenschaftler[207] seit Inkrafttreten des Amsterdamer Vertrages Bedenken in Zusammenhang mit dieser Neuerung geäußert. Ungeklärt ist

---

[204] Vgl *Jayme*, IPR; *Kreuzer*, Europäisierung, 1. Aufl., S. 373 (443 ff.); *Müller-Graff*, Integration 1997, 271 (274).

[205] S. *Basedow*, CMLRev. 2000, 687 (696 ff.); *Heß*, JZ 2001, 573 (573); ders., NJW 2000, 23 (27 ff.); *Kreuzer*, Europäisierung, 457 (530); *Müller-Graff/Kainer*, DRiZ 2000, 350 (350); *Staudinger*, ZfRV 2000, 93 (104).

[206] S. *Jayme/Kohler*, IPRax 1999, 401 (401).

[207] Vgl. *Basedow*, EuZW 1997, 609: „... wirft skeptische Fragen auf."; ders., CMLRev. 2000, 688 (707): „The communitarization of judical co-operation in civil matters has produced a herogenous situation within the new Title IV of the EC Treaty which induces doubts with regard to the interpretation of several provisions."; *Heß*, NJW 2000, 23 (28): „Art. 65 hat strukturelle Schwächen ...."; *Jayme*, IPRax 1998, 140 (141): „M.E sind die neuen Bestimmungen des Vertrages von Amsterdam nicht frei von Dilettantismus."; ders., IPRax 2000, 165 ff.; *Jayme/Kohler*, IPRax 1997 385, (386): „Eine rechtspolitische Bewertung der Vergemeinschaftung des europäischen Kollisionsrechts - die jedenfalls in der hybriden Form während der Übergangszeit und wegen der systematischen Unschärfen zu einer weiteren Komplizierung der Materie führen wird - kann nicht gegeben werden."; *Kohler*, Revision, S. 1 (6): „Mit der halbherzigen, institutionell hybriden ... Regelung des Titels IV kann man kaum zufrieden sein."; *Rudisch*, RabelsZ 1999, 70 (81): „...- allererste Stellungnahmen sprechen in diesem Zusammenhang kritisch von „Kompromissen", „Halbherzigkeiten", „Unvollständigkeit" und sogar von „institutionellem Zwielicht."; im Weiteren auch *Eidenmüller*, IPRax 2001, 2 (3); *Heß*, JZ 2001, 573 (574); *Israël*, MJ 2000, 81 ff.; *Remien*, CMLRev. 2001, 53 (72); Grabitz/Hilf/*Röben*, EU I, Art. 65 EGV; *Schack*, ZEuP 1999, 805 ff.; *Tarko*, ÖJZ 1999, 401 (406 f.); *Teneiro/Karsten*, Consumer Contracts, S. 223 (252).

bisher die inhaltliche Reichweite der Vorschrift (sachlicher Umfang).[208] Bestimmt wird diese Problematik auch durch die bisher ungelöste Frage nach der Abgrenzung zu anderen (alten) Kompetenznormen, insbesondere zu Art. 95 EGV (Art. 100 a EGV a.F.).[209] Fraglich ist auch, ob sich die Kompetenz auf das Verhältnis der Mitgliedstaaten untereinander oder auch auf deren Verhältnis zu Drittstaaten bezieht.[210] Unsicherheit besteht ferner im Hinblick auf die Wahl des Handlungsinstruments im Rahmen dieser Vorschrift.[211] Obgleich diese Fragen eher dem Europarecht als dem Internationalen Privatrecht zuzuweisen sind, soll dennoch eine Darstellung erfolgen.[212] Denn das

---

208 Vgl. *Pfeiffer*, NJW 1999, 3674 (3674); *Deckert/Lilienthal*, EWS 1999, 121 (133): „Unklar ist der sachliche Umfang der neuen Gemeinschaftskompetenzen.".

209 S. *Basedow*, CMLRev. 2000, 688 (696): „..., the overlap with Art. 95 EC (ex 100a) is conspicuous."; *Müller-Graff*, Integration 1997, 271 (275): „Offen ist hingegen die Frage, ob die ausdrückliche Befugung ... auch damit einhergeht, dass diese Ermächtigungen als Spezialregelungen anzusehen sind und damit künftig den Rückgriff auf die zielbezogenen Befugnisse ... in Artt. 100, 100a, 235 EGV versperren oder aber umgekehrt diese Kompetenzen als Spezialermächtigungen anzusehen sind."; *Deckert/Lilienthal*, EWS 1999, 121 (133): „Offen ist auch die Frage nach der Stellung dieser neuen Kompetenz zu anderen Ermächtigungsgrundlagen, insbesondere zu Art. 94, 95 und 308 EGV-Amsterdam."; *Jayme/Kohler*, IPRax 1997, 385 (401): „Die ... Gemeinschaftskompetenz steht in einem ungeklärten Verhältnis zu fortbestehenden Kompetenzen der Mitgliedstaaten."; vgl. hierzu auch die Zusammenfassung des diesbezüglichen Streitstandes bei *Adolphsen*, ZZP 2000, 85 (86). Daneben ist das Verhältnis zu Art. 293, 308 EGV ungeklärt.

210 S. dazu *Basedow*, CMLRev. 2000, 687 (706 f.); ders., Vergemeinschaftung des Kollisionsrechts, 19 (39 ff.; 46); *Eidenmüller*, IPRax 2001, 2 (3); *Jayme/Kohler*, IPRax 2002, 461 (462); *Remien*, CMLRev. 2001, 53 (75 f.); Hamburg Group of Private International Law, Stellungnahme zum Vorschlag der Europäischen Kommission für einen Rechtsakt Rom II, http://www.mpipriv_hh.mpg.de/ = http://europa.eu.int/comm/justice_home/ news/consulting_public/rome_ii/wai/news_summary_rome2_en.htm, S. 2.

211 Vgl. *v. Hoffmann*, European Community Law, S. 19 (31 Rdnr. 26): „Therefore it is left open wether such a harmonization has to be reached by regulation or directive."; Erman/*Hohloch*, EGBGB Vor Art. 38, Rdnr. 8.

212 Die Darstellung umfasst hingegen nicht die im Streit stehende Frage, ob es sich bei Artt. 61 lit. c, 65 lit. b EGV um eine konkurrierende oder ausschließliche Kompetenz handelt, s. dazu *Drappatz*, Überführung, S. 110 ff.; *Eidenmüller*, IPRax 2001, 2 (3). Diese Problematik hat keinen Einfluss auf die Frage, ob die EG generell befugt ist, ihre Kompetenz für Rom II auf diese Vorschrift zu stützen. Denn auch im Falle einer konkurrierenden Zuständigkeit der EG, die grundsätzlich der Regelfall ist, kann die Gemeinschaft rechtsetzend unter Beachtung des Subsidiaritätsprinzips (Art. 5 Abs. 2 EGV)

Schicksal der nationalen Kollisionsnormen bleibt von der internationalen Entwicklung nicht unbeeindruckt.[213]

2. Die am Gesetzgebungsverfahren beteiligten Organe

Weder der Rat noch die Kommission haben sich bisher explizit öffentlich zu den in Zusammenhang mit Artt. 61 lit. c, 65 EGV bestehenden Unsicherheiten geäußert. In Zusammenhang mit dem Vorschlag zu Rom II erfolgt jedoch eine Rechtfertigung im Hinblick auf das gewählte Harmonisierungsinstrument und dessen rechtlicher Grundlage.[214]

Grundsätzlich ist aber festzuhalten, dass sich für die Rechtsetzungsorgane die Zuständigkeit aus dem weit und locker gefassten Kompetenzregelungssystem der Artt. 61 ff. EGV ergibt, wenn der politische Wille zur Schaffung solcher EU- Normierung vorhanden ist.[215] Dies zeigt sich vor allem auf dem Gebiet des Internationalen Verfahrensrechts, wo die Gemeinschaft bereits durch den Erlass von fünf Rechtsakten, und zwar der Zustellungsverordnung (EuZVO)[216], der Insolvenzverordnung (EuInsVO)[217], den Verordnungen

---

tätig werden. Nur wenn sie von ihrer Rechtsetzungsbefugnis gar keinen Gebrauch macht bzw. einen entsprechenden Willen nicht zu erkennen gibt - wie es im Hinblick auf Rom II nicht der Fall ist (s.o. Zweiten Teil A.II.2.a, B.III.2) -, verbleibt es bei der originären Zuständigkeit der Mitgliedstaaten.

[213] S.u. Zweiter Teil D.

[214] S. „Proposal for a Regulation of the European Parliament and the Council on the Law applicable to non-contractual Obligations (Rom II)", S. 6 f., www.ipr.uni-koeln.de (Europäisches Kollisionsrecht); Text abgedruckt im *Anhang* (S. 343 ff.).

[215] S. *Hohloch*, FS Stoll, S. 533 (543).

[216] Verordnung (EG) Nr. 1348/2000 vom 29.5.2000 über die Zustellung gerichtlicher und außergerichtlicher Schriftstücke in Zivil- und Handelssachen in den Mitgliedstaaten, ABl. EG 2000 L 160/37 = *Jayme/Hausmann*, , Privat- und Verfahrensrecht, Nr. 224; in Kraft seit dem 31.5.2001; s. dazu *v. Hoffmann*, IPR, § 3, Rdnrn. 110 ff.; *Stadler*, IPRax 2002, 471 ff..

[217] Verordnung (EG) Nr. 1346/2000 vom 29.5.2000 über Insolvenzverfahren, ABl. EG 2000 L 160/1 = *Jayme/Hausmann*, Privat- und Verfahrensrecht, Nr. 260; in Kraft seit dem 31.5.2001; s. dazu *Deipenbrock*, EWS 2001, 113 ff.; *Eidenmüller*, IPRax 2001, 2 ff.; *Fritz/Bähr*, DZWiR 2001, 221 ff.; *Kemper*, ZIP 2001, 1609 ff.; *Leible/Staudinger*, KTS 2000, 533 ff.; *Morse*, Cross Border Insolvency, 233 ff..

Brüssel I[218] (EuGVO)[219] und Brüssel II (EheVO)[220] und der Beweisverordnung (EuBVO)[221], Gebrauch gemacht hat. Weitere Vorschläge der Kommission für eine Verordnung über die Zuständigkeit und die Anerkennung und Vollstreckung von Entscheidungen über die elterliche Verantwortung (Brüssel III-VO oder Brüssel IIa-VO)[222] sowie für eine Verordnung

---

[218] Verordnung (EG) Nr. 44/2001 des Rates vom 22.12.2000 über die gerichtliche Zuständigkeit und die Anerkennung und Vollstreckung von Entscheidungen in Zivil- und Handelssachen, ABl. EG 2001 L 12/1 = *Jayme/Hausmann*, Privat- und Verfahrensrecht, Nr. 160 = www.ipr.uni-koeln.de; in Kraft seit dem 1.3.2002; s. dazu *Geimer*, IPRax 2002, 69 ff.; *v. Hoffmann*, IPR, § 3, Rdnrn. 182 ff.; *Micklitz/Rott*, EuZW 2001, 325 ff.; *Wagner*, IPRax 2002, 75 ff.; zu den für Bereicherungsansprüche relevanten Zuständigkeiten nach der EuGVO s.u. im Vierten Teil.

[219] Es sind zahlreiche Abkürzungsvarianten für die Verordnung im Umlauf; hier wird die in der Textsammlung von *Jayme/Hausmann* verwendete Abkürzung benutzt.

[220] Verordnung (EG) Nr. 1347/2000 vom 29.5.2000 über die Zuständigkeit und die Anerkennung und Vollstreckung von Entscheidungen in Ehesachen und in Verfahren betreffend die elterliche Verantwortung für die gemeinsamen Kinder der Ehegatten, ABl. EG 2000 L 160/19 = *Jayme/Hausmann*, Privat- und Verfahrensrecht, Nr. 161 = www.ipr.uni-koeln.de; in Kraft seit dem 1.3.2001; s. dazu *Boele-Woelki*, ZfRV 2001, 121 ff.; *Helms*, FamRZ 2001, 257 ff.; *Heß*, JZ 2001, 575 ff.; *Hub*, NJW 2001, 3145 ff.; *Puszkajler*, IPRax 2001, 81 ff.; *Wagner*, IPRax 2001, 73 ff.; die EheVO soll ohne inhaltliche Änderung in den neuen Rechtsakt Brüssel III oder Brüssel IIa (s. dazu Fn. 222) eingehen. Der Rat der EU hat auf seiner Tagung vom 5.-6.6.2003 diesbezüglich entschieden, anzustreben, die Verordnung des Rates über die Zuständigkeit und die Anerkennung und Vollstreckung von Entscheidungen in Ehesachen und in Verfahren betreffend die elterliche Verantwortung zur Aufhebung der Verordnung Nr. 1347/2000 und zur Änderung der Verordnung (EG) Nr. 44/2001 in Bezug auf Unterhaltssachen zum 1.7.2004 in Kraft zu setzen, s. IPRax 2003, VII.

[221] Verordnung (EG) Nr. 1206/2001 vom 28.5.2001 über die Zusammenarbeit der Gerichte auf dem Gebiet der Beweisaufnahme in Zivil- und Handelssachen, ABl. EG 2001 L 174/1 = www.ipr.uni-koeln.de; s. dazu *Berger*, IPRax 2001, 522 ff.; *Jayme/Kohler*, IPRax 2001, 501 (503).

[222] Vgl. Vorschlag der Kommission für eine Verordnung über die Zuständigkeit und die Anerkennung und Vollstreckung von Entscheidungen in Ehesachen und in Verfahren betreffend die elterliche Verantwortung zur Aufhebung der Verordnung (EG) Nr. 1347/2000 und zur Änderung der Verordnung (EG) Nr. 33/2001 in Bezug auf Unterhaltssachen vom 17.5.2002 [KOM (2002) 222], ABl. EG C 332 E/269 = www.ipr.uni-koeln.de.

über einen europäischen Vollstreckungstitel für unbestrittene Forderungen[223] sind dem Rat und dem Parlament von der Kommission übermittelt worden.

Obwohl in der ersten Phase der auf Art. 65 EGV gestützten Gemeinschaftsgesetzgebung das Internationale Zivilverfahrensrecht dominierte, kehrt das Internationale Privatrecht zurück[224]: Neben Rom II ist auch eine Umwandlung des Europäischen Schuldvertragsübereinkommens (Rom I) mit inhaltlichen Änderungen in eine Verordnung vorgesehen.[225] Am 14. Januar 2003 hat die Kommission das Grünbuch zum EVÜ vorgelegt, das eine Konsultation über die Reform und den Erlass des EVÜ als gemeinschaftsrechtliche Verordnung anstoßen soll.[226] Zum Internationalen Privatrecht der Ehescheidungen (Rom III) sind weitere Arbeiten angesetzt worden.[227]

Insbesondere beabsichtigt die Kommission eine vollständige Ablösung der völkerrechtlichen Verträge durch EG-Verordnungen. Der endgültige Vorschlag der Kommission zu Rom II ist deshalb auf eine Verordnung auf der Grundlage der Artt. 61 lit. c, 65 lit. b EGV ausgerichtet.[228]

---

[223] S. Vorschlag der Kommission für eine Verordnung des Rates zur Einführung eines europäischen Vollstrekkungstitels für unbestrittene Forderungen [KOM (2002) 159] vom 18.4.2002 = www.ipr.uni-koeln.de.

[224] Zur Wiederkehr des Internationalen Privatrechts s. *Jayme/Kohler*, IPRax 2002, 461 ff..

[225] Es haben sich bereits nationale Experten in Brüssel getroffen, um über die Umwandlung des EVÜs in ein Gemeinschaftsinstrument und über seine Aktualisierung zu diskutieren; zur Revision des EVÜs s. *Jayme/Kohler*, IPRax 2002, 461 (470), m.w.N. zu den Arbeiten der Groupe européen de droit international privé.

[226] „Grünbuch über die Umwandlung des Übereinkommens von Rom aus dem Jahre 1980 über das auf vertragliche Schuldverhältnisse anzuwendende Recht in ein Gemeinschaftsinstrument sowie über seine Aktualisierung" v. 14. Januar 2003, [COM (2002) 654 endgültig], http://europa.eu.int/eur-lex/de/com/gpr/2002/ com2002_0654de01.pdf.

[227] Hierzu hat der Rat im Anschluss an den Wiener Aktionsplan im Mai 2000 eine (der Öffentlichkeit nicht zugänglich gemachte) vergleichende Studie erstellt; nunmehr ist eine ergänzende Studie in Auftrag gegeben. Eine Stellungnahme über die Möglichkeit, einen Rechtsakt über das Scheidungskollisionsrecht auszuarbeiten, wird für April 2004 in Aussicht gestellt, vgl. *Jayme/Kohler*, IPRRax 2002, 461 (461). Auch der Deutsche Rat für Internationales Privatrecht hat bereits Vorschläge in der Sitzung in Würzburg im April 2002 formuliert, die aber noch nicht publiziert wurden.

[228] S. „Proposal for a Regulation of the European Parliament and the Council on the Law applicable to non-contractual Obligations (Rom II)", S. 6 f., www.ipr.uni-koeln.de (Europäisches Kollisionsrecht); Text abgedruckt im *Anhang* (S. 343 ff.).

3. Der Europäische Gerichtshof

Der *Gerichtshof der Europäischen Gemeinschaften* hatte sich mit der Auslegung der neuen Kompetenzvorschrift noch nicht konkret zu beschäftigten. Allerdings sind einige Urteile ergangen, aus denen die Rechtswissenschaft Erkenntnisse im Hinblick auf Artt. 61 lit. c, 65 zieht:

Im Fall Konstantinidis[229] hat sich der *EuGH* etwa zur möglichen Relevanz des Familien- und Erbrechts für den freien Personenverkehr geäußert. Es ging um die Frage, ob es einen Verstoß gegen die Niederlassungsfreiheit (Artt. 52 ff. EGV) darstellt, wenn ein Mitgliedstaat, der das lateinische Alphabet verwendet, einen griechischen Namen in den Personenstandsbüchern in lateinische Schriftzeichen umschreibt. Eine tatsächliche Beeinträchtigung der Niederlassungsfreiheit, die der *EuGH* für notwendig hielt, ist nur dann anzunehmen, wenn der Niederlassungsstaat den griechischen Staatsangehörigen zwingt, die sich aus der Transliteration ergebende Schreibweise seines Namens im Beruf zu verwenden mit der Gefahr einer Personenverwechslung des Betroffenen bei seinen potentiellen Kunden.

Die Diskussion in der Literatur[230] wird aber auch durch die neuste Rechtsprechung des *Europäischen Gerichtshofes*[231] beeinflusst, der die Tabak-Richtlinie[232] mangels Kompetenz der Gemeinschaft aus Art. 95 EGV für nichtig erklärt hat. Die Ausübung der Binnenmarktkompetenz erfordert, so der *EuGH*, dass der Gemeinschaftsrechtsakt das Funktionieren des Binnenmarktes nachhaltig und spürbar verbessert. Ein mittelbarer Bezug zum Binnenmarkt oder unterschiedliche Regelungen in den Mitgliedstaaten reichen allein nicht aus.[233] Dementsprechend wird in der Literatur[234] die Frage

---

[229] S. EuGH (Christos Konstantinidis), Slg. 1993-I, 1191 = EuZW 1993, 376.

[230] S. dazu u. Zweiter Teil B.III.4.

[231] Vgl. EuGH (Bundesrepublik Deutschland / Europäisches Parlament und Rat der Europäischen Union) JZ 2001, 32 ff. m. Anm. *Götz*, 34 ff. = EuZW 2000, 694 m. Anm. *Wägenbaur*, 701 ff. = EWS 2001, 27; s. dazu *Callies*, Jura 2001, 311 ff..

[232] Richtlinie 98/43/EG v. 6.7.1998 über Werbung und Sponsoring zugunsten von Tabakerzeugnissen.

[233] S. *Heß*, IPRax 2001, 389 (394).

[234] S. etwa *Leible/Staudinger*, European Legal Forum 2001, 225 (230).

aufgeworfen, ob die kompetenziellen Aufgreifkriterien der Tabakrichtlinien-Entscheidung des *Gerichtshofes* auf Art. 65 EGV zu übertragen sind.[235]

Die integrationsfreundliche und an der praktischen Wirksamkeit des Gemeinschaftsrechts (effet utile) orientierte Rechtsprechung des *EuGH* legt die Reichweite der vertraglichen Einzelermächtigungen aber grundsätzlich weit aus.[236] Auch *Hohloch*[237] merkt an, dass sich der Europäische Gerichtshof nicht in den Weg stellen wird, da das Verständnis von einer dynamisierten Kompetenzkomponente heute stark ist und die Eignung der Kollisionsrechtsvereinheitlichung als der am wenigsten erschwerende Weg der Rechtsvereinheitlichung und der Beseitigung rechtlicher Verschiedenheiten sich leicht plausibel machen lässt.

Auf eine extensive Auslegung der Kompetenzvorschrift durch die Judikatur deutet ferner die neuere Rechtsprechung des *EuGH*[238] zum Gerichtsstands- und Vollstreckungsübereinkommen hin. Im Fall Josi Group Reinsurance Company/UGIC hat der Gerichtshof mit Urteil vom 13. Juli 2000 entgegen der früher wohl herrschenden Auffassung[239] entschieden, dass eine internationale Zuständigkeit aufgrund von Art. 2 EuGVÜ auch dann gegeben ist, wenn nur der Beklagte seinen Wohnsitz/Sitz in einem Vertragsstaat hat, der Kläger dagegen außerhalb der Gemeinschaft ansässig ist. Der *EuGH* wird die Zuständigkeit im Rahmen von Art. 65 - zumindest für den Erlass von Kollisionsnormen des internationalen Zivilprozessrechts - wohl auch für den Erlass von Kollisionsnormen anerkennen, die Drittstaatensachverhalte umfassen, wenn er in Zukunft die Anwendbarkeit der EuGVO weiterhin auf

---

[235] Vgl. *Jayme/Kohler*, IPRax 2000, 454 (454, 458); ähnlich Callies/Ruffert/*Brechmann*, Art. 65 EGV, Rdnr. 2: „Es wird ... streng zu hinterfragen sein, ob die Regelung auch für das Funktionieren des Binnenmarktes tatsächlich erforderlich ist.".

[236] Vgl. *Deckert/Lilienthal*, EWS 1999, 121 (121); *Thun-Hohenstein*, Vertrag von Amsterdam, S. 37.

[237] S. *Hohloch*, FS Stoll, S. 533 (546).

[238] Vgl. EuGH [Josi Group Reinsurance Company SA/Universal General Insurance Company (UGIC)], IPRax 2000, 520 ff. m. Aufsatz *Staudinger*, 483 ff.: Der Cour d'appel Versailles stellte zwei Fragen an den Gerichtshof über die Auslegung des EuGVÜ, die sich in einem Rechtsstreit zwischen der in Liquidation befindlichen UGIC (Klägerin) und der Josi Group Reinsurance Company SA (Beklagten) wegen einer von der Klägerin an die Beklagten aus einem Rückversicherungsvertrag gestellten Geldforderung stellten.

[239] Aktuelle Monographien zur Drittstaatenproblematik: *Grolimund*, Drittstaatenproblematik; *Kerameus*, Erweiterung des EuGVÜ, S. 75 ff..

Rechtsverhältnisse anerkennt, die nur die Beziehung zu einem Mitgliedstaat und zu Drittstaaten aufweisen.[240]

4. Die Literatur

Die sich aus Artt. 61 lit. c, 65 EGV ergebenden Fragen sind in der Literatur lebhaft umstritten. Die Äußerungen sind teilweise sehr zurückhaltend[241] oder pauschal[242]. Daneben sind aber bereits Versuche unternommen worden, die Materie im Ganzen zu erfassen und eine Klärung herbeizuführen.[243]

a. Die „Lehre von der Ergänzungsfunktion"

Einige Autoren, wie *Basedow*[244] und *Kohler*[245], die sich intensiver mit der Frage beschäftigt haben, ziehen eine enge Auslegung des Art. 65 lit. b EGV n.F. vor und sehen im Ergebnis Art. 95 EGV als die adäquate Rechtsgrundlage für Rom II an.

Ansatzpunkt dieser Überlegungen ist der systematische Kontext, in den sich Art. 65 EGV einfügt. Den in Titel IV EGV genannten Gegenständen wird die Verwirklichung des freien Personenverkehrs („Politiken betreffend den freien Personenverkehr") explizit übergeordnet. Daraus wird in der wissenschaftlichen Auseinandersetzung teilweise der Schluss gezogen, dass diese Vorgabe zwingend alle Maßnahmen in Ausführung der nachgeordneten Kompetenzen

---

240 S. *Basedow*, Vergemeinschaftung des Kollisionsrechts, 19 (41 f.).

241 Vgl. etwa *v. Hein*, ZEuP 2001, 150 (163): „In Betracht kommt über Art. 65 des EG-Vertrages (Amsterdam) auch der Erlass einer entsprechenden Verordnung."; *Basedow*, EuZW 1997, 609: „Es drängt sich der Verdacht auf, dass der neue Titel ... eine lex specialis ... sein soll. Ob daneben dem Instrument des Übereinkommens nach Art. 220 EGV noch eigene Bedeutung für das Kollisionsrecht zukommt, ist ... zweifelhaft.".

242 Vgl. z.B. Palandt/*Heldrich*, Vorb v EGBGB 38, Rdnr. 2: „Art. 65 lit. b EGV schafft dafür eine Zuständigkeit der EU.".

243 Vgl. *Basedow*, CMLRev. 2000, 688 ff.; *Drappatz*, Überführung, S. 90 ff.; *Kohler*, rev.crit.dr.int.priv. 1999, 1 ff.; *Leible/Staudinger*, European Legal Forum 2001, 225 ff..

244 Vgl. *Basedow*, CMLRev. 2000, 688 ff.; ders., Vergemeinschaftung des Kollisionsrechts, 19 (31 ff., 46); ders., EuZW 1997, 609 (609).

245 Vgl. *Kohler*, rev.crit.dr.int.priv. 1999, 1 ff.; ebenso *de Miguel Asenso*, REDI 1998, 373 (374).

durchdringen muss.[246] Obwohl sich der Zielvorgabe des IV. Titels „freier Personenverkehr" auf den ersten Blick unterschiedliche Materien des Zivilrechts zuordnen lassen[247], muss danach eine Einschränkung durch das Erfordernis eines *schwerpunktmäßigen Bezuges* zur Personenfreizügigkeit vorgenommen werden. Auf den neuen Titel lassen sich nur solche Maßnahmen stützen, die *allein* die Niederlassungsfreiheit, die Freizügigkeit der Arbeitnehmer und die Dienstleistungsfreiheit betreffen, was z.B. bei Kollisionsnormen zum Personenstandsrecht und zum Familien- und Erbrecht angenommen werden kann.[248] *Basedow* sieht eine Behinderung der Ausübung der Personenverkehrsfreiheit, die zu einer Maßnahme auf der Grundlage des Art. 65 lit. b EGV führen könnte, beispielsweise in der Verweigerung eines nach dem Recht eines Mitgliedstaates erworbenen Status durch einen anderen Mitgliedstaat[249], sowie in der Nichtanerkennung einer statusrechtlichen Gerichtsentscheidung[250] in Familiensachen.

Art. 65 EGV hat nach dieser Ansicht einen ausschließlich sektoriellen Charakter.[251] Die Folge ist, dass Art. 65 EGV eine Kompetenznorm mit

---

[246] Vgl. *Basedow*, CMLRev. 2000, 688 (696 ff.; 707); ders., Vergemeinschaftung des Kollisionsrechts, 19 (31 ff., 46); ders., EuZW 1997, 609 (609); zu diesem Ansatz s. auch *Drappatz*, Überführung, S. 105 ff..

[247] Vgl. *Kohler*, rev.crit.dr.int.priv. 1999, 1 (18): „Prise à la lettre, cette disposition est partant susceptible de viser les aspects transfrontières de toute matière civile, qu'il s'agisse du droit des obligations ou des biens, du droit de la famille et des successions, ou de n'importe quel autre domaine rentrant dans cette notion générique."; *Deckert/Lilienthal*, EWS 1999, 121 (133): „Wegen der binnenmarktspezifischen Zielvorgabe lassen sich zahlreiche nicht genau einschränkbare Materien dieser Kompetenz zuordnen, wie das internationale Familien- und Erbrecht, sowie das internationale Schuld- und Sachenrecht."; so auch *Basedow*, Vergemeinschaftung des Kollisionsrechts, 19 (32); *Jayme/Kohler*, IPRax 1999, 385 (386); *Pfeiffer*, NJW 1999, 3674 ff..

[248] S. *Basedow*, Vergemeinschaftung des Kollisionsrechts, 19 (32); *Israël*, MJ 2000, 81 (92); so noch *Leible*, Verbraucherschutz, S. 353 (387); die Auffassung wird ausdrücklich aufgegeben in *Leible/Staudinger*, European Legal Forum 2001, 225 (231 Fn. 57); Schwarze/*Wiedemann*, Art. 65 EGV, Rdnr. 9.

[249] Als Beispiel für einen solchen Status nennt *Basedow*, EuZW 1997, 609 (609), die Ehelichkeit mit entsprechenden namensrechtlichen Folgen.

[250] Der Autor führt als Beispiel die Nichtanerkennung eines Scheidungsurteils und die damit verbundene Wiederheirat als strafrechtlich verfolgte Bigamie an, vgl. *Basedow*, EuZW 1997, 609 (609).

[251] S. *Kohler*, rev.crit.dr.int.priv. 1999, 1 (17); so wohl auch Callies/Ruffert/*Kahl*, Art. 94 EG-Vertrag, Rdnr. 3: „Es gibt daneben *(Anm.: neben Art. 94 EGV; Anmerkung vom*

bloßer Ergänzungsfunktion darstellt.[252] Dies gilt vor allem im Verhältnis zu Art. 95 EGV. Denn auch nach Art. 95 EGV ist der Rat befugt, Maßnahmen zur Angleichung der Rechts- und Verwaltungsvorschriften der Mitgliedstaaten zu erlassen, welche die Errichtung und das Funktionieren des Binnenmarktes zum Gegenstand haben. Derartige Maßnahmen können sich auch auf Vorschriften des Internationalen Zivilprozess- und Privatrechts erstrecken, da auch ihnen Binnenmarktrelevanz zukommt.[253] Von dieser Kompetenz hat die Gemeinschaft in der Vergangenheit schon zahlreich Gebrauch gemacht.[254]

Konsequenterweise bedeutet die Theorie von der Ergänzungsfunktion, dass bei „horizontalen"[255] oder „multifunktionalen"[256], d.h., der Verwirklichung mehrer Freiheiten dienenden Rechtsakten stets Art. 95 EGV als Rechtsgrundlage heranzuziehen ist. Nach *Kohler* und *Basedow*[257] ist Rom II daher auf der Basis von Art. 95 EGV zu entwickeln, da alle Marktbereiche betroffen sind.[258]

Verfasser) eine Reihe von speziellen, sektoral begrenzten Kompetenzvorschriften, ... Hierzu rechnen ..., Art. 61 i.V.m. Art. ... 65, ..."; *Tebbens*, Ziviljustizraum in der Europäischen Union, 175.

[252] Vgl. *Basedow*, Vergemeinschaftung des Kollisionsrechts, 19 (32): „..., dass sie die allgemeine Rechtsgrundlage des Art. 95 EG im Hinblick auf den freien Personenverkehr ergänzen.".

[253] S. *Leible/Staudinger*, European Legal Forum 2001, 225 (231).

[254] Eine Zusammenfassung der auf der Grundlage des Art. 95 EGV ergangenen Rechtsakte mit kollisionsrechtlichen Regelungsgeboten oder mit zivilprozessualen Implikationen siehe bei *Leible/Staudinger*, European Legal Forum 2001, 225 (231 Fn. 58 und 59).

[255] Dieses Adjektiv wird von *Kohler*, rev.crit.dr.int.priv. 1999, 1 ff., benutzt.

[256] Von diesem Adjektiv machen *Leible/Staudinger*, European Legal Forum 2001, 225 (232), Gebrauch.

[257] S. *Basedow*, CMLRev. 2000, 688 (689): „If the Community institutions endeavour ... to draw up a legal instrument on the law applicable to non-contractual obligations (Rom II), they intend to create a horizontal instrument which will have an impact on several freedoms in the areas of libel and slander, traffic accidents, infringement of intellectual property rights, anti-competitive conspiracies etc.. Its proper basis would be Article 95."; *Kohler*, rev.crit.dr.int.priv. 1999, 1 ff.; ders., Revision, S. 1 (7).

[258] Im Ergebnis auch Callies/Ruffert/*Brechmann*, Art. 65 EG-Vertrag, Rdnr. 7, der aber eine vollständige Harmonisierung des Internationalen Deliktsrechts aufgrund der einschränkenden Formulierung „Förderung der Vereinbarkeit" nicht für möglich hält.

b. Die „lex specialis"-Theorie

Nach Ansicht *Leibles* und *Staudingers*[259] legt die ausdrückliche Bezugnahme auf den „Binnenmarkt" in Art. 65 EGV hingegen die Leseart nahe, wonach die Vorschrift zum Erlass sämtlicher Harmonisierungsmaßnahmen berechtigt, die „entweder der Funktionstüchtigkeit des Binnenmarktes *oder* aber der Freizügigkeit des Personenverkehrs dienen".

Geht man mit den Autoren weiterhin davon aus, dass für die Eröffnung des Anwendungsbereichs des Art. 65 EGV bereits eine mittelbar binnenmarktfördernde Wirkung eines Rechtsakts genügt[260], handelt es sich bei der Vorschrift um eine „lex specialis" für die Bereiche des Internationalen Zivilverfahrens- und Privatrechts sowie sonstigen Zivilprozessrechts. Demnach wären Artt. 61 lit. b, 65 lit. c EGV die adäquate Kompetenzgrundlage für Rom II als Rechtssetzungsmaßnahme der Gemeinschaft.

Die Autoren werfen weiterhin die Frage auf, ob Artt. 61 lit. c, 65 lit. b EGV auch grenzüberschreitende Zivilsachen mit Bezug zu Nichtmitgliedstaaten

---

[259] Vgl. *Leible/Staudinger*, European Legal Forum 2001, 225 (232); *Drappatz*, Überführung, S. 107 ff.; *Heß*, NJW 2000, 23 (27); ders., IPRax 2001, 389 (394); *Staudinger*, ZfRV 2000, 93 (104); so wohl auch Grabitz/Hilf/*Röben*, EU I, Art. 65 EGV, Rdnr. 3; in diese Richtung tendiert wohl auch *Eidenmüller*, IPRax 2001, 2 (3): „Trotz der Stellung der Vorschrift im Titel IV des EGV sollte man den Personenverkehrsbezug nicht überbetonen. .... Unerlässlich ist allerdings die Erforderlichkeit der Maßnahme für das Funktionieren des Binnenmarktes.".

[260] Art. 95 EGV stellt auf die Notwendigkeit eines Rechtsaktes für das „Funktionieren des Binnenmarktes" ab, während Art. 65 EGV erfordert, dass die Maßnahmen für das „*reibungslose* Funktionieren des Binnenmarktes" erforderlich sind. Art. 65 EGV fordert deshalb gegenüber Art. 95 EGV nur einen gelockerten Binnenmarktbezug, um den Aufbau eines Raumes der Freiheit, der Sicherheit und des Rechts effektiv voranzutreiben, so auch *Heß*, IPRax 2001, 389 (394 Fn. 79); **a.A.** wohl *Tebbens*, Ziviljustizraum in der Europäischen Union, S. 176; s. dazu auch *Drappatz*, Überführung, S. 93 ff.. Mit dieser Vorstellung ist es unvereinbar, einen Rechtsakt der Gemeinschaft nur dort zuzulassen, wo eine unmittelbare Gefährdung der Grundfreiheiten vorliegt. Deshalb muss Artt. 61 lit. c, 65 EGV auch die Angleichung oder Vereinheitlichung solcher mitgliedstaatlicher Normen des Kollisions- und Verfahrensrechts erlauben, die für den Binnenmarkt zwar nicht konstitutiv sind, denen aber immerhin eine - wenn auch nur mittelbare - Unterstützungsfunktion für die Ausübung der Grundfreiheiten und damit des Binnenmarkts insgesamt zukommt, s. *Leible/Staudinger*, European Legal Forum 2001, 225 (229).

unterfallen. Für Rom II stellt sich die Frage wie folgt: Können im Rahmen von Rom II, sofern Artt. 61 lit. c, 65 lit. b EGV als Kompetenzgrundlage herangezogen wird, auch Drittstaatensachverhalte geregelt werden?

Der Begriff des „Binnenmarktes" in Art. 65 EGV spricht nicht dagegen, da dieser in Art. 95 EGV auch verwendet wird und auf dieser Grundlage schon Sekundärrechtakte ergangen sind, deren kollisionsrechtliche Vorgaben sich auch auf Drittstaatenkonstellationen erstreckten.[261] Der Erlass eines Rechtsaktes mit Anknüpfungsregeln, die zur Anwendbarkeit von Drittstaatenrecht führen, kann nach dem ausdrücklichen Wortlaut der Vorschrift auf diese gestützt werden, wenn ein solcher Rechtsakt für das reibungslose Funktionieren des Binnenmarktes erforderlich ist. Mit einem Beispiel aus dem internationalen Deliktsrecht[262] illustrieren *Leible* und *Staudinger*, dass sowohl aus dem Blickwinkel der Grundfreiheiten sowie angesichts der drohenden Wettbewerbsverzerrungen der Binnenmarkt reibungslos nur insofern funktionieren kann, als bei Drittstaatensachverhalten auch die allseitigen Kollisionsnormen in den Mitgliedstaaten übereinstimmen.[263]

c. Beschränkung der Harmonisierungsinstrumente im Rahmen von Art. 65 lit. b EGV

Erkennt man Artt. 61 lit.c, 65 lit. b EGV als Ermächtigungsgrundlage an, so stellt sich noch die Frage, welche der in Art. 249 EGV aufgeführten Handlungsinstrumente im Rahmen des Art. 65 lit. b in Betracht kommen. Es wird vor allem diskutiert, ob Art. 65 EGV den Erlass einer Verordnung als intensivste Form des förmlichen Rechtsaktes, den Art. 249 EGV vorsieht,

---

[261] Vor allem die neueren Verbraucherschutzrichtlinien, die in der Hauptsache auf Artt. 94, 95 EGV basieren, enthalten kollisionsrechtliche Vorgaben, s. dazu *Leible*, Verbraucherschutz, S. 353 (360 ff.).

[262] S. *Leible/Staudinger*, European Legal Forum 2001, 225 (230): „Divergierende Kollisionsnormen können ... aus Sicht des EU-Anbieters Wettbewerbshindernisse begründen, ... Ein Unternehmer mit wirtschaftlichem Schwerpunkt im Drittstaatengeschäft wird die Frage, ob und in welcher Weise er seine Niederlassungsfreiheit im Binnenmarkt ausübt, mitunter nicht völlig losgelöst davon beantworten, wie Schadensersatzansprüche in einem Mitgliedstaat angeknüpft werden und ob ihm letztlich vielleicht sogar punitive damages Klagen in unbegrenzter Höhe drohen, sofern er Produkte nach Amerika liefert.".

[263] Vgl. *Leible/Staudinger*, European Legal Forum 2001, 225 (230); so auch *Eidenmüller*, IPRax 2001, 2 (3).

deckt. Während Maßnahmen nach Art. 65 lit. a, lit. c aufgrund der unbedingten und konkreten Zielvorgabe auch Verordnungen ermöglichen, ist die Art der Maßnahme nach lit. b nicht ohne weiteres aus der Befugnis selbst zu schließen.[264] Mit der Vergemeinschaftung der justitiellen Zusammenarbeit in Zivilsachen sind keineswegs sämtliche Zweifel an der juristischen Qualität ihrer Rechtsakte behoben.[265]
Aus der Formulierung „Förderung der Vereinbarkeit" in Art. 65 lit. b EGV, die ein Weniger gegenüber einer Rechtsangleichung oder - vereinheitlichung impliziere, ziehen einige Stimmen in der Literatur[266] die Konsequenz, dass nur unverbindliche Handlungsinstrumente verwendet werden dürfen. Eine Verordnung scheidet als Rechtsaktform damit aus. Denkbar ist demnach allenfalls eine Richtlinie oder Stellungnahme.

5. Stellungnahme

Der Streit um Artt. 61 lit.c, 65 lit. b EGV beruht im Wesentlichen auf der Befürchtung, dass das Internationale Privat- und Verfahrensrecht nun der Gefahr einer „praxisfernen Bürokratisierung und sachfremden Politisierung" ausgesetzt sind.[267] Dies ändert aber nichts an den bestehenden Kompetenzen. Die Interpretation des Art. 65 darf dabei auch nicht von dem Umstand beeinflusst werden, dass durch den vom Vereinigten Königreich, Irland und Dänemark erklärten Vorbehalt Massnahmen auf der Grundlage dieser Vorschrift für diese Staaten keine Geltung haben, so dass Sonderübereinkommen vorbereitet und abgeschlossen werden müssen, was alte Mängel des Konventionssystems unter Umständen wieder aufleben ließe.

Auf die Frage, ob der alleinige Bezug zur Personenverkehrsfreiheit ausschlaggebendes Moment ist oder ob eine Erforderlichkeit der Maßnahme für das Funktionieren des Binnenmarktes ausreicht, gibt m.E. schon der Wortlaut

---

[264] Vgl. *Besse*, ZEuP 1999, 107 (115); *Drappatz*, Überführung, S. 123.
[265] Vgl. *Besse*, ZEuP 1999, 107 (115).
[266] S. *Pfeiffer*, NJW 1999, 3674 (3674); s. dazu auch *v. Hoffmann*, European Community Law, S. 19 (31 Rdnr. 26); offen lassend *Leible*, Verbraucherschutz, S. 353 (388); Callies/Ruffert/*Brechmann*, Art. 65 EG-Vertrag, Rdnr. 7, zieht aus dem Begriff „Förderung der Vereinbarkeit" sogar die Konsequenz, dass eine vollständige Harmonisierung des Kollisionsrechts ganzer Rechtsbereiche (z.B. des Internationalen Deliktsrechts) ausgeschlossen ist.
[267] Vgl. *Leible/Staudinger*, European Legal Forum 2001, 225 (235).

des Art. 65 EGV im Gefüge des EGV eine Antwort.[268] Art. 65 nimmt ausdrücklich Bezug auf den Binnenmarkt. Der freie Verkehr von Personen ist neben den anderen drei Grundfreiheiten[269] ein Bestandteil des Binnenmarktes als einem Raum ohne Binnengrenzen (Art. 3 Abs. 1 lit. c; Art. 14 Abs. 2 EGV). Dient eine Maßnahme mithin dem freien Personenverkehr, so stärkt sie auch immer die Funktionstüchtigkeit des Binnenmarktes.[270] Wäre es also im Sinne des Gesetzgebers gewesen, nur Maßnahmen mit einem ausschließlichen Bezug zur Personenverkehrsfreiheit auf Art. 65 EGV zu stützen - wie es *Basedow* und *Kohler* fordern -, hätte der europäische Gesetzgeber in den Text des Art. 65 EGV die ausschließliche Erforderlichkeit der Maßnahme für das reibungslose Funktionieren des freien Personenverkehrs aufnehmen müssen. Der besonderen Formulierung in Art. 65 EGV trägt man also nur dann Rechnung, wenn man an die Maßnahmen, die auf der Grundlage des Artt. 61 lit. c, 65 lit. b EGV ergehen sollen, nur das Erfordernis eines Bezuges zum Funktionieren des Binnenmarktes stellt.

Leible und *Staudinger*[271] ist auch Recht zu geben, wenn sie kritisch anmerken, dass nach der Theorie von der Ergänzungsfunktion sowohl die EuInsVO, als auch Brüssel I auf der falschen Rechtsgrundlage ergangen wären, denn beide Verordnungen betreffen Regelungsgegenstände, die nicht nur die Personenfreizügigkeit berühren.[272] Zwar kann sich auch der supranationale Gesetz-

---

[268] **A.A.** Staudinger/*v. Hoffmann*, Vorbem zu Art 38 ff, Rdnr. 14: „Die wörtliche und systematische Auslegung des Art 65 EG, der sich in „Titel IV: ...“ findet, führt zu keinem eindeutigen Befund; ....“.

[269] Zu den Grundfreiheiten zählen weiterhin der freie Verkehr von Waren, der freie Dienstleistungsverkehr und der freie Kapitalverkehr (Art. 3 Abs. 1 lit. c; Art. 14 Abs. 2 EGV).

[270] So auch *Drappatz*, Überführung, S. 107; *Leible/Staudinger*, European Legal Forum 2001, 225 (232).

[271] *Leible/Staudinger*, European Legal Forum 2001, 225 (233): „... denn die Anerkennung und Abwicklung internationaler Insolvenzen berührt ..., ... genauso Implikationen für den freien Waren- , Dienstleistungs- und Kapitalverkehr. Schließlich ist der Anwendungsbereich eines solchen Rechtsakts (Brüssel I) nicht auf Materien beschränkt, die allein der Personenfreizügigkeit zuzurechnen sind, sondern erstreckt sich auf sämtliche zivil- und handelsrechtlichen Sachverhalte. ... berührt wohl eher die Warenverkehrsfreiheit.“.

[272] Dies äußert explizit auch *Basedow*, Vergemeinschaftung des Kollisionsrechts, 19 (33).

geber irren[273], jedoch ergibt sich nach der Theorie von der Ergänzungsfunktion das paradoxe Ergebnis, dass für die Brüssel I-VO Art. 95 EGV als Kompetenztitel heranzuziehen wäre, obwohl Art. 100a EGV a. F. vor Amsterdam nach wohl einhelliger Meinung[274] als Rechtsgrundlage ausschied.[275] Ein Kompetenzzuwachs in Art. 95 EGV durch den Amsterdamer Vertrag ist den Materialien aber nicht zu entnehmen.[276]

Auch mit Blick auf ihr Ergebnis scheint die Theorie von der Ergänzungsfunktion in Bezug auf die Frage nach der zulässigen Handlungsform nicht weniger problematisch als die lex specialis-Variante. Denn mit der Anwendung des Art. 95 EGV wird das Problem der Wahl des adäquaten Handlungsinstruments nicht aus dem Weg geräumt. In der Erklärung zur Einheitlichen Europäischen Akte[277] (EEA) hat sich die Kommission nämlich im Rahmen von Art. 100 a EGV a.F. grundsätzlich zugunsten der Richtlinie gebunden. Dies schließt den Erlaß von Verordnungen auf der Grundlage des Art. 95 jedoch nicht völlig aus, wie sich etwa aus der Verordnung über das ergänzende Schutzzertifikat für Arzneimittel von 1992[278] ergibt, die auf Art. 100 a EGV a.F. beruht. Auch in der Literatur[279] zeichnet sich die Tendenz ab, auf der Basis von Art. 95 den Erlass von Verordnungen zuzulassen. Doch bedarf es einer umfassenden Prüfung und Begründung, um der Verordnung gegenüber der Richtlinie entgegen der Bindung der Kommission aus der EEA

---

[273] S. bspw. die Entscheidung des EuGH zur Tabak-Richtlinie (Bundesrepublik Deutschland/Europäisches Parlament und Rat der Europäischen Union) JZ 2001, 32 ff. m. Anm. *Götz*, 34 ff.; dazu schon oben im Zweiten Teil B.III.3.

[274] S. *Basedow*, CMLRev. 2000, 687 (699).

[275] S. *Leible/Staudinger*, European Legal Forum 2001, 225 (233).

[276] Vgl. *Leible/Staudinger*, European Legal Forum 2001, 225 (233); als Gegenargument für die Anwendbarkeit des Art. 95 EGV auf den Erlass einer Brüssel I-VO führen die Autoren weiterhin den klaren Wortlaut des Art. 65 lit. a EGV an, der darauf hindeutet, dass die Mitgliedstaaten als die Herren der Verträge mit Art. 65 EGV tatsächlich einen Kompetenztitel für den Erlass eines neu gestalteten EuGVÜ in Form eines Gemeinschaftsaktes schaffen wollten.

[277] Vgl. die Erklärung zur EEA v. 28.2.1986, ABl. EG 1987 L 169/24: „Die Kommission wird bei ihren Vorschlägen nach Art. 100 a Absatz 1 EG-Vertrag der Rechtsform der Richtlinie den Vorzug geben, wenn die Angleichung in einem oder mehreren Mitgliedstaaten eine Änderung gesetzlicher Vorschriften erfordert.“.

[278] Siehe *Basedow*, AcP 2000, 445 (479), m.w.N..

[279] S. etwa *Basedow*, AcP 2000, 445 (479); *Staudinger*, VuR 2001, 353 (357); *Streinz*, Europarecht, Rdnr. 962.

den Vorzug geben zu können. Diese Diskussion wird das Gesetzgebungsverfahren damit genauso verzögern, wie die Diskussion um das zulässige Handlungsinstrument im Rahmen von Art. 65 lit. b EGV.

Sollte sich die Selbstbindung der Kommission nach Amsterdam fortsetzen, so drängt sich hier - genauso wie im Rahmen von Art. 65 lit. b EGV - die generelle Frage auf, ob die Hinwendung zur Richtlinie wünschenswert ist. *Kreuzer*[280] hielt schon 1993 die Verordnung für das ideale Instrument bei einer Kollisionsrechtsvereinheitlichung. Diesem Ansatz folgt etwa auch die Europäische Kommission, die sich im Hinblick auf Rom II zugunsten einer Verordnung auf Grundlage der in Frage stehenden Vorschriften entschieden hat.[281] Die Verordnung hat dabei als Ausgleichungsinstrument gegenüber der Richtlinie den Vorteil, dass sie sofort nach ihrer Veröffentlichung angewendet werden kann und unmittelbare Rechte und Pflichten sowohl für den Einzelnen als auch für die Mitgliedstaaten und die Behörden zu begründen vermag.[282] Obwohl durch den Gebrauch von Richtlinien die Kompetenz des nationalen Gesetzgebers - soweit wie mit der gemeinschaftsweiten Erreichung des Richtlinienziels vereinbar - geschont wird[283], warnt auch *v. Hoffmann*[284] davor, dass der Weg über die Richtlinie aufgrund des von Art. 249 EGV vorgesehenen Umsetzungsspielraums die Gefahr einer erneuten Zersplitterung des bereits vereinheitlichten Kollisionsrechtsrechts in sich birgt. *Staudinger*[285] weist darauf hin, dass die beklagte Disharmonie der Anknüpfungsregeln sich in der Hauptsache gerade auf die Rechtsaktform der Richtlinie gründet, die zunächst der Transformation bedarf und vielfach als Mindestvorgabe und damit als Freibrief für nationale Alleingänge missgedeutet wurde.[286] Daneben

---

[280] Vgl. *Kreuzer*, Europäisierung, 1. Aufl., S. 373 (430 f.); so auch in der 2. Aufl. (1999), S. 457 (522).

[281] S. „Proposal for a Regulation of the European Parliament and the Council on the Law applicable to non-contractual Obligations (Rom II)", S. 6 f., www.ipr.uni-koeln.de (Europäisches Kollisionsrecht); Text abgedruckt im *Anhang* (S. 343 ff.).

[282] S. v. Groeben/*Bardenhewer/Pipkorn*, Art. 100a, Rdnr. 68; ebenso Staudinger/*v. Hoffmann*, Vorbem zu Art 38 ff EGBGB, Rdnr. 15.

[283] Siehe v. Groeben/*Bardenhewer/Pipkorn*, Art. 100 a, Rdnr. 69.

[284] Vgl. *v. Hoffmann*, IPR, § 1, Rdnr. 12; § 10, Rdnr. 73 b.

[285] Vgl. *Staudinger*, ZfRV 2000, 93 (104); *Leible/Staudinger*, European Legal Forum 2001, 225 (233).

[286] Bsp.: Transformation von Verbraucherschutzrichtlinien und Harmonisierung des Internationalen Versicherungsrechts durch Richtlinien, s. *Leible/Staudinger*, European Legal Forum 2001, 225 (233).

ist die Umsetzung einer Richtlinie in nationales Recht oft ein äußerst langwieriges Verfahren, wie die jährlichen Berichte der Kommission über die Kontrolle der Anwendung des Gemeinschaftsrechts sowie über den Stand der Arbeiten zur Vollendung des Binnenmarktes belegen.[287]

Die Richtlinie ermöglicht damit die Schaffung von Disharmonie dort, wo der Amsterdamer Vertrag Harmonie durch (Kollisions-) Rechtsvereinheitlichung und Rechtssicherheit herbeiführen will. Im Ergebnis kann der Binnenmarkt nur mit Hilfe einer Verordnung („reibungslos") funktionieren.[288] *Staudinger*[289] bezeichnet den Ansatz einer Beschränkung des Kompetenztitels auf einen Richtlinienerlass daher metaphorisch als Versuch, „den Teufel mit dem Belzebub auszutreiben".

Obwohl diese allgemeinen Betrachtungen zeigen, dass ein Richtlinienerlass im Rahmen einer Kollisionsrechtsvereinheitlichung keine Vorteile bringt[290], dürfen Wortlaut und Systematik der Kompetenztitel, insbesondere die von Art. 65 EGV, nicht außer Acht gelassen werden:

Eine Selbstbindung der Kommission im Rahmen von Art. 65 EGV existiert nicht. Insofern müsste sich eine solche gravierende Beschränkung aus der Norm selbst ergeben. Wie bereits oben angesprochen, ziehen einige Autoren eine solche Einschränkung aus dem Wortlaut des Art. 65 lit. b EGV, der lediglich von „Förderung der Vereinbarkeit" spricht. Grundsätzlich schließt die Intensität der Verordnung nicht aus, dass diese die Vereinbarkeit der in den Mitgliedstaaten geltenden Kollisionsnormen fördert.[291] Lit. b erinnert aber mit dem Begriff „fördern" an die Artt. 137 ff. EGV, die hinsichtlich der Zusammenarbeit in sozialen Fragen und der Verbesserung des Arbeitsschutzes lediglich unverbindliche Gemeinschaftsmaßnahmen ermöglichen.[292]

---

[287] Vgl. v. Groeben/*Bardenhewer/Pipkorn*, Art. 100 a, Rdnr. 68.

[288] S. *Staudinger*, ZfRV 2000, 93 (104).

[289] Vgl. *Staudinger*, ZfRV 2000, 93 (104).

[290] Für Rom II als Verordnung sprechen sich auch *Eidenmüller*, IPRax 2001, 2 (3); Palandt/*Heldrich*, Vorb v EGBGB 38, Rdnr. 2; Hamburg Group of Private International Law, Stellungnahme zum Vorschlag der Europäischen Kommission für einen Rechtsakt Rom II, http://www.mpipriv-hh.mpg.de/ = http:// europa.eu.int/ comm/justice_home/news/ consulting_public/rome_ii/wai/news_summary_rome2_en.htm, S. 2, aus.

[291] Vgl. *Eidenmüller*, IPRax 2001, 2 (3).

[292] S. *Besse*, ZEuP 1999, 107 (115).

Dem ist mit *Besse*[293] aber entgegenzuhalten, dass ein Vergleich mit bereits existierenden Bestimmungen des EGV, in denen ebenfalls von Zusammenarbeit die Rede ist, zeigt, dass der EGV dort, wo er die Handlungsmöglichkeit der Organe auf unverbindliche Maßnahmen beschränken möchte, dies ausdrücklich vorschreibt. Da Art. 65 EGV keine solche ausdrückliche Beschränkung enthält, ist davon auszugehen, dass sich die Handlungsumschreibung „Förderung" nicht nur auf unverbindliche Gemeinschaftsakte beschränkt, sondern dass vielmehr der komplette Maßnahmenkatalog des Art. 249 EGV zur Verfügung stehen soll.[294]

Die Ausführungen haben meiner Ansicht gezeigt, dass Art. 65 lit. b EGV als Rechtsgrundlage für eine Verordnung Rom II dienen kann.[295] Das harmonisierte Kollisionsrecht könnte damit - anders als bei der Ratifikation völkerrechtlicher Verträge - auch binnenmarktweit einheitlich in Kraft gesetzt werden, was gerade angesichts der Osterweiterung der EU (Agenda 2000)[296]

---

[293] Vgl. *Besse*, ZEuP 1999, 107 (115); so auch *Drappatz*, Überführung, S. 123.

[294] So auch *Basedow*, Vergemeinschaftung des Kollisionsrechts, S. 19 (45); so wohl auch Lenz/*Bardenhewer*, Art. 65, Rdnr. 4: „Gegen Ende der Konferenz sind im Wege des Kompromisses noch vage Formulierungen wie „Förderung der Vereinbarkeit" ... aufgenommen worden. Der ursprüngliche Kommissionsvorschlag sah ... das Wort „Angleichung" vor. An der Reichweite der gemeinschaftsrechtlichen Kompetenz dürfte dies allerdings nichts geändert haben."; *v. Hoffmann*, IPR, § 1, Rdnr. 118: „Damit einher geht ein Kompetenzzuwachs der Gemeinschaft zum Erlaß von Maßnahmen (Verordnungen und Richtlinien) auf diesem Gebiet, ..."; Hamburg Group of Private International Law, Stellungnahme zum Vorschlag der Europäischen Kommission für einen Rechtsakt Rom II, http://www.mpipriv_hh.mpg.de/ = http://europa.eu.int/comm/justice_home/news/consulting_public/rome_ii/wai/news_summary_rome2_en.htm, S. 2: „These powers *(arts. 61 and 65 EC)* enable the Community to adopt »measures«, a term which encompasses all types of Community acts listed in art. 249 EC including regulations.".

[295] So wohl auch Grabitz/Hilf/*Röben*, EU I, Art. 65, Rdnr. 8; *Junker*, RIW 2000, 241 (242); Palandt/*Heldrich*, Vorb v EGBGB 38, Rdnr. 2; EGBGB 3, Rdnr. 13.

[296] Mit der Verabschiedung von rund 20 Legislativmaßnahmen hat die Union 1999 ihr Projekt „Agenda 2000" abgeschlossen. Hauptziel war es, die Union für ihre größten Herausforderungen, d.h. die Verstärkung ihrer Politiken und den Beitritt neuer Mitgliedstaaten innerhalb seines strikten Finanzrahmens zu rüsten- Hauptbeweggrund für die im Rahmen von Agenda 2000 unternommenen Reformen war also die künftige Erweiterung der Union um zehn mittel- und osteuropäische Länder (Bulgarien, Estland, Ungarn, Lettland, Litauen, Polen, Rumänien, Slowakei, Slowenien, Tschechsiche Republik, Zypern), s. www.europa.eu.int/scadplus/ leg/de/lvb/160001.htm.

einen nicht zu unterschätzenden Vorteil darstellt.[297] Dies entspricht wohl auch dem Willen des europäischen Gesetzgebers, der von einem Erlass des Art. 65 lit. b EGV hätte absehen können, wenn dieser gegenüber Art. 95 EGV nur Ergänzungsfunktion hätte.

Darüber hinaus deckt die Vorschrift m.E. nicht nur grenzüberschreitende Zivilsachen mit Bezug zu verschiedenen Mitgliedstaaten, sondern auch Drittstaatensachverhalte können potentieller Gegenstand solcher Maßnahmen sein.[298] Denn das von *Leible* und *Staudinger*[299] gegebene Beispiel hat gezeigt, dass divergierende Internationale Privat- und Verfahrensrechte die Binnenmarktverwirklichung beeinträchtigen können. Für eine extensive Auslegung der neuen Zuständigkeitsgrundlage spricht auch die jüngste Rechtprechung des *Gerichtshofes* zum Gerichtsstands- und Vollstreckungsübereinkommen im Fall Josi Group Reinsurance Company/UGIC[300], der bereits oben angesprochen wurde[301]. Wenn der *Gerichtshof* die Anwendbarkeit des Übereinkommens auf auch solche Rechtsverhältnisse, die lediglich eine Beziehung zu einem einzigen Mitgliedstaat und im Übrigen zu Drittstaaten aufweisen, auch in Zukunft anerkennt, so wird er der Gemeinschaft wohl auch bei der Auslegung von Art. 65 lit. b EGV die Zuständigkeit zum Erlass von Kollisionsnormen - zumindest des internationalen Zivilprozessrechts - zusprechen, die das Verhältnis zwischen einzelnen Mitgliedstaaten und Drittstaaten betreffen.[302]

---

[297] Vgl. *Staudinger*, ZfRV 2000, 93 (104 insbesondere Fn. 144): „Gerade durch die Osterweiterung droht die Gefahr, dass die Anzahl der in der Rechtspraxis zu beachtenden verschiedenen Fassungen der Abkommen noch zunehmen wird."; zu den sich aus der AGENDA 2000 ergebenden Problemen s. auch *Mänhardt/Posch*, IPR, S. 184.

[298] So auch *Basedow*, CMLRev. 2000, 687 (701 ff.; 707); ders., Vergemeinschaftung des Kollisionsrechts, 19 (39 ff.; 46); in diese Richtung äußert sich auch die Hamburg Group of Private International Law, Stellungnahme zum Vorschlag der Europäischen Kommission für einen Rechtsakt Rom II, http://www.mpipriv_hh.mpg.de/ = http://europa.eu.int/comm/justice_home/news/consulting_public/rome_ii/wai/news_summary_rome2_en.htm, S. 2.: „..., but it should be pointed out that in its opinion a division of private international law into one body of intra-Community rules enacted by the Community and a second body of rules for third-state relations adopted by the Member States would be disturbing.".

[299] S.o. Fn. 262.

[300] S. EuGH (Josi Group Reinsurance Company/UGIC), IPRax 2000, 520 ff., mit Aufsatz *Staudinger*, 483 ff.; s.o. Fn. 238.

[301] S.o. Zweiter Teil B.III.3.

[302] Vgl. *Basedow*, Vergemeinschaftung des Kollisionsrechts, S. 19 (41 f.).

Nicht nur nach der im Aktionsplan des Rates und der Kommission zum Ausdruck kommenden Dynamik, sondern auch dem aktuellen Stand der Arbeiten zu Rom II zu Folge ist davon auszugehen, dass eine solche Verordnung auf dieser Grundlage ergeht.[303]

Ein Manko der Zuständigkeitsvorschrift ist natürlich, dass die im IV. Titel vorgesehenen Massnahmen gem. Art. 69 EGV grundsätzlich ohne Beteiligung des Vereinigten Königreichs, Irlands und Dänemarks erlassen werden und nicht für diese Staaten gelten. Dieser integrationspolitische Aspekt spricht grundsätzlich für die Lehre von der Ergänzungsfunktion, die nicht Art. 65 ff. heranzieht, sondern Art. 95 anwendet. Der Rückgriff auf Art. 95 ermöglicht Rechtsangleichungsmaßnahmen, die diese Staaten einschließen.[304]
Die Vergangenheit hat aber gezeigt, dass Irland und Großbritannien bisher bei jedem Rechtsakt, der auf der Grundlage des IV. Titels ergangen ist, auf der Grundlage der Protokolle von der sog. *opt-in* Regelung[305] Gebrauch gemacht haben und die betreffende Verordnung angenommen und angewandt haben.[306]
Nur Dänemark bleibt von den Harmonisierungsmaßnahmen ausgeschlossen, da das dänische Protokoll zu Art. 69 EGV keine Teilnahme an Legislativakten im Bereich der justitiellen Zusammenarbeit in Zivilsachen gestattet.[307] Eine Ausnahme bildet Art. 7 des Protokolls über die Position Dänemarks, wonach Dänemark die anderen Mitgliedstaaten darüber unterrichten kann, dass es nicht länger an einige oder alle Vorschriften des Protokolls gebunden sein möchte; in diesem Fall muss Dänemark alle bis dahin in Kraft gesetzten Maßnahmen, die im Rahmen der Europäischen Union realisiert wurden, akzeptieren. Auch wenn Dänemark bisher bei den letzten Verordnungen von dieser Möglichkeit keinen Gebrauch gemacht hat, bleibt noch eine Bindung Dänemarks über den Abschluss eines völkerrechtlichen Vertrages.[308] *Basedow*[309] hält es sogar für eher unwahrscheinlich, dass der Vorbehalt, der

---

303 So schon früher *Dethloff*, JZ 2000, 179 (180); Palandt/*Heldrich*, Vorb v EGBGB 38, Rdnr. 2; *Vékás*, ZfRV 2001, 220 (229): „Aller Wahrscheinlichkeit nach wird auch das Kollisionsrecht der außervertraglichen Schuldverhältnisse innerhalb der EU (sog. Rom II) in Form einer Verordnung vereinheitlicht.“; *Wagner*, EuZW 1999, 709 (710).

304 S. *Heß*, JZ 2001, 573 (574).

305 Vgl. § 3 des Protokolls Nr. 4 zum Amsterdamer Vertrag.

306 S. *Leible/Staudinger*, European Legal Forum 2001, 225 (226).

307 Vgl. *Leible/Staudinger*, European Legal Forum 2001, 225 (226).

308 S. *Besse*, ZEuP 1999, 107 (121 f.); *Heß*, NJW 2000, 23 (28); *Kohler*, rev.crit.dr.int.priv. 1999, 1 (8 f.); *Leible/ Staudinger*, European Legal Forum 2001, 225 (226).

309 S. *Basedow*, Vergemeinschaftung des Kollisionsrechts, S. 19 (29).

sich vor allem auf die Furcht vor Souveränitätsverlusten in Angelegenheiten des Asylrechts und der Einwanderung gründete, in Zukunft aufrechterhalten wird.

Zweifel an der Durchsetzungskraft von Rom II können sich nur aus der Tatsache ergeben, dass im Rahmen des EVÜ noch nicht einmal die bereicherungsrechtliche Minimalregelung des Art. 10 Abs. 1 lit. e EVÜ konsensfähig war.[310] Mit Blick auf die Mitteilung Großbritanniens und Irlands auf der Ratstagung „Justiz und Inneres" vom 12. März 1999[311], sich an der justitiellen Zusammenarbeit in Zivilsachen in vollem Umfang zu beteiligen, und unter Berücksichtigung des Umstandes, dass sich diese Staaten mit dem Einsatz der Arbeitsgruppe des Rates zu Rom II einverstanden erklärten[312], kann man aber auch für Rom II optimistisch sein.

IV. Zusammenfassung zur rechtlichen Basis einer Rechtsvereinheitlichung auf europäischer Ebene

Zusammenfassend kann festgehalten werden, dass sich der geplante Rechtsakt Rom II als Verordnung m.E. auf die neue Kompetenznorm des Artt. 61 lit. c, 65 lit. b EGV stützen lässt. In der Literatur wird dies zwar in Frage gestellt, doch gehen die Arbeiten in Brüssel hinsichtlich einer Verordnung zu dem auf das außervertragliche Schuldrecht anzuwendenden Rechts von einer Zuständigkeit der Gemeinschaft zum Erlass des entsprechenden Sekundärrechtsaktes auf der Basis dieser Vorschrift aus. Artt. 61 lit. c, 65 lit. b steht zu Art. 95 EGV damit für den Bereich des Internationalen Privat- und Verfahrensrechts im Verhältnis der Spezialität. Eine Beschränkung der von Art. 249 EGV grundsätzlich zugelassenen Harmonisierungsmittel kann der neuen Vorschrift nicht entnommen werden.

---

[310] Italien (BGBl. 1992 II, 550) und das Vereinigte Königreich (BGBl.1991 II, 871) haben gegen diese Regelung einen Vorbehalt gem. Art. 22 Abs. 1 lit. b EVÜ eingelegt; Zweifel hat wohl auch *Wagner*, IPRax 1999, 709 (713).

[311] Vgl. bspw. Nr. 2.2 des Vorschlages für eine Verordnung (VO) des Rates über die gerichtliche Zuständigkeit und die Anerkennung und Vollstreckung von Entscheidungen in Zivil- und Handelssachen, ABl. EG 1999 C 376/1.

[312] S. „Proposal for a Regulation of the European Parliament and the Council on the Law applicable to non-contractual Obligations (Rom II)", S. 7, www.ipr.uni-koeln.de (Europäisches Kollisionsrecht); Text abgedruckt im *Anhang* (S. 343 ff.).

C. Sachstand (Rom II)

I. Schwerpunkt der Verhandlungen

Wenn vorliegend über den aktuellen Sachstand gesprochen wird, so wird damit vor allem auf die Entwürfe und Vorschläge Bezug genommen, die die GEDIP (GEDIP-E)[313] und die Kommission (K-V)[314] erarbeitet haben. Der Entwurf der vom Europäischen Rat eingesetzten Arbeitsgruppe (R-E)[315] wird zum Vergleich mitdargestellt.

Im Mittelpunkt der Verhandlungen standen die Anknüpfungsregeln für unerlaubte Handlungen. Der Grund für diese Gewichtung ist neben der besonderen Praxisrelevanz der deliktsrechtlichen Kollisionsnormen vor allem in der Verknüpfung zur Brüssel I-Verordnung (EuGVO) zu sehen, die insbesondere im Fall der unerlaubten Handlung[316] konkurrierende Gerichtsstände vorsehen kann und sich insoweit vor allem die forum shopping-Problematik stellt, die es mit einer Vereinheitlichung der deliktsrechtlichen Kollisionsnormen zu lösen gilt.[317] Mit den Kollisionsnormen für Ansprüche aus ungerechtfertigter Bereicherung hat man sich nur am Rande beschäftigt.

---

[313] Text abgedruckt im *Anhang* (S. 343 ff.) (französische Originalfassung); zur Arbeit der GEDIP s. schon oben Zweiter Teil A.II.2.b.

[314] S. „Proposal for a Regulation of the European Parliament and the Council on the Law applicable to non-contractual Obligations (Rom II)", S. 6 f., www.ipr.uni-koeln.de (Europäisches Kollisionsrecht); Text abgedruckt im *Anhang* (S. 343 ff.); s. dazu schon oben Zweiter Teil A.II.2.a.

[315] Der endgültige Entwurf eines Rechtsaktes der Arbeitsgruppe ist nicht publiziert worden. Allein der Bericht von *Wagner* in EuZW 1999, 709 ff., gibt einen Einblick in die Arbeit der Gruppe. Im Dokument des Rates der Europäischen Union v. 9. Dezember 1999, Dok. 11982/99, ist der vorläufige Text des Entwurfes abgedruckt; s. dazu schon oben Zweiter Teil A.II.2.a.

[316] Für Bereicherungsansprüche ist die Anwendbarkeit einiger Zuständigkeitsvorschriften des EuGVÜ, bzw. der EuGVO, strittig, s. unten Vierter Teil B.I.1, B.II.1.

[317] Vgl. *Wagner*, EuZW 1999, 709 (709); zur forum shopping-Problematik s. auch den sog. Rheinverschmutzungsfall des EuGH (Handelskwekerij G.J. Bier B.V./Mines de Potasse d'Alsace S.A.), Slg. 1976, 1735 ff.; zu dieser Problematik schon o. Zweiter Teil A.II.1.

II. Sachlicher Anwendungsbereich

Hinsichtlich des sachlichen Anwendungsbereiches sind sich die Gruppen einig:

In Artikel 1 Abs. 1 aller Entwürfe wird dieser dahingehend generalklauselartig umschrieben, dass alle außervertraglichen Schuldverhältnisse umfasst sind. Absatz 2 enthält einen Katalog der Ausnahmen von diesem Grundsatz. Für das vorliegend interessierende Bereicherungsrecht ist besonders von Bedeutung, dass es innerhalb der EU-Arbeitsgruppe Meinungsverschiedenheiten gab in Bezug auf die Frage, ob die Beeinträchtigung von Immaterialgüterrechten in den Anwendungsbereich des Rechtsakts einzubeziehen ist.[318]

III. Inhalt der geplanten Regelungen zur ungerechtfertigten Bereicherung

In Titel III des GEDIP-E und des R-E, sowie in Kapitel 2, Teil 2 K-V werden die außervertraglichen Schuldverhältnisse, die nicht deliktsrechtlichen Ursprungs sind, behandelt:

1. GEDIP-Entwurf[319]

Dem Vorschlag lag die Konzeption einer Parallelkonvention zum EVÜ mit der Perspektive einer späteren Verschmelzung von Rom I und Rom II zugrunde. Dieser Ansatz bestimmt weitestgehend den Gesamtaufbau des Vorschlages, die - mit dem EVÜ nahezu völlig übereinstimmenden - allgemeinen Bestimmungen und Vorschriften über den Anwendungsbereich sowie die wesentlichen Anknüpfungsprinzipien und die Technik der Anknüpfung.[320]

---

[318] Vgl. dazu *Wagner*, EuZW 1999, 709 (710 f.).

[319] S. dazu auch *Kreuzer*, RabelsZ 2001, 383 (399).

[320] S. *Kreuzer*, RabelsZ 2001, 383 (400 insbes. Fn. 88); Staudinger/*v. Hoffmann*, Vorbem zu Art 38 ff EGBGB, Rdnr. 20; *Wilderspin*, Vergemeinschaftung des internationalen Schuldrechts, S. 77 (79).

Im GEDIP-E sind die sonstigen außervertraglichen Schuldverhältnisse in einem Artikel einheitlich zusammengefasst. Die Grundregel des Entwurfes orientiert sich an der Struktur des Art. 4 EVÜ.[321]

Art. 7 Abs. 1 GEDIP-E folgt dem allgemeinen Anknüpfungsprinzip der engsten Verbindung (Näheprinzip), so dass an das Recht anzuknüpfen ist, mit dem das Schuldverhältnis die engste Verbindung aufweist. In den Absätzen 2 bis 4 findet eine Konkretisierung dieser Richtlinie unter dem Vorbehalt einer allgemeinen Ausweichklausel (Art. 7 Abs. 5 GEDIP-E) statt, indem widerlegbare Vermutungen aufgestellt werden.

In Absatz 2 wird der Fall behandelt, dass die außervertragliche Verpflichtung unmittelbar an eine bereits zuvor zwischen den Parteien bestehende Verbindung anknüpft. Die engste Verbindung besteht dann mit dem Land, dessen Recht auf die zuvor bestehende Verbindung anwendbar ist. Art. 7 II GEDIP-E läuft damit auf eine akzessorische Anknüpfung hinaus.[322]

Art. 7 Abs. 3 GEDIP-E berücksichtigt territoriale Sachverhaltselemente, indem die engste Beziehung zu dem Recht des Staates angenommen wird, in dem die Bereicherung stattgefunden hat.

Absatz 5 GEDIP-E enthält eine Ausweichklausel für den Fall, dass sich aus den Gesamtumständen eine engere Verbindung zu einem anderen Land als dem aus den vorherigen Absätzen ermittelten ergibt.

Nach Art. 8 S. 1 GEDIP-E können die Parteien nach der Entstehung des außervertraglichen Schuldverhältnisses eine Rechtswahl treffen.

2. Entwurf der Arbeitsgruppe des Europäischen Rates

Wagner[323], der selbst Mitglied dieser Arbeitsgruppe war, weist in seinem Bericht zur Tätigkeit der Arbeitsgruppe des Europäischen Rates nur darauf hin, dass es Uneinigkeit in Bezug auf die Struktur des internationaldeliktsrechtlichen Abschnitts gab. Ein erster Blick auf den Entwurf der Arbeits-

---

[321] S. *Jayme*, IPRax 1998, 140 (141); zu Art. 4 EVÜ allgemein *v. Hoffmann*, IPR, § 10, Rdnrn. 42 ff..

[322] S. *Kreuzer*, RabelsZ 2001, 383 (405).

[323] Vgl. *Wagner*, EuZW 1999, 709 (711).

gruppe des Rates lässt darüber hinaus sofort die von dem GEDIP-E abweichende Struktur erkennen. Im Gegensatz zum Entwurf der GEDIP geht der Entwurf nicht vom Grundsatz der engsten Verbindung aus.

Die erste Differenz ist darin zu sehen, dass ungerechtfertigte Bereicherung und GoA gesondert voneinander in separaten Artikeln behandelt werden. Zwar hat man sich in Artikel 11 R-E[324] ebenfalls für den Grundsatz der Anknüpfung an die engste Verbindung entschieden, jedoch folgt die Arbeitsgruppe nicht der Systematik des EVÜs. Die Vorschriften zu den Ansprüchen aus ungerechtfertigter Bereicherung und Geschäftsführung ohne Auftrag werden als Spezialvorschriften vorangestellt. Die Grundsatzregel schließt den Titel ab.

Für Bereicherungsansprüche gilt Art. 8 R-E[325]. In den Absätzen 1 bis 3 folgt eine Differenzierung nach der Art der ungerechtfertigten Bereicherung. Basiert die Bereicherung auf der rechtswidrigen Nutzung von Sachen oder Vermögen, so ist das Recht des Staates maßgeblich, in dem die Sache oder das Vermögen genutzt wurden. Ist die Bereicherung hingegen auf eine Übertragung von Vermögen zurückzuführen, so wird als Anknüpfungspunkt das Recht des Staates gewählt, in dem sich die Übertragung abschließend vollzogen hat. Im Ergebnis wird damit an das Recht des Staates angeknüpft, in dem die Bereicherung eingetreten ist. Absatz 3 enthält für die genannten Fälle eine Sonderregelung. Für die Parteien besteht gem. Art. 12 R-E die Möglichkeit einer nachträglichen Rechtswahl.[326] Der bereicherungsrechtliche

---

[324] Artikel 11 R-E: „Auf außervertragliche Schuldverhältnisse, die nicht unter den Titel II fallen, ist das Recht des Staates anzuwenden, zu dem sie die engste Verbindung aufweisen.".

[325] Art. 8 R-E: „(1) Auf Schuldverhältnisse, die sich aus der rechtswidrigen Nutzung von Sachen oder Vermögen ergeben, ist das Recht des Staates anzuwenden, in dem die Sachen oder das Vermögen genutzt wurden. (2) Auf Schuldverhältnisse, die sich aus der [Bereicherung durch die] rechtswidrige Übertragung von Vermögen ergeben, ist das Recht des Staates anzuwenden, in dem [die Bereicherung durch] die Übertragung abschließend vollzogen wurde. (3) [Ungeachtet der Absätze 1 und 2 ist auf Schuldverhältnisse, die sich aus der rechtswidrigen Nutzung oder Übertragung von Sachen oder Vermögen ergeben, das Recht des Staates anzuwenden, in dem diese Nutzung oder Übertragung für die Partei des Schuldverhältnisses, die zu der Nutzung oder Übertragung nicht [hauptsächlich beigetragen oder Anlass gegeben hat], wirksam wird.]".

[326] Art. 12 R-E: „(1) Die Parteien können nach dem Eintreten eines Ereignisses, das ein außervertragliches Schuldverhältnis begründet, das Recht wählen, das auf ein außerver-

Teil differiert damit im Ergebnis im Wesentlichen inhaltlich nicht von dem Entwurf der GEDIP.

3. Vorschlag der Europäischen Kommission

Der Vorschlag der Kommission sollte in einem Dialog mit den Fachkreisen der Mitgliedstaaten entstehen.[327] Dieses Ziel wurde nicht nur durch die im Januar 2003 erfolgte Anhörungen gewährleistet, sondern auch durch Berücksichtigung des Vorschlages der GEDIP, dem sich schon der Vorentwurf der Kommission in Bezug auf das Bereicherungskollisionsrecht in Inhalt und Aufbau annäherte.[328]

Für nichtdeliktische außervertragliche Schuldverhältnisse enthält der Vorschlag ausführlichere Bestimmungen als der Vorentwurf. Dennoch bleibt festzuhalten, dass der Vorschlag für diesen Bereich weniger ausformulierte Bestimmungen als für das Kollisionsrecht der unerlaubten Handlung enthält.[329] In nur einer Vorschrift wird das auf die „Außervertraglichen Schuldverhältnisse aus anderer als unerlaubter Handlung", d.h. insbesondere das Bereicherungsrecht und das Recht der Geschäftsführung ohne Auftrag, anzuwendende Recht behandelt (Art. 9 K-V). Man hat sich nicht für die Struktur des Art. 4 EVÜ (Richtlinie - Vermutungen - Ausweichklausel) entschieden. In den Absätzen 1-4 werden zunächst Spezialfälle behandelt, während Art. 9 Abs. 5 K-V entsprechend Art. 4 Abs. 5 EVÜ und Art. 41 EGBGB am Ende der Vorschrift klarstellt, dass grundsätzlich das Recht Anwendung findet, zu dem der Fall nach den Umständen die engste Verbindung aufweist. Auf das Aufstellen einer Richtlinie in Abs. 1 zugunsten des Rechts der engsten Verbindung hat man verzichtet.

---

tragliches Schuldverhältnis [oder auf einen vernünftigerweise abtrennbaren Teil davon] anzuwenden ist, wenn ein Ereignis eingetreten ist, das zu einer Untersuchung führt.".

[327] In diesem Zusammenhang fordern *Leible/Staudinger*, European Legal Forum 2001, 225 (235), die Bildung eines dem Deutschen Rat für IPR vergleichbaren wissenschaftlichen Beratungsgremiums für auf Artt. 61 lit. c, 65 EGV gestützte Rechtsakte.

[328] S. auch Zweite Kommission des Deutschen Rates für Internationales Privatrecht, Stellungnahme zum Vorentwurf der Kommission, http://europa.eu.int/comm/justice_home news/consulting_public/rome_ii/ai/news_ summary_rome2_en.htm., S. 40.

[329] Zum Vorentwurf s. dazu *Jayme/Kohler*, IPRax 2002, 461 (471): „...; er *(Anm.: der Vorentwurf; Anmerkung vom Verfasser)* begnügt sich mit einem einzigen Artikel (Art. 10) und ist hier eher skizzenhaft.".

Nach Art. 9 Abs. 3 K-V soll Bereicherungsort für alle Bereicherungsfälle unterschiedslos der Staat sein, in dem die Bereicherung erfolgt ist. Art. 9 Abs. 3 K-V läuft damit parallel zu Art. 7 Abs. 3 GEDIP-E und zu Art. 128 des Schweizer IPRG[330]. Diese Gleichbehandlung aller Bereicherungsfälle wurde vor allem in den Beiträgen der deutschen Rechtswissenschaftler zu dem Vorentwurf kritisiert, die, in Anlehnung an die deutschen Artt. 38 Abs. 1-3, 39 eine gesonderte Behandlung nach der Art des außervertraglichen Schuldverhältnisses befürworten.[331] Der K-V zeichnet sich in den hier behandelten Teilen durch Kürze und Allgemeinheit der eigentlichen Anknüpfungsregeln aus.[332] Nach Art. 9 Abs. 1 K-V ist für alle außervertraglichen Schuldverhältnisse weiterhin das Recht maßgeblich, welches ein zwischen den Parteien bestehendes Rechtsverhältnis beherrscht, aus dem sich das außervertragliche Schuldverhältnis ergibt. Art. 9 Abs. 2 K-V enthält eine vorrangige Anknüpfung an den gemeinsamen gewöhnlichen Aufenthalt.

Gem. Art. 10 Abs. 1 K-V können die Parteien unter dem Vorbehalt zwingender Bestimmungen (Abs. 2 und 3) das auf ein außervertragliches Schuldverhältnis anzuwendende Recht nach Entstehung des außervertraglichen Schuldverhältnisses frei wählen. Die zeitliche Beschränkung der Rechtswahl wurde erst in den endgültigen Vorschlag eingefügt, da das Fehlen einer solchen Regelung in einigen Stellungnahmen zu dem Vorentwurf moniert wurde.[333]

---

[330] Text abgedruckt im *Anhang* (S. 343 ff.).

[331] S. „Follow-up of the consultation on a preliminary draft proposal for a Council Regulation on the law applicable to non-contractual obligations („Rome II")", s. http://europa.eu.int/comm/justice_home/news/consulting_public/rome_ii/wai/news_summary_rome2_en.htm. Die Zusammenfassung der negotiorum gestio und des Bereicherungsrechts in nur einer Vorschrift kritisiert etwa die Hamburg Group of International Private Law, Stellungnahme zu dem Vorentwurf der Europäischen Kommission für einen Rechtsakt Rom II, http://www.mpipriv_hh.mpg.de/ = http://europa.eu.int/comm/justice_home/news/consulting_public/rome_ii/wai/news_summary_rome2_en.htm, S.30 f., 33.

[332] S. Zweite Kommission des Deutschen Rates für Internationales Privatrechts, Stellungnahme zum Vorentwurf der Kommission, http://europa.eu.int/comm/justice_home/news/consulting_public/rome_ii/wai/news_summary rome2_en.htm, S. 39.

[333] Vgl. „Follow-up of the consultation on a preliminary draft proposal for a Council Regulation on the law applicable to non-contractual obligations („Rome II"), s. http://europa.eu.int/comm/justice_home/news/consulting_public/rome_ii/wai/news_summary_rome2_en.htm.

Art. 11 K-V enthält eine Umschreibung des Anwendungsbereichs. Obwohl diese Vorschrift für alle außervertraglichen Schuldverhältnisse Geltung beansprucht, ist Art. 11 K-V vorwiegend relevant bei der Bestimmung des Umfangs des Deliktsstatuts.

Nach Art. 20 K-V werden durch diese Verordnung nur die Sachnormen eines Staates berufen.

4. Allgemeine Vorschriften

Von Bedeutung, insbesondere für das Schicksal der nationalen Kollisionsnormen[334], ist auch die Frage, ob es sich bei Rom II um loi uniforme handeln wird. Nach Meinung der GEDIP[335], der Arbeitsgruppe des Rates[336] und der Kommission[337] sollte der anstehende Rechtsakt zur Vereinheitlichung des anwendbaren Rechts nach dem Vorbild des Art. 2 EVÜ Verweisungen auch dann vorsehen, wenn sie zu dem Recht eines Drittstaates führen.

IV. Zusammenfassung und Vergleich des Vorschlages der Kommission zu Rom II mit dem autonomen deutschen Bereicherungskollisionsrecht

Obwohl die bisherigen Arbeiten zu Rom II vorwiegend durch den Streit um die Anknüpfungsregeln zur unerlaubten Handlung dominiert wurden, war man sich aber auch hinsichtlich der Kollisionsnormen zum Recht der ungerechtfertigten Bereicherung - zumindest was den Aufbau anbetraf - nicht einig. Auch die Hamburg Group for Private International Law[338] übte Kritik an dem Vorentwurf der Kommission in Bezug auf das Bereicherungskollisionsrecht. Im Ergebnis hat sich inhaltlich weitgehend der Vorschlag der Europäischen Gruppe für Internationales Privatrecht durchgesetzt. Der wesentliche Unterschied ist darin zu sehen, dass sich der Vorschlag der

---

[334] Siehe dazu unten Zweiter Teil D.

[335] Art. 2 GEDIP-E.

[336] Art. 2 R-E: „Das nach diesem [Rechtsakt] bezeichnete Recht ist auch dann anzuwenden, wenn es das Recht eines Nichtvertragsstaates ist".

[337] Art. 2 K-V.

[338] S. Hamburg Group of Private International Law, Stellungnahme zum Vorschlag der Europäischen Kommission für einen Rechtsakt Rom II, http://www.mpipriv_hh.mpg.de/ = http://europa.eu.int/comm/justice_home/news/consulting_public/rome_ii/wai/news_summary_rome2_en.htm, S. 30 ff..

Kommission, wie der deutsche Gesetzgeber mit Art. 38[339], nicht an der Struktur des Art. 4 EVÜ orientiert. Die Parallele in der Vorgehensweise zum deutschen autonomen Kollisionsrecht beschränkt sich jedoch auf diesen Umstand. Im Gegensatz zum Entwurf der Kommission sieht das deutsche EGBGB mehrere Normen für die außervertraglichen Schuldverhältnisse nicht deliktsrechtlichen Ursprungs vor. Während der Vorentwurf allgemeiner gehalten ist, ist Art. 38 vom nationalen bereicherungsrechtlichen Verständnis geprägt. Denn Art. 38 folgt der aus dem Sachrecht bekannten Unterscheidung zwischen Leistungs- und Nichtleistungskondiktion.[340] Dennoch wird man durch die akzessorische Anknüpfung in Art. 9 Abs. 1 K-V, die im deutschen IPR über Art. 38 Abs. 1 oder aber über Art. 41 Abs. 2 Nr. 1 1. Fall herbeigeführt werden kann, sowie über die Anknüpfung an das Recht am Ort des Bereicherungseintritts (Art. 9 Abs. 3 K-V) entsprechend Art. 38 Abs. 2 und über die Anknüpfung an das Recht am Ort des gemeinsamen gewöhnlichen Aufenthaltes in Art. 9 Abs. 2 K-V wie in Art. 41 Abs. 2 Nr. 2 in den meisten Fällen zu den gleichen Ergebnissen kommen.

D. Bedeutung einer Kodifikation für das nationale Kollisionsrecht

In Zusammenhang mit Rom II drängt sich die Frage nach dem Schicksal der nationalen kollisionsrechtlichen Vorschriften zum Recht der außervertraglichen Schuldverhältnisse auf.

Entscheidendes Kriterium ist zunächst, ob sich Brüssel tatsächlich für eine Verordnung entscheidet und ob der Rechtsakt als loi uniforme ausgestaltet sein wird. Geht man aufgrund der aktuellen Verhandlungen in Brüssel von einer solchen Entwicklung aus, so müsste man den Artt. 38- 42 eigentlich keine lange Lebensdauer bescheinigen. Denn Art. 3 Abs. 2 S. 2 stellt deklaratorisch den Vorrang des Gemeinschaftsrechts vor den nationalen Artt. 38-42 fest. Allerdings ist fraglich, wie es sich auswirkt, dass die Verordnung nicht für alle Bereiche gilt. So wird sie zum Beispiel nicht auf außervertragliche Schuldverhältnisse anwendbar sein, die auf einem Familienverhältnis, einschließlich der Unterhaltsverpflichtungen beruhen, sofern dafür besondere Bestimmungen gelten (Art. 1 Abs. 2 lit. a K-V). Danach müssten eigentlich Fälle der bereicherungsrechtlichen Rückabwicklung von Unterhaltsleistungen nicht der Verordnung unterstehen, sofern man die Artt. 38, 41, 42 als besondere Bestimmungen bezeichnen kann. Es muss sich also erst noch

---

[339] Zum Aufbau des Art. 38 s.u. Dritten Teil A.II.

[340] S.u. Dritter Teil A.II.2.

zeigen, welchen Anwendungsbereich die Artt. 38-42 neben der Verordnung haben.

Dritter Teil

Das nationale Bereicherungskollisionsrecht

A. Grundlagen

I. Gesetzgeberische Intention

Im Mittelpunkt der Bemühungen des Gesetzgebers zum IPRG 1999 stand die Schaffung von Rechtsklarheit und Rechtssicherheit, ohne dabei die Einzelfallgerechtigkeit aus den Augen zu verlieren.[341]

Auf der Basis dieser Zielvorgabe sind die Artt. 38-42 entstanden, in deren Rahmen das Bereicherungskollisionsrecht erstmals seit Entstehung des Bürgerlichen Gesetzbuches eine umfassende Regelung im deutschen Internationalen Privatrecht gefunden hat. Vor der Reform von 1999 existierte zwar schon die versteckte bereicherungsrechtliche Vorschrift des Art. 32 Abs. 1 Nr. 5, jedoch ist der Anwendungsbereich dieser Bestimmung, die unten noch näher erörtert wird[342], begrenzt.

II. Aufbau und Struktur der Neuregelung

1. Allgemeine Regelungstechnik

Artt. 38-42 legen - im Gegensatz zu anderen modernen IPR-Kodifikationen, wie z.B. das schweizerische IPR-Gesetz von 1987 -, aber in Übereinstimmung mit der Grundkonzeption des EGBGB, nur einen Kernbestand internationalprivatrechtlicher Grundsätze fest und verzichten auf ein ausdifferenziertes Anknüpfungssystem mit Detailregelungen.[343] Die allseitigen[344] Grundanknüpfungsregeln (Artt. 42, 38-40) werden durch eine Ausweich- oder Berichtigungsklausel (Art. 41) ergänzt, die besonderen - typischen oder

---

[341] Vgl. BR-Dr. 759/98 v. 4.9.1998, 1 f.; BT-Dr. 14/654 v. 14.3.1999, 1: „Der ... Gesetzentwurf legt einen Kernbestand internationalprivatrechtlicher Grundsätze fest. Sonderanknüpfungen und Ausweichklauseln sollen dafür sorgen, dass auch besondere Sachverhalte zufriedenstellend zu lösen sind. Die vorgesehenen Bestimmungen schaffen Rechtsklarheit ....".

[342] S.u. Dritter Teil C.I..

[343] S. *Junker*, RIW 2000, 241 (243); *Kreuzer*, RabelsZ 2001, 383 (393); *Wagner*, IPRax 1998, 429 (430).

[344] Allseitige Kollisionsnormen bestimmen nicht nur, wann das eigene Recht anwendbar ist, sondern auch wann fremdes Recht anzuwenden ist, s. *v. Hoffmann*, IPR, § 4, Rdnr. 8.

atypischen - Sachverhaltskonstellationen Rechnung tragen soll.[345] Die geringe Regelungsdichte lässt Wissenschaft und Judikatur Raum für die Fortentwicklung des neuen Kollisionsrechts.[346]

Auffallend ist, dass man sich innerhalb des fünften Abschnitts keiner einheitlichen Anknüpfungstechnik für die vertraglichen und außervertraglichen Schuldverhältnisse bedient hat. Während sich der Gesetzgeber im ver traglichen Schuldrecht an die Vorgaben des EVÜs halten musste und mit Art. 28 (I-IV)[347] das Prinzip der widerlegbaren Vermutung übernommen hat, hat man mit Artt. 38-40 „feste Kollisionsnormen“[348] geschaffen, die eine klare Aussage hinsichtlich des anwendbaren Rechts treffen und damit keiner Konkretisierung - wie Art. 28 I - bedürfen.

Eine genaue Betrachtung zeigt aber auch Parallelen zur Regelungstechnik des EVÜs. Eine solche Parallele ist in Art. 41 zu sehen, der - wie der Gesetzgeber selbst in der Begründung zum Gesetzesentwurf konstatiert[349] - Art. 28 Abs. 5 nachempfunden ist. Art. 41 führt weiterhin explizit vor Augen, dass die Neuregelung dem Prinzip der engsten Verbindung folgt[350], das auch die Ermittlung des anwendbaren Rechts im Rahmen von Art. 28 Abs. 1 beherrscht.
Trotz dieser Parallelen kann man wohl mit *Kreuzer*[351] sagen, dass ein Bruch in der Anknüpfungstechnik im Abschnitt Schuldrecht besteht, da für Art. 28 gerade das Vermutungssystem charakteristisch ist. Diese Entwicklung ist zwar unschön, aber infolge der Bindung an die Vorgaben des EVÜs im Rahmen der Reform 1986 auch unvermeidbar. Die Entscheidung des Gesetzgebers zugunsten der mit Artt. 38-42 verfolgten Regelungstechnik befürwortet *Kreuzer*[352] mit dem Argument, dass bisher noch niemand die Vorteile der Vermutungstechnik gegenüber den - um eine Ausweichklausel ergänzten - klassischen festen Kollisionsnormen überzeugend dargelegt hat.

---

[345] Vgl. *Kreuzer*, RabelsZ 2001, 383 (393).

[346] *Kreuzer*, RabelsZ 2001, 383 (393).

[347] Art. 28 entspricht Art. 4 EVÜ.

[348] Der Begriff wird von *Kreuzer*, RabelsZ 2001, 383 (394), verwendet.

[349] S. BR-Dr. 759/98 v. 4.9.1998, 30.

[350] So auch *Pfeiffer*, NJW 1999, 3674 (3675).

[351] S. *Kreuzer*, RabelsZ 2001, 383 (394).

[352] Vgl. *Kreuzer*, RabelsZ 2001, 383 (394).

Im Ergebnis ist die Entscheidung des Gesetzgebers für diese Form der Regelungstechnik, die die Flexibilität der Anknüpfungen erhält, ohne viele Normen zu schaffen, in der Literatur[353] aber bereits auf Anerkennung gestoßen.

2. Typologisch gegliederter Art. 38 EGBGB

Art. 38 sieht in Abs. 1-3 für drei verschiedene Arten von Bereicherungsansprüchen jeweils gesonderte Anknüpfungen vor.[354] Die typologische Gliederung entspricht der Systematik des materiellen deutschen Rechts.[355] Der Gesetzgeber folgt im internen Sachrecht der sog. Trennungslehre[356], deren Anwendung nicht unumstritten ist.[357] Diese Lehre verzichtet weitgehend auf einheitliche, für alle Bereicherungsfälle geltende Aussagen. Sie differenziert vielmehr zwischen einzelnen Bereicherungstatbeständen. Ausgangspunkt ist dabei die Unterscheidung zwischen der Bereicherung durch Leistung und der Bereicherung in sonstiger Weise.[358]

Die Sichtweise der Trennungstheorie wird vor allem durch die Unterschiedlichkeit der Funktionen, die die verschiedenen Kondiktionsarten erfüllen, bekräftigt. Während die Leistungskondiktion der Rückabwicklung fehlgeschlagener Güterbewegungen dient, kann die Eingriffskondiktion als Nichtleistungskondiktion funktionell dem Güterschutz zugeordnet werden.[359] Die Vielfältigkeit und Wesensverschiedenheit der sich in diesem Zusammenhang ergebenden Fallgestaltungen kann mit einem einheitlichen Tatbestand nicht erfasst werden.

---

[353] S. *Spickhoff*, NJW 1999, 2209 (2210): „Der Gesetzgeber hebt sich so in wohltuender Weise von der Neigung ab, Regelungen im Übermaß zu treffen."; zustimmend *Junker*, RIW 2000, 241 (243).

[354] Zur Typologie der Bereicherungsansprüche s. auch *v. Bar*, IPR II, Rdnrn. 730 ff.; *Lorenz*, FS Zweigert, S. 199 ff..

[355] S. dazu v.a. *Knoch*, Aufgliederung der Kondiktionen.

[356] Vgl. dazu grundlegend *v. Caemmerer*, FS Rabel I, S. 333 ff.; *Wilburg*, Bereicherung.

[357] Hinweise zur Diskussion bei *Fischer*, IPRax 2002, 1 (1 Fn. 2); *Medicus*, Bürgerliches Recht, Rdnrn. 663 f.; für die Trennungslehre im deutschen Sachrecht sprechen sich bspw. *Fikentscher*, Schuldrecht, Rdnr. 1066, und *Medicus*, Bürgerliches Recht, Rdnr. 665, aus.

[358] *Medicus*, Bürgerliches Recht, Rdnr. 664.

[359] S. *v. Hoffmann*, IPR, § 11, Rdnr. 2; *Larenz/Canaris*, Schuldrecht, S. 130; *Schlechtriem*, IPRax 1995, 65 (65); *Zweigert*, SJZ 1947, 247 (249).

Für das IPR gab *Zweigert*[360] 1947 die ersten Anstöße zu einer ausdifferenzierteren Betrachtungsweise, indem er zwischen Bereicherungslagen unterschied, die durch eine „isolierte dingliche Wertverschiebung" ausgelöst wurden und Bereicherungslagen, die im Rahmen einer „bestehenden obligatorischen Beziehung" auftraten. *V. Caemmerer*[361] nahm den Gedanken einer gegliederten Kollisionsnorm auf.[362] Die seit Erstattung des Gutachtens durch *Schlechtriem*[363] zum internationalen Bereicherungsrecht publizierte Literatur[364] befürwortet eine solche nach Typen der Bereicherung gegliederte Anknüpfung bzw. geht davon aus. Die Rechtsprechung[365] stand vor dem Reformgesetz ebenfalls auf dem Boden einer gegliederten Kollisionsnorm.

Dem stehen die Anhänger der Einheitslehre[366] gegenüber, die gleichwohl die Leistungs- und Nichtleistungskondiktion nach nur einer Formel zu lösen versuchen. Im Internationalen Privatrecht stellt sich die Frage nach der Anwendung der Einheitslehre vor allem dann, wenn man das Kollisionsrecht als eine vom materiellen Recht emanzipierte Regelung betrachtet, die die Systematik des Bürgerlichen Gesetzbuches nicht notwendigerweise übernimmt[367], sondern Sachbereiche danach erfassen soll, wie sie bei rechts-

---

[360] S. *Zweigert*, SJZ 1947, 247 ff..

[361] Vgl. *v. Caemmerer*, FS Rabel I, S. 333 ff..

[362] S. *Busse*, RabelsZ 1998, 536 (536).

[363] *Schlechtriem*, Bereicherungsansprüche, S. 29 (30 ff.).; fortführendes „Ergänzungsgutachten" von *Schlechtriem*, IPRax 1995, 65 ff..

[364] S. bspw. *v. Bar*, IPR II, Rdnr. 730; *Busse*, RIW 1999, 16 (17); ders., Bereicherungsrecht, S. 216; Erman/*Hohloch*, BGB, 9. Aufl. (1993), Bd. 2, Vor Art. 38, Rdnr. 3; *Fischer*, IPRax 2002, 1 (2); MüKo/*Kreuzer*, BGB, Bd. 7, 2. Aufl., I Vor Art. 38, Rdnr. 2; Palandt/*Heldrich*, BGB, 53. Aufl. (1994), Vorbem v EGBGB 38, Rdnr. 2; *Reithmann/Martiny*, Internationales Vertragsrecht, 4. Aufl., Rdnrn. 241 ff; *Reuter/ Martinek*, Ungerechtfertigte Bereicherung, S. 764 ff.; *Schlechtriem*, IPRax 1995, 65 (65); Hinweise zur Diskussion bei *Fischer*, IPRax 2002, 1 (2 Fn. 7 und 8); grundlegende Darstellung der Diskussion im 19. Jahrhundert und der Entwürfe zum EGBGB bei *Knoch*, Aufgliederung der Kondiktionen, S. 2 ff..

[365] S. BGHZ 73, 291 (293); OLG Nürnberg IPRspr. 1978, Nr. 16, 26 ff.; BGH NJW 1987, 185 ff.; BGH WM 1987, 530 f., *Schlechtriem*, IPRax 1985, 65 (65).

[366] Zum deutschen Sachrecht s. etwa MüKo/*Lieb*, § 812, Rdnr. 1 m.w.N.; Darstellung auch bei *Loewenheim*, Bereicherungsrecht, S. 10 ff..

[367] S. *Kegel/Schurig*, IPR, S. 294.

vergleichender Betrachtung einer Vielzahl von Rechtsordnungen zusammengehören[368].

Bei der Orientierung im Rahmen von IPR-Reformen an dem nationalen Rechtsverständnis besteht nur dann die Gefahr, dass der internationale Entscheidungseinklang als ein Leitprinzip[369] des IPR zugunsten des internen Entscheidungseinklangs geopfert wird, wenn die national geprägte Regelung in anderen Rechtsordnungen nicht in ähnlicher Form vorhanden ist. Die in Art. 38 aufgeführten Kondiktionstypen haben in ausländischen Rechten aber trotz unterschiedlicher Systeme funktionale Entsprechungen, so dass der internationale Entscheidungseinklang nicht gehindert wird.[370] Diese Aussage wird durch die rechtsvergleichenden Studien von *Lorenz*[371], auf die sich *Schlechtriem* in seinem Gutachten von 1982[372] bezieht und durch das Ergänzungsgutachten von letzterem aus dem Jahre 1985[373] bestätigt.

Deshalb wird die Entscheidung des Gesetzgebers, der aus dem deutschen Sachrecht bekannten Typisierung zu folgen, in der Literatur[374] nach dem IPRG 1999 auch nicht mehr in Zweifel gezogen. Von einer derartigen Unterscheidung der Kondiktionstypen sieht indes Art. 9 des Vorschlabges der Kommission für eine Verordnung Rom II des Rates ab.[375]

III. Intertemporales Recht

1. Grundsatz

Bei Fällen, die sich vor dem 1.6.1999 ereignet haben oder die vor diesem Datum begonnen haben, muss sich das zuständige Gericht vor der Bestimmung des anwendbaren Rechts die Frage stellen, welche kollisionsrechtlichen

---

[368] Vgl. allgemein *Rabel*, RabelsZ 1931, 241 (267 f.); für das Bereicherungskollisionsrecht *Zweigert*, SJZ 1947, 247 (249).
[369] S. *v. Hoffmann*, IPR, § 1, Rdnr. 13.
[370] Vgl. *Fischer*, IPRax 2002, 1 (2); auch *Kreuzer*, RabelsZ 2001, 383 (403), merkt an, dass diese Typenbildung weitgehend rechtsordnungsunabhängig ist.
[371] S. *Lorenz*, FS Zweigert, S. 199 ff..
[372] *Schlechtriem*, Bereicherungsansprüche, S. 29 ff..
[373] Vgl. *Schlechtriem*, IPRax 1995, 65 (65).
[374] S. etwa *Fischer*, IPRax 2002, 1 (2).
[375] Text abgedruckt im *Anhang* (S. 343 ff.).

Grundsätze es heranzieht. Neben der Anwendung der Artt. 38 ff. könnte das Gericht den Fall des vor diesem Datum geltenden Gewohnheitsrecht unterstellen.

Die Lösung des aufgezeigten Problems obliegt dem Intertemporalen Privatrecht. Als Kollisionsrecht privatrechtlicher Art regelt es die zeitliche Kollision von Rechtsordnungen, d.h. den Übergang von einer alten zu einer neuen Rechtsvorschrift. Eine solche zeitliche Kollision kann u.a. zwischen einander ablösenden nationalen Rechtsvorschriften auftreten.[376] Durch das IPRG 1999 wurden keine Rechtsvorschriften abgelöst, sondern Gewohnheitsrecht durch solche ersetzt.

Anlässlich des Inkrafttretens des IPRG 1986 hat der Gesetzgeber in Art. 220 eine vergleichsweise ausführliche Übergangsvorschrift statuiert.[377] Auch anlässlich der Wiedervereinigung wurden eine Reihe intertemporal-rechtlicher Normen erlassen (vgl. Artt. 230 ff.).[378] Eine entsprechende Bestimmung für das Reformgesetz von 1999 existiert hingegen nicht.

Der Gesetzgeber[379] hielt eine solche Vorschrift nicht für notwendig, da die nun geregelten Rechtsbereiche bisher im Wesentlichen durch die Rechtsprechung geprägt worden seien. Da die alten und neuen Kollisionsnormen zum gleichen Recht führen würden, könnte die intertemporale Abgrenzung nach Ansicht der Legislative offen gelassen werden.[380] Gegen dieses Vorgehen - vor allem mit der genannten Begründung - sind bereits erste Zweifel erhoben worden.[381] Die Kritik gründet sich jedoch vorwiegend auf Beispiele aus dem Bereich des Kollisionsrechts der unerlaubten Handlung.[382] Aber auch für das Internationale Bereicherungsrecht ist diese Aussage nicht ganz richtig,

---

[376] S. *v. Hoffmann*, IPR, § 1, Rdnr. 93.

[377] *Spickhoff*, NJW 1999, 2209 (2210).

[378] *Spickhoff*, NJW 1999, 2209 (2210).

[379] Vgl. BT-Dr. 14/343 v.1.2.1999, 14.

[380] S. MüKo/*Sonnenberger*, Art. 220, Rdnr. 8.

[381] S. *Spickhoff*, NJW 1999, 2209 (2210).

[382] Vgl. *Spickhoff*, NJW 1999, 2209 (2210): „Nichtsdestotrotz sind aber Abweichungen in den jetzt neu geregelten Bereichen des Internationalen Privatrechts im Verhältnis zur früheren Rechtslage denkbar. Man denke etwa an den alten aufgehobenen Art. 38 EGBGB .... Art. 40 III EGBGB enthält eine ebenso weitreichende Begrenzung zum Schutz deutscher Staatsangehöriger nicht.“.

da die Reform besonders für die Eingriffskondiktion[383] eine Änderung zur bisherigen Rechtslage mit sich gebracht hat.[384]

Im Ergebnis kann jedoch nichts anderes gelten, als dass man auf die Grundsätze abstellt, die sich in Artt. 220 Abs. 1 und 2, 236 § 1 finden.[385] Maßgeblicher Zeitpunkt ist der 1. Juni 1999: Die außervertraglichen Schuldverhältnisse unterliegen von dem genannten Tag an den Vorschriften des Zweiten Unterabschnitts des Fünften Abschnitts. Soweit es um Vorgänge geht, die vor dem Inkrafttreten des neuen Rechts abgeschlossen[386] wurden, bleibt die alte Rechtslage bestehen.[387]

2. Problem des „gestreckten“ Tatbestandes

Bei der Beurteilung leicht fixierbarer Ereignisse wird die Anwendung dieser Regel keine Schwierigkeiten bereiten.[388] Probleme sieht *Spickhoff*[389] hingegen bei zeitlich gestreckten Tatbeständen. Als Beispielsfall führt er Immissionsschäden an. Hier könnte das neue Kollisionsrecht das anwendbare Recht „gewandelt“ haben, d.h., ein Statutenwechsel[390] könnte eingetreten sein.

Solche zeitlich gestreckten Tatbestände sind aber nicht nur im Deliktsrecht denkbar, sondern auch im Rahmen einer ungerechtfertigten Bereicherung mit Auslandsbezug.

---

383 Zur Eingriffskondiktion s.u. Dritter Teil D.I.

384 So auch *Busse*, Bereicherungsrecht, S. 262.

385 So auch *Busse*, Bereicherungsrecht, S. 262 f.; Erman/*Hohloch*, EGBGB Art. 38, Rdnr. 7 und EGBGB Art. 39, Rdnr. 7; *Kegel/Schurig*, IPR, S. 39; *Spickhoff*, NJW 1999, 2209 (2210).

386 Zum Begriff des „abgeschlossenen Vorgangs“ s.u. Dritter Teil A.III.2; s. dazu etwa *Hepting*, StAZ 1987, 188 ff.

387 Vgl. nur *Kegel/Schurig*, IPR, S. 40.

388 S. *Spickhoff*, NJW 1999, 2209 (2210).

389 Vgl. *Spickhoff*, NJW 1999, 2209 (2210 f.).

390 Als Statutenwechsel wird jeder Wechsel der für die Beurteilung eines bestimmten Rechtsverhältnisses maßgeblichen Rechtsordnung bezeichnet. Ursache für einen Statutenwechsel kann u.a. die Änderung des für die Entscheidung des Sachverhalts maßgeblichen Kollisionsrechts sein, s. *v. Hoffmann*, IPR, § 5, Rdnrn. 97, 99.

Beispiel: Der französische Gärtner F schickt dem Deutschen Blumenliebhaber D im Mai 1999 ein Vertragsangebot über den Verkauf von 100 Blumenzwiebeln. Im August 1999 nimmt D das Angebot an. Im September 1999 sendet F dem D anstatt 100 versehentlich 1000 Zwiebeln. Fraglich ist, welches Recht den Kondiktionsanspruch des F gegen D hinsichtlich der Mehrleistung beherrscht.

Wie bereits oben angedeutet, ist entscheidend, ob der Vorgang bei Einführung des neuen Rechts bereits „abgeschlossen“ war. Nach herrschender Literatur[391] und ständiger Rechtsprechung des *Bundesgerichtshofes*[392] kommt es darauf an, ob die Anknüpfung abgeschlossen war, d.h., wann der Anknüpfungsgegenstand verwirklicht worden ist (sog. kollisionsrechtliches Begriffsverständnis).[393] Bei der Leistungskondiktion ist die Entscheidung also danach zu treffen, zu welchem Zeitpunkt die zugrundeliegende Leistungsbeziehung errichtet worden ist. Abgeschlossene Vorgänge sind grundsätzlich solche, die bereits einen Wechsel bewirkt haben, also ein Recht oder eine Rechtsstellung haben entstehen, sich ändern, über- oder untergehen lassen. Das bedeutet, dass alle zum Eintritt des rechtlichen Erfolges notwendigen Teilvorgänge vorliegen müssen.[394] Bei „Distanzverträgen“[395], die - wie im zitierten Beispielsfall - mit Angebot vor dem 1.6.99 und mit Annahme nach dem 1.6.99 zustande kommen, liegt ein abgeschlossener Vorgang erst mit Vertragsschluss vor[396], da mit diesem die vertraglichen Rechtsfolgen dem Grunde nach ausgelöst werden.[397] Da im Beispielsfall kein vor dem 1.6.1999

---

[391] S. Erman/*Hohloch*, Art. 220 EGBGB, Rdnr. 5; Palandt/*Heldrich*, EGBGB 220, Rn. 2.

[392] Siehe etwa BGH FamRZ 1987, 583 (583) und 793 (794); BGH FamRZ 1990, 32 (34) = NJW 1990, 636 (637) = JuS 1990, 415 f. m. Anm. *Hohloch*, S. 415 f.; BGH NJW-RR 1991, 386 (386); BGH NJW 1991, 3087 (3088) = JuS 1992, 156 f. m. Anm. *Hohloch*, 156 f.; BGH NJW 1993, 2305 (2306); BGH NJW 1994, 2360 (2360); BGH FamRZ 1997, 542 (543).

[393] Nach anderer Ansicht ist darüber hinaus entscheidend, ob der bereicherungsrechtliche Vorgang selbst abgeschlossen ist (sog. materiellrechtliches Begriffsverständnis), s. etwa OLG Karlsruhe FamRZ 1988, 296 (298); OLG Celle FamRZ 1987, 159 (160) = IPRax 1987, 185 (186) m. Aufsatz von *Jayme*, 167 ff.; *Hepting*, IPRax 1988, 153 ff.; ders. StAZ 1987, 188 (189).

[394] S. MüKo/*Sonnenberger*, Art. 220, Rdnr. 13.

[395] Die Bezeichnung wird von Erman/*Hohloch*, EGBGB Art. 38, Rdnr. 7, benutzt.

[396] Über die Vollendung des Vertragsschlusses entscheidet in diesem Zusammenhang nach herrschender Meinung die lex fori, s. Erman/*Hohloch*, Art. 27, Rdnr. 6.

[397] S. MüKo/*Martiny*, Vor Art. 27, Rdnr. 30.

abgeschlossener Vorgang vorliegt, kommt neues Recht zum Zuge. Diese Auffassung wird aus dem gleichen Grund auch im Rahmen der vertraglichen Schuldverhältnisse zu Art. 27 ff. vertreten.[398] Ist die Leistung aufgrund eines gesetzlichen Schuldverhältnisses erfolgt, so ist ein abgeschlossener Vorgang dementsprechend dann anzunehmen, wenn alle Voraussetzungen vorliegen, die ein solches gesetzliches Schuldverhältnis auslösen.[399]

Für die Eingriffskondiktion des Art. 38 Abs. 2 gilt entsprechend, ob der Eingriff vor dem 1.6.1999 erfolgt ist; gleiches gilt dann für den Bereicherungseintritt im Sinne des Abs. 3.[400] Zu beachten ist noch, dass die Parteien durch eine nachträgliche Rechtswahl gem. Art. 42[401] unbeschadet der Rechte Dritter eine Bereicherungsstatutsänderung (Statutenwechsel) herbeiführen können.

IV. Zusammenfassung zur allgemeinen Einführung

Das neue Kollisionsrecht der außervertraglichen Schuldverhältnisse zeichnet sich durch allseitige Anknüpfungsregeln (Artt. 38-40, 42) aus, die durch Ausweich- und Berichtigungsklauseln ergänzt werden (Art. 41). Im Bereicherungskollisionsrecht hat man sich gegen eine Übernahme der allgemeinen Anknüpfungstechnik aus Art. 28 entschieden, der dem Prinzip der widerlegbaren Vermutung folgt. Eine Parallele zum ersten Unterabschnitt besteht hingegen in der generellen Maßgeblichkeit des Prinzips der engsten Verbindung. Art. 38 folgt entsprechend der aus dem deutschen Sachrecht bekannten Trennungslehre der Unterscheidung zwischen Leistungs- und Nichtleistungskondiktion.

Das Reformgesetz von 1999 enthält keine besondere Regelung intertemporaler Probleme. Es besteht aber Einigkeit darüber, dass Art. 220 Abs. 1, Abs. 2, Art. 236 § 1 entsprechend herangezogen werden können. Für Vor-

---

[398] Vgl. Erman/*Hohloch*, EGBGB Art. 27, Rdnr. 6.

[399] Ein anknüpfungserhebliches gesetzliches Schuldverhältnis (z.B. die gesetzliche Unterhaltspflicht des Vaters gegenüber seinem Kind) kann zwar vor dem 1.6.1999 entstehen, doch entsteht aus ihm oft eine zeitlich über diesen Zeitpunkt hinausgehende Berechtigung bzw. Verpflichtung. Für solche Dauerrechtsbeziehungen ist altes Kollisionsrecht anzuwenden, wenn sie vor dem Inkrafttreten entstanden sind, s. MüKo/*Sonnenberger*, Art. 220, Rdnr. 31.

[400] S. Erman/*Hohloch*, EGBGB Art. 38, Rdnr. 7.

[401] Zu Art. 42 s.o. Dritter Teil B.

gänge, die vor dem 1. Juni 1999 abgeschlossen wurden, gilt demnach altes (Gewohnheits-) Recht. Liegt ein gestreckter Tatbestand vor, der z.B. bei Distanzverträgen denkbar ist, so ist auf den Zeitpunkt abzustellen, in dem das Recht oder die Rechtsstellung entstanden ist, sich geändert hat oder über- oder untergegangen ist. Bei Eingriffskondiktionen ist auf den Zeitpunkt abzustellen, in dem der Eingriff erfolgt ist. Für die Fälle des Art. 38 Abs. 3 kommt es darauf an, wann die Bereicherung im Vermögen des Bereicherungsschuldners tatsächlich eingetreten ist.

B. Rechtswahl

I. Einführung

In der Anknüpfungshierarchie des Bereicherungskollisionsrechts steht die Rechtswahl an erster Stelle.[402] Gem. Art. 42 S. 1 können die Parteien nach Eintritt des Ereignisses, durch das ein außervertragliches Schuldverhältnis entstanden ist, das Recht wählen, dem es unterliegen soll. Rechte Dritter bleiben nach Art. 42 S. 2 von der Rechtswahl unberührt.

Die Berücksichtigung der Parteiautonomie im Internationalen Privatrecht findet ihre Berechtigung zum einen darin, dass in der Regel ein zivilrechtlicher Streit nur die Interessen der Beteiligten berührt und es daher ihnen überlassen werden kann, die Rechtsanwendungsfrage einverständlich zu lösen.[403] Die Parteien wissen meistens am besten, „was ihnen frommt“[404]. Zum anderen ist die Gewährleistung der Parteiautonomie durch den Gesetzgeber eine bewusste rechtspolitische Entscheidung für eine liberale Wirtschaftsordnung, die staatliche Einflussnahme zugunsten privatautonomer Regelungskompetenz zurückdrängt.[405] Dieser für die Parteiautonomie aus der

---

[402] Ebenso *Junker*, RIW 2000, 241 (245): „Daraus ergibt sich folgende Prüfungsreihenfolge: Erstens ist zu fragen, ob die Parteien nachträglich eine Rechtswahl getroffen haben (Art. 42 EGBGB). Liegt keine Rechtswahl vor, ist zweitens zu prüfen, welche Regelanknüpfung der Art. 38-40 EGBGB erfüllt ist. Drittens ist zu untersuchen, ob Anlass besteht, von der Ausweichklausel des Art. 41 EGBGB Gebrauch zu machen.“; abweichend, indem Prüfungspunkte 2 und 3 vertauscht werden: *Spickhoff*, NJW 1999, 2209 (2211, 2213).

[403] S. *Busse*, Bereicherungsrecht, S. 73; siehe etwa Artt. 4 Abs. 2, 10 Abs. 2 und 3, 14 Abs. 2 und 3, 15 Abs. 2, 25 Abs. 2, 27.

[404] S. *Raape*, IPR, S. 458.

[405] Vgl. *Leible/Staudinger*, ZVglRWiss 2000, 101 (104).

allgemeinen Handlungsfreiheit des Art. 2 Abs. 1 GG abgeleitete Grundsatz findet im Internationalen Privatrecht seine konsequente Forsetzung in der Einräumung von Rechtswahlbefugnissen[406], was nicht immer unumstritten war[407]. Rechtswahlfreiheit bedeutet aber auch Rechtssicherheit, da sich die Parteien bei einer Wahl zugunsten eines Rechtes dessen Anwendung weitgehend[408] sicher sein können.[409] Da das anwendbare Recht ohne eine Rechtswahl von dem IPR des jeweiligen Forumstaates abhängt, ist das anwendbare Recht ohne eine Rechtswahl nicht ohne weiteres abzuschätzen.[410] Ferner können auch im Kollisionsrecht selbst Unsicherheiten in Bezug auf die objektive Anknüpfung bestehen. Dies ist insbesondere bei den Mehrpersonenverhältnissen der Fall, wo zum richtigen Bereicherungsstatut oftmals verschiedene Ansichten vertreten werden.[411] Bei Wettbewerbsverstößen fällt etwa die Bestimmung des Marktortes als räumlicher Anknüpfungspunkt für eine Eingriffskondiktion schwer, wenn das Produkt nur im Internet vertrieben wird.[412] Angesichts dieser Rechtslage liegt es für die Parteien nahe, für bereicherungsrechtliche Ansprüche eine Regelung zu treffen.

Die Berücksichtigung der Rechtswahlfreiheit wurde deshalb im Internationalen Bereicherungskollisionsrecht auch vor der Reform allgemein für richtig gehalten.[413] Art. 8 GEDIP-E[414] räumt etwa für alle außervertraglichen Schuldverhältnisse eine Rechtswahlmöglichkeit ein. Art. 42 entspricht ferner

---

[406] S. *Leible/Staudinger*, ZVglRWiss 2000, 101 (104).

[407] Vgl. dazu *v. Bar*, IPR I, Rdnrn. 412 ff., 539 ff..

[408] Der Anwendung des gewählten Rechts, bzw. der Anerkennung des von diesem Recht gefundenen Ergebnisses kann vor allem der ordre-public entgegenstehen.

[409] S. *Kreuzer*, RabelsZ 2001, 383 (400).

[410] Vgl. *Leible/Staudinger*, ZVglRWiss 2000, 101 (104).

[411] Siehe dazu eingehend im Dritten Teil C.II.3.j.

[412] S. *v. Hein*, RabelsZ 2000, 595 (596); s.u. Fn. 1287.

[413] S. *v. Bar*, IPR II, Rdnr. 742; *Busse*, Bereicherungsrecht, S. 73 ff.; *Einsele*, JZ 1993, 1025 (1033); dies., RabelsZ 1996, 424 (425); Erman/*Hohloch*, EGBGB Art. 38, Rdnr. 6; *Kropholler*, IPR, 3. Aufl., S. 456; *Plaßmeier*, Bereicherung, S. 414 ff.; *Schlechtriem* Bereicherungsansprüche, S. 29 (61 f.); Soergel/*Lüderitz*, Anh I Art. 38 EGBGB, Rdnr. 54; LG Heidelberg IPRspr. 1992, Nr. 52 a = IPRax 1992, 170 (171) m. Aufsatz von *Meyer-Grimberg*, 153 f..

[414] Text abgedruckt im *Anhang* (S. 343 ff.); die Rechtswahl muss allerdings ausdrücklich erfolgen. Ferner darf eine solche Vereinbarung erst nach Entstehung der Streitigkeit erfolgen, während Art. 42 eine Vereinbarung bereits nach Eintritt des Ereignisses, durch das ein außervertragliches Schuldverhältnis entstanden ist, zulässt.

Art. 9 des Vorschlages des Deutschen Rates für Internationales Privatrecht von 1982.[415]

II. Reichweite der Rechtswahlfreiheit im nationalen Bereicherungskollisionsrecht

1. Auslandsbezug durch Rechtswahl

Gem. Art. 3 Abs. 1 S. 1 EGBGB ist das Internationale Privatrecht nur bei „Sachverhalten mit Auslandsbezug" heranzuziehen. Fraglich ist, ob ein relevanter Auslandsbezug gegeben ist, wenn die Parteien zugunsten des ausländischen Rechts optieren, obwohl der Sachverhalt ansonsten keinerlei Auslandsbezug aufweist.

Einige Autoren ziehen aus Art. 3 Abs. 1 S. 1, der auch in Zusammenhang mit Art. 42 zu beachten ist, den Schluss, dass das autonome Kollisionsrecht schon dann nicht heranzuziehen ist, wenn der Sachverhalt nicht schon ohne die Rechtswahl eine Beziehung zu einem anderen Staat aufweist. Doch auch Art. 3 Abs. 1 S. 1 kann nicht zwingend entnommen werden, dass schon ohne die Rechtswahl ein Bezug zum Ausland bestehen muss. Das Gesetz lässt die Art der Auslandsbeziehung nämlich offen.[416] Strenge Anforderungen dürfen daran nicht gestellt werden.[417] Ferner umfasst der „Sachverhalt" auch das Vorbringen der Parteien im Hinblick auf eine Rechtswahl. Gegen eine Anwendbarkeit des Internationalen Privatrechts ist auch unter Berücksichtigung der Parteienautonomie, für die sich das Bereicherungskollisionsrecht mit Art. 42 grundsätzlich ausgesprochen hat, nichts einzuwenden. Dem könnte natürlich entgegengehalten werden, dass damit die Derogation zwingender Bestimmungen des Rechts, zu dem der Sachverhalt objektiv die engste Verbindung hat, ermöglicht wird. Die Anwendung der ius cogens kann im Rahmen von Art. 42 aber dadurch gesichert werden, dass man Art. 27 Abs. 3 analog heranzieht.[418] Wenn also beispielsweise eine bestimmte Rechtsordnung, zu der der Sachverhalt ausschließliche Beziehungen aufweist, unabdingbar den Ausschluss von Bereicherungsansprüchen bei Sittenwidrigkeit einer Zuwendung bestimmt, so kann dies auch dann nicht durch Wahl

---

[415] Text abgedruckt im *Anhang* (S. 343 ff.).

[416] S. Palandt/*Heldrich*, EGBGB 3, Rdnr. 2.

[417] Vgl. Palandt/*Heldrich*, EGBGB 3, Rdnr. 2.

[418] Zustimmend *Busse*, Bereicherungsrecht, S. 79.

eines anderen Rechts vermieden werden, wenn der Rechtswahlvertrag von der Sittenwidrigkeit nicht erfasst sein sollte.

Aus diesen Gründen bestehen m.E. keine Bedenken gegen eine Anwendbarkeit des autonomen Bereicherungskollisionsrechts, wenn der Sachverhalt nur durch die Wahl ausländischen Rechts einen Auslandsbezug erhält.[419] Diese Ansicht wird auch im Rahmen des Kollisionsrechts der vertraglichen Schuldverhältnisse vertreten.[420] Für Art. 42 sollte dann aber Art. 27 Abs. 3 analog herangezogen werden, um eine Derogation der ius cogens zu vermeiden.

2. Zeitliche Beschränkung der Rechtswahl

Im Streit stand vor der Reform die inhaltliche Ausgestaltung der Rechtswahlmögichkeit der Parteien im Internationalen Privatrecht der ungerechtfertigten Bereicherung.

Die Richtigkeit der zeitlichen Beschränkung durch Art. 42 S. 1 auf eine nachträgliche Rechtswahl[421] wird von einem Teil der Literatur[422] in Frage gestellt.

---

[419] **A.A.** für das Internationale Deliktsrecht: *Leible/Staudinger*, ZVglRWiss 2000, 101 (106 f.), die das IPR in diesen Fällen nicht anwenden.

[420] So auch Palandt/*Heldrich*, EGBGB 3, Rdnr. 2, EGBGB 27, Rdnr. 2: „Ein ausreichender Auslandsbezug liegt bei Schuldverhältnissen bereits in der Wahl eines ausländischen Rechts."; „Auch ein reines Inlandsgeschäft kann einem ausländischen Recht unterstellt werden." m.w.N..

[421] Für das Nachträglichkeitserfordernis nach altem Recht: *v. Bar*, IPR II, Rdnrn. 742, 743; *Firsching/v. Hoffmann*, IPR, § 11, Rdnr. 40; *Kropholler*, IPR, 1. Aufl., S. 430; MüKo/*Kreuzer*, I Vor Art. 38, Rdnr. 3; Palandt/*Heldrich*, BGB, 56. Aufl., Vorbem v EGBGB 38, Rdnr. 2; *Rauscher*, IPR, S. 268; *Schlechtriem* Bereicherungsansprüche, S. 29 (61 f.); LG Heidelberg IPRspr. 1992, Nr. 52 a = IPRax 1992, 170 m. Aufsatz von *Meyer-Grimberg*, 153 f.; bestätigt durch OLG Karlsruhe IPRspr. 1992, Nr. 52 b; offen lassend hingegen Erman/*Hohloch*, EGBGB Art. 38, Rdnr. 6.

[422] Gegen das Nachträglichkeitserfordernis (nach altem Recht): *Busse*, Bereicherungsrecht, S. 78 f., 243 f.; *Einsele*, RabelsZ 1996, 417 (426 f.); *Patrzek*, Vertragsakzessorische Anknüpfung, S. 128 f.; *Reithmann/Martiny*, Internationales Vertragsrecht, Rdnr. 332; so wohl auch *Kropholler*, IPR, 3. Aufl., S. 456; für das internationale Deliktsrecht s. etwa: *v. Hoffmann*, IPR, § 11, Rdnr. 45; *Kropholler*, RabelsZ 1969, 601 (639 ff.).

V. Hoffmann/Fuchs[423] merken etwa an, dass der kategorische Ausschluss der ex ante-Bestimmung des anzuwendenden Rechts durch die Parteien im Internationalen Bereicherungsrecht ebenso wenig wie im Internationalen Deliktsrecht überzeugt. Der Gesetzgeber[424] selbst führt nicht näher spezifizierte „praktische Erwägungen" als Begründung für die inhaltliche Ausgestaltung des Art. 42 an. *Busse*[425] kritisiert diese Aussage als „nichtssagend". Aufgrund dieser Zweifel könnte man sich die Frage stellen, ob in Bezug auf die vorherige Rechtswahl nicht eine Regelungslücke vorliegt, deren Füllung wie bisher der Rechtsprechung und der Wissenschaft obliegt.

Für die Zulassung einer antizipierten Rechtswahl spricht die Historie der Vorschrift, die auf Art. 9 des Vorschlages des Deutschen Rates zur Reform des deutschen IPR der außervertraglichen Schuldverhältnisse[426] zurückgeht. Obwohl Art. 9 S. 1 des Vorschlages die Rechtswahlmöglichkeit ebenfalls zeitlich auf nach Entstehung des Schuldverhältnisses beschränkte, betonte die zweite Kommission in den Erläuterungen, dass die Frage der Zulässigkeit der vorherigen Rechtswahl durch Art. 9 nicht präjudiziert werden sollte und dass die Problematik der weiteren Entwicklung der Wissenschaft und Praxis überlassen werden sollte.[427] Trotzdem kann aus dem Wortlaut des Art. 42 S. 1 der Umkehrschluss gezogen werden, dass eine antizipierte Rechtswahl - anders als im internationalen Schuldvertragsrecht (Art. 27[428] Abs. 2 S. 1)[429] - nicht zulässig ist.[430] In der Begründung zm Reform-Gesetz[431] heißt es: „Mit Rücksicht auf den Schutzcharakter außervertraglicher Schuldverhältnisse und

---

[423] Vgl. Staudinger/*v. Hoffmann/Fuchs*, Art 38 EGBGB, Rdnr. 33; kritisch auch: *Freitag/Leible*, ZVglRWiss 2000, 101 (114 f.); *Hein*, RabelsZ 2000, 595 (596, 610, 613); *Kropholler*, IPR, S. 492; *Schaub*, RabelsZ 2002, 18 (57 f.).

[424] S. BT-Dr. 14/343 v.1.2.1999, 14.

[425] Vgl. *Busse*, RIW 1999, 16 (19).

[426] Text abgedruckt im *Anhang* (S. 343 ff.).

[427] Vgl. *v. Caemmerer*, Gutachten, S. 27.

[428] Art. 27 entspricht Art. 3 EVÜ.

[429] Art. 27 Abs. 2: „Die Parteien können *jederzeit* vereinbaren, dass ..."; Hervorhebung vom Verfasser.

[430] Für einen Umkehrschluss in Zusammenhang mit dem internationalen Deliktsrecht: *Huber*, JA 2000, 67 (69); *Koch*, VersR 1999, 1453 (1457); *Looschelders*, VersR 1999, 1316 (1322); Palandt/*Heldrich*, EGBGB 42, Rdnr. 1; im Ergebnis ebenso *Sonnenberger*, rev.crit.dr.int.priv. 1999, 647 (661); *Staudinger*, DB 1999, 1589 (1593); kritisch *v. Hein*, RabelsZ 2000, 595 (601 ff.).

[431] S. BT-Dr. 14/343 v. 1.2.1999, 14; Hervorhebung vom Verfasser.

aus praktischen Erwägungen wird die Rechtswahl nach Satz 1 *erst* für die Zeit *nach* Entstehung des Schuldverhältnisses zugelassen." Der Gesetzgeber hat die Möglichkeit einer vorherigen Rechtswahl offensichtlich erkannt, aber bewusst nicht zulassen wollen.

Ausserdem ist richtig, dass eine vorherige Rechtswahl im Bereicherungskollisionsrecht selten vorkommen wird, da die Parteien meistens erst durch Entstehung des Bereicherungsanspruchs erstmals in Kontakt treten. Entwendet etwa der französische Dieb D dem deutschen Touristen T in Frankreich dessen alte Fotokamera, um diese zu einem über dem tatsächlichen Wert der Kamera liegenden Preis an den gutgläubigen spanischen Touristen S zu verkaufen, treten T und D durch das bereicherungsrechtliche Begehren des T auf Herausgabe des Verkaufserlöses[432] erstmals in Kontakt. Deshalb ist das Bedürfnis nach Zulassung einer vorherigen Rechtswahl gering.[433] In solchen Fällen kommt allenfalls eine nachträgliche Rechtswahl in Betracht.[434] Nur bei Leistungskondiktionen in Zusammenhang mit einem Schuldverhältnis kennen sich die Parteien schon vor Entstehung des Bereicherungsanspruchs. In diesen Fällen ist eine vorherige Rechtswahl aber insofern beachtlich, als das Statut, das das vertragliche oder gesetzliche Schuldverhältnis beherrscht, eventuell eine Rechtswahl für dieses Schuldverhältnis zulässt. Durch die akzessorische Anknüpfung der Leistungskondiktion[435] wirkt sich diese Rechtswahl mittelbar auf das Bereicherungsstatut aus. In diesem Zusammenhang wird dann aber eine vom Schuldvertrag abweichende Rechtswahl für die Bereicherungsansprüche

---

[432] Nach deutschem Sachrecht konnte S hier kein gutgläubiges Eigentum gem. §§ 929 S. 1, 932, 935 Abs. 1 BGB erwerben. Ein Anspruch auf Herausgabe des Verkaufserlöses gegen D kommt aber gem. § 816 Abs. 1 S. 1 BGB dann in Betracht, wenn der Berechtigte T die Verfügung nachträglich gem. §§ 184 Abs. 1, 185 Abs. 2 S. 1, 1. Alt. BGB genehmigt.

[433] So auch Staudinger/*v. Hoffmann/Fuchs*, Art 38 EGBGB, Rdnr. 33; ähnlich *Freitag/Leible*, ZVglRWiss 2000, 101 (114): „Zwar kann man ... bezweifeln, ob derartige Konstellationen wirklich realistisch sind, mithin für eine vorherige Rechtswahl überhaupt ein praktisches Bedürfnis besteht, doch sollte darüber in einer freiheitlichen Rechtsordnung eigentlich der Markt entscheiden.".

[434] Auch diese dürfte eher selten sein, da sich keine Partei freiwillig auf ein ihr möglicherweise ungünstigeres Recht einlassen wird, s. *Freitag/Leible*, ZVglRWiss 2000, 101 (105 Fn. 15).

[435] S.u. Dritter Teil C.II.2.

ebenso die Ausnahme bilden wie eine Rechtswahl der Parteien ohne zugrundeliegendes Schuldverhältnis.[436]

Für eine solche zeitliche Einschränkung der Rechtswahlmöglichkeit haben sich auf internationaler Ebene im Übrigen auch die Europäische Kommission bei der Erarbeitung eines Vorschlages für Rom II[437], die Arbeitsgruppe des Europäischen Rates[438] und die GEDIP[439] entschieden.

3. Einfluss der Artt. 29 Abs. 1, 30 Abs. 1 EGBGB auf die Rechtswahl bei Leistungskondiktionen

Art. 29 Abs. 1 und Art. 30 Abs. 1 schränken die Rechtswahl im Hinblick auf den Vertrag zugunsten des Verbrauchers und des Arbeitnehmers ein, indem sie die Anwendung der zwingenden Vorschriften zum Schutz des Verbrauchers oder des Arbeitnehmers nach dem an seinem gewöhnlichen Aufenthalt oder am Arbeitsort geltenden Recht sichern, wenn das Vertragsstatut im konkreten Fall dahinter zurückbleibt.[440]

Diese Vorschrift will die marktschwächere Partei umfassend schützen. Deshalb sollten die Einschränkungen der Rechtswahlfreiheit auch für Art. 42 entsprechend gelten, wenn dem Bereicherungsverhältnis ein Vertrag zugrunde liegt, der in den Anwendungsbereich der Artt. 29 und 30 fällt und wenn ausnahmsweise die Artt. 38 ff.[441] und nicht Art. 32 Abs. 1 Nr. 5 für die Leistungskondiktion heranzuziehen sind.[442] Andernfalls würden auch vertrag-

---

[436] Vgl. Staudinger/*v. Hoffmann/Fuchs*, Art 38 EGBGB, Rdnr. 33.

[437] „Proposal for a Regulation of the European Parliament and the Council on the Law applicable to non-contractual Obligations (Rom II)" v. 22. Juli 2003 [COM (2003) 427 final], www.ipr.uni-koeln.de (Europäisches Kollisionsrecht); Text abgedruckt im *Anhang* (S. 343 ff.).

[438] S. Art. 12 R-E (s.o. Fn. 150); s. dazu oben Zweiter Teil A.II.2.a,C.III.

[439] Text abgedruckt im *Anhang* (S. 343 ff.); s. dazu oben Zweiter Teil A.II.2.b, C.III.1.

[440] Vgl. Palandt/*Heldrich*, EGBGB 29, Rdnr. 4.

[441] Zum Anwendungsbereich des Art. 38 Abs. 1 neben Art. 32 Abs. 1 Nr. 5 s.u. Dritter Teil C.II.1.a.dd(1).

[442] So wohl auch *Busse*, Bereicherungsrecht, 80; *Fischer*, IPRax 2002, 1 (11); *Freitag/Leible*, ZVglRWiss 2000, 101 (115); **a.A.** *Einsele*, JZ 1993, 1025 (1033), die eine Rechtswahl für bereicherungsrechtliche Ansprüche in diesen Fällen von vorneherein ausschliesst.

liche Rückabwicklungsansprüche und bereicherungsrechtliche Rechtsbehelfe unterschiedlich behandelt werden.[443]

Analog Artt. 29 Abs. 1, 30 Abs. 1 darf also die Rechtswahl für Arbeits- und Verbraucherverträge auch für das Bereicherungsrecht nicht dazu führen, dass der Schutz der zwingenden Vorschriften des Landes entfällt, dessen Rechtsordnung bei objektiver Anknüpfung zur Anwendung käme.

4. Ausschluss der Rechtswahl im internationalen Wettbewerbsrecht

Vor der Reform wurde für das internationale Wettbewerbsrecht[444] in Zusammenhang mit dem internationalen Deliktsrecht eine Rechtswahl ausgeschlossen.[445] Daran hat sich auch nach heutigem Recht nichts geändert.[446] Fraglich ist, ob dies auch für bereicherungsrechtliche Ansprüche gilt.

Das Recht des unlauteren Wettbewerbs betrifft grundsätzlich die Interessen aller Marktbeteiligten und das Allgemeininteresse am Schutz der Wettbewerbsordnung. Diese Drittinteressen können aber nur durch die Anknüpfung an das Marktrecht[447] ausreichend Berücksichtigung finden. Dieser Grundsatz darf durch eine Rechtswahl der streitenden Parteien nicht umgangen werden. Dies wird teilweise aus dem Vorbehalt der Rechte Dritter (Art. 42 S. 2) abgeleitet.[448] Zumindest ist aber der in Art. 42 S. 2 enthaltene Rechtsgedanke, dass die Rechtswahl nur inter partes wirken soll und Interessen Dritter und der Allgemeinheit nicht beeinträchtigen darf, entsprechend anzuwenden.[449]

---

443 S. *Busse*, Bereicherungsrecht, S. 80.

444 Zu Verstößen gegen das Wettbewerbsrecht im Bereicherungskollisionsrecht s.u. Dritter Teil D.I.3.g.

445 Vgl. für viele *Kropholler*, IPR, 3. Aufl., S. 475; differenzierend Staudinger/*v. Hoffmann*, Art 40 EGBGB, Rdnrn. 343 ff..

446 S. *v. Hein*, RabelsZ 2000, 595 (603); *v. Hoffmann*, IPR, § 11, Rdnr. 53; zur Parteiautonomie im internationalen Wettbewerbsrecht s. auch Staudinger/*v. Hoffmann*, Art. 40 EGBGB, Rdnrn. 343 ff..

447 S. dazu unten Dritter Teil D.I.3.g.

448 Vgl. *v. Hoffmann*, IPR, § 11, Rdnr. 53.

449 Für die analoge Anwendung des Art. 42 S. 2 ausdrücklich *Sack*, WRP 2000, 269 (285); so wohl auch *v. Hein*, RabelsZ 2000, 595 (603).

Gegen einen Ausschluss der Rechtswahlmöglichkeit im Bereicherungskollisionsrecht könnte aber sprechen, dass die Rechtsanwendungsinteressen des Marktstaates, der Gesamtheit der Mitbewerber oder der Abnehmer durch die bereicherungsrechtliche Rückabwicklung nicht so sehr berührt werden[450], wie durch das deliktsrechtliche Haftungssystem, das - gerade im Wettbewerbsrecht - auch[451] im Sinne Dritter eine verhaltenssteuerende (präventive) Funktion hat.[452]. Nimmt man aber bei einer bereicherungsrechtlichen Qualifikation des Anspruchs eine Rechtswahlmöglichkeit an, während bei einer deliktsrechlichen Einordnung des Anspruchs eine solche ausgeschlossen ist, so kommt der Qualifikation die entscheidende Bedeutung zu, die durch einen Gleichlauf der Anknüpfungsgrundsätze zum Deliktsrecht und zur Eingriffskondiktion gerade vermieden werden sollte[453]. Aus diesem Grund sollten bereicherungsrechtliche und deliktsrechtliche Ansprüche auch in diesem Punkt gleich behandelt werden.

Deshalb ist eine Rechtswahl bei Bereicherungsansprüchen, die auf Wettbewerbsverstößen beruhen, ausgeschlossen.

5. Sonstige Einschränkungen

Ferner enthält Art. 42 keine Einschränkung[454], dass die Rechtswahl bei Leistungskondiktionen nur zur Verfügung stehen soll, wenn auch das zugrunde liegende Rechtsverhältnis der Parteiautonomie durch eine Rechtswahlmöglichkeit Rechnung trägt.[455] Als Argument für eine solche Einengung der Parteiautonomie wird vorgebracht, dass über die Wahl des Bereicherungsstatuts nicht zwingende Vorschriften des Grundstatuts unterlaufen werden dürfen.[456] Eine solche Beschränkung des Art. 42 durch eine teleologische

---

[450] So auch *Plaßmeier*, Bereicherung, S. 408.

[451] Daneben hat das Haftungsrecht eine Ausgleichs-/Opferentschädigungsfunktion, s. *v. Hoffmann*, IPR, § 11, Rdnr. 23.

[452] Vgl. *v. Hoffmann*, IPR, § 11, Rdnr. 23.

[453] S. dazu u. Dritter Teil D.I.2.

[454] Keine Einschränkung nahm auch das LG Heidelberg IPRspr. 1992, Nr. 52 a = IPRax 1992, 170 (171), vor; bestätigend OLG Karlsruhe IPRspr. 1992, Nr. 52 b.

[455] Für diese Beschränkung der Rechtswahlmöglichkeit: *Einsele*, JZ 1993, 1025 (1033); *MPI*, Unveröffentlichte Stellungnahme, S. 31; MüKo/*Kreuzer*, I Vor Art. 38, Rdnr. 3; *Schlechtriem*, Bereicherungsansprüche, S. 29 (61).

[456] S. *Fischer*, IPRax 2002, 1 (11).

Reduktion ist m.E. nicht überzeugend. *Fischer*[457] und *Busse*[458] stellen zu Recht fest, dass die Notwendigkeit für eine solche Beschränkung nicht gegeben ist, da die Frage der Wirksamkeit des Grundverhältnisses als selbständige Vorfrage dem für dieses geltenden Recht unterliegt und damit keine Frage des Bereicherungsstatuts ist. Die Rechtswahl betrifft damit nur das Bereicherungsstatut und nicht das Grundverhältnis an sich.

Aus diesem Grund ist eine Rechtswahl in allen Fällen der Leistungskondiktion zuzulassen, auch wenn das Grundverhältnis, auf das sich die Leistung bezog, eine Rechtswahl für die Bestimmung des Statuts des Grundverhältnisses nicht zulässt.

III. Voraussetzungen einer Rechtswahl

1. Wirksamkeit der Rechtswahl

Um die Wahl eines Rechtes als anknüpfungserheblich anzuerkennen, muss der Rechtswahlvertrag wirksam zustandegekommen sein. Die Frage der Wirksamkeit ist eine Erstfrage, die sich wiederum in zwei Teilfragen[459], die der formellen und materiellrechtlichen Wirksamkeit, aufgliedert. Ist eine Teilfrage selbständig normiert, so wird eine selbständige Anknüpfung vorgenommen. Wurde dagegen auf eine eigenständige Normierung verzichtet, so beurteilt sich die Teilfrage in der Regel nach dem auf die Hauptfrage anwendbaren Recht.[460]

Art. 42 enthält keine positivrechtliche Regelung wie das vertragliche Schuldrecht. Dort bestimmt Art. 27 Abs. 4 i.V.m. Art. 31, dass sich die materielle Wirksamkeit der Rechtswahl nach dem gewählten Recht beurteilt.[461] Das gewählte Vertragsstatut entfaltet also Vorwirkung für die materielle Beurteilung der Rechtswahl. Art. 27 ist aber nicht ohne weiteres im Rahmen von

---

[457] Vgl. *Fischer*, IPRax 2002, 1 (11).

[458] S. *Busse*, Bereicherungsrecht, S. 74 f..

[459] Eine Teilfrage ist eine Rechtsfrage, die niemals isoliert, sonders stets nur im Zusammenhang mit einer anderen Rechtsfrage - der sog. Hauptfrage - auftreten kann, s. *v. Hoffmann*, IPR, § 6, Rdnr. 43; auch *Busse* , Bereicherungsrecht, S. 82, qualifiziert diese Fragen als Teilfragen: „Auch sonstige Teilfragen unterliegen ....“.

[460] *V. Hoffmann*, IPR, § 6, Rdnr. 46.

[461] S. *v. Bar*, IPR II, Rdnr. 473; MüKo/*Martiny*, Art. 27, Rdnr. 84.

Art. 42 anwendbar, da sich die Vorschrift systematisch nur auf das vertragliche Schuldrecht bezieht.[462] Daher käme grundsätzlich auch eine Beurteilung lege fori oder nach dem über Artt. 38-41 ermittelten Recht in Frage. Die Vorwirkung der Rechtswahl gilt nach ganz herrschender Meinung[463] aber auch im Rahmen von Art. 14 Abs. 2, der eine Wahl des auf die allgemeinen Ehewirkungen anwendbaren Rechts zulässt. Auch auf dem Gebiet des Erbrechts (Art. 25 Abs. 2) wird Artt. 27 Abs. 4, 31 analog herangezogen.[464] Durch ein solches Vorgehen wird die Parteiautonomie gewürdigt, für die sich das Bereicherungskollisionsrecht mit Art. 42 grundsätzlich ausgesprochen hat. Die Parteien werden die Rechtswahlvereinbarung wohl auch immer nach den rechtlichen Bestimmungen des gewählten Rechts ausrichten. Will man der Vereinbarung zur Wirksamkeit verhelfen, sollte man die Wirksamkeit der Rechtswahl im Rahmen von Art. 42 in Analogie zu Artt. 27 Abs. 4, 31 nach dem durch die Parteien in Aussicht genommenen Bereicherungsstatut beurteilen.[465] Aus den gleichen Gründen ist auch die Frage der formellen Wirksamkeit der Rechtswahlvereinbarung in Analogie zu Art. 27 Abs. 4 zu beantworten.[466] Für die Form des Rechtswahlvertrages sind nach Art. 27 Abs. 4 i.V.m. Art. 11 Abs. 1 grundsätzlich die Formerfordernisse entweder der lex causae oder der lex loci actus zu beachten.

2. Stillschweigende Rechtswahl im Prozess

Art. 42 ermöglicht eine ausdrückliche und eine stillschweigende Rechtswahl.[467] Schwierig ist aber festzustellen, unter welchen Voraussetzungen eine konkludente Rechtswahl durch die Parteien bejaht werden kann.

---

[462] Vgl. *Busse*, Bereicherungsrecht, S. 81.

[463] S. etwa MüKo/*Siehr*, Art. 14, Rdnr. 58.

[464] S. *v. Hoffmann*, IPR, § 9, Rdnrn. 23 f.; MüKo/*Birk*, Art. 25, Rdnr. 33; Soergel/*Schurig*, Art. 25, Rdnr. 7.

[465] So auch *Busse*, Bereicherungsrecht, S. 81 f.; ders., RIW 1999, 16 (19); *Freitag/Leible*, ZVglRWiss 2000, 101 (197); *Kreuzer*, RabelsZ 2001, 383 (401); *Staudinger*, DB 1999, 1589 (1590).

[466] S. *Busse*, Bereicherungsrecht, S. 82; ders., RIW 1999, 16 (19); *Freitrag/Leible*, ZVglRWiss 2000, 101 (107); *Kreuzer*, RabelsZ 2001, 383 (401); *Staudinger*, DB 1999, 1589 (1590).

[467] S. BT-Dr. 14/343 v. 1.2.1999, 14; *Huber*, JA 2000, 67 (70); *Junker*, RIW 2000, 241 (244); *Kropholler*, IPR, S. 492; *Staudinger*, DB 1999, 1589 (1590).

Der *Bundesgerichtshof*[468] hat in der Vergangenheit mehrfach auf eine stillschweigende Rechtswahl geschlossen, wenn die Parteien oder deren Anwälte im Prozess übereinstimmend nur Ausführungen zum deutschen oder ausländischen Sachrecht gemacht haben. Die Annahme einer Rechtswahl durch Erörterung des Rechtsstreits vor Gericht unter Zugrundelegung einer bestimmten Rechtsordnung ist aber nicht unproblematisch. Diese Frage wird auch in Zusammenhang mit Art. 27 diskutiert.[469] Art. 27 Abs. 1 S. 2 legt zunächst fest, dass sich die Rechtswahl mit hinreichender Sicherheit aus den Umständen des Falles ergeben muss. Ein Teil der Literatur[470] lehnt eine Wertung eines solchen Verhaltens deshalb als Rechtswahl ab. Andere wollen die Parteien hingegen an ihr Verhalten durch die Annahme einer Rechtswahl binden, wenn Erklärungsbewusstsein besteht.[471] Gegen eine stillschweigende Rechtswahl im Prozess spricht vor allen Dingen, dass den Parteien oft das Bewusstsein fehlt, dass der Rechtsstreit auch nach einer anderen Rechtsordnung entschieden werden könnte.[472] Die Parteien haben kein aktuelles Erklärungsbewusstsein. Aus den gleichen Gründen wie im internen materiellen Recht[473] muss es aber ausreichen, wenn ein potentielles Erklärungsbewusstsein[474] vorliegt. Werden die Parteien vor Gericht nicht vertreten, so ist infolge ihrer allgemeinen Rechtsunkenntnis grundsätzlich nicht davon auszugehen, dass sie hätten erkennen können, dass ihr Verhalten vom Empfänger als Willenserklärung im Hinblick auf eine Rechtswahlvereinbarung aufgefasst wird, da sie nicht wissen mussten, dass eine Rechtswahlmöglichkeit besteht. Ein irrtümliches Anführen von Rechtsvorschriften reicht

---

[468] Beiderseitige Behandlung der Sache nach deutschem Recht (int. Deliktsrecht): BGH NJW 1994, 1408 (1409); BGH IPRax 1982, 13 (14) m. Aufsatz von *Kreuzer*, 1 ff.; beiderseitige Behandlung der Sache nach ausländischem Recht (int. Vertragsrecht): BGH NJW-RR 1990, 248 (249); OLG Celle, RIW 1990, 320 (322), OLG Hamm, RIW 1999, 787 (788); weitere Nachweise zum internationalen Vertragsrecht bei Palandt/*Heldrich*, EGBGB 27, Rdnr. 7.

[469] S. MüKo/*Martiny*, Art. 27, Rdnrn. 48 ff..

[470] Vgl. *v. Hoffmann*, IPR, § 10, Rdnr. 37; Soergel/*v. Hoffmann*, Art. 27, Rdnr. 52, jeweils m.w.N.; dahingehend auch OLG Köln RIW 1993, 1023 (1024 f.) = IPRspr. 1993, Nr. 36.

[471] Siehe Palandt/*Heldrich*, EGBGB 42, Rdnr. 1; EGBGB 27, Rdnr. 7, m.w.N..

[472] S. *v. Hoffmann*, IPR, § 10, Rdnr. 37; Soergel/*v. Hoffmann*, Art. 27, Rdnr. 52.

[473] Vgl. dazu Palandt/*Heinrichs*, Einf v § 116, Rdnr. 17, m.w.N..

[474] Potentielles Erklärungsbewusstsein ist gegeben, wenn der Handelnde die rechtliche Bedeutung seiner Handlung hätte erkennen können, s. *Medicus*, Bürgerliches Recht, Rdnr. 130.

insofern nicht aus.[475] In diesem Fall lässt sich die Rechtswahl eben nicht mit entsprechender Sicherheit i.S.v. Art. 27 Abs. 1 S. 2, der auch im Bereicherungskollisionsrecht analog Geltung beanspruchen sollte[476], feststellen.

Anders verhält es sich m.E. unter Umständen, wenn die Anwälte der Parteien verhandeln. Diesen ist ein potentielles Erklärungsbewusstsein aufgrund ihrer juristischen Kenntnisse schon eher zu unterstellen.[477]

Nur unter den genannten Umständen ist also eine stillschweigende Rechtswahl der Parteien durch Berufung auf die Vorschriften einer bestimmten Rechtsordnung im Prozess anzunehmen. Im Hinblick auf das Kollisionsrecht der unerlaubten Handlung erwartet *Huber*[478], dass sich die Gerichte in Zukunft verstärkt dieser Konstruktion bedienen werden, um ihr „Heimwärtsstreben" zum deutschen Recht zu verwirklichen.[479]

3. Nachträgliche Rechtswahl

Wie bereits oben angesprochen, darf die Rechtswahl erst nach Entstehung des außervertraglichen Schuldverhältnisses vollzogen werden. Eine vorsorglich vollzogene Rechtswahl, die in der Praxis wohl nur sehr selten vorkommen dürfte, ist unwirksam.[480] Eine Frist ist nicht vorgesehen. Da die Rechtswahl vor allem im Prozess Bedeutung hat, ist eine Rechtswahl damit bis zur

---

[475] S. etwa LG Köln NJW 1987, 1151 (1152).

[476] So auch *Junker*, RIW 2000, 241 (244 Fn. 37); *Staudinger*, DB 1999, 1589 (1590).

[477] Bei einer Vertretung der Parteien durch Anwälte ist zunächst die Vorfrage zu erörtern, ob diesen eine wirksame Prozessvollmacht erteilt wurde. Dies richtet sich nach der lex fori. §§ 80, 81 ZPO sind heranzuziehen. Die Wirksamkeit der Rechtswahl der Anwälte hängt dann aber auch von deren Vertretungsmacht ab, s. Palandt/*Heldrich*, EGBGB 27, Rdnr. 7; kritisch bzgl. der Annahme einer stillschweigenden Rechtswahl im Prozess *Schack*, NJW 1984, 2737 (2740).

[478] Vgl. *Huber*, JA 2000, 67 (70).

[479] Dies ist vor allem im internationalen Deliktsrecht zu erwarten, nachdem der bisherige Weg über das Günstigkeitsprinzip durch den neuen Art. 40 I versperrt wird, s. *Huber*, JA 2000, 67 (70).

[480] S. Palandt/*Heldrich*, EGBGB 42, Rdnr. 1; einschränkend *v. Hein*, RabelsZ 2000, 595 (603).

Schließung der Verhandlung durch den Vorsitzenden im Haupttermin denkbar.

Eine Rechtswahl kann auf Grund der in Art. 42 anerkannten Parteiautonomie durch eine abweichende Vereinbarung geändert werden. Eine solche Vereinbarung wirkt ex tunc.[481] In Art. 27 Abs. 2 ist dies für das vertragliche Kollisionsrecht ausdrücklich normiert worden. Den Grund dafür, dass Art. 42 S. 1 diese Formulierung nicht übernommen hat, sehen *Freitag/Leible*[482] darin, dass es dem Gesetzgeber[483] vorrangig auf die Klarstellung des Ausschlusses der vorherigen Rechtswahl ankam. Interessen Dritter können ohnehin nicht tangiert werden (Art. 42 S. 2).

IV. Rechtsfolgen einer wirksamen Rechtswahl

1. Allgemeines

Eine wirksame Rechtswahl setzt die objektiven Anknüpfungen der Artt. 38-41 außer Kraft. Durch die nachträgliche Rechtswahl tritt häufig ein Statutenwechsel ein, der auf den Zeitpunkt der Entstehung des Schuldverhältnisses zurückwirkt.[484]

Die Parteiautonomie ist auch dann zu berücksichtigen, wenn unter Umständen eine wesentlich engere Verbindung des Sachverhalts mit einem anderen Recht gem. Art. 41 besteht, als zu dem, das gewählt wurde.[485] Dies lässt sich nicht nur mit dem allgemeinen Vorrang des Parteiwillens im Bereicherungskolli-

---

[481] Vgl. *Freitag/Leible*, ZVglRWiss 2000, 101 (108).

[482] S. *Freitag/Leible*, ZVglRWiss 2000, 101 (109).

[483] Vgl. auch BT-Dr. 14/343 v, 1.2.1999, 14.

[484] Vgl. *Freitag/Leible*, ZVglRWiss 2000, 101 (108); Palandt/*Heldrich*, EGBGB 42, Rdnr. 1.

[485] Ebenso *v. Hein*, RabelsZ 2000. 595 (603): „Da Art. 42 EGBGB der Ausweichklausel (Art. 41 EGBGB) vorgeht, kommt insoweit auch keine richterliche Korrektur in Betracht.“; *Huber*, JA 2000, 67 (70): „Die Rechtswahl unterliegt nicht der allgemeinen Ausweichklausel des Art. 41, ...“; *Junker*, RIW 2000, 241 (245): „Die Rechtswahl ... steht nicht unter dem Vorbehalt einer engeren Verbindung ....“; *Kreuzer*, RabelsZ 2001, 383 (401): „Die Rechtswahl ... kann auch nicht mit Hilfe der Ausweichklausel ... außer Kraft gesetzt werden.“; Palandt/*Heldrich*, EGBGB 42, Rdnr. 1: „Der Vorrang der wirksamen Rechtswahl gilt insbesondere auch gegenüber der Ausweichklausel des Art. 41.“.

sionsrecht begründen, sondern auch mit der systematischen Stellung des Art. 42, der den Zweiten Unterabschnitt abschliesst. Damit wird deutlich, dass alle objektiven Anknüpfungen, die aufgrund der Artt. 38-41 vorgenommen werden können, von Art. 42 außer Kraft gesetzt werden. Ferner kann dies aus dem Wortlaut des Art. 41 Abs. 1[486] geschlossen werden.

2. Rechte Dritter (Art. 42 S. 2 EGBGB)

Nach Art. 42 S. 2 bleiben mit Rücksicht auf das Verkehrsinteresse[487] Rechte Dritter von der Rechtswahl unberührt.[488] Diese Vorschrift hat in Art. 27 Abs. 2 S. 2 Fall seine Entsprechung. Die Wirkungen der Rechtswahl werden damit grundsätzlich auf die Parteien des gesetzlichen Schuldverhältnisses beschränkt.

Spickhoff[489] schlägt eine Einschränkung der Regelung für den Fall vor, dass das gewählte Recht für den Dritten eine Verbesserung seiner Lage mit sich bringt. In diesem Fall soll das gewählte Statut toleriert werden. Als Begründung wird der Zweck der Norm angeführt, die den Dritten vor Nachteilen durch eine nachträgliche Rechtswahl schützen will, ihm aber Vorteile nicht vorenthalten will.[490] Die gleiche Ansicht wird auch zu Art. 27 Abs. 1 S. 2 vertreten.[491] M.E. spricht in diesen Fällen nichts dagegen, die Rechtswahl auch auf Rechte Dritter zu erstrecken, wenn die betroffenen Personen mit der Anwendung dieses Rechts einverstanden sind. Es wird jedoch schwierig sein zu ergründen, ob sich die Rechtswahl der Parteien auch auf Rechte Dritter erstrecken sollte, oder ob sie nur die Beziehung zwischen Bereicherungsschuldner und Bereicherungsgläubiger regeln sollte. Im Zweifel

---

[486] Art. 41 Abs. 1: „Besteht ... als mit dem Recht, das nach den *Artikeln 38 bis 40 Abs. 2* maßgebend wäre, ...“; Hervorhebung vom Verfasser.

[487] S. BT-Dr. 14/343 v. 1.2.1999, 14.

[488] Für eine solche Einschränkung nach altem Recht: *Busse*, Bereicherungsrecht, S. 76 ff., 244; *Einsele*, JZ 1993, 1993, 1025 (1033); MüKo/*Kreuzer*, I Vor Art. 38, Rdnr. 3; *Patrzek*, Vertragsakzessorische Anknüpfung, S. 129.

[489] Vgl. *Freitag/Leible*, ZVglRWiss 2000, 101 (109); *Spickhoff*, NJW 2000, 1 (2).

[490] S. *Spickhoff*, NJW 2000, 1 (2).

[491] S. Staudinger/*Magnus*, Art. 27 EGBGB, Rdnr. 113; **a.A.** *v. Bar*, IPR II, Rdnr. 481.

ist wohl eher davon auszugehen, dass der Dritte nicht begünstigt werden sollte.[492]

Darüber hinaus wird in der Literatur[493] grundsätzlich angezweifelt, ob Art. 42 S. 2 im Bereicherungsrecht praktische Bedeutung hat. Die Vorschrift hat vor allem im internationalen Deliktsrecht Bedeutung für den Schutz des Schadensversicherers des Geschädigten, der durch die Wahl eines Rechts, das den Ersatzanspruch seines geschädigten Versicherungsnehmers gegen den Schädiger reduziert, nicht benachteiligt werden soll.[494]

V. Zusammenfassung zur Rechtswahl

Art. 42 steht in der Anknüpfungshierarchie vor Artt. 38-41. Eine wirksame Rechtswahlvereinbarung wirkt ex tunc und setzt die objektiven Ankϋpfungen außer Kraft. Die formelle Wirksamkeit des Rechtswahlvertrages ist in Analogie zu Art. 27 Abs. 4 nach Art. 11 zu beurteilen. Entsprechend Artt. 27, 31 entfaltet die Rechtswahl Vorwirkung, indem das gewählte Recht über die materielle Wirksamkeit entscheidet. Eine Rechtswahlvereinbarung kann nach Art. 42 S. 1 nur nachträglich, d.h. nach dem Ereignis, das das außervertragliche Schuldverhältnis ausgelöst hat, getroffen werden.

Bei Bereicherungsansprüchen, die auf Verstößen gegen das Wettbewerbsrecht aufbauen, ist eine Rechtswahl nach Art. 42 unzulässig. Weitere Beschränkungen der Rechtswahlfreiheit sind nicht gegeben. Eine Ausnahme ist analog Art. 27 Abs. 3 zugunsten der zwingenden Bestimmungen des Staates, mit dem der Sachverhalt ansonsten verbunden ist, zu machen, wenn der für die Anwendung des EGBGB erforderliche Auslandsbezug zuvor nur durch die Rechtswahl hergestellt werden konnte. Die ius cogens kann durch die Wahl eines anderen Rechts nicht abbedungen werden.

Die Vereinbarung kann auch stillschweigend getroffen werden. Eine konkludente Rechtswahl durch Erörterung des Rechtsstreits nach einem

---

[492] Vgl. *Freitag/Leible*, ZVglRWiss 2000, 101 (109); so zu Art. 27 Abs. 2 S. 2: Soergel/*v. Hoffmann*, Art. 27, Rdnr. 79.

[493] S. *Busse*, Bereicherungsrecht, S. 75; ders., RIW 1999, 16 (19); *Fischer*, IPRax 2002, 1 (11).

[494] Es soll keine Reduktion des Regressanspruchs des Versicherers gegen den Schädiger erfolgen, s. *Kreuzer*, RabelsZ 2001, 383 (401).

bestimmten Recht kann aber nur bei potentiellem Erklärungsbewusstsein der Parteien im Hinblick auf die Rechtswahl angenommen werden.

Rechte Dritter bleiben von der Rechtswahl gem. Art. 42 S. 2 grundsätzlich unberührt. Eine Ausnahme ist dann zu machen, wenn das gewählte Recht, das nicht nur das Verhältnis zwischen dem Bereicherungsschuldner und dem Bereicherungsgläubiger regeln soll, den Dritten begünstigt.

C. Leistungskondiktion

I. Art. 32 Abs. 1 Nr. 5 EGBGB als vorrangige Bestimmung?

1. Allgemeines zu Art. 32 Abs. 1 Nr. 5 EGBGB

a. Ursprung

Für die (bereicherungsrechtliche) Rückabwicklung nichtiger Verträge ist Art. 32 Abs. 1 Nr. 5[495] von Relevanz, der die Folgen der Nichtigkeit des Vertrages dem Vertragsstatut aus Artt. 27-30 unterstellt.[496] Im Folgenden soll auf diese Vorschrift aber nur insoweit eingegangen werden, als dass sie für Art. 38 EGBGB von Bedeutung ist.[497]

Gesetzgeberischer Hintergrund des Art. 32 ist das „Römische EG-Übereinkommen vom 19.6.1980 über das auf vertragliche Schuldverhältnisse anzuwendende Recht" (EVÜ/Rom I).[498] Die Bestimmung ist folglich staatsvertraglichen Ursprungs.[499] Im Gegensatz zu Italien[500] und dem Vereinigten

---

[495] Art. 32 Abs. 1 und 2 entsprechen Art. 10 EVÜ; Abs. 3 entspricht Art. 14 EVÜ.

[496] Nicht von Bedeutung für das Bereicherungsrecht ist das „Wiener UN-Übereinkommen über Verträge über den internationalen Warenkauf vom 11. April 1980", abgedruckt bei *Jayme/Hausmann*, Privat- und Verfahrensrecht, Nr. 77; ausschlaggebend ist, dass das Wiener Kaufrechtsübereinkommen als multilaterales sachrechtsvereinheitlichendes Übereinkommen keine bereicherungsrechtlichen Regeln enthält; s. dazu auch im Dritten Teil C.II.3.d.

[497] Zu Art. 32 Abs. 1 Nr. 5 EGBGB siehe ausführlicher *Busse*, Bereicherungsrecht, S. 87 ff.; MüKo/*Spellenberg*, Art. 32, Rdnrn. 108 ff..

[498] Abgedruckt bei *Jayme/Hausmann*, Privat- und Verfahrensrecht, Nr. 70.

[499] Vgl. Art. 10 Abs. 1 lit. e EVÜ.

Königreich[501] hat Deutschland nicht von der durch Art. 22 Abs. 1 lit. b EVÜ eingeräumten Möglichkeit Gebrauch gemacht, diese Vorschrift nicht anzuwenden. Die Artt. 1-21 EVÜ wurden im Rahmen der sog. Inkorporationslösung innerhalb der IPR-Reform von 1986 in das EGBGB mit leicht verändertem Wortlaut eingestellt.[502] Gleichzeitig hat Deutschland im Zustimmungsgesetz zum EVÜ erklärt, dass diese Artikel innerstaatlich keine unmittelbare Anwendung finden sollen.[503] Art. 32 Abs. 1 Nr. 5 bildet dabei eine Ausnahme zu dem grundsätzlichen Schweigen dieses EG-Übereinkommens im Bereich der außervertraglichen Schuldverhältnisse.[504]

b. Inhalt

Die Vorschrift bestimmt den Anwendungsbereich des für den Schuldvertrag maßgebenden Rechts. Art. 32 verdeutlicht, dass das Vertragsstatut auch und vor allem Wirkungsstatut ist.[505] *Kegel/Schurig*[506] bezeichnen den Anwendungsumfang des Vertragsstatuts allgemein als „von der Wiege bis zum Grabe".

Dem Vertragsstatut unterliegen gem. Art. 32 Abs. 1 Nr. 5 die Folgen der Nichtigkeit des Vertragsverhältnisses. Es regelt also die Rückabwicklung der vertraglichen Leistung. Unerheblich ist, ob die Rückabwicklung auf Vertragsgrundlage oder im Sinne eines außervertraglichen Rückabwicklungsverhältnisses erfolgt.[507] Art. 32 Abs. 1 Nr. 5 ist damit auch Rechtsgrundlage der bereicherungsrechtlichen Rückabwicklung von Leistungen bei Nichtigkeit des

---

[500] S. Bekanntmachung des italienischen Außenministers, Gazetta della Republica Italiana vom 18.4.1991, Nr. 91, 39.

[501] Vgl. Section 2 (2) des Contracts (Applicable Law) Act 1990.

[502] S. *Wagner*, IPRax 1998, 429 (431 Fn. 23); zur Zulässigkeit der Inkorporation völkerrechtlicher Verträge s. *Nolte*, IPRax 1985, 71 (72 f.); zu staatsvertraglichen Kollisionsnormen allgemein *Meyer-Sparenberg*, Staatsvertragliche Kollisionsnormen.

[503] Siehe Art. 1 Abs. 2 des Vertragsgesetzes v. 25.7.1986, BGBl. 1986 II, 809: „Die Zustimmung erfolgt nur mit der Maßgabe, dass die in Art. 1-21 des Übereinkommens enthaltenen Vorschriften innerstaatlich keine unmittelbare Anwendung finden.".

[504] Vgl. *Einsele*, JZ 1993, 1025 (1205).

[505] S. Erman/*Hohloch*, EGBGB Art. 32, Rdnr. 1.

[506] S. *Kegel/Schurig*, IPR, S. 535.

[507] Vgl. BT-Dr. 10/504 v. 20.10.1983, 82.

Vertrages (Rückabwicklungskondiktion).[508] Unstrittig ist auch, dass Art. 32 Abs. 1 Nr. 5 unabhängig davon eingreift, ob der Rechtsgrund von Anfang an gefehlt hat[509] (nach deutscher Terminologie[510]: condictio indebiti) oder nachträglich weggefallen ist[511] (condictio ob causam finitam).[512]

2. Rangverhältnis von Art. 32 Abs. 1 Nr. 5 EGBGB und Art. 38 Abs. 1 EGBGB

Art. 3 Abs. 2 S. 1 weist hinsichtlich des Verhältnisses zwischen deutschem Kollisionsrecht und völkerrechtlichen Abkommen deklaratorisch darauf hin, dass letztere den nationalen kollisionsrechtlichen Bestimmungen vorgehen, soweit sie unmittelbar anwendbares innerstaatliches Recht geworden sind. Dies ergibt sich aber bereits aus dem Grundsatz völkerrechtsfreundlichen Verhaltens (u.a. „pacta sunt servanda").[513]

Im vorliegenden Fall gilt es, das Verhältnis von nationalen Kollisionsnormen staatsvertraglichen Ursprungs (Art. 32 Abs. 1 Nr. 5) und autonomem deutschen Kollisionsrecht (Art. 38 Abs. 1) zu klären.
Zwar gilt nach wohl herrschender Ansicht[514] der in Art. 3 Abs. 2 S. 1 niedergelegte Grundsatz auch im Verhältnis zwischen völkerrechtlichen Verträgen und inhaltsgleichem nationalem Recht[515], jedoch nicht, wenn - wie beim EVÜ - das Gegenteil ausdrücklich erklärt wurde. Mit dieser Feststellung ist jedoch noch nicht das Rangverhältnis von Art. 32 Abs. 1 Nr. 5 und Art. 38 Abs. 1 geklärt.

---

[508] S. Palandt/*Heldrich*, EGBGB 32, Rdnr. 7; BGH DtZ 1995, 253; OLG Köln NJW-RR 1994, 1026 ff.; OLG Hamm FamRZ 1994, 1259 (1260); **a.A.** LG Frankfurt a.M. WM 1996, 2107 (2109); LG Aachen RIW 1999, 304 (304).

[509] Zur Nichtigkeit wegen Formmangels siehe BGH IPRspr. 1976, Nr. 16; BGHZ 73, 391 ff..

[510] Zur Terminologie vgl. *Busse* , Bereicherungsrecht, S. 87 Fn. 8.

[511] Zum Beispiel infolge einer Anfechtung.

[512] S. *v. Bar*, IPR II, Rdnr. 733; *Busse*, Bereicherungsrecht, S. 87; *Plaßmeier*, Bereicherung, S. 333.

[513] *V. Hoffmann*, IPR, § 1, Rdnr. 75.

[514] Literaturhinweise bei *v. Hoffmann*, IPR, § 1, Rdnr. 81.

[515] *V. Hoffmann*, IPR, § 1, Rdnr. 81.

Busse[516] will in allen Leistungsfällen Art. 38 Abs. 1 als Spezialregel mit der Prämisse anwenden, dass alle für Art. 32 Abs. 1 Nr. 5 geltenden Sonderregeln staatsvertraglichen Ursprungs auch im Bereich des Art. 38 Abs. 1 fortgelten.

Das hätte beispielsweise zur Folge, dass Art. 35 Abs. 2 als Sonderregel des Internationalen Vertragsrechts (für den Fall des interlokalen Privatrechts gegenüber Art. 4 III) im Rahmen von Art. 38 Abs. 1 entsprechend angewendet werden müsste.[517] Dieses Vorgehen ist umständlich.[518] Zum anderen würde z.B. im Falle eines unwirksamen Verbrauchervertrages, der ohne vorherige Rechtswahl nach Art. 29 Abs. 2[519] dem Recht am gewöhnlichen Aufenthalt des Verbrauchers untersteht, ein Ausweichen von dieser Anknüpfung über Art. 41 im Falle der bereicherungsrechtlichen Rückabwicklung möglich werden. Gerade im Verbraucherrecht stellt Art. 29 klare Direktiven auf, die den Verbraucher schützen sollen, indem ihm der an seinem gewöhnlichen Aufenthalt gewährte Schutz nicht entzogen werden darf. Eine Ausnahme ist nicht vorgesehen. In diesem Fall würde es sich der nationale Gesetzgeber anmaßen, eine staatsvertragliche Regelung durch den Erlass von neuen Vorschriften zu umgehen. Aus diesem Grund merkt *Spickhoff*[520] zu Recht kritisch an, dass die Ansicht *Busses* eine im Anwendungsbereich des EVÜs mit diesem Übereinkommen nicht harmonisierende Anknüpfung durchführt.

Neben diesen Erwägungen ist die Kernaussage von *Busses* Ansatz auch mit Blick auf den gesetzgeberischen Willen und den Grundsatz völkerrechtsfreundlichen Verhaltens bedenklich.
Die Inkorporationslösung[521] als der sonstigen Ratifikationspraxis der Bundesrepublik Deutschland nicht entsprechendes Verfahren[522] hat man zum einen gewählt, um die bis 1986 bestehende Lücke im Bereich der vertraglichen Schuldverhältnisse zu schließen.[523] Damit sollte die Rechtsanwendung er-

---

[516] S. *Busse*, RIW 1999, 16 (18).
[517] S. *Spickhoff*, NJW 1999, 2209 (2211).
[518] So auch *Spickhoff*, NJW 1999, 2209 (2211).
[519] Art. 29 Abs. 1, 2 und 4 entsprechen Art. 5 EVÜ; Abs. 3 entspricht Art. 9 Abs. 5 EVÜ.
[520] Vgl. *Spickhoff*, NJW 1999, 2209 (2211).
[521] Zur Kritik an dem gewählten Verfahren s. EG-Kommission, IPRax 1985, 178; *MPI*, RabelsZ 1983, 595 (665 ff.); *v. Hoffmann*, IPRax 1984, 10 ff.; *Beitzke*, RabelsZ 1984, 623 (637); *Kohler*, EuR 1984, 155 (162 ff.); *Nolte*, IPRax 1985, 71 ff..
[522] So Erman/*Hohloch*, EGBGB Vor Art. 27, Rdnr. 3.
[523] Vgl. BT-Dr. 10/504 v. 20.10.1983, 21.

leichtert werden, und die Vereinheitlichung des internationalen Vertragsrechts gefördert werden.[524] Zum anderen hatte man das Ziel vor Augen, den Artt. 27-37 einen ungestörten Anwendungsbereich zu sichern und die mit der Reform beabsichtigte Übersichtlichkeit der anwendbaren Kollisionsnormen des internationalen Schuldvertragsrechts durch Art. 3 Abs. 2 und den Anwendungsvorrang staatsvertraglicher Kollisionsnormen nicht beeinträchtigten zu lassen.[525]
Die Bundesregierung hat in ihrer Begründung zum IPR-Neuregelungsgesetz von 1986 ausdrücklich darauf hingewiesen, dass man davon ausgeht, dass die internationale Bindung dem Gesetzgeber Grenzen setzt und dass im Interesse einer praktikablen Anwendung des IPR möglichst weitgehende Übereinstimmung der innerstaatlichen Kollisionsnormen mit wichtigen völkerrechtlichen Rechtsgrundlagen gesucht werden muss.[526] Die Materialien zeigen, dass es dem Gesetzgeber auch darum ging, das EVÜ als völkerrechtlich bindendes Übereinkommen zu würdigen. Deutlich wird, dass es der Legislative nicht darum ging, das in Art. 3 II zum Ausdruck kommende Verhältnis von autonomen deutschem Kollisionsrecht und staatsvertraglicher Regelung auszuschalten, sondern dass vielmehr Praktikabilitätserwägungen im Vordergrund standen. Eine Würdigung der Artt. 27 ff. als Normen mit internationalem Ursprung kann auch nur dann umfassend erfolgen, wenn deren Anwendungsvorrang gewahrt bleibt.
In der Begründung zum Gesetzesentwurf der IPR-Reform von 1999 bezeichnet die Bundesregierung Art. 32 Abs. 1 Nr. 5 daher sogar ausdrücklich als vorrangige Spezialregelung.[527] In seinem reformvorbereitenden Gutachten deklariert *Schlechtriem*[528] die Subsidiarität der neuen Norm als selbstverständlich, so dass er keine Notwendigkeit sieht, dieses ausdrücklich in einem zusätzlichen Absatz festzuhalten.

Im Ergebnis kann also festgehalten werden, dass Art. 32 Abs. 1 Nr. 5 im Rahmen seines Anwendungsbereiches Art. 38 Abs. 1 vorgeht.[529]

---

[524] Vgl. BT-Dr. 10/504 v. 20.10. 1983, 21, 25.

[525] S. Erman/*Hohloch*, EGBGB Vor Art. 27, Rdnr. 3.

[526] S. BT-Dr. 10/504 v. 20.10.1983, 29.

[527] Vgl. BT-Dr. 759/98 v. 4.9.1998, 16.

[528] S. *Schlechtriem*, Bereicherungsansprüche, S. 29 (37).

[529] So wohl auch *v. Bar*, IPR II, Rdnr. 734; *Einsele*, JZ 1993, 1025 (1025); *Fischer*, IPRax 2002, 1 (2); *v. Hoffmann*, IPR, § 11, Rdnr. 3; Erman/*Hohloch*, EGBGB Art. 32, Rdnr. 15; Art. 38, Rdnr. 1; *Junker*, RIW 2000, 241 (243 f.); ders., IPR, Rdnr. 433; *Kreuzer*, RabelsZ 2001, 383 (406); *Kropholler*, IPR, 489; Palandt/*Heldrich*, EGBGB 38, Rdnr. 2;

II. Art. 38 Abs. 1 EGBGB

1. Qualifikation[530]

a. Qualifikation auf der Tatbestandsebene[531]

aa. Grundlagen

(1) Einführung

Am Anfang der Lösung eines IPR-Falles steht die Qualifikation auf Tatbestandsebene. Qualifikation bedeutet dabei die Subsumtion eines Sachverhaltes unter den Anknüpfungsgegenstand[532], d.h. den Systembegriff[533], der im Tatbestand einer Kollisionsnorm enthalten ist.[534] Im Zentrum der Qualifikation steht dabei die Auslegung des Anknüpfungsgegenstandes.[535]

Der Ausdruck „Qualifikation“ stammt von *Bartin*[536], der zusammen mit *Kahn*[537] „Entdecker“ des Qualifikationsproblems war.[538] Teilweise wird die

---

Schlechtriem, IPRax 1995, 65 (65); Staudinger/*v. Hoffmann/Fuchs*, Art 38 EGBGB, Rdnr. 6; *Wagner*, IPRax 1998, 429 (431).

530 Der Vorgang der Qualifikation wird teilweise auch als Kategorisierung oder Klassifizierung (nach dem im anglo-amerikanischen IPR üblichen Ausdruck „classification“) bezeichnet, s. *Neuhaus*, Grundbegriffe, S. 113.

531 Die Qualifikation auf Tatbestandsebene wird auch Qualifikation ersten Grades oder primäre Qualifikation genannt, s. *Kropholler*, IPR, S. 111.

532 Diesen Begriff verwenden bspw. *v. Hoffmann*, IPR, § 6, Rdnr. 1 ff.; *Kegel/Schurig*, IPR, S. 286; *Kunz*, IPR, Rdnr. 152 ff.; *Neuhaus*, Grundbegriffe, S. 103.

533 Für die üblichen Ausdrücke „Systembegriff“ oder „Anknüpfungsgegenstand“ werden teilweise in der Literatur synonym die Begrifflichkeiten Rahmenbegriff, Sammelbegriff, Rechtsbegriff, Verweisungsbegriff, Verweisungsgegenstand (s. *Neuhaus*, Grundbegriffe, S. 103) oder Begriffskern der betreffenden Rechtssatzgruppe genannt.

534 S. *v. Hoffmann*, IPR, § 6, Rdnrn. 1 ff.; *Kunz*, IPR, Rdnrn. 154 ff..

535 Vgl. *Kegel/Schurig*, IPR, S. 286.

536 S. *Bartin*, Clunet 1897, 225 ff..

537 Vgl. *Kahn*, Jher.Jb. 1891, 1 ff..

Qualifikation als das „schwierigste Problem des ganzen IPR“[539] bezeichnet, bei dem sich in einem berühmten Fall selbst das Reichsgericht[540] eine „unsterbliche Blamage“ [541] aufgeladen hat.

Das spezifische Problem der Qualifikation ergibt sich daraus, dass das IPR alle in den verschiedenen staatlichen Sachrechten widergespiegelten Sachverhalte erfassen und dabei doch handhabbar und übersichtlich bleiben muss.[542]

Insbesondere im Bereicherungsrecht wird die Qualifikation, wie *Plaßmeier*[543] konstatiert, durch die Inkongruenz der Systembegriffe wie Bereicherung, Leistung etc. in verschiedenen Rechtsordnungen sowie durch die Tatsache erschwert, dass neben dem Bereicherungsrecht noch andere Rückabwicklungsmechanismen wie die Vindikation oder vertragsrechtliche Rechtsbehelfe zur Verfügung stehen und von verschiedenen nationalen Rechtsordnungen in unterschiedlichem Umfang eingesetzt werden.

(2) Vorgehensweise

Bevor man sich der eigentlichen Aufgabe im Rahmen der Qualifikation widmet, stellt Art. 38 den Rechtsanwender vor die Frage nach der Vorgehensweise:

Zum einen besteht die Möglichkeit, die Qualifikation in zwei Schritten durchzuführen. Systembegriff der gesamten Vorschrift ist „Ungerechtfertigte Bereicherung“. Aber ausweislich Art. 38 Abs. 1 und Abs. 2 ist, wie oben bereits näher ausgeführt, auch kollisionsrechtlich die Unterscheidung von Leistungs- und Nichtleistungskondiktion zu beachten. So könnte man zunächst von dem einheitlichen Begriff der ungerechtfertigten Bereicherung ausgehen und das Lebensverhältnis oder die Rechtsfrage[544] seiner rechtlichen Natur nach ungefähr bestimmen und dieser Materie zuordnen. Darauf aufbauend, wäre dann eine Feinzuordnung zu einer der einzelnen Absätze der

---

[538] Vgl. *Kropholler*, IPR, S. 110.

[539] S. *Ferid*, IPR, Rdnr. 4-46.

[540] Vgl. RGZ 7, 21 ff..

[541] Vgl. *Schlosshauer-Selbach*, JuS 1985, 786 (786).

[542] *Kropholler*, IPR, S. 110.

[543] S. *Plaßmeier*, Bereicherung, S. 291; *Reuter/Martinek*, Ungerechtfertigte Bereicherung, S. 768.

[544] Zum Gegenstand der Qualifikation s. *Kropholler*, IPR, S. 109 f..

Kollisionsnorm (z.B. Leistungskondiktion) durchzuführen, wenn die betreffende Rechtsfrage als bereicherungsrechtlich einzuordnen ist.[545]

Die Alternative besteht darin, die Materie sofort eine der Kondiktionstypen zuzuordnen, ohne den Umweg über den Rahmenbegriff zu gehen.[546]

Wie *Busse*[547] zu Recht feststellt, ist letztere Methode einfacher, weil sie einen Schritt weniger verlangt. Trotzdem scheint sie dem Willen des Gesetzgebers zu widersprechen. Denn dieser hat sich nicht dafür entschieden, für die verschiedenen Fälle selbständige, voneinander unabhängige Kollisionsnormen aufzustellen. Vielmehr hat man mit der Reform von 1999 alle Fälle in einer Norm - quasi unter einem Dach - zusammengefasst. Eine Trennung erfolgt nur durch die Absätze. Die Vorschrift ist sogar ausdrücklich mit dem amtlichen Titel „Ungerechtfertigte Bereicherung" überschrieben. Diese Tatsache kann als Anlass dafür genommen werden, dem vom Gesetzgeber eingeschlagenen Weg auch im Rahmen der Qualifikation zu folgen und in zwei Schritten zu qualifizieren. Im Ergebnis ist es aber unerheblich, welchen Weg man einschlägt. Durch die einfachere Methode, nur eine Feinqualifikation vorzunehmen, ändert sich nichts. Denn das Vorliegen der einzelnen Voraussetzungen in den Absätzen indiziert das Vorliegen eines Anspruchs aus „Ungerechtfertigter Bereicherung". Vor dem Hintergrund der funktionalen Verschiedenheit der kollisionsrechtlich zu trennenden Kondiktionsarten ist der Weg über den Rahmenbegriff auch nicht notwendig. Nur für die nicht funktional besonders abgegrenzten Fälle - wie Abs. 3 - ist auf das Grundprinzip zurückzugreifen, das zwar auch hinter den anderen Kondiktionsarten steht, bei diesen aber von deren Einordnung in ein bestimmtes Konzept überlagert wird.[548]

Im Ergebnis ist es also unbedenklich, wenn man im Rahmen der Qualifikation eine direkte Zuordnung zu den Absätzen vornimmt.

---

[545] So gehen *Fuchs/Hau/Thorn*, Fälle, S. 68, vor.

[546] Dieser Grundaussage folgt auch *Busse*, Bereicherungsrecht, S. 217, mit folgender Einschränkung: „Nur wo keine charakteristische, rechtsordnungsunabhängige Funktion vorhanden ist, da scheint wieder das allgemeine Prinzip auf, das zwar auch hinter den exponierten Kondiktionsarten steht, bei diesen aber von deren Einordnung in ein bestimmtes Konzept ... überlagert wird.".

[547] S. *Busse*, Bereicherungsrecht, S. 217.

[548] So auch *Busse*, Bereicherungsrecht, S. 217; s. dazu auch u. Dritter Teil D.II.1.a.

Art. 38 Abs. 1 stellt in diesem Zusammenhang für seine Anwendung folgende Voraussetzungen auf: das Vorliegen einer Leistung, den Eintritt einer Bereicherung und das Vorliegen eines Rechtsverhältnisses, auf das die Leistung bezogen sein muss.

(3) Qualifikationsstatut

Das Problem bei der Qualifikation besteht darin zu entscheiden, welche Rechtsordnung beurteilt, ob ein Anspruch wegen ungerechtfertigter Bereicherung, insbesondere eine Leistungskondiktion, geltend gemacht wird.

Diese Frage hat die Rechtswissenschaft bereits zu Genüge beschäftigt[549], und der Streit um das Qualifikationsstatut ist heute weitgehend überwunden[550]. Aus diesem Grund erfolgt hier nur eine Darstellung der wesentlichen Ergebnisse der Reflexionen:

(a) Qualifikation nach der lex causae

Die Qualifikation kann nach den Grundsätzen des für die zugrundeliegende Fragestellung maßgeblichen Rechts, der sog. lex causae erfolgen. Hintergrund dieser Vorgehensweise ist die Förderung des internationalen Entscheidungseinklangs und die Umgehung schwieriger Probleme bei der Einordnung von dem deutschen materiellen Recht unbekannten ausländischen Rechtsinstituten.

Dieser Weg wird heute aber kaum noch beschritten.[551] Denn es ist praktisch schwierig, die Qualifikation nach dem auf die Hauptfrage anwendbaren Recht zu vollziehen, das noch gar nicht feststeht und gerade erst im Wege der Qualifikation ermittelt werden soll. Um diesen „circulus vitiosus“[552] zu durchbrechen, muss man die hypothetische lex causae ermitteln. Dies ist aber

---

[549] S. ausführlich *v. Bar*, IPR I, Rdnr. 592; *v. Hoffmann*, IPR, § 6, Rdnrn. 11 ff.; *Kegel*, IPR, S. 245 ff.; *Koch/Magnus/Winkler von Mohrenfels*, IPR und Rechtsvergleichung, S. 11; *Kropholler*, IPR, S. 117 ff.; *Neuhaus*, Grundbegriffe, S. 123 ff.; *Plaßmeier*, Bereicherung, S. 292; *Rabel*, RabelsZ 1931, 241 ff..

[550] S. *Dörner*, StAZ 1988, 350 (350).

[551] Weitgehend einziger Vertreter der lex causae-Theorie ist heute *Wolff*, IPR, S. 54 ff..

[552] So *v. Hoffmann*, IPR, 6. Aufl., § 6, Rdnr. 21.

bedenklich, wenn die hypothetische lex causae nach abgeschlossener Qualifikation dann doch nicht mit der endgültigen lex causae übereinstimmt.

(b) Rechtsvergleichende Qualifikation

Möglich ist auch eine autonome Qualifikation. Danach sollen die Systembegriffe einer Kollisionsnorm autonom, d.h., losgelöst von der Begrifflichkeit der lex fori oder der lex causae ausgelegt werden und stattdessen neue, eigene Maßstäbe entwickelt werden.[553] Auf dieser Basis hat *Rabel*[554] die Theorie von der rechtsvergleichenden Qualifikation entwickelt. Der Inhalt der Systembegriffe soll im Wege der Rechtsvergleichung ermittelt werden.

Unabhängig von ihren inhaltlichen Schwächen[555] ist die Anwendung der Theorie sehr zeitintensiv und setzt die Kenntnis zahlreicher Rechtsordnungen voraus, was von einem Richter nicht verlangt werden kann. Allenfalls der *Gerichtshof der Europäischen Gemeinschaften* wird fähig sein, eine solche rechtsvergleichende Qualifikation angemessen durchzuführen.[556]

(c) Qualifikation nach der lex fori mit funktioneller Betrachtungsweise[557]

Nach der in Deutschland[558], aber auch in vielen anderen Ländern[559] herrschenden Meinung erfolgt die Qualifikation grundsätzlich nach der lex fori: Die Auslegung der Systembegriffe im Tatbestand einer inländischen Kollisionsnorm erfolgt allein nach derjenigen Rechtsordnung, unter deren Kollisionsnorm eine Rechtsfrage oder Norm subsumiert werden soll.

---

[553] Vgl. *Kegel/Schurig*, IPR, S. 293 ff..

[554] S. *Rabel*, RabelsZ 1931, 241 ff..

[555] Vgl. dazu *v. Hoffmann*, IPR, 6. Aufl., § 6, Rdnr. 24.

[556] So auch *v. Hoffmann*, IPR, § 6, Rdnrn. 23 ff..

[557] Zum Teil wird diese Art der Qualifikation auch als „teleologische" Qualifikation bezeichnet, s. *Kropholler*, IPR, S. 122 ff..

[558] Vgl. für viele *v. Hoffmann*, IPR, § 6, Rdnr. 12; *Dörner*, StAZ 1988, 345 (350); BGHZ 29, 137 (139) in st. Rspr..

[559] Nachweis zum spanischen, portugiesischen, rumänischen und tunesischen Recht bei *Siehr*, IPR, S. 430 f..

Zu beachten ist, dass die lex fori-Theorie heute durch die funktionelle[560] bzw. teleologische Qualifikation ergänzt wird. Sie ermöglicht ein von der Regelungssystematik der materiellen lex fori losgelöstes Verständnis der Kollisionsnormen und wird im Wesentlichen in zwei Spielarten vertreten:[561] Zum einen können die Zwecke der Kollisionsnorm, d.h., die international-privatrechtlichen Interessen, die mit der Kollisionsnorm verfolgt werden, als maßgeblich angesehen werden.[562] Auf der anderen Seite können die Zwecke der Sachnormen entscheidend sein.[563] Nach *v. Hoffmann*[564] sind sowohl die Zwecke der Sachnormen als auch diejenigen der deutschen Kollisionsnormen von Bedeutung.

Für die Anwendung der lex fori- Theorie in der genannten Form spricht ihre rechtslogische Konsequenz: Der Anwendungsbereich einer Norm wird nach dem Rechtssystem bestimmt, dem die Norm angehört. Denn IPR ist staatliches Recht, es ist ein „internationales Unternehmen, das jeder Staat auf eigene Rechnung betreibt" *(Batiffol)*[565]. Aus diesem Grund stimmen die Systembegriffe des EGBGB in der Regel mit denen des deutschen materiellen Rechts überein. Eine Qualifikation lege fori entspricht damit auch dem inneren Entscheidungseinklang.

Da *Plaßmeier*[566] bereits ausführlich die Untauglichkeit der anderen Ansätze für das Internationale Bereicherungsrecht dargelegt hat, wird der lex fori-Theorie in der von *v. Hoffmann* vertretenen Ausgestaltung ohne nähere Begründung gefolgt.

---

560 S. Palandt/*Heldrich*, Einl v EGBGB 3, Rdnr. 27; *v. Hoffmann*, IPR, § 6, Rdnrn. 27 ff.; *Schlosshauer-Selbach*, JuS 1985, 786 (788); MüKo/*Sonnenberger*, Einl. IPR, Rdnrn. 459 ff.; *Neuhaus*, Grundbegriffe, S. 129 ff.; RGZ 145, 121 ff. = IPRspr. 1934, Nr. 29; RGZ 163, 367 (375 f.).

561 S. *v. Hoffmann*, IPR, § 6, Rdnrn. 27 ff..

562 Vgl. *Kegel/Schurig*, IPR, S. 296 ff.; *Koch/Magnus/Winkler von Mohrenfels*, IPR und Rechtsvergleichung, S. 11.

563 S. *Neuhaus*, Grundbegriffe, S. 129 ff.; *Lewald*, Rec des Cours 1939 III, 1 (78 ff.).

564 S. *v. Hoffmann*, IPR, § 6, Rdnr. 30.

565 Zitat von *Kegel/Schurig*, IPR, S. 122, 172.

566 Vgl. *Plaßmeier*, Bereicherung, S. 292 ff..

(4) Zusammenfassung zu den Grundlagen der Qualifikation

Die Qualifikation, welche die Subsumtion des Sachverhaltes unter den Anknüpfungsgegenstand und dessen Auslegung beinhaltet, erfolgt im Bereicherungskollisionsrecht nach den Vorstellungen des Forumstaates unter Berücksichtigung der internationalprivatrechtlichen Interessen, die die Kollisionsnorm verfolgt und unter Berücksichtigung der Zwecke der Sachnormen.

Die Qualifikation ist im Rahmen von Art. 38 dabei grundsätzlich in nur einem Schritt vorzunehmen, indem die Materie direkt einem der Kondiktionstypen zugewiesen wird. Der Weg über den Rahmenbegriff „Ungerechtfertigte Bereicherung" ist nur bei einer Zuordnung zu Art. 38 Abs. 3 zu beschreiten, da dieser Absatz - im Gegensatz zu Abs. 1 und 2 - keinen funktional besonders abgegrenzten Fall enthält.

bb. Der qualifikatorisch maßgebliche Zeitpunkt[567]

Welcher Zeitpunkt ist maßgeblich für die Frage, ob ein Anspruch als bereicherungsrechtlich zu qualifizieren ist?

Wie *v. Bar*[568] feststellt, ist der Zeitpunkt des Entstehens des Anspruchs ausschlaggebend. In Fällen einer Leistung und in den Fällen sonstiger Kondiktionen i.S.v. Art. 38 Abs. 3 ist damit der Zeitpunkt der erstmaligen Erlangung der zugewendeten Rechtsposition gemeint. Bei der Eingriffskondiktion ist der Zeitpunkt der Rechts- oder Rechtsgutsverletzung maßgeblich.

---

[567] S. dazu auch *Busse*, Bereicherungsrecht, S. 234.

[568] S. *v. Bar*, IPR II, Rdnr. 743.

cc. Die einzelnen Tatbestandsvoraussetzungen des Art. 38 Abs. 1 EGBGB

(1) Erstes Anwendungsmerkmal: Die Leistung

(a) Einführung

Auffällig ist, dass der Gesetzgeber, wie in § 812 Abs. 1 S. 1 Var. 1 BGB, im Tatbestand des Art. 38 Abs. 1 den Begriff der „Leistung" verwendet hat. Gerade weil dieser Begriff mit vielen Implikationen des deutschen Sachrechts belastet ist[569], gab es in der Literatur[570] vereinzelt terminologische Beanstandungen. Als Alternative wurde die Verwendung des Begriffs der Zuwendung, der als neutraler empfunden wurde, vorgeschlagen. Der Gebrauch des Leistungsbegriffs entsprach jedoch der herrschenden Meinung.[571]

(b) Die neue Problematik um die Erstfragen im Internationalen Bereicherungsrecht

Die Kodifikation des Internationalen Bereicherungsrechts hat Rechtsklarheit dadurch geschaffen, dass bereits bestehendes Gewohnheitsrecht (weitestgehend) gesetzlich bestätigt wurde. Dadurch ist zwar der Streit um ein angemessenes Anknüpfungssystem, der eine ganze Weile im Zentrum des wissenschaftlichen Meinungsaustausches stand, beseitigt worden, jedoch haben nicht alle Probleme mit der Reform eine Lösung gefunden.

Ein Beispiel dafür bildet die zuvor bestehende Diskussion um die im Rahmen des Bereicherungsstatuts erheblichen Vorfragen. Ausgehend vom materiellen Recht ging es darum zu klären, welche Voraussetzungen für einen Bereicherungsanspruch Vorfragen darstellen und welcher Anknüpfung diese unterliegen. Im Mittelpunkt standen vor allem die Vorfragen nach dem „Eintritt einer Bereicherung" und nach dem „Fehlen eines Rechtsgrundes".[572]

---

[569] S. *Busse*, RIW 1999, 16 (17).

[570] Vgl. *v. Bar*, Deliktsrecht, Rdnr. 519; *Busse*, RIW 1999, 16 (17); Soergel/*Lüderitz*, Anh I Art 38, Rdnr. 24.

[571] S. bspw. *Schlechtriem*, Bereicherungsansprüche, S. 29 (33 ff.).

[572] S. bspw. *Busse*, Bereicherungsrecht, S. 101 ff.; *Plaßmeier*, Bereicherung, S. 305 ff., jeweils mit weiteren Nachweisen.

Diese Probleme stellen sich zwar nach wie vor noch genauso im anwendbaren Sachrecht[573], doch sind die genannten Merkmale darüber hinaus nach der Reform teilweise aber auch die Voraussetzungen, die das Kollisionsrecht an die Anwendung des Art. 38 Abs. 1 stellt. Auch hier kann man sich die Frage stellen, welches Recht über das Bestehen der Anwendungsbedingungen entscheidet. Die gleichen Fragen wie im Sachrecht stellen sich also teilweise noch auf einer anderen Ebene. Aufgrund der Besonderheiten des IPR muss man sich heute die Frage stellen: Sind die Voraussetzungen des Art. 38 Abs. 1 Erstfragen[574]? Dies setzt natürlich voraus, dass man zwischen Vor- und Erstfrage begrifflich unterscheidet.[575] Obwohl für eine solche Diskussion vor 1999 der gesetzliche Hintergrund fehlte, war der Inhalt der geplanten Kollisionsnorm schon aufgrund der Referentenentwürfe und der Gutachten des Deutschen Rates für Internationales Privatrecht so hinreichend konkretisiert, dass bereits *Busse*[576] und *Plaßmeier*[577] die Voraussetzungen für eine akzessorische Anknüpfung der Leistungskondiktion diskutierten.

(c) Das Leistungserfordernis als Erstfrage im Rahmen von Art. 38 Abs. 1 EGBGB?

Das Erfordernis einer Leistung des Anspruchstellers[578] im Rahmen von Art. 38 Abs. 1 könnte als Erstfrage zu klassifizieren sein.

Erstfragen treten immer dann auf, wenn eine Kollisionsnorm in ihrem Tatbestand auf ein bestimmtes Recht bzw. ein Rechtsverhältnis Bezug nimmt, das seinerseits wiederum Anlass zu einer kollisionsrechtlichen Fragestellung bietet.[579]. Die Erstfrage stellt sich bei der kollisionsrechtlichen Anknüpfung.[580] Da diese präjudizielle Rechtsfrage vom Kollisionsrecht des

---

[573] S. dazu u. Dritter Teil C.III.

[574] Zur Erstfrage s.u. Dritter Teil C.II.1.a.cc(1)(c).

[575] S.u. Dritter Teil C.II.1.a.cc(1)(c).

[576] Vgl. *Busse*, Bereicherungsrecht, S. 99 ff..

[577] S. *Plaßmeier*, Bereicherung, S. 305 ff.: der Autor trennt allerdings nicht zwischen Vorfragen und Erstfragen.

[578] Eine Leistung in persona durch den Anspruchsteller ist nicht notwendig, wenn ihm die Leistung durch einen anderen „zugerechnet" werden kann, wie z.B. bei einer Leistung durch den Erblasser oder durch den Zedenten der bereicherungsrechtlichen Forderung.

[579] Vgl. *Kropholler*, IPR, S. 130; *Lüderitz*, IPR, Rdnr. 137.

[580] S. *Kropholler*, IPR, S. 130.

Forums aufgeworfen wird, hat nach vorherrschender Ansicht[581] die lex fori über ihre Anknüpfung zu entscheiden (selbständige Anknüpfung). Das Problem der Erstfrage wird in der Judikatur und Literatur nur vereinzelt diskutiert und wird häufig zugleich als ein Problem der Vorfrage[582] angesehen.[583] Der Grund dafür ist darin zu suchen, dass beide Arten eine präjudizielle Frage darstellen und grundsätzlich kollisionsrechtlich gleichbehandelt werden.[584] Um die unterschiedlichen Erscheinungsformen von Erst- und Vorfrage hervorzuheben, wird vorliegend aber eine strikte Trennung der Begrifflichkeiten vorgenommen.[585] Als Paradebeispiel für eine Erstfrage wird oft Art. 17 Abs. 1 S. 1 genannt, der das Bestehen einer „(wirksamen) Ehe" voraussetzt. Über das Vorliegen einer wirksamen Ehe entscheidet dann Art. 13.

Liegt keine Erstfrage vor, handelt es sich um eine bloße Tatbestandsvoraussetzung einer inländischen Kollisionsnorm. Aus dem oben zur Qualifikationsproblematik Festgestellten ergibt sich, dass diese Tatbestandsmerkmale grundsätzlich nach dem inländischen System verstanden und ausgelegt werden.[586] Wäre der Begriff „Leistung" eine bloße Tatbestandsvoraussetzung, so müsste man sich also schon im Rahmen der Qualifikation die Frage nach seiner inhaltlichen Ausgestaltung nach inländischen Rechtsvorstellungen stellen. Obwohl die Qualifikation nach der lex fori erfolgt, bedeutet dies aber noch nicht zwangsläufig, dass nach den materiellrechtlichen Begriffen der lex fori qualifiziert wird.[587]

Die Einordnung des Leistungselements als Vor- oder Erstfrage ist von der Literatur bisher nicht näher erörtert worden. Vielmehr wird das Merkmal „Eintritt einer Bereicherung"[588] oder „Fehlen eines Rechtsgrundes"[589] angesprochen. Wie *Busse*[590] aber zurecht feststellt, ist im Hinblick auf die

---

[581] Vgl. bspw. *Fuchs/Hau/Thorn*, Fälle, S. 113, 124; *v. Hoffmann*, IPR, § 6, Rdnr. 52 m. Nachweisen zur **a.A.**; *Hüßtegge*, IPR, S. 18; *Kunz*, IPR, Rdnr. 113.

[582] Zur Vorfrage s.u. Dritter Teil C.III.

[583] S. *Hüßtegge*, IPR, S. 18; *Kropholler*, IPR, S. 130; *Plaßmeier*, Bereicherung, S. 305.

[584] S. *Kropholler*, IPR, S. 130.

[585] So auch *v. Hoffmann*, IPR, § 6, Rdnr. 58; *Neuhaus*, Grundbegriffe, S. 140.

[586] Vgl. *Ferid*, IPR, Rdnrn. 4-6, 4-16.

[587] S. *Kropholler*, IPR, S. 117.

[588] S.u. Dritter Teil C.II.1.a.cc(2).

[589] S.u. Dritter Teil C.III.2.

[590] S. *Busse*, Bereicherungsrecht, S. 101.

Leistung kollisionsrechtlich zu unterscheiden, ob eine Vermögensmehrung als Leistung zu betrachten ist und ob dies zu einem Bereicherungseintritt beim Anspruchsschuldner geführt hat. *Busse* bezeichnet dieses Anwendungsmerkmal als Voraussetzung und gibt eine Definition ohne die Erstfragenqualität zu erörtern. Daraus kann man wohl schließen, dass er das Leistungserfordernis des Art. 38 Abs. 1 nicht als Erstfrage ansieht.

Diese Aussage kann verifiziert werden, wenn man das Element „Leistung" an den Eigenschaften einer Erstfrage misst.

Die dogmatische Abgrenzung zwischen Erstfrage und Tatbestandsvoraussetzung ist nicht immer einfach. Ob eine Erstfrage vorliegt, hängt auch immer von der Formulierung der Kollisionsnorm ab.[591] Erstfragen sind Rechtsfolgen des materiellen Rechts, die im Tatbestand einer Kollisionsnorm Verwendung finden und einer eigenständigen Anknüpfung zugänglich sind.[592] Diese Begriffsbestimmung schließt rein tatsächliche Vorgänge aus dem Kreis der in Betracht zu ziehenden Erstfragen aus.[593] Die Frage, ob eine Leistung vorliegt, ist nicht von einer Rechtsfrage abhängig. Die Leistung ist keine rechtliche Folge des materiellen Rechts. Sie umschreibt vielmehr ein rein tatsächliches Ereignis, das in der Zuwendung einer vermögenswerten Position besteht. Das in Art. 38 Abs. 1 enthaltene Erfordernis der Leistung ist also keine Erstfrage, die einer selbständigen Anknüpfung unterliegt.

Unabhängig davon ist schon fraglich, wie eine solche selbständige Anknüpfung bei einer Klassifizierung als Erstfrage aussehen sollte. Wegen der Nähe der Leistung zu dem ihr zugrundeliegenden Rechtsverhältnis könnte man an das Statut des Rechtsverhältnisses anknüpfen. Da nach Art. 38 Abs. 1 das Statut des Rechtsverhältnisses Bereicherungsstatut ist, bestände also ein Gleichlauf zwischen Bereicherungsstatut und dem „Leistungsstatut".

Die genaue Betrachtung zeigt also, dass es sich um eine bloße Tatbestandsvoraussetzung handelt.

---

[591] S. *Lüderitz*, IPR, Rdnr. 137; *Neuhaus*, Grundbegriffe, S. 141.

[592] S. *Kegel/Schurig*, IPR, S. 324.

[593] Vgl. *Plaßmeier*, Bereicherung, S. 305.

(d) Der kollisionsrechtliche Leistungsbegriff und das Zwecksetzungskriterium des sachrechtlichen Leistungsbegriffs

(aa) Fragestellung

Bei der Subsumtion des Sachverhalts unter Art. 38 Abs. 1 stößt man auf die Frage nach der inhaltlichen Ausgestaltung des Begriffs der Leistung.

Die Verwendung des aus dem Sachrecht bekannten Terminus als Tatbestandsvoraussetzung einer Kollisionsnorm könnte dazu verleiten, ebenfalls die materiell-rechtliche Definition zu übernehmen.

Dieses Vorgehen erscheint zwar einfach, doch ist es international-privatrechtlich bedenklich, da die Erkenntnis, dass es sich um einen Terminus des materiellen Rechts und um ein bloßes Tatbestandsmerkmal handelt, noch keine konkrete Entscheidung über den Inhalt des Begriffs trifft. Denn aufgrund der Autonomie des IPRs stimmen die Begriffe des Kollisionsrechts nicht notwendig mit den materiell-rechtlichen Begriffen derselben Rechtsordnung überein, auch wenn IPR und materielles Recht eng zusammenhängen.[594] Heute ist es anerkannt, dass die Auslegung im Grundsatz unabhängig vom Sachrecht des Forums und gemäß den spezifischen Zwecken des IPR zu erfolgen hat.[595] Die Auslegung muss die Möglichkeit einer Verweisung auf ausländisches Recht berücksichtigen.[596] Praktisch entwickeln sich die Rahmenbegriffe des IPR aber immer schrittweise im Wege der Rechtsprechung, und zwar in der Regel von den entsprechenden Begriffen des inländischen bürgerlichen Rechts aus.[597] Auch wenn sich die Begriffe in ihrer Entwicklung durch ausländisches Recht anreichern, so bleibt doch die Entscheidung, was noch unter den Begriff des nationalen Kollisionsrechts fallen soll und was nicht, grundsätzlich Sache des inländischen Rechts.[598]

---

[594] *Kropholler*, IPR, S. 119 f.; *Grundmann*, Qualifikation, S. 204.

[595] *Busse*, Bereicherungsrecht, S. 216, m. weiteren Hinweisen in Fn. 8.

[596] S. *Busse*, Bereicherungsrecht, S. 10, 216.

[597] *Kropholler*, IPR, S. 120 Fn. 8: „Die deutsche Rechtsprechung beruft sich seit langem auf den Grundsatz, dass eine im inländischen materiellen Recht vorgenommene Einordnung auch für den Anwendungsbereich der inländischen Kollisionsnormen von Bedeutung ist.“; vgl. z.B. BGHZ 44, 121 (124); 73, 370 (373).

[598] Vgl. *Kropholler*, IPR, S. 120.

Vor diesem Hintergrund muss man sich also die Frage nach der inhaltlichen Ausgestaltung des Leistungsbegriffs stellen, insbesondere ob der kollisionsrechtliche und der materiell-rechtliche Leistungsbegriff nicht dennoch deckungsgleich sind. Ein Indiz dafür könnte - wie gesagt - darin gesehen werden, dass sich der Gesetzgeber mit der Übernahme des Begriffes „Leistung" für einen Ausdruck des deutschen Sachrechts entschieden hat und nicht für einen anderen Terminus, wie z.B. den der Zuwendung.

Im Sachrecht dominiert der moderne Leistungsbegriff. Nach herrschender Literaturansicht[599] und Rechtsprechung[600] versteht man unter einer Leistung jede bewusste und zweckgerichtete Mehrung fremden Vermögens. Der materiell-rechtliche Leistungsbegriff vereint also mehrere Elemente. Erforderlich ist eine „doppelte Finalität".[601]

Die Minimalvoraussetzungen einer Leistung müssen auch innerhalb der Kollisionsrechtsprüfung vorliegen. Erforderlich ist auch hier eine Vermögensmehrung beim Anspruchgegner, die durch eine dem Anspruchsteller zuzurechnende (bewusste) Zuwendung erfolgt[602]. Dies ist unumstritten.

Allein das Element der Zweckgerichtetheit ist kollisionsrechtlich bedenklich, zumal es schon auf materiell-rechtlicher Ebene sehr umstritten ist. Wie *Busse*[603] bereits vor der Reform von 1999 feststellte, liegt das Problem darin, dass der sachrechtliche Leistungsbegriff mit dem Zweckbestimmungselement sehr auf die deutsche Behandlung von Mehrpersonenverhältnissen zugeschnitten ist. Die Funktion, die dieses Merkmal erfüllt und die unten noch genauer bezeichnet wird, kann aber in anderen Rechtsordnungen mit ganz anderen Mitteln erfüllt werden.

---

599 S. etwa *Beuthien*, JuS 1987, 841 ff.; *Brox/Walker*, Besonderes Schuldrecht, § 37, Rdnr. 6; *Fikentscher*, Schuldrecht, Rdnr. 1073; *Kamionka*, JuS 1992, 845 ff., 929 ff.; *Loewenheim*, Bereicherungsrecht, S. 24, m.w.N. in Fn. 29; *Medicus*, Bürgerliches Recht, Rdnr. 666; *Reuter/Martinek*, Ungerechtfertigte Bereicherung, S. 80 ff.; *Schnauder*, AcP 1987, 142 (142); *Stolte*, JZ 1990, 220 ff..

600 Ständige Rspr. seit BGHZ 40, 272 (277); vgl. weiter BGHZ 58, 184 (188); 72, 246 (248).

601 S. *Esser*, Schuldrecht, S. 339; *Loewenheim*, Bereicherungsrecht, S. 24.

602 S. auch *Busse*, Bereicherungsrecht, S. 101; Erman/*Hohloch*, EGBGB Art. 38, Rdnr. 14.

603 S. *Busse*, Bereicherungsrecht, S. 40.

Es geht hier also konkret um die Frage, ob der internationalprivatrechtliche Begriff der Leistung in Art. 38 Abs. 1 bereits das vom Sachrecht geprägte Element der Zweckbestimmung *zwingend beinhaltet* und damit unter Umständen eine Vorgabe für die kollisionsrechtliche Behandlung von Mehrpersonenverhältnissen[604] und anderen Problematiken, auf die später noch näher eingegangen wird, gibt.

(bb) Auslegung des Art. 38 Abs. 1 EGBGB

Als Ausgangspunkt der Überlegungen dient der neue Art. 38 Abs. 1 im Ganzen, in den der Leistungsbegriff eingebunden ist. Insofern hat die Reform eine Änderung mit sich gebracht, denn vor der Reform war Basis der juristischen Arbeit der Leistungsbegriff im Gewohnheitsrecht der ungerechtfertigten Bereicherung mit Auslandsberührung. Es geht hier also um die Ermittlung des rechtlich maßgeblichen Sinns des Art. 38 Abs. 1. Methodisch bedeutet dies, dass die Problematik über eine Gesetzesauslegung (oder –interpretation) beleuchtet werden muss. Die klassisch-juristische Gesetzesauslegung als angewandte Hermeneutik[605] benutzt in erster Linie vier Gesichtspunkte: Wortlaut, Entstehungsgeschichte, System und Zweck des Gesetzes.[606]

Auszugehen ist also zunächst vom *Wortlaut* der Norm. Die Wortlautauslegung versucht, mit Hilfe lexikalischer Definitionen die Bedeutung des Textes zu erschließen.[607] Dabei sind die Regeln der Grammatik, der allgemeine Sprachgebrauch und die besondere juristische Fachsprache zu berücksichtigen.[608]
Schon allein aus der Tatsache, dass der Gesetzgeber im ersten Teil des Satzes den Begriff der „Leistung" gewählt hat, könnte sich der Inhalt des Leistungsbegriffs ergeben. Alternativ stand bei den Vorarbeiten nämlich der Begriff der „Zuwendung" zur Auswahl. Das entscheidende Abgrenzungsmerkmal der bloßen Zuwendung gegenüber der Leistung ist gerade das Element der

---

604 Zu den Mehrpersonenverhältnissen s.u. Dritter Teil d C.II.3.a.bb, C.II.3.a.cc.

605 Hermeneutik ist die Lehre, Wissenschaft oder Kunst des Sinnverstehens, des Verstehens menschlicher Äußerungen, vgl. *Röhl*, Rechtslehre, S. 96.

606 Vgl. *Röhl*, Rechtslehre, S. 595.

607 Vgl. *Röhl*, Rechtslehre, S. 596.

608 S. *Brox*, BGB AT, Rdnr. 60.

Zweckgerichtetheit.[609] Bei Erstgenannter ist eine Zwecksetzung durch den Kondiktionsgläubiger gerade nicht erforderlich. Da sich der Gesetzgeber nun aber für die Leistung entschieden hat, könnte man schließen, dass auch das Zweckbestimmungselement gewollt ist.
Gegen diese Annahme spricht jedoch der letzte Teil des Satzes von Abs. 1 („auf das die Leistung bezogen ist"). Dort wird ein Bezug der Leistung zum Rechtsverhältnis gefordert.[610] Dieses Element ist deshalb erforderlich, weil die Prüfung der Behaltensberechtigung hinsichtlich einer durch Leistung eingetretenen Vermögensmehrung nur dann an einem bestimmten Rechtsverhältnis erfolgen kann, wenn eine Verbindung zwischen beiden besteht.[611] Mit diesem Element wird also eine Verbindung zwischen den Tatbestandsmerkmalen geschaffen. Genau diesen Zweck erfüllt auch das Merkmal der Zweckgerichtetheit im deutschen Sachrecht. Der kollisionsrechtlich erforderliche Bezug zum Rechtsverhältnis und die sachrechtliche Zweckbestimmung sind also funktionsäquivalent. Die Formulierung in Art. 38 Abs. 1 ist aber sehr offen gehalten. Was für den Bezug zum Rechtsverhältnis maßgeblich ist und welches Recht darüber entscheidet, wird nicht näher konkretisiert. Möglicherweise kann auch die Zwecksetzung durch die Parteien entscheidend sein. Dazu trifft das Gesetz aber gerade keine Aussage.
Der letzte Teil des Satzes lässt also den Schluss zu, dass die kollisionsrechtliche Leistung nicht notwendigerweise eine Zwecksetzung im Sinne des deutschen Sachrechts beinhaltet.

Nach der juristischen Methodenlehre ist bei der Gesetzesauslegung nach der Orientierung am Wortlaut der *Zusammenhang* und das *Verhältnis* der zu interpretierenden Vorschrift *zu anderen Bestimmungen* zu beachten.[612]
Art. 38 ist - neben Art. 32 Abs. 1 Nr. 5[613] - die einzige Vorschrift, die bereicherungsrechtlichen Fallkonstellationen gerecht wird. Die Abs. 2 und 3 des Art. 38 lassen zunächst keinen unmittelbaren Rückschluss auf die Interpretation der Tatbestandsmerkmale des Abs. 1 zu. Auch Art. 32 Abs. 1 Nr. 5 als „ältere" Norm hilft nicht weiter, da die Vorschrift zwar, wie oben

---

609 Vgl. Palandt/*Sprau*, § 812, Rdnr. 41: „..., ... ob eine Zuwendung als Leistung angesehen werden kann ..., bestimmt die Rechtsprechung ... nach der Zweckbestimmung der Zuwendung ....".

610 Zu diesem vierten Anwendungsmerkmal siehe auch Dritter Teil C.II.1.a.cc(4).

611 S. *Busse*, Bereicherungsrecht, S. 104.

612 Vgl. *Brox*, BGB AT, Rdnr. 61.

613 S.o. Dritter Teil C.I.

bereits angedeutet, auch bereicherungsrechtliche Tatbestände umfasst, der Begriff „Leistung" selbst aber von ihr nicht aufgegriffen wird.
Allerdings wird in Art. 38 Abs. 2 - wie im materiellen Recht (§ 812 Abs. 1 BGB) - der Terminus des Eingriffs benutzt. Da somit sowohl Abs. 1 als auch Abs. 2 Begrifflichkeiten des materiellen Rechts aufnehmen und der Unterscheidung im materiellen Recht folgen, könnte man annehmen, dass auch die Definitionen mit denen des materiellen Rechts zur Abgrenzung von Leistungs- und Nichtleistungskondiktion identisch sind.

Eindeutiger und aussagekräftiger ist die *Entstehungsgeschichte des Gesetzes*, die bei der Sinnermittlung wichtige Hinweise geben kann[614].
Die Materialien selbst geben zunächst keine Antwort auf die aufgeworfene Frage.[615] Das Reformgesetz geht jedoch von den Vorschlägen der Zweiten Kommission des Deutschen Rates für IPR aus.[616] Der neue Art. 38 Abs. 1 weicht sowohl inhaltlich als auch von der sprachlichen Fassung nicht wesentlich von dem Gesetzesvorschlag des Gutachters *Schlechtriem*[617] ab. Zwar definiert *Schlechtriem* den kollisionsrechtlichen Leistungsbegriff nicht ausdrücklich, doch spricht er häufig von einer „faktischen Leistung" und von einer „Zuwendung".[618] Darüber hinaus erläutert er ausführlich die Bedeutung des letzten Satzteils, der von ihm erstmals in dieser Form entwickelt wurde.[619] Der Autor hat die bei der kollisionsrechtlichen Anknüpfung von Leistungskondiktionen an ein bestimmtes Schuldverhältnis erforderliche Zuordnung der erbrachten Leistung zu einem Schuldverhältnis nicht weiter konkretisiert, sondern bewusst sachneutral zum Ausdruck gebracht. Allerdings bedarf der Begriff der Auslegung und Spezifizierung. Die in der bereicherungsrechtlichen Diskussion als „Zweckbestimmung" bezeichnete parteiautonome Zuordnung sieht *Schlechtriem* beispielsweise in dem Fall einer Zuordnung einer rückabzuwickelnden Leistung zu einem von mehreren in Betracht kommenden Schuldverhältnissen als maßgeblich an.[620] Eine Konkretisierung des

---

[614] Vgl. *Brox*, BGB AT, Rdnr. 62.
[615] Vgl. BT-Dr. 14/343 v. 1.2.1999, 8; BT-Dr. 759/98 v. 4.9.1998, 16.
[616] S. BR-Dr. 759/98 v. 4.9.1998, 11; der Vorschlag ist abgedruckt im *Anhang* (S. 343 ff.); s. dazu schon o. Erster Teil B.
[617] Vgl. *Schlechtriem*, Bereicherungsansprüche, S. 29 (30): „(1) Für Bereicherungsansprüche wegen erbrachter Leistung sind die Sachnormen des Rechtes anwendbar, dem das Rechtsverhältnis untersteht, auf das die Leistung bezogen ist.".
[618] S. bspw. *Schlechtriem*, Bereicherungsansprüche, S. 29 (40).
[619] Vgl. *Schlechriem*, Bereicherungsansprüche, S. 29 (39 ff.).
[620] Zu dieser Frage s. eingehend u. Dritter Teil C.II.3.a.

Begriffs „bezogen" hält der Autor auch bei der Anwendung der Norm auf die schon aus dem im internen Sachrecht bekannten Mehrpersonenverhältnisse für notwendig. Allerdings betont er auch, dass eine Überlagerung der Zuordnung über das „Zweckbestimmungsmerkmal" durch andere Gesichtspunkte offen bleiben muss. Die gewählte Formulierung soll jedenfalls „die Möglichkeit offen halten, auch vom Parteiwillen unabhängige Wertungsgesichtspunkte bei der Zuordnung zu berücksichtigen".
Die Überlegungen *Schlechtriems*, die, wie bereits oben dargelegt, in die Entstehungsgeschichte des Art. 38 Abs. 1 eng eingebunden sind, zeigen, dass die hier interessierende Problematik und der Leistungsbegriff entscheidend durch den letzten Satzteil des Art 38 Abs. 1 geprägt werden.
Aufgrund der neutralen Formulierung der Norm setzt eine Leistung eine „Zwecksetzung" durch den Kondiktionsgläubiger nicht zwingend voraus. Ob das Zweckbestimmungskriterium heranzuziehen ist oder ob z.B. bestimmte schutzwürdige Erwartungen des Empfängers kollisionsrechtlich beachtlich sind, ist eine Frage, die in die Auslegung des Begriffs „bezogen ist" aufzunehmen ist und erst dann eine Rolle spielt, wenn es darum geht, die Beziehung zwischen der bereits festgestellten Leistung und dem Rechtsverhältnis herzustellen.

Im Anschluss an diese Überlegungen stellt sich die Frage, ob die durch die vorangegangene Analyse gewonnene Erkenntnis sich auch durch eine *telelogische Auslegung* bestätigt. Bei der teleologischen Auslegung geht es darum, Sinn und Zweck, d.h., die ratio legis der Norm zu erfassen.[621] Art 38 Abs. 1 darf dabei nicht isoliert betrachtet werden. Besonders zu berücksichtigen ist, dass es sich dabei um eine Vorschrift des Internationalen Privatrechts handelt, das aufgrund seiner besonderen Aufgabe, (nur) die maßgebliche Rechtsordnung zu bestimmen und keine Entscheidung in der Sache an sich zu fällen, auch andere Interessen und Wertungen verfolgt und beinhaltet als das Sachrecht.[622]
Gegen die Annahme einer festen Definition der Leistung als zweckgerichtete Handlung im Rahmen von Art. 38 Abs. 1 spricht, wie bereits erwähnt, vor allem die Tatsache, dass andere Länder die Verbindung zwischen Leistung und Rechtsverhältnis auf ganz andere Art und Weise herstellen können.[623]
Dass sich gerade im Hinblick auf das Vorliegen einer Zweckbestimmung Probleme und Divergenzen ergeben können, führt schon die deutsche Rechts-

---

[621] S. *Brox*, BGB AT, Rdnr. 62.
[622] Zu den Interessen und Wertungen im IPR s. *Kegel/Schurig*, IPR, S. 112 ff..
[623] S. *Schlechriem*, Bereicherungsansprüche, S. 29 (40).

wissenschaft vor Augen. Als Beispiel mag nur die Diskussion darüber genannt werden, ob der Empfängerhorizont über das Vorliegen eines Leistungsverhältnisses entscheidet[624] oder ob Zweckbestimmung Geschäftsfähigkeit voraussetzt[625]. Es muss die Möglichkeit offen bleiben, die Zuordnungsgesichtspunkte der in Betracht kommenden Rechtsordnungen einfließen zu lassen[626] und die Tauglichkeit des Zwecksetzungskriteriums im Kollisionsrecht wertend zu überprüfen. Denn eine Gleichstellung ausländischen Rechts mit inländischem kann nur erreicht werden, wenn auf kollisionsrechtlicher Ebene so wenig wie möglich Verfeinerungen in den Kollisionsnormen selbst vorgenommen werden. Dies gebietet schon der erstmals von *v. Savigny*[627] hervorgehobene internationale Entscheidungseinklang, der noch heute eines der Leitprinzipien des IPR ist[628] und auch bei der Aufstellung nationaler Kollisionsnormen ein beachtenswertes Ziel darstellt[629]. Das Ideal des äußeren Entscheidungseinklangs verlangt, die Kodifikation von einseitig nationalen Regelungen und Vorstellungen freizuhalten.[630]

(cc) Fazit

Im Einklang mit dem Wortlaut und der Entstehungsgeschichte ergeben Sinn und Zweck der Vorschrift im Gefüge des EGBGB, dass aus der Verwendung des aus dem materiellen Recht bekannten Leistungsbegriffs in Art. 38 Abs. 1 nicht automatisch eine zum Sachrecht identische Definition folgt. Besonders das vierte Anwendungsmerkmal („...auf das die Leistung *bezogen* ist“)[631] lässt

---

[624] S. dazu *Grunewald*, Bürgerliches Recht, § 29, Rdnrn. 2 ff.; *Medicus*, Bürgerliches Recht, Rdnrn. 687 ff., m.w.N. in Fn. 182/183; Palandt/*Sprau*, § 812, Rdnr. 41.

[625] S. dazu bspw. BGHZ 106, 163 (166); BGH NJW 1990, 3194; *Brox/Walker*, Besonderes Schuldrecht, § 37, Rdnr. 6; Dörner/Ebert/Eckert/Hoeren/Kemper/Schulze/Staudinger/*Schulze*, § 812, Rdnr. 5; Erman/*Westermann*, § 812, Rdnr. 13; *Loewenheim/Winckler*, JuS 1982, 668 (671), m.w.N; RGRK/*Heimann-Trosien*, § 812, Rdnr. 16; *Wieling*, JuS 1978, 801 ff..

[626] So auch *Schlechtriem*, Bereicherungsansprüche, S. 29 (40).

[627] Vgl. *v. Savigny*, Römisches Recht.

[628] S. dazu *v. Hoffmann*, IPR, § 1, Rdnr. 12.

[629] S. *Kropholler*, IPR, S. 39.

[630] Vgl. *Kropholler*, IPR, S. 40.

[631] Hervorhebung vom Verfasser.

den Schluss zu, dass der kollisionsrechtliche Begriff der Leistung das Zwecksetzungselement nicht zwingend beinhaltet.
Für eine Anwendung des Art. 38 Abs. 1 reicht es aus, wenn der Anspruchsteller eine Bereicherung des Anspruchgegners durch bewusste eigene Handlung geltend macht. Der kollisionsrechtliche Terminus der Leistung entspricht damit inhaltlich dem Begriff der Zuwendung, wie er aus dem Sachrecht bekannt ist. Dies ist insbesondere für die Mehrpersonenverhältnisse von Bedeutung, in denen Abs. 1 auch dann in Betracht kommt, wenn keine Leistung im Sinne des modernen Leistungsbegriffs an den Anspruchgegner vorliegt. Bei den Anweisungsfällen[632] ist der Dritte beispielsweise als Empfänger der Zuwendung nicht identisch mit der Person, gegenüber der der Angewiesene einen Zweck verfolgte und gegenüber welcher damit eine Leistung im Sinne des (sachrechtlichen) modernen Leistungsbegriffs erfolgt ist.
Allerdings ist es aufgrund der offenen Formulierung der Vorschrift nicht ausgeschlossen, dass das Zweckbestimmungsmerkmal bei Zuordnungsproblematiken bei der Bestimmung des Bezuges der Leistung zum Rechtsverhältnis heranzuziehen ist.[633]

Die Verwendung des mit sachrechtlichen Implikationen verbundenen Leistungsbegriffs kann, wie sich gezeigt hat, also dazu verleiten, falsche Schlüsse zu ziehen, so dass es besser gewesen wäre, den Begriff der Zuwendung zu verwenden.[634]

(2) Zweites Anwendungsmerkmal: Der Eintritt einer Bereicherung

Aus dem amtlichen Titel („Ungerechtfertigte *Bereicherung*“) in Verbindung mit Art. 38 Abs. 1 („*Bereicherung*sansprüche wegen ...“)[635] folgt, dass eine Bereicherung beim Anspruchgegner eingetreten sein muss.[636]

---

[632] S. dazu unten Dritter Teil C.II.3.j.dd(2)(b)(bb), C.II.3.j.dd(2)(b)(cc).

[633] S. Dritter Teil C.II.3.a.bb.

[634] So auch *Busse*, Bereicherungsrecht, S. 39 f..

[635] Hervorhebungen vom Verfasser.

[636] *Busse*, Bereicherungsrecht, S. 253, und das *MPI*, Unveröffentlichte Stellungnahme, A.III.2, üben Kritik an dem Terminus „Bereicherung“ und schlagen an dessen Stelle den Begriff „Vermögenszuwachs“ vor.

Wie oben bereits angeklungen ist, wurde in der Literatur schon vor dem IPRG 1999 die Erstfragenqualität dieses Anwendungsmerkmals erörtert.[637] Allerdings ist die Zahl derer, die sich dafür aussprachen, gering.[638]

Wie *Plaßmeier*[639] sehr anschaulich darlegt, ist es zwar möglich, dass der Bereicherungseintritt von einer Rechtsfrage geprägt ist[640], jedoch erscheint die Frage als reines Faktum nicht als Rechtsfolge des materiellen Rechts im Tatbestand einer Kollisionsnorm.[641]

Im Ergebnis ist die Frage nach dem Eintritt einer Bereicherung nicht selbständig anzuknüpfen. Maßgeblich sind die Vorstellungen der lex fori. Danach ist eine Bereicherung eingetreten, wenn eine Verbesserung der Vermögenslage des Bereicherungsschuldners vorliegt. Fragen, wie z.B. welche Positionen als mögliche Bereicherungsgegenstände bedeutsam sind und ob diese tatsächlich in das Vermögen des Anspruchgegners eingegangen sind, müssen im anwendbaren Sachrecht geklärt werden und - gegebenenfalls als Vorfrage[642] - einer selbständigen Anknüpfung unterzogen werden.[643]

---

637 S. *Busse*, Bereicherungsrecht, S. 100 f.; *Plaßmeier*, Bereicherung, S. 305 f..

638 S. *Neumeyer*, IPR, § 36, S. 32.

639 *Plaßmeier*, Bereicherung, S. 305 f..

640 Als Beispiel nennt *Plaßmeier* die Fälle der Zahlung eines Dritten auf fremde Schuld, in denen zwischen dem Primärschuldner und dem Dritten ein auf diese Zahlung gerichtetes unwirksames Verhältnis bestanden hat. Für die Frage, ob eine Vermögensmehrung bei dem Primärschuldner eingetreten ist, ist entscheidend, ob der Drittzahlung schuldbefreiende Wirkung zukommt. Dies bestimmt sich wiederum nach dem Statut der Forderung, auf die gezahlt wurde.

641 Im Ergebnis so auch *Busse*, Bereicherungsrecht, S. 100 f..

642 Im Beispiel (s.o. Fn. 640) ist die Frage, ob der Drittzahlung schuldbefreiende Wirkung zukommt, als Vorfrage zu qualifizieren, da es dabei um die Frage des Vorliegens eines präjudiziellen Rechtsverhältnisses geht.

643 So auch *Busse*, Bereicherungsrecht, S. 100 f.; zu den erheblichen Vorfragen s.u. Dritter Teil C.III.

(3) Drittes Anwendungsmerkmal: Das Rechtsverhältnis

(a) Wirksamkeit des Rechtsverhältnisses[644]

Art. 38 Abs. 1 nimmt weiterhin Bezug auf ein Rechtsverhältnis. Das Rechtsverhältnis stellt die causa für die Vermögensmehrung dar. Es ist damit entscheidend für die Frage nach der Rechtfertigung der Bereicherung.[645] Die im amtlichen Titel vorausgesetzte fehlende Rechtfertigung der Bereichung darf nicht dazu verleiten, die Wirksamkeit des Rechtsverhältnisses auf kollisionsrechtlicher Ebene zu überprüfen. Dies ist Aufgabe des Sachrechts.[646] Die Wirksamkeit des Rechtsverhältnisses ist für die mit Hilfe des Kollisionsrechts zu bewältigende Aufgabe der Auffindung des anwendbaren Rechts auch unerheblich. Art. 38 Abs. 1 findet nämlich unabhängig von der Wirksamkeit des Rechtsverhältnisses Anwendung, da sich der Hauptanwendungsbereich der Leistungskondiktion gerade auf Fallkonstellationen erstreckt, in denen der Kläger sein Kondiktionsbegehren auf das Nichtbestehen eines Rechtsverhältnisses zwischen ihm und dem Anspruchgegner stützt.[647]

Zu Irritationen kann in diesem Zusammenhang der Wortlaut des Art. 38 Abs. 1 führen, der an das Rechtsverhältnis anknüpft, aber im Interesse der sprachlichen Knappheit nicht deutlich macht, dass dieses gerade keinen Grund zum Behalten des Geleisteten geben kann.[648] Da es Aufgabe des Art. 38 Abs. 1 ist, gerade den genannten Fall zu erfassen, ist klar, dass es kollisionsrechtlich ausreicht, wenn ein solches Rechtsverhältnis nach dem

---

[644] Zu weiteren Anforderungen an das Rechtsverhältnis im Rahmen von Art. 38 Abs. 1 s.u. Dritter Teil C.II.3.f.bb(2).

[645] Anders verhält es sich in den Fällen der condictio ob rem, wo nicht das Rechtsverhältnis im Mittelpunkt der Kondiktion steht, sondern die Verfehlung eines besonderen Zwecks; s. dazu unten Dritter Teil C.II.3.f.

[646] Zur Vorfrage nach dem Rechtsgrund s.u. Dritter Teil C.III.1.

[647] Anders verhält es sich nur in den Fällen des Zuvielleistens, bei denen die Wirksamkeit des Rechtsverhältnisses nicht in Frage steht.

[648] Der Vorschlag der Europäischen Kommission für einen Vorentwurf Rom II [abgedruckt im *Anhang* (S. 343 ff.)] enthält ebenfalls keine solche Klarstellung. Dies wird von der Hamburg Group of International Private Law, Stellungnahme zum Vorentwurf der Europäischen Kommission für einen Rechtsakt Rom II, http://www.mpipriv_hh.mpg.de/ = http://europa.eu.int/comm/justice_home/news/consulting_public/rome_ii/wai/news_summary_rome2_en.htm, S. 30, kritisiert.

Vorbringen des Anspruchstellers nur vermeintlich bestand und angestrebt wurde.[649] Eine solche einschränkende Auslegung wird auch durch die Materialien zum Gesetzgebungsverfahren gedeckt, in denen in Zusammenhang mit der Vorschrift von einer „vermeintlichen, ungültigen oder anderweitig fehlgeschlagenen Leistungsbeziehung" die Rede ist.[650]

(b) Parteien des Rechtsverhältnisses

Der Wortlaut des Art. 38 Abs. 1 legt nicht fest, zwischen welchen Parteien das Rechtsverhältnis bestehen muss. In Zweipersonenverhältnissen ergibt es sich von selbst, dass das Rechtsverhältnis zwischen dem Anspruchsteller und dem Anspruchgegner bestehen muss oder angestrebt sein muss.

In diesem Zusammenhang soll bereits darauf hingewiesen werden, dass die Formulierung des Art. 38 Abs. 1 aber auch eine Anknüpfung an ein Rechtsverhältnis zulässt, das nicht zwischen den Parteien der gerichtlichen Auseinandersetzung besteht oder angestrebt wurde. Der Wortlaut des Art. 38 Abs. 1 fordert nämlich nur, dass sich die Leistung auf das Rechtsverhältnis bezog. Dies zeigt sich vor allem bei den Mehrpersonenverhältnissen, die unten noch näher besprochen werden.[651] Beispielsweise lässt *Schlechtriem*[652] bei der Frage nach einer möglichen Direktkondiktion des Versprechenden gegenüber dem Dritten in den Fällen eines echten Vertrages zugunsten Dritter[653] das Statut des Deckungsverhältnisses nach Art. 38 Abs. 1 entscheiden. Das im Deckungsverhältnis vorherrschende Rechtsverhältnis besteht aber gerade nicht zwischen dem Kondiktionsschuldner und dem Kondiktionsgläubiger.

---

[649] Vgl. *Busse*, Bereicherungsrecht, S. 101 f.; *Kreuzer*, RabelsZ 2001, 383 (405): „Artikel 38 I EGBGB unterstellt die Rückforderung von Leistungen ohne wirksamen Rechtsgrund, auf vermeintlicher, ungültiger oder anderweitig fehlgeschlagener Leistungsbeziehung ... dem Recht, ..."; *Schlechtriem*, Bereicherungsansprüche, S. 29 (33).

[650] S. BR-Dr. 759/98 v. 4.9.1998, 16.

[651] S.u. Dritter Teil C.II.3.j.

[652] S. *Schlechtriem*, Bereicherungsansprüche, S. 29 (74).

[653] S. eingehend Dritter Teil C.II.3.j.dd(1).

(4) Viertes Anwendungsmerkmal: Die Bezogenheit der Leistung zum Rechtsverhältnis

Bereits oben[654] ist das vierte Anwendungsmerkmal des Art. 38 Abs. 1, das die Bezogenheit der Leistung zum Rechtsverhältnis beinhaltet, in Zusammenhang mit dem kollisionsrechtlichen Leistungsbegriff angeklungen.

Dieses Merkmal ist vor allem bei der Frage der Anknüpfung von Bedeutung, da es hilft das Rechtsverhältnis zu konkretisieren, dessen Statut über den Bereicherungsanspruch entscheidet. Es stellt die Verbindung zwischen der „Leistung" und dem „Rechtsverhältnis" dar. Der Begriff der Bezogenheit stand vor der Reform nicht außerhalb der Kritik. So lehnte *Busse*[655] in Einklang mit dem *MPI*[656] diesen Terminus ab und befürwortete den neutraleren Ausdruck der Zuordnung.

Während es zuvor darum ging, die Bedeutung dieses Elements für den Inhalt des Leistungsbegriffs herauszustellen, steht jetzt die Frage im Mittelpunkt, welches Recht über den Begriff der Bezogenheit urteilt. Hingegen bleibt es späteren Abschnitten vorbehalten, darzustellen, in welchen Fallkonstellationen dieses Element von Bedeutung ist und welche genaue inhaltliche Konkretisierung, wie *Schlechtriem*[657] sie bereits für notwendig hielt, vorgenommen werden muss.

Busse[658] schlägt eine Beurteilung der Bezogenheit nach dem Statut des Rechtsverhältnisses vor, dem die Leistung möglicherweise zuzuordnen ist. Damit setzt sich *Busse* in Widerspruch zu *Schlechtriem*[659], der der Bezogenheit grundsätzlich die Vorstellungen der lex fori zugrundelegt.

Busses Überlegungen basieren auf seinem Verständnis der Formulierung „bezogen ist", die nach seiner Ansicht zu sehr auf die Sicht des Zuwendenden ausgerichtet ist. Um dem Sachrecht die Entscheidung über den Inhalt des Bezogenheitsmerkmals zu überlassen und um eine objektivere Betrachtung unter

---

[654] S.o. Dritter Teil C.II.1.a.cc(1)(d).
[655] Vgl. *Busse*, Bereicherungsrecht, S. 247.
[656] S. *MPI*, Unveröffentlichte Stellungnahme, A.I.2.b, S. 3.
[657] S. *Schlechtriem*, Bereicherungsansprüche, S. 29 (41); s. dazu schon o. Dritter Teil C.II.1.a.cc(1)(d).
[658] S. *Busse*, Bereicherungsrecht, S. 178 ff., 187, 247.
[659] Vgl. *Schlechtriem*, IPRax 1995, 65 (66).

Beachtung auch ausländischer Rechte zu gewährleisten, schlägt *Busse* seine lex causae-Anknüpfung vor. Das verfolgte Ziel kann aber auch mit *Schlechtriems* lege fori-Beurteilung erreicht werden. Denn wie schon erläutert, gebietet es die Autonomie des IPR, den Bezogenheitsbegriff, wenn auch nicht ganz losgelöst vom materiellen Recht, mit Rücksicht auf ausländische Rechtsansichten zu bestimmen. Darüber hinaus lässt die Formulierung „bezogen ist" auch normative Zuordnungen zu.[660]

Es ist auch nicht einzusehen, warum für das Bezogenheitsmerkmal eine Ausnahme im Vergleich zu den anderen Tatbestandsmerkmalen zu machen ist. Es handelt sich hierbei um ein Tatbestandsmerkmal, dessen Auslegung im Rahmen der Qualifikation erfolgt. Es handelt sich also um ein Qualifikationsproblem. Der Interpretation aller anderen Tatbestandselemente des Abs. 1 liegen auch die Vorstellungen der lex fori zugrunde. Ein Vorgehen nach *Busse* würde vorliegend damit bedeuten, dass innerhalb des Anwendungsbereichs einer Vorschrift nach unterschiedlichen Rechten zu qualifizieren ist, so dass eine Aufspaltung der Qualifikation stattfände. Normalerweise wird ein Merkmal eines Tatbestandes nur dann einer gesonderten Prüfung unterzogen, wenn es eine Erstfrage darstellt, oder man entscheidet sich insgesamt für eine Qualifikation nach der lex causae, wie es hier aber nicht geschehen ist.

Schwierigkeiten ergeben sich bei der Anknüpfung an das Statut des Rechtsverhältnisses vor allen Dingen aber dann, wie *Busse*[661] selbst konstatiert, wenn mehrere Rechtsverhältnisse zur Verfügung stehen, auf welche die Leistung bezogen sein könnte.[662] In diesem Fall ist nicht klar, welchem Rechtsverhältnis als Basis für die lex causae der Vorzug zu geben ist.

Aufgrund dessen besteht m.E. kein Anlass dazu, die Bezogenheit nach dem Statut des Rechtsverhältnisses zu bestimmen. Maßgeblich sind demnach grundsätzlich die Rechtsvorstellungen des Forumstaates.

---

[660] S. *Schlechtriem*, IPRax 1995, 65 (66).

[661] Vgl. *Busse*, Bereicherungsrecht, S. 105.

[662] S. dazu u. Dritter Teil C.II.3.a.

(5) Zusammenfassung zu den einzelnen Tatbestandsvoraussetzungen des Art. 38 Abs. 1 EGBGB

Im Rahmen der Qualifikation sind vier Voraussetzungen besonders zu beachten, deren Vorliegen eine Anwendung der Akzessorietätsregel des Art. 38 Abs. 1 rechtfertigt:

1. Es muss eine Leistung des Anspruchstellers an den Anspruchgegner vorliegen. Da es sich bei dem Leistungserfordernis nicht um eine Erstfrage handelt, sondern um ein bloßes Tatbestandselement, entscheiden die rechtlichen Vorstellungen des Forumstaates. Im Gegensatz zum deutschen materiellen Recht beinhaltet die kollisionsrechtliche Definition der Leistung des Abs. 1 nicht zwingend das aus dem Sachrecht bekannte Zweckbestimmungselement. Für eine Qualifikation als bereicherungsrechtlicher Leistungsfall ist nur notwendig, dass der Anspruchsteller eine Vermögensmehrung des Anspruchgegners durch bewusste eigene Handlung geltend macht. Die kollisionsrechtliche Leistung entspricht inhaltlich damit dem aus dem internen Recht bekannten Terminus der Zuwendung.

2. Weiterhin ist der Eintritt einer Bereicherung beim Anspruchsteller notwendig. Auch bei dieser Voraussetzung handelt es sich nicht um eine Erstfrage.

3. Das dritte Anwendungsmerkmal bildet das Vorliegen eines Rechtsverhältnisses. Obwohl der Wortlaut zunächst Zweifel lässt, muss ein Rechtsverhältnis nicht tatsächlich bestanden haben. Ein solches muss aber zumindest vermeintlich bestanden haben und von den Parteien angestrebt worden sein.

4. Zuletzt ist ein Bezug der Leistung zum Rechtsverhältnis notwendig. Über das Vorliegen des Bezuges wird lege fori entschieden.

dd. Abgrenzung zu benachbarten Kollisionsnormen

(1) Anwendungsbereich neben Art. 32 Abs. 1 Nr. 5 EGBGB[663]

Qualifikation bedeutet auch immer die Abgrenzung des sachlichen Anwendungsbereiches der deutschen Kollisionsnormen untereinander.[664] An dieser

---

[663] Zum Rangverhältnis von Art. 32 Abs. 1 Nr. 5 und Art. 38 Abs. 1 s.o. Dritter Teil C.I.
[664] Vgl. *v. Hoffmann*, IPR, § 6, Rdnr. 4.

Stelle gilt es besonders die Abgrenzung zu benachbarten Kollisionsnormen, wie auf dem Gebiet des internationalen Vertragsrechts, des Sachenrechts oder des Deliktsrechts zu bewerkstelligen.

Im Anschluss an die vorherigen Überlegungen drängt sich gerade im Hinblick auf den oben bereits angesprochenen Art. 32 Abs. 1 Nr. 5 die Frage auf, welche Sachverhaltskonstellationen im Anwendungsbereich des Art. 38 Abs. 1 verbleiben.

Geltend gemachte Bereicherungsansprüche, die sich auf die Nichtigkeit eines zwischen Kondiktionsschuldner- und gläubiger (vermeintlich) bestehenden Vertrages beziehen, unterliegen gem. Art. 32 Abs. 1 Nr. 5 dem Vertragsstatut. Damit wird die praktisch relevanteste Fallgruppe der Leistungskondiktion aus dem Anwendungsbereich des Art. 38 Abs. 1 ausgenommen.

Dennoch sind damit nicht alle Kondiktionen auf der Basis eines vertraglichen Schuldverhältnisses aus der neuen Vorschrift ausgeklammert. Art. 32 Abs. 1 Nr. 5 begrenzt seinen Anwendungsumfang schon dadurch, dass er die „Nichtigkeit eines Vertrages“ fordert. Es ist aber auch möglich, dass der Anspruchsteller eine Zuviel[665]- oder Falschlieferung, die aufgrund einer vertraglichen Verpflichtung erfolgt ist, von dem Vertragspartner zurückfordert. Genau wie in diesen Fallkonstellationen steht die Wirksamkeit des Vertrages auch außer Frage, wenn ein Kondiktionsbegehren auf der Verfehlung des mit einer Leistung besonders verfolgten Zweckes beruht.[666] Auch hier ist Art. 38 Abs. 1 die richtige Norm zur Ermittlung des anwendbaren Rechts.[667]

Bezweifelt wird die Anwendbarkeit des Art. 32 Abs. 1 Nr. 5, wenn der Vertrag wegen Dissenses nicht zustandegekommen ist. So ziehen *Hohloch*[668]

---

[665] Bei den Zuvielleistungen steht auch eine Anwendung des Art. 38 Abs. 3 in Frage; siehe unten Dritter Teil C.II.3.e.

[666] Zur condictio causa data non secuta oder condictio ob rem im Zweipersonenverhältnis siehe eingehend im Dritten Teil C.II.3.f.

[667] Für die Fälle der Zuviel- oder Falschlieferungen genauso *v. Bar*, IPR II, Rdnr. 734; *Rauscher*, IPR, S. 262; OLG Frankfurt a.M. IPRspr. 1979, Nr. 153; BGH IPRax 1987, 372 (373 f.); aus diesem Grund ist *Fischer*, IPRax 2002, 1 (3), mit folgender Aussage nicht Recht zu geben: „Bei Schuldverträgen kommt weder Art. 38 Abs. 1 EGBGB noch ... zur Anwendung.“.

[668] Vgl. Erman/*Hohloch*, EGBGB Art. 38, Rdnr. 8.

und wohl auch *Kreuzer*[669] in diesem Fall ohne nähere Begründung Art. 38 Abs. 1 heran. Die Ablehnung des Art. 32 Abs. 1 Nr. 5 ist die Konsequenz aus dem Wortlaut der Vorschrift. Wenn die Norm nämlich die Folgen der Nichtigkeit des Vertrages umfasst, dann muss zunächst ein Vertrag bestanden haben, der dann nichtig sein oder werden konnte. Im Falle des Dissenses ist ein solcher Vertrag aber schon gar nicht zustandegekommen, d.h., ein Vertrag hat nie bestanden.

Fraglich ist, ob auch aus Wertungsgesichtspunkten eine Anwendung des Art. 38 Abs. 1 geboten ist. Aufgrund der akzessorischen Anknüpfung in beiden Vorschriften ist ein Gleichlauf zwischen Vertragsstatut und Bereicherungsstatut gegeben. Bei einer Anwendung des Art. 38 Abs. 1 besteht aber die Möglichkeit, über Art. 41 Abs. 1 ein anderes Ergebnis zu erreichen. Insbesondere im Verbraucherrecht ist, wie oben bereits deutlich wurde, die Anwendung dieser Vorschrift bedenklich. Unterstellt man einen Kondiktionsanspruch des Verbrauchers gegen den (vermeintlichen) Geschäftspartner, der auf einem wegen Dissenses nicht zustandegekommenen Vertrag beruht, Art. 38 Abs. 1, so erfolgt zunächst, wie bei Art. 32 Abs. 1 Nr. 5 auch, eine Anknüpfung an das hypothetische Vertragsstatut, das über Art. Art. 29 Abs. 2[670] zu bestimmen ist.[671] Eine Ausnahme von dieser Regel sehen die Artt. 27 ff. nicht vor. Geht man nun aber über Art. 38 Abs. 1 vor, besteht theoretisch die Möglichkeit, über die Ausweichklausel des Art. 41 Abs. 1 zu erreichen, dass ein anderes Recht als das am gewöhnlichen Aufenthaltsort des Verbrauchers, z.B. das Recht am Ort des Vertragsabschlusses, Anwendung findet. Mit der Anknüpfung an das Recht am gewöhnlichen Aufenthaltsort in Art. 29 Abs. 2 soll der Schutzbedürftigkeit der schwächeren Vertragspartei Rechnung getragen werden. Eine Anwendung des Art. 41 I erschiene dann von Nachteil, wenn dem Verbraucher dadurch der Schutz entzogen wird, der ihm durch Art. 29 gewährleistet werden soll. Der Schutz des Art. 29 geht z.B. dahin, dem Verbraucher bei Mangelhaftigkeit der im Ausland erworbenen Ware die deutschen Gewährleistungsrechte zur Verfügung zu stellen, die im Ausland oft nicht in gleichem Umfang bestehen. In Fällen einer Kondiktion aufgrund

---

[669] S. MüKo/*Kreuzer*, I Vor Art. 38 I, Rdnr. 9.

[670] Art. 29 Abs. 2 ist aber nur unter der Bedingung anzuwenden, dass keine Rechtswahl der Parteien vorliegt und die Voraussetzungen des Art. 29 Abs. 1 gegeben sind.

[671] Für den durch bestimmte EU-Richtlinien eingeführten Verbraucherschutz enthält Art. 29 a EGBGB eine Sonderanknüpfung, die dem Art. 29 gem. Art. 20 EVÜ vorgeht; s. dazu *Freitag/Leible*, EWS 2000, 342 ff.; *Staudinger*, RIW 2000, 416 ff.; *Wagner*, IPRax 2000, 249 ff..

Dissenses bei Abschluss des Verbrauchervertrages ist der Verbraucher aber nicht auf die besonderen Regeln zu seinem Schutz in seinem Heimatland angewiesen. Denn im Vordergrund steht nicht etwa die Mangelhaftigkeit der Ware, ein Widerruf oder ein Irrtum seitens des Verbrauchers, sondern eine Inkongruenz zweier ausgelegter Erklärungen, für die es in Deutschland keine besonderen Schutzregeln gibt. Jedes Land wird eine den §§ 154, 155 BGB entsprechende Regelung kennen und eine Kondiktion aufgrund dessen in irgendeiner Form zulassen. Dem Verbraucher wird also kein Schutz entzogen, da er einen solchen in diesem Fall nicht benötigt. Auch aus Wertungsgesichtspunkten scheint es damit vertretbar, Art. 38 Abs. 1 bei Fällen des Dissenses heranzuziehen. Wie sich im Folgenden noch zeigen wird, ist eine Anwendung des Abs. 1 aber auf Fälle des versteckten Dissenses beschränkt.[672]

Keine unmittelbare Anwendung findet Art. 32 Abs. 1 Nr. 5 auch, sofern es nicht um die Rückabwicklung von Verträgen, sondern um die Kondiktion von Leistungen geht, die etwa im Rahmen gesetzlicher Schuldverhältnisse erbracht wurden. Gesetzliche Schuldverhältnisse ergeben sich vor allem aus dem Sachen-, Familien-, Erb- oder Gesellschaftsrecht. Als Beispiele werden in der Literatur die Rückforderung rechtsgrundlos erbrachter Unterhaltsleistungen[673], die Rückforderung einer rechtsgrundlos gezahlten Entschädigung aufgrund einer vermeintlichen Deliktsschuld oder die Rückforderung einer Zahlung auf eine vermeintliche Erbschaftsschuld[674] genannt.[675] Für das Gesellschaftsrecht stellt Art. 37 Nr. 2[676] sogar ausdrücklich klar, dass die Vorschriften des ersten Unterabschnitts des fünften Abschnitts keine Anwendung finden.

---

[672] S. dazu u. Dritter Teil C.II.3.c.

[673] S. dazu OGH ZfRV 1987, 53 (65) m. Anm. *Hoyer*, 67 ff..

[674] Zu Bereicherungsansprüchen im Rahmen von Erbauseinandersetzungen s. auch BGH IPRax 1984, 330 f..

[675] Vgl. *Einsele*, JZ 1993, 1025 (1025); Erman/*Hohloch*, EGBGB Art. 38, Rdnr. 8; *Fischer*, IPRax 2000, 1 (2); *Kreuzer*, RabelsZ 2001, 383 (406); MüKo/*Kreuzer*, I Vor Art. 38, Rdnr. 6; *Plaßmeier*, Bereicherung, S. 333; *Schlechtriem*, Bereicherungsansprüche, S. 29 (38); *Wagner*, IPRax 1998, 429 (431).

[676] Art. 37 entspricht Art. 1 Abs. 2 lit. c, e, f und Abs. 3 EVÜ. Satz 2 wurde durch Art. 2 Abs. 2 FernabsatzG vom 27.6.2000, BGBl. I, 897, angefügt.

(2) Abgrenzung zum Statut des zugrundeliegenden Rechtsverhältnisses

Die Leistungskondiktionsansprüche dienen der Abwicklung gescheiterter schuldrechtlicher Beziehungen der Parteien. Funktional treten sie damit neben speziell zur Rückabwicklung gescheiterter Schuldbeziehungen angeordnete Rücktritts- bzw. Aufhebungsfolgen und Schadensersatzansprüche.[677]

Vor diesem Hintergrund stellt sich vor der Reform wie heute die Frage nach der Abgrenzung der bereicherungsrechtlichen Regeln über Leistungskondiktionen von Anknüpfungsregeln für das zugrundeliegende Rechtsverhältnis. In anderen Ländern wird die Entscheidung über die Qualifikation eines Anspruchs auf Rückgewähr nach Vertragsbruch diskutiert.[678] Diese Frage ist für Art. 38 Abs. 1 aber nicht von Bedeutung. Denn wie bereits ausgeführt, kommt für solche Fälle der Leistungskondiktion nur Art. 32 Abs. 1 Nr. 5 in Betracht. Insofern handelt es sich um ein Abgrenzungsproblem zu Art. 32 Abs. 1 Nr. 5. Und in diesem Fall stellt Art. 32 Abs. 1 Nr. 3 klar, dass auch die Folgen der Nichterfüllung der vertraglichen Verpflichtungen dem Vertragsstatut unterstehen. Damit besteht ein Gleichlauf zwischen dem Vertragsstatut als Bereicherungsstatut und dem Statut, das über die Nichterfüllung von Verbindlichkeiten entscheidet.

Eine solche Konkurrenz bei Schuldbeziehungen kommt bei Schuldverträgen zwar öfters vor, doch ist sie auch bei außervertraglichen Schuldverhältnissen nicht ausgeschlossen.[679] Doch ist die Konkurrenzfrage auch hier nur theoretischer Natur, denn durch die akzessorische Anknüpfung in Art. 38 Abs. 1 soll gerade ein Gleichlauf zwischen den Rechten erreicht werden.[680]

(3) Abgrenzung zum Deliktsstatut

Zu einem Abgrenzungsproblem zwischen dem Statut der Leistungskondiktion und dem Deliktsstatut, das sich nach Art. 40 bestimmt, wird es wohl nicht kommen. Einem deliktsrechtlichen Anspruch liegt ein widerrechtliches Verhalten des Anspruchgegners zugrunde, während bei der Leistungskondiktion ein Verhalten des Anspruchstellers - also die Leistung – Aus-

---

[677] Vgl. MüKo/*Kreuzer*, I Vor Art. 38 Rdnr. 9.
[678] S. *Busse*, Bereicherungsrecht, S. 220 Fn. 21.
[679] Vgl. *Fischer*, IPRax 2002, 1 (2).
[680] Zum Akzessorietätsgrundsatz s.u. Dritter Teil C.II.2.a.

gangspunkt ist. Demnach besteht allenfalls zum Statut der Eingriffskondiktion ein Abgrenzungsproblem.[681]

Möglich ist es aber, dass ein Verhalten des Anspruchgegners das Leistungsbegehren ausgelöst hat; beispielsweise dann, wenn dieser die Unwirksamkeit des Vertrages durch widerrechtliche Drohung begünstigt hat und dadurch einen Anfechtungsgrund geschaffen hat.[682] Die Rückgewähr der erbrachten Leistung richtet sich zweifellos nach dem Bereicherungsstatut. In Frage könnte man aber stellen, ob sich nicht zumindest die im Rahmen des Bereicherungsstatuts zu beurteilende Widerrechtlichkeit der Drohung nach dem Deliktsstatut richtet.[683] Aber auch dieser Fall gehört insofern nicht in den Bereich der Abgrenzungsfragen um Art. 38 Abs. 1, als es sich um eine vertragliche Rückabwicklung handelt. Wenn überhaupt ergibt sich nur ein Problem in der Abgrenzung zu Art. 32 Abs. 1 Nr. 5. Da gesetzliche Schuldverhältnisse, die von Art. 38 Abs. 1 umfasst werden, gerade durch gesetzliche Anordnung entstehen, ist die genannte Konstellation in diesem Bereich auch nicht denkbar.

(4) Abgrenzung zum Sachenrechtsstatut

Bei der Rückgewähr einer Leistung geht es auch immer um die Abgrenzung zur Vindikation. Bei der Abgrenzung zwischen bereicherungsrechtlichen Leistungsfällen und sachenrechtlich zu qualifizierenden Ansprüchen, die den ebenfalls mit der Reform von 1999 eingefügten Artt. 43 ff. unterstehen, ergeben sich aber keine großen Schwierigkeiten.[684] Bei der Qualifikation hilft heute Art. 43 Abs. 1 weiter. Der Tatbestand der Norm setzt für die Anwendung der Situs-Regel voraus, dass es um Rechte an einer Sache geht. Rührt der Grund für das Rückgewährbegehren damit aus der dinglichen Zuordnung einer Sache her, so ist der Anspruch sachenrechtlich zu qualifizieren. Spielt die sachenrechtliche Lage aber keine Rolle, so ist Art. 38 Abs. 1 heranzuziehen.[685]

---

681 S.u. Dritter Teil D.I.1.b.

682 S. *Busse*, Bereicherungsrecht, S. 224.

683 S. *Busse*, Bereicherungsrecht, S. 224 mit Verweis auf eine Entscheidung des House of Lords in Dimskal Shipping Co. S.A. v. International Transport Workers' Federation (The Evia Luck) [1991] W.L.R. 875; Anmerkung dazu von *Plaßmeier*, Bereicherung, S. 172 ff..

684 Speziell zum Sachenrecht s. etwa *Pfeiffer*, IPRax 2000, 270 ff.; *Stoll*, IPRax 2000, 259 ff..

685 Vgl. *Busse*, Bereicherungsrecht, S. 223.

(5) Zusammenfassung zur Abgrenzung zu benachbarten Kollisionsnormen

Im Ergebnis bleibt festzuhalten, dass sich besondere Abgrenzungsfragen im Rahmen von Art. 38 Abs. 1 nur im Verhältnis zu Art. 32 Abs. 1 Nr. 5 und zum Sachenrechtsstatut stellen.

Im Anwendungsbereich des Art. 38 Abs. 1 verbleiben die Klagen auf Rückgabe von Zuviel- und Falschlieferungen, sowie die Fälle der condictio causa data non secuta oder condictio ob rem, die eine Kondiktion aufgrund der Verfehlung eines mit der Leistung besonders verfolgten Zwecks umfassen. Von Art. 32 Abs. 1 Nr. 5 werden weiterhin nicht die Fallgruppen erfasst, in denen aufgrund Dissenses kondiziert wird. Einen wesentlichen Teil der Anwendung des Art. 38 Abs. 1 stellen daneben die Rückforderungen von Leistungen dar, die auf der Grundlage eines (vermeintlichen) gesetzlichen Schuldverhältnisses erfolgt sind.

Die Abgrenzung zum Sachenrechtsstatut ist danach vorzunehmen, ob die dingliche Zuordnung der Sache im Vordergrund steht. Im letztgenannten Fall ist der Herausgabeanspruch sachenrechtlich zu qualifizieren.

ee. Besonderes Qualifikationsproblem: Einordnung von constructive und resulting trusts

Ein allgemeines Problem des Internationalen Privatrechts stellt die Einordnung von dem deutschen Recht fremden Rechtsinstituten dar. Problematisch ist dabei meistens nicht nur die begriffliche Fremdheit, sondern auch die Tatsache, dass sich einige Rechtsinstitute jeder funktionalen Zuordnung entziehen. Für das Bereicherungskollisionsrecht sind vor allen Dingen die resulting und constructive trusts des anglo-amerikanischen Rechts von Relevanz.[686] Das Problem der qualifikatorischen Bewältigung von trusts ist allerdings keines, das erst mit der Reform aufgetaucht ist oder sich nun in anderer Einkleidung stellt. In der Literatur finden sich bereits Auseinander-

---

[686] Das „Übereinkommen über das auf den trust anzuwendende Recht und seine Anerkennung v. 1.7.1985", abgedruckt in RabelsZ 1986, 698 ff. (französisch und englisch) = IPRax 1987, 55 ff. (deutsch) = *Schulze/Zimmermann*, Basistexte, II.35; ist für Deutschland nicht in Kraft getreten und bisher noch nicht gezeichnet worden; s. dazu bspw. *Einsele*, JZ 1993, 1025 (1031 f.); *Steinebach*, RIW 1986, 1 ff.; *Pirrung*, IPRax 1987, 52 ff..

setzungen zu diesem Thema[687], so dass im Rahmen dieser Arbeit keine eigene Diskussion erfolgen soll.

Das Rechtsinstitut des trusts bildet den wohl auffälligsten Normenkomplex des englischen Rechts.[688] Der trust erscheint schon deshalb als Besonderheit, weil er im Zivilrecht der kontinentalen Rechtsordnungen keine gleichartige Rechtsfigur findet, die alle Aufgaben erfüllt, welche in England mit Hilfe des trusts bewältigt werden.[689]

Zum einen besteht die Möglichkeit, trusts durch Rechtsgeschäft zu gründen. In diesem Fall ist wohl eine sachenrechtliche Qualifikation vorzunehmen.[690] Ein trust kann aber auch unmittelbar von Rechts wegen entstehen, wenn jemand kraft objektiven Rechts hinsichtlich eines ihm gehörenden Vermögensgegenstandes als trustee zugunsten eines anderen angesehen wird, ohne dass es dabei auf den Willen der beteiligten Personen ankommt (constructive trust).[691] Ein resulting trust soll hingegen die bei Errichtung eines ausdrücklich erklärten trusts (express trust) offen gebliebenen Regelungslücken so ergänzen, wie es der Trustbegründer (settlor) typischerweise getan hätte, wenn die Lückenhaftigkeit bekannt gewesen wäre.[692] Beim constructive trust fehlt dagegen die Anlehnung an einen nur vermuteten Parteiwillen.[693]

Im englischen Kollisionsrecht wird überwiegend eine bereicherungsrechtliche Qualifikation vorgeschlagen.[694] In Frage kommt aber auch eine sachenrechtliche Einordnung.

---

[687] S. bspw. *Graue*, in FS Ferid, S. 151 ff.; *Serick*, FS Nipperdey II, S. 653 ff.; Staudinger/*Stoll*, Internationales Sachenrecht, Rdnrn. 171 ff..

[688] *V. Bernstorff*, Einführung, S. 147.

[689] *V. Bernstorff*, Einführung, S. 147. Die Besonderheit besteht auch darin, dass der trust auf der Möglichkeit des englischen Rechts beruht, das Eigentum in einen legal title und einen equitable title aufzuspalten. Den legal title besitzt der trustee, den equitable title hat der Begünstigte inne, s. *Blumenwitz*, Einführung, S. 15.

[690] Siehe dazu *v. Hoffmann*, IPR, § 12, Rdnr. 18.

[691] Vgl. *v. Bernstorff*, Einführung, S. 151.

[692] S. *v. Bernstorff*, Einführung, S. 157.

[693] Vgl. *v. Bernstorff*, Einführung, S. 157; zum trust s. auch *Hay*, Einführung, S. 105.

[694] S. *Busse*, Bereicherungsrecht, S. 232, m. Nachweisen in Fn. 69; für das deutsche Recht so auch *v. Bar*, IPR II, Rdnr. 745.

Busse[695] schlägt in Einklang mit *Stevens*[696] ein differenziertes Vorgehen entsprechend der konkreten Funktion des trusts vor. Wenn die Anerkennung eines nicht rechtsgeschäftlich begründeten trusts nur zur Begründung schuldrechtlicher Ansprüche führt, sind die Regeln des Internationalen Bereicherungsrechts anzuwenden. Führt ein trust zu typischerweise dinglichen Rechtsfolgen, ist sachenrechtlich zu qualifizieren.[697] Bei der Zuordnung zu den verschiedenen bereicherungsrechtlichen Typen ist dann auf die jeweilige Situation abzustellen, d.h., ob es sich z.B. um eine Leistungssituation handelt.

Gerade weil die Einsatzbreite des trusts kaum überschaubar ist[698], erscheint die von *Busse* und *Stevens* vorgeschlagene Differenzierung interessengerecht.

b. Qualifikation auf der Rechtsfolgenebene[699]

Bisher stand die Subsumtion der Rechtsfrage unter den Tatbestand einer Vorschrift des EGBGB im Mittelpunkt. Von dieser Qualifikation auf Tatbestandsebene ist die Qualifikation auf Rechtsfolgenebene[700] zu unterscheiden. Hat Art. 38 Abs. 1 eine Verweisung[701] ausgesprochen, so muss auf Rechtsfolgenebene entschieden werden, welche Kollisionsnormen der Rechtsordnung, auf welche die Verweisung erfolgt ist, anzuwenden sind.

Denkbar ist, dass das ausländische Recht den lege fori als bereicherungsrechtlich qualifizierten Anspruch ganz anders einordnet. Welche Norm ist heranzuziehen, wenn das fremde Kollisionsrecht den vom deutschen Recht als bereicherungsrechtlich qualifizierten Anspruch deliktsrechtlich einordnet?

Die Antwort auf das aufgeworfene Problem der Rück- und Weiterverweisung infolge abweichender Qualifikation ist in der Kollisionsrechtswissenschaft

---

695 S. *Busse*, Bereicherungsrecht, S. 232.

696 Vgl. *Stevens*, Restitutionary Obligations, S. 180 (216).

697 S. dazu ausführlicher *Busse*, Bereicherungsrecht, S. 232.

698 S. *Kegel/Schurig*, IPR, S. 283.

699 S. dazu auch *Plaßmeier*, Bereicherung, S. 300 ff..

700 Die Qualifikation auf Rechtsfolgenebene wird teilweise auch als Qualifikation zweiten Grades oder als sekundäre Qualifikation bezeichnet, s. *Kropholler*, IPR, S. 111.

701 Zur Beachtlichkeit des Renvoi im Bereicherungskollisionsrecht s. eingehend im Dritten Teil F.

zwar umstritten, doch geht die herrschende Meinung[702] heute davon aus, dass die abweichende Einordnung durch die Kollisionsnormen des berufenen Rechts zu akzeptieren ist und der entsprechend dieser Einordnung ausgesprochenen Verweisung zu folgen ist. Verkompliziert wird die Materie, wenn das ausländische Kollisionsrecht auf das deutsche Recht zurückverweist (Rückverweisung[703]). In diesem Fall nimmt das deutsche Recht - vorwiegend wohl aus Praktikabilitätserwägungen[704] - gem. Art. 4 Abs. 1 S. 2 die Verweisung an. Die weitere Lösung des Falles ist nicht eindeutig. Zum einen besteht die Möglichkeit, der ausländischen Qualifikation Beachtung zu schenken und die Frage einer deutschen Sachnorm zuzuordnen, die das eigene Kollisionsrecht im Falle einer Sachnormverweisung nicht berufen hätte. Alternativ könnte man die eigene Qualifikation wieder aufleben lassen und in Einklang mit den eigenen Vorstellungen die entsprechende materiell-rechtliche Vorschrift heranziehen.

Zwar wird die Rückverweisung infolge abweichender Qualifikation in der Literatur oftmals angesprochen[705], doch, wie *Plaßmeier*[706] zurecht bemerkt, ist der Frage in der deutschen Literatur und Rechtssprechung noch keine große Aufmerksamkeit gewidmet worden. Findet eine Auseinandersetzung statt, steht meistens die erstgenannte Frage im Vordergrund, ob die deutsche Kollisionsnorm den gesamten Inhalt des ausländischen IPRs beruft oder nur die parallele Systemkategorie.[707] Der letztgenannte Aspekt der Rückverweisung infolge abweichender Qualifikation findet wenig Beachtung.

In der Literatur werden beide der oben genannten Ansätze vertreten. Für die Beachtlichkeit der fremden Qualifikation sprechen sich beispielsweise *Neu-*

---

[702] Vgl. *v. Bar*, IPR I, Rdnr. 589; *Busse*, Bereicherungsrecht, S. 236; Staudinger/*Hausmann*, Art. 4, Rdnr. 60; *v. Hoffmann*, IPR, § 6, Rdnr. 82; *Kropholler*, IPR, S. 163; so wohl auch *Kegel*, IPR, S. 294.

[703] Eine Rückverweisung oder ein Renvoi au premier degré liegt allgemein vor, wenn die nach einer Kollisionsnorm maßgebende fremde Rechtsordnung wiederum das Ausgangsrecht als maßgeblich bezeichnet, s. *Kropholler*, IPR, S. 158.

[704] Vgl. *Kropholler*, IPR, S. 168.

[705] S. etwa *v. Bar*, IPR I, Rdnr. 589; *Busse*, Bereicherungsrecht, S. 236; *v. Hoffmann*, IPR, § 6, Rdnr. 82; *Kegel*, IPR, S. 294; *Kropholler*, IPR, S. 163; Staudinger/*Hausmann*, Art. 4, Rdnr. 60.

[706] S. *Plaßmeier*, Bereicherung, S. 301.

[707] S. *v. Bar*, IPR I, Rdnr. 544.

haus[708] und *Siehr*[709] aus, wobei letzterer auf § 3 des österreichischen IPRG verweist, wonach fremdes Recht „wie in seinem Geltungsbereich anzuwenden" ist. Anderer Meinung ist vor allem *Gamillschegg*[710]. Wiederum andere versuchen zu differenzieren.[711] Da es sich hierbei um kein spezifisches Problem des Internationalen Bereicherungsrechts handelt, soll die Frage hier nicht in aller Ausführlichkeit behandelt werden. Ferner ist es nicht Aufgabe dieser Arbeit, rechtsvergleichende Studien zu betreiben. Es müsste aber gerade erst im Wege einer solchen Analyse festgestellt werden, ob eine solche abweichende Qualifikation im Internationalen Bereicherungsrecht überhaupt möglich ist.

Betrachtet man die logische Abfolge der Lösung eines Falles mit Auslandsbezug, so sieht man, dass im Falle einer Rückverweisung eigentlich gar nicht mehr die Frage nach einer erneuten Zuweisung zu einer Kollisionsnorm des EGBGB aufgeworfen wird, da gem. Art. 4 Abs. 1 S. 2 direkt eine Annahme der Verweisung erfolgt und in das deutsche Sachrecht verwiesen wird. Demzufolge wäre wohl auch die letzte Qualifikation in der Falllösung heranzuziehen, und das ist die des ausländischen Rechts.
Lässt man die ausländische Qualifikation unbeachtet, so bliebe es auch ohne Folgen, dass auf das ausländische Recht durch das deutsche IPR zuvor verwiesen wurde. Gerade dies ist aber vom ausländischen Recht auch so gewollt. Denn wie *v. Bar*[712] in diesem Zusammenhang feststellt, ist das einzig Entscheidende, dass das berufene ausländische Recht diesen Sachverhalt „gar nicht selber haben will". Es hatte die Möglichkeit zu entscheiden und gibt die Frage wieder aus der Hand. Es läuft also nicht dem internationalen Entscheidungseinklang zuwider, wenn man sich an der inländischen Qualifikation orientiert. Ferner ist es für den Rechtsanwender einfacher, dem Fall das inländische Rechtsverständnis von der Qualifikation bis zur sachrechtlichen Lösung zu Grunde zu legen.

Aus diesen Gründen ist es m.E. vertretbar, bei einer Rückverweisung kraft abweichender Qualifikation die ausländische divergierende Qualifikation unberücksichtigt zu lassen.[713]

---

708 S. *Neuhaus*, Grundbegriffe, S. 282.
709 Vgl. *Siehr*, IPR, S. 435 f..
710 S. Staudinger/*Gamillscheg*, EGBGB, 10./11. Aufl., vor Art. 13 a.F, Rdnrn. 178, 324 ff..
711 So v.a. *v. Bar*, IPR I, Rdnr. 588; MüKo/*Sonnenberger*, Art. 4, Rdnr. 38.
712 S. *v. Bar*, IPR I, Rdnr. 588.
713 So auch *Busse*, Bereicherungsrecht, S. 236 Fn. 101.

2. Regelanknüpfung

a. Der Akzessorietätsgrundsatz

Art. 38 Abs. 1 unterstellt Leistungskondiktionen dem Recht, das auf das Rechtsverhältnis anzuwenden ist, auf das die Leistung bezogen ist. Es handelt sich also um eine akzessorische Anknüpfung des Leistungskondiktionsstatuts, der lex condictionis, an die lex obligationis.[714] „Die Parteien müssen sich folglich mit ihrem auf halbem Wege gescheiterten Leistungsakt an ihrem Ziel messen lassen."[715]

Die Gesetzesbegründung[716] stützt sich auf das Gutachten *Schlechtriems*[717] für den Deutschen Rat für IPR. Damit hat sich der Gesetzgeber für eine Anknüpfung entschieden, die in modernen IPR-Kodifikationen anderer Ländern ebenso Anwendung findet[718] und auch vor der Reform in der deutschen Literatur[719] und höchstrichterlichen Rechtsprechung[720] (fast) einheitlich Zuspruch fand. Darüber hinaus stimmt sie mit Art. 7 II GEDIP-E[721] überein.

---

[714] *Kreuzer*, RabelsZ 2001, 383 (405).

[715] *Reuter/Martinek*, Ungerechtfertigte Bereicherung, S. 79.

[716] Siehe BT-Dr. 14/343 v. 1.2.1999, 8.

[717] Vgl. *Schlechtriem*, Bereicherungsansprüche, S. 29 ff.; ders. IPRax 1995, 65 ff..

[718] Vgl. Österreich: § 46 Satz 1 und 2 IPRG; Schweiz: Art. 128 Abs. 1 IPRG; Liechtenstein: Art. 50 Satz 2 IPRG; Portugal: Art. 44 ZGB; Türkei: Art. 26 Halbsatz 1 IPRG; Spanien: Art. 10 IX 3 ZGB; Rumänien: Art. 105 IPRG; Jugoslawien: Art. 27 I IPRG; Texte abgedruckt im *Anhang* (S. 343 ff.).

[719] S. bspw. *v. Bar/Vogt*, JA 1991, 73 (80); Erman/*Hohloch*, BGB, Bd. II, 9. Aufl., EGBGB Vor Art. 38, Rdnr. 3; *Kegel*, IPR, 6. Aufl., S. 449; MüKo/*Kreuzer*, I vor Art. 38 EGBGB, Rdnrn. 9 ff.; Palandt/*Heldrich*, BGB, 57. Aufl., Vorbem vor Art. 38 EGBGB, Rdnr. 2; Soergel/*Lüderitz*, Anh I Art 38, Rdnr. 24, jeweils mit weiteren Nachweisen; anders hingegen *Plaßmeier*, Bereicherung, S. 308 ff., der sich für eine „vorfragenakzessorische Anknüpfung" ausspricht, die aber im Wesentlichen zu den gleichen Ergebnissen kommt wie eine akzessorische Anknüpfung.

[720] Siehe in st. Rspr. zuletzt BGH WM 1995, 124 (129); BGH DtZ 1995, 253, m. weiteren Nachweisen; OLG München RIW 1998, 559 (560); Übersicht über die gerichtlichen Entscheidungen bis 1982 bei *Schlechtriem*, Bereicherungsansprüche, S. 29 (62 ff.).

[721] Text abgedruckt im *Anhang* (S. 343 ff.); s. dazu oben Zweiter Teil A.II.2.b, C.III.1.

Vorgabe für diese Anknüpfung war Art. 32 Abs. 1 Nr. 5. Das dieser Regelung zugrundeliegende Prinzip der akzessorischen Anknüpfung an das Statut der Leistungsbeziehung wurde ausgedehnt auf alle Fälle der Leistungskondiktion.[722] Die Notwendigkeit einer akzessorischen Anknüpfung ergibt sich schon aus der Funktion der Leistungskondiktion, gescheiterte schuldrechtliche Beziehungen abzuwickeln. Sie ist Folge der schuldrechtlichen Beziehung und ihrer Störung. Wird der „Hinweg" zur Erfüllung der Verpflichtungen dem Statut des Rechtsverhältnisses unterstellt, so muss der „Rückweg" diesem auch unterliegen. Die akzessorische Anknüpfung ist geboten, weil damit eine möglichst bruchlose Abwicklung des Gesamtverhältnisses erreicht wird.[723] Die Rückabwicklung gescheiterter Schuldbeziehungen durch Rücktritts-, Schadensersatz- und Bereicherungsansprüche soll einheitlich einem Recht unterstellt werden und schwierige Qualifikations- und Anpassungsprobleme vermeiden, die sich bei der Untestellung dieser Folgen unter verschiedene Rechte ergeben würden, da die verschiedenen Rückabwicklungsbehelfe in den nationalen Rechtsordnungen nicht in gleicher Weise abgegrenzt werden.[724]

Zwar mag eine solche Konkurrenz zwischen den Rückabwicklungsbehelfen bei Schuldbeziehungen, die sich außervertraglich ergeben, seltener sein als bei Schuldverträgen. Ausgeschlossen ist sie aber auch dort nicht, und Gründe für eine Differenzierung zwischen vertraglichen und sonstigen Leistungspflichten sind ebenso wenig ersichtlich.[725]

b. Das Rechtsverhältnis als integrativer Bestandteil des Anknüpfungsmoments

Das der Leistung zugrundeliegende Rechtsverhältnis spielt im Rahmen von Art. 38 Abs. 1 in mehrfacher Hinsicht eine Rolle. Es ist nicht nur Voraussetzung für eine Anwendung des Abs. 1, sondern auch integrativer Bestandteil des Anknüpfungsmoments (oder -punkts), das das Statut des Rechtsverhältnisses bildet.

---

722 S. *Rauscher*, IPR, S. 262.

723 S. Erman/*Hohloch*, EGBGB Art. 38, Rdnr. 8.

724 S. *Fischer*, IPRax 2002, 1 (2); BT-Dr. 14/343 v. 1.2.1999, 8.

725 Vgl. *Fischer*, IPRax 2002, 1 (2).

Wie bereits oben angesprochen[726], kann der Wortlaut des Art. 38 Abs. 1 dahingehend missverstanden werden, dass ein wirksames Rechtsverhältnis vorliegen muss. Da die Norm aber auch und vor allem Fälle umfasst, in denen das Rechtsverhältnis nichtig ist, ist in diesem Fall natürlich an das vermeintliche oder hypothetische Statut des Rechtsverhältnisses anzuknüpfen, d.h. an das Recht, das auf das Rechtsverhältnis anzuwenden wäre, wenn es wirksam wäre.[727] So richtet sich die Kondiktion von Unterhaltszahlungen, die ein Mann an seine mit ihm in nichtiger Ehe zusammenlebende Frau geleistet hat, nach dem hypothetischen Ehewirkungsstatut. Die ungerechtfertigte Bereicherung eines Erben auf Kosten eines anderen ist nach dem Recht zurückzuerstatten, das das Erbstatut beherrscht.[728]

Das Rechtsverhältnis ist der Grund für das Behaltendürfen im Rahmen einer (außer-) vertraglichen Beziehung. Im Anschluss an die gemeinrechtliche Terminologie wird die Leistungskondiktion überlicherweise in Fallgruppen untergliedert. Kriterien hierfür bilden die Umstände, auf denen der Mangel des die Leistung rechtfertigenden Grundes beruht.[729] Der vorwiegend aus dem Sachrecht bekannten begrifflichen Differenzierung wird auch im Bereicherungskollisionsrecht gefolgt:

Die Akzessorietätsregel des Art. 38 Abs. 1 gilt zunächst für den Hauptanwendungsfall der Leistungskondiktion, die condictio indebiti, die Fälle umfasst, in denen der rechtliche Grund für die Leistung von Anfang an gefehlt hat[730]. In diesem Fall ist für Bereicherungsansprüche das Statut des von Anfang an unwirksamen Rechtsverhältnisses maßgeblich.

Möglich ist aber auch, dass der Rechtsgrund erst nach der Leistung wegfällt (condictio ob causam finitam). Für Art. 38 Abs. 1 ist es aber - wie für Art. 32 Abs. 1 Nr. 5 - unerheblich, ob die Verpflichtung zur Leistung entweder nie bestand oder später weggefallen ist.[731] In letzterem Fall gilt das Statut des entfallenen Rechtsverhältnisses.

---

726 S.o. Dritter Teil C.II.1.a.cc(3)(a).

727 S. *v. Hoffmann*, IPR, § 11, Rdnr. 3, m. weiteren Nachweisen in Fn. 9.

728 *Plaßmeier*, Bereicherung, S. 334.

729 Vgl. *Medicus*, Bürgerliches Recht, Rdnr. 689.

730 S. *Medicus*, Bürgerliches Recht, Rdnr. 689.

731 So auch *Siehr*, IPR, S. 261.

Problematisch ist hingegen die condictio ob rem oder condictio causa data non secuta. Kondiktionsgrund ist hier der Nichteintritt des mit der Leistung bezweckten Erfolges.[732] Dazu aber näher unten.[733]

c. Wandelbarkeit des Leistungskondiktionsstatuts[734]

Die Anknüpfung an das Statut des der Leistung zugrundeliegenden Rechtsverhältnisses hat den weiteren Vorteil, dass das Leistungskondiktionsstatut unwandelbar ist. Ein Statutenwechsel, d.h. ein Wechsel des auf die Leistungskondiktion anwendbaren Rechts durch Veränderung der anknüpfungserheblichen Tatsachen[735], ist grundsätzlich nicht möglich. Ein solcher kann nur über eine nachträgliche, aber ex tunc wirkende[736] Rechtswahl der Parteien nach Art. 42 herbeigeführt werden. Aufgrund der akzessorischen Anknüpfung beeinflusst aber auch eine Rechtswahl im Hinblick auf das Grundverhältnis anzuwendende Recht (etwa nach Art. 27 Abs. 1[737]) das Bereicherungsstatut.

d. Zusammenfassung zur Regelanknüpfung

In Anlehnung an Art. 32 Abs. 1 Nr. 5 legt der erste Absatz des Art. 38 für Leistungskondiktionen eine akzessorische Anknüpfung der lex condictionis an das Statut des Rechtsverhältnisses fest, auf das sich die Leistung bezog. In diesem Zusammenhang ist es unerheblich, ob der rechtliche Grund für das Behaltendürfen von Anfang gefehlt hat oder erst nach der Leistung weggefallen ist. Im erstgenannten Fall ist an das Statut des vermeintlichen Rechtsverhältnisses anzuknüpfen, im zweiten Fall ist das Statut des später weggefallenen Rechtsverhältnisses maßgeblich. Durch diese akzessorische Anknüpfung wird nicht nur eine einheitliche Abwicklung des Gesamtverhältnisses gewährleistet, sondern auch die grundsätzliche Unwandelbarkeit des Leistungskondiktionsstatuts, das nur durch eine nachträgliche Rechtswahl

---

[732] Vgl. *Medicus*, Bürgerliches Recht, Rdnr. 691.

[733] S.u. Dritter Teil C.II.3.f.

[734] S. dazu auch *Busse*, Bereicherungsrecht, S. 234.

[735] Ein Statutenwechsel kann auch durch einen Kollisionsnormenwechsel entstehen, s. *v. Hoffmann*, IPR, § 5, Rdnr. 99.

[736] Zu den Wirkungen einer wirksamen Rechtswahl s.o. Dritter Teil B.IV.1.

[737] Art. 27 entspricht Art. 3 EVÜ.

nach Art. 42 oder etwa nach Art. 27 von den Parteien beeinflusst werden kann.

3. Besonderheiten

a. Mehrere in Betracht kommende Rechtsverhältnisse im Zweipersonenverhältnis

aa. Einführung in die Problematik

Die Anknüpfung an das Statut des Rechtsverhältnisses bereitet Schwierigkeiten, wenn mehrere zwischen den Parteien bestehende Rechtsverhältnisse zur Auswahl stehen. Insbesondere im Handels- und Wirtschaftsverkehr kommt es vor, dass zwischen Kaufleuten mehrere Kaufverträge über Waren geschlossen wurden, auf die hin der Kondiktionsgläubiger geleistet haben kann. Eine solche Konstellation ist aber nicht nur in den Fällen, die Art. 32 Abs. 1 Nr. 5 zuzuweisen sind, denkbar, sondern auch im Rahmen des Anwendungsbereichs von Art. 38 Abs. 1. So ist es möglich, dass der Kondiktionsgläubiger dem Kondiktionsschuldner beispielsweise nicht nur aus Delikt, sondern auch zu einer Unterhaltsleistung oder aus Vertrag verpflichtet ist. Will der Leistende nun kondizieren und besteht Statutenverschiedenheit zwischen den die Leistung möglicherweise veranlassenden Grundverhältnissen, so ist die Frage entscheidend, welcher obligatorischen Beziehung die Leistung zuzuordnen ist. Zusätzliche Relevanz erhält das Problem in solchen Fällen, in denen nur eines der in Betracht kommenden Verhältnisse fehlerhaft ist und somit einen Bereicherungsanspruch eröffnet, das andere hingegen nicht.[738]

Zwar sind die Mehrpersonenverhältnisse - wie sich später zeigen wird - das praktische Hauptanwendungsgebiet dieser Zuordnungsproblematik, doch kann sich die Frage - wie gezeigt - auch im Zweipersonenverhältnis ergeben, so dass sie schon an dieser Stelle erörtert wird.[739]

---

[738] *Plaßmeier*, Bereicherung, S. 337.

[739] Zu den Drei- und Mehrpersonenverhältnissen s.u. Dritter Teil C.II.3.j.

bb. Das Zwecksetzungskriterium als Ausgangspunkt

Ausgangspunkt der Untersuchung ist zunächst die Norm selbst. Diese fordert nur einen Bezug der Leistung zum Rechtsverhältnis, an dessen Statut angeknüpft wird. Die Auslegung der Norm hat bereits oben ergeben, dass sich aus der Vorschrift selbst keine zwingende Aussage zu dem „wie" des Bezuges und damit zusammenhängend zum Leistungsbegriff entnehmen lässt.[740] Dies ist aber gerade der Sinn der „offen formulierten" Vorschrift, die gerade dem Rechtsanwender die inhaltliche Ausgestaltung bei Zuordnungsproblemen überlassen will.[741] Wie bereits oben erläutert[742], erfolgt die Auslegung aber grundsätzlich lege fori.

In seinem Gutachten stellt *Schlechtriem*[743] dennoch den Parteiwillen – entsprechend dem im deutschen Sachrecht maßgeblichen Zwecksetzungskriterium[744] - in den Vordergrund, wobei er aber eine Überlagerung dieser parteiautonomen Zuordnung durch andere Gesichtspunkte für möglich hält. Die generelle Maßgeblichkeit der Absichten der Parteien, insbesondere der Zwecksetzung durch die Parteien, ist kollisionsrechtlich nicht bedenklich und wird folglich von der Kollisionsrechtswissenschaft auch nicht bestritten, zumal das deutsche materielle Bereicherungsrecht gezeigt hat, dass dieses Element in den meisten Fällen zu sachgerechten Ergebnissen führt. Es ist aber darauf hinzuweisen, dass eine Abweichung von dieser stereotypen Formel in bestimmten Fällen geboten ist, wenn das Ergebnis ausnahmsweise als nicht interessengerecht erscheint und eine Korrektur aus Wertungsgesichtpunkten angebracht ist.[745]

Das Zwecksetzungskriterium ist also der Ausgangspunkt für die Lösung der vorliegend interessierenden Fälle.

---

[740] S.o. Dritter Teil C.II.1.a.cc(1)(d).

[741] S. *Schlechtriem*, Bereicherungsansprüche, S. 29 (41); dazu schon oben im Dritten Teil C.II.1.a.cc(1)(d).

[742] S.o. Dritter Teil C.II.1.a.aa(3), C.II.1.a.cc(4).

[743] Vgl. *Schlechtriem*, Bereicherungsansprüche, S. 29 (41).

[744] Nachweise zum Schrifttum und zur Rechtsprechung oben in Fn. 599 und 600.

[745] So konstatiert etwa der VII. Senat des Bundesgerichtshofes für das Sachrecht in Zusammenhang mit den Mehrpersonenverhältnissen, dass sich „jede schematische Lösung verbietet und es stets auf die Besonderheiten des Einzelfalls ankommt", vgl. BGHZ 87, 393 ff. = NJW 1983, 2499 ff., in st. Rspr.; s. dazu *Flume*, NJW 1984, 464 ff..

cc. Die Maßgeblichkeit des objektiven Empfängerhorizonts

Probleme ergeben sich bei der unklaren Zuordnung der Leistung kollisionsrechtlich dann nicht, wenn sich die Parteien darüber einig waren, auf welches Rechtsverhältnis hin geleistet wurde. Denn wie *Schlechtriem*[746] zu Recht feststellt, ist zunächst der übereinstimmende Parteiwille zu beachten. In diesem Fall ist das Statut des von den Parteien für maßgeblich gehaltenen Rechtsverhältnisses heranzuziehen.

Die eigentliche Problematik entsteht erst dann, wenn ein Dissens der Parteien über die Zuordnung der Leistung zu einem Rechtsverhältnis vorliegt. Denkbar ist beispielsweise, dass bei der Überweisung versehentlich ein falscher Verwendungszweck angegeben wurde, so dass der Empfänger von der Erfüllung seines Unterhaltsanspruchs ausging, während der Leistende eigentlich seine Schuld aus Delikt tilgen wollte.

In diesem Fall bestehen mehrere Lösungsmöglichkeiten, die schon vor dem IPRG 1999 Anlass für eine rege Auseinandersetzung waren:

Schlechtriem[747] spricht sich zunächst grundsätzlich dafür aus, von der Betimmung des faktisch Leistenden auszugehen. Allerdings schließt er auch eine Berücksichtigung der Erwartungen des Empfängers nicht gänzlich aus. Jedoch stellt er ausdrücklich fest, dass ein Dissens zwischen den Parteien in Bezug auf die Zuordnung der Leistung nicht ausreicht, um eine andere (räumliche) Anknüpfung vorzuschlagen. Im Ergänzungsgutachten von 1985 spezifiziert er seine Meinung dahingehend, dass auch die „objektive Erklärungsbedeutung“ des vom Zuwendenden bewirkten Verhaltens für die zuordnende Zweckbestimmung entscheidend sein kann.[748]

Den objektiven Empfängerhorizont hält auch *Plaßmeier*[749] in Anlehnung an die im Sachrecht gewonnenen Erkenntnisse für ausschlaggebend.

Andere wiederum, wie z.B. *Lorenz*[750], stellen den übereinstimmenden Parteiwillen in den Mittelpunkt der Zuordnungsfrage. Dies hat zur Folge, dass

---

[746] S. *Schlechtriem*, Bereicherungsansprüche, S. 29 (41).

[747] Siehe *Schlechtriem*, Bereicherungsansprüche, S. 29 (41, insbes. Fn. 39).

[748] Vgl. *Schlechtriem*, IPRax 1985, 65 (66).

[749] S. *Plaßmeier*, Bereicherung, S. 337 ff..

bei einem fehlenden Einverständnis über das Rechtsverhältnis nicht mehr von einer Leistungskondiktion im Anknüpfungssinn gesprochen werden kann und deshalb eine lokale Anknüpfung entsprechend Art. 38 Abs. 3 durchzuführen ist.

Für *Lorenz* Lösung spricht natürlich, dass sie davor bewahrt, eine Entscheidung zugunsten der einen und zu Lasten der anderen Partei zu fällen. Ihr ist aber auch entgegenzuhalten, dass sie nicht der Intention entspricht, die der Gesetzgeber mit den neuen Abs. 1 und 3 verfolgte. Die Anknüpfung in Art. 38 Abs. 1 wird vom Prinzip der engsten Verbindung getragen, das sozusagen die moderne Version des *Savignyschen*[751] Bildes vom „Sitz des Rechtsverhältnisses" darstellt.[752] Liegt ein Rechtsverhältnis vor, auf das sich eine Leistung bezogen haben kann, so soll dieses auch für die Anknüpfung maßgeblich sein, da es die engste zwischen den Parteien bestehende Verbindung darstellt. In den vorliegend relevanten Zweipersonenverhältnissen liegen auch (vermeintliche) Rechtsverhältnisse vor, und auf eines hat sich die Leistung ja mit Sicherheit bezogen. Zwar kann man eine akzessorische Anknüpfung noch über Art. 41 Abs. 2 Nr. 1 1. Fall herbeiführen, doch wird zunächst die Möglichkeit einer räumlichen Anknüpfung ermöglicht. Außerdem hätte man im Rahmen von Art. 41 ebenfalls das Problem der Zuordnung der Zuwendung zu einem Rechtsverhältnis, da zu diesem Rechtsverhältnis die engste Verbindung bestehen wird. Zum anderen hat Abs. 3 den Zweck, den Bereicherungsschuldner, der die Bereicherung ohne eigenes Zutun oder eigene Veranlassung häufig sogar aufgedrängt erhalten hat, zu begünstigen und zu schützen.[753]. Der Bereicherungsschuldner hat die Leistung hier aber nicht aufgedrängt erhalten, vielmehr lag sie auch in seinem Interesse, da sie der Erfüllung der Verpflichtung aus einem Schuldverhältnis diente. Der Bereicherungsschuldner wusste auch von den die Leistung begründenden Schuldverhältnissen und von dem auf diesem anwendbaren Recht, so dass die Anknüpfung für ihn auch nicht überraschend kommt. Er ist also nicht schutzwürdig, so dass eine räumliche Anknüpfung nach Art. 38 Abs. 3 hier m.E. abzulehnen ist. Außerdem muss man - wie sich noch zeigen wird - nicht

---

[750] Vgl. *Lorenz*, IPRax 1985, 328 (329); ders., FS Zweigert, S. 199 (211 ff.); so auch MüKo/*Kreuzer*, I Vor Art. 38, Rdnr. 12, *Reithmann/Martiny*, Internationales Vertragsrecht, Rdnr. 340.

[751] S. *v. Savigny*, Römisches Recht, S. 1 ff.; s. dazu *Picone/Wengler*, IPR, S. 1 ff..

[752] Vgl. *Junker*, RIW 2000, 241 (243).

[753] S. BT-Dr. 14/343 v. 1.2.1999, 9; *v. Caemmerer*, Gutachten, S. 1 (6); *Schlechriem*, Bereicherungsansprüche, S. 29 (57).

zwingend Abs. 3 heranziehen, um einer möglichen Benachteiligung des Empfängers entgegenzuwirken.

Die Frage nach der Anwendbarkeit des Abs. 1 trotz Dissenses der Parteien in Bezug auf die Zuordnung der Leistung zu einem Rechtsverhältnis ist also positiv zugunsten der Vorschrift geklärt. Offen bleibt nur noch, bei der Zuordnung zu einem Rechtsverhältnis eine interessengerechte Lösung zu finden, die nicht eine der Parteien willkürlich bevorzugt oder benachteiligt. Die Entscheidung zugunsten des faktisch Leistenden, wie *Schlechtriem* sie zuerst vornehmen wollte, bevorzugt den Leistenden. Dafür spricht, dass den Zweck die Person setzt, die leistet. *Busse*[754] und das *MPI*[755] warfen *Schlechtriem* sogar vor, dass der Wortlaut des 38 I durch die Formulierung „bezogen ist" statt „zuzuordnen ist" auf den Willen des Leistenden ausgerichtet ist. Dem trat *Schlechtriem*[756] aber richtigerweise entgegen, indem er die Formulierung auch für andere Interpretationen zugänglich bezeichnete.
Die einseitige Beachtung des Willens des Leistenden stößt aber im Kollisionsrecht, wie im Sachrecht, auf Bedenken. Eine Orientierung an den im Sachrecht gewonnenen Erkenntnissen ist aber nur berechtigt, soweit diese sich auch auf der kollisionsrechtlichen Ebene durch Gesichtspunkte abstützen lassen, die dem angestrebten Ziel „internationalprivatrechtlicher Gerechtigkeit" Rechnung tragen.[757]

Die sachgerechteste Lösung besteht in der Heranziehung des objektiven Empfängerhorizonts, wie es auch im Sachrecht herrschende Meinung[758] ist. Stellt man auf den objektiven Empfängerhorizont ab, so wird man beiden Parteien gerecht: Keine der Parteien hat es in der Hand, das Bereicherungsstatut zu bestimmen. Vielmehr muss sich der Leistende an das halten, was er objektiv durch sein Verhalten erklärt hat. Damit hatte auch der Leistende die Möglichkeit durch ein klares Verhalten den Bezug der Leistung zu einem Rechtsverhältnis deutlich zu machen. Verzichtet er auf derart klarstellende Maßnahmen, so muss er sich die Folgen auch zurechnen lassen. Dies ist auch aus Gründen des Verkehrsschutzes sinnvoll. Einer einseitigen Bevorteilung des Empfängers wird wiederum durch die Objektivität der Betrachtungsweise entgegengewirkt. Eine rein subjektive Beurteilung scheidet aus, da die

---

[754] S. *Busse*, Bereicherungsrecht, S. 247.
[755] Vgl. *MPI*, Unveröffentlichte Stellungnahme, A.I.2.b., S. 3.
[756] S. *Schlechtriem*, IPRax 1985, 65 (66).
[757] So *Schlechtriem*, Bereicherungsansprüche, S. 29 (73 f.).
[758] Vgl. für viele Palandt/*Sprau*, § 812, Rdnr. 41.

Interessen des Empfängers derjenigen des Leistenden nicht derart vorzugswürdig sind, dass ihm allein die Frage der Anknüpfung überlassen bleiben könnte, und andrerseits auch der Leistende nicht als grundsätzlich schutzwürdiger zu betrachten ist als sein Kontrahent.[759]
Sollten die Parteien dennoch mit dem ermittelten Bereicherungsstatut nicht einverstanden sein, so können sie dieses immer noch nachträglich über eine Rechtswahl gem. Art. 42[760] ändern.

Im Ergebnis bleibt Art. 38 Abs. 1 also in den hier interessierenden Fällen des Dissenses über die Zuordnung der Leistung zu einem von mehreren in Frage kommenden Rechtsverhältnissen anwendbar, indem in einem ersten Schritt über den objektiven Empfängerhorizont ein Bezug der Leistung zu einem Rechtsverhältnis zu ermitteln ist. Die offene Formulierung des Art. 38 Abs. 1 gestattet es, in einem zweiten Schritt eine „Gegenprobe" zu vollziehen und das Ergebnis aus Wertungsgesichtspunkten - falls erforderlich - zu korrigieren oder zu präzisieren.

dd. Zusammenfassung zu den Fällen mehrerer in Betracht kommender Rechtsverhältnisse im Zweipersonenverhältnis

Probleme ergeben sich bei einer akzessorischen Anknüpfung im Rahmen von Art. 38 Abs. 1, wenn mehrere zwischen den Parteien (vermeintlich) bestehende Rechtsverhältnisse zur Verfügung stehen.
Art. 38 Abs. 1 verlangt für eine akzessorische Anknüpfung, dass das Rechtsverhältnis zu der Leistung einen Bezug aufweist. In diesem Zusammenhang sind vorrangig die Absichten der Parteien in Form der von ihnen verfolgten Zwecksetzung zu beachten. Eine Berücksichtigung anderer Kriterien bleibt aufgrund der offenen Formulierung des Art. 38 Abs. 1 aber möglich. Ein Folgeproblem stellt die Konstellation dar, dass die Ansichten der Parteien über die Zuordnung der Leistung zu einem Rechtsverhältnis divergieren. In diesem Fall entscheidet primär der objektive Empfängerhorizont über die Zuordnung. Wenn es jedoch wiederum aus Wertungsgründen geboten erscheint, kann auch hier von dem gefundenen Ergebnis abgewichen werden.

---

[759] Vgl. *Plaßmeier*, Bereicherung, S. 338.
[760] Zur nachträglichen Rechtswahl s.o. Dritter Teil B.

b. Deliktisches Ursprungsverhältnis

Vor der Reform wurde diskutiert, wie es sich auf das Bereicherungsstatut auswirkt, dass das deliktische Ursprungsverhältnis aufgrund des überwiegend vertretenen Wahlrechts des Geschädigten zwischen dem Recht am Handlungs- und Erfolgsort (sog. Ubiquitätsregel)[761] verschiedenen Rechtsordnungen unterliegen kann.[762]

Einigkeit bestand darüber, dass der Geschädigte aufgrund der von der herrschenden Rechtswissenschaft vertretenen Akzessorietät des Leistungskondiktionsstatuts zum Deliktsstatut damit auch für das Bereicherungsverhältnis die für ihn günstigere Rechtsordnung bestimmen kann.[763]

Dieses Ergebnis hat durch das IPRG 1999 Bestätigung gefunden. Über Art. 38 Abs. 1 wird akzessorisch an das Deliktsstatut angeknüpft, das sich nach Art. 40 bestimmt. Art. 40 Abs. 1 Satz 2 stellt ausdrücklich fest, dass dem Verletzten ein Optionsrecht zwischen dem Recht am Handlungsort und dem am Erfolgsort zukommt.[764] Wird nun ein Anspruch aus Leistungskondiktion geltend gemacht, so muss der Geschädigte sein Wahlrecht im ersten Rechtszug bis zum Ende des frühen ersten Termins oder dem Ende des schriftlichen Vorverfahrens ausüben (Art. 40 Abs. 1 Satz 3). Macht er von seinem Wahlrecht keinen Gebrauch, so wird an das Recht am Erfolgsort angeknüpft. In Abweichung zur früheren gewohnheitsrechtlichen Lage ist das Gericht in diesem Fall nicht dazu verpflichtet, das für den Geschädigten günstigere Recht zu ermitteln.[765] Über sein deliktisches Wahlrecht kann der Geschädigte also Einfluss auf das Leistungskondiktionsstatut nehmen.

Schwierigkeiten bereitet jedoch speziell die Frage, ob der Geschädigte auch im Bereicherungsprozess an sein bereits in einem früheren Prozess ausgeübtes Wahlrecht gebunden ist. Diese Problematik wird im Deliktskollisionsrecht kontrovers diskutiert.[766] Ansatzpunkt ist die dogmatische Einordnung des

---

[761] S. Palandt/*Heldrich*, BGB, 56. Aufl., EGBGB 38, Rdnr. 3, m. weiteren Nachweisen.

[762] Siehe etwa *Busse*, Bereicherungsrecht, S. 108, 249.

[763] Vgl. *Busse*, Bereicherungsrecht, S. 108, 249.

[764] Zu den Anforderungen an die Ausübung des Bestimmungsrechts: *Freitag/Leible*, ZVglRWiss 2000, 101 (130); *Spickhoff*, IPRax 2000, 1 (6 f.).

[765] Zum früheren Günstigkeitsvergleich siehe Palandt/*Heldrich*, EGBGB 40, Rdnr. 4.

[766] Siehe dazu eingehend *Freitag/Leible*, ZVglRWiss 2000, 101 (117 ff.).

Optionsrechts. Fasst man das Bestimmungsrecht als kollisionsrechtliches Gestaltungsrecht mit prozessualer Ausübungsschranke auf, so ist der Gläubiger an die einmal getroffene Wahl gebunden, und das zuvor bestehende ius variandi erlischt.[767] Allerdings ist eine Anfechtung denkbar.
Geht man hingegen im Hinblick auf Art. 40 Abs. 1 S. 3 von einem rein prozessualen Optionsrecht aus, so ergibt sich zwar die Konsequenz, dass die Ausübung (spätestens) mit dem Präklusionszeitpunkt unwiderruflich ist; dagegen bindet die Ausübung des Optionsrechts in einem Rechtsstreit den Verletzten in Folgeprozessen nicht, sondern beeinflusst lediglich das anwendbare Recht für den konkreten Streitgegenstand im jeweiligen Verfahren.[768] Begrenzt wird die Möglichkeit eines Wechsels zwischen Erfolgs- und Handlungsortrecht danach lediglich durch die Rechtskraft eines bereits zwischen den Parteien ergangenen Urteils.[769]

Für eine prozessübergreifende Bindungswirkung des Wahlrechts spricht die Rechtssicherheit und die Vermeidung von „Rosinenpicken“.[770] Letzteres wurde auch schon nach altem Recht abgelehnt.[771] Außerdem steht Art. 40 im gleichen Unterabschnitt wie Art. 42, dessen Rechtswahl auch materiell verstanden wird. Erklärtes Ziel des Art. 40 I ist darüber hinaus die Ökonomisierung des Verfahrens, die aber nur durch die Bindungswirkung gefördert wird. Ein gut beratener Beklagter würde ansonsten regelmäßig mehrere Prozesse hintereinander und nach unterschiedlichen Rechten führen, um einzelne Schadenspositionen möglichst weitgehend liquidieren zu können.[772]

Aus diesem Grund ist das Optionsrecht m.E. als kollisionsrechtliches Gestaltungsrecht zu verstehen. Deshalb entfaltet ein einmal im Prozess ausgeübtes Wahlrecht sowohl für weitere Schadensersatzprozesse, sowie auch für einen bereicherungsrechtlichen Folgeprozess Bindungswirkung.[773]

---

[767] S. *Freitag/Leible*, ZVglRWiss 2000, 101 (117 ff.); *v. Hein*, NJW 1999, 3174 (3175); *v. Hoffmann*, IPRax 1996, 1 (5).

[768] S. *Lorenz*, NJW 1999, 2215 (2217); einschränkend *Spickhoff*, IPRax 2000, 1 (5 f.), der zwar eine rein prozessuale Qualifikation vornimmt, aber eine derartige „Rosinentheorie“ als unvereinbar mit der „angestrebten Waffengleichheit“ der Parteien ansieht.

[769] Vgl. *Lorenz*, NJW 1999, 2215 (2217).

[770] Zur sog. „Rosinentheorie“ s. *v. Hein*, NJW 1999, 3174 ff..

[771] S. *Freitag/Leible*, ZVglRWiss 2000, 101 (118), m.w.N. in Fn. 70.

[772] Vgl. *Freitag/Leible*, ZVglRWiss 2000, 101 (118).

[773] So auch Palandt/*Heldrich*, EGBGB 40, Rdnr. 4, m. weiteren Literaturnachweisen.

Nicht beantwortet werden soll vorliegend die Frage, wie sich eine gespaltene Ausübung des Optionsrechts - Ersatz des materiellen Schadens nach dem Recht des Handlungsortes, Schmerzensgeld nach dem Recht des Erfolgsortes - auf das Leistungskondiktionsstatut auswirkt. Denn die Zulässigkeit einer solchen Spaltung des Wahlrechts als typisch deliktskollisionsrechtliches Problem ist für die Praxis bisher noch ungeklärt.[774]

c. Fälle des Dissenses

Die Untersuchung hat bereits ergeben, dass in Fällen des Dissenses zwischen den möglichen Vertragsparteien nicht Art. 32 Abs. 1 Nr. 5, sondern Art. 38 heranzuziehen ist.[775]

Im deutschen materiellen Recht wird, beruhend auf §§ 154, 155 BGB, zwischen einem versteckten und einem offenen Einigungsmangel differenziert. Die Unterscheidung ergibt sich daraus, ob sich die Parteien über die divergierenden Willenserklärungen im Klaren waren (offener Dissens) oder ob beide zunächst irrtümlich von einer Einigung ausgingen (versteckter Dissens).

Lag ein versteckter Einigungsmangel vor, so spricht nichts dagegen, über Art. 38 Abs. 1 eine akzessorische Anknüpfung an das vermeintliche Vertragsstatut vorzunehmen. In diesem Fall sind die Parteien nämlich zunächst von einem wirksamen Vertrag ausgegangen und haben auch im Hinblick auf einen solchen geleistet. Eine akzessorische Anknüpfung entspricht also ihrem Willen.

Anders verhält es sich allerdings beim offenen Dissens. Die Leistung wird sich nur auf den Vertrag bezogen haben, wenn diese vor dem Offenkundigwerden des Scheiterns erfolgt ist. Ansonsten liegt weder aus der Sicht des Leistenden, noch aus der Sicht des (objektiven) Empfängers eine Leistung in Bezug auf ein Rechtsverhältnis vor. Aus diesem Grund ist eine räumliche Anknüpfung nach Art. 38 Abs. 3 vorzunehmen, die dem Zuwendenden als eine Bevorzugung des Empfängers auch zuzumuten ist, da der Zuwendende hier geleistet hat, obwohl er wusste, dass kein Vertrag zustandegekommen ist.

---

[774] S. *Junker*, RIW 2000, 241 (248).
[775] S.o. Dritter Teil C.II.1.a.dd(1).

Denkbar ist aber auch, dass die Leistung vor den eigentlichen Vertragsverhandlungen erfolgte, bei denen dann ein Einigungsmangel offenkundig wurde. In diesem Fall bezog sich die Leistung auf einen Vertrag, über dessen Abschluss sich die Parteien im Zeitpunkt der Leistung auch noch einig waren.[776] Auch hier rechtfertigt sich eine akzessorische Anknüpfung[777], zumal der Leistende auch im Vertrauen auf den Vertragsabschluss gehandelt hat. Eine räumliche Anknüpfung nach Art. 38 Abs. 3 würde einseitig den Empfänger bevorzugen, was dem Leistenden aufgrund seiner Ahnungslosigkeit in Bezug auf das Nichtzustandekommen des Vertrages nicht zuzumuten ist.

Eine solche Vorleistung kann aber auch in einem Vorvertrag vereinbart worden sein. Richtigerweise ist dann aber bei der Rückgewährung der Vorleistung(en) an das Statut des Vorvertrages anzuknüpfen, da der Vorvertrag ein im Rahmen von Art. 38 Abs. 1 eigenständig zu berücksichtigendes Rechtsverhältnis darstellt.[778]

Sofern also ein versteckter Einigungsmangel vorliegt, ist uneingeschränkt akzessorisch nach Art. 38 Abs. 1 anzuknüpfen. War der Dissens bei der Leistung allerdings bekannt, so ist eine lokale Anknüpfung nach Art. 38 Abs. 3 zu vollziehen. Anders verhält es sich nur, wenn die Leistung vor den eigentlichen Vertragsverhandlungen, die dann an einem offenen Dissens scheitern, im Hinblick auf einen Vertragsabschluss mit übereinstimmendem Parteiwillen erfolgte. In diesem Fall ist eine akzessorische Anknüpfung nach Abs. 1 gerechtfertigt.

---

[776] Es handelt sich hierbei nicht um einen Fall der condictio ob rem. Denn diese ist unter anderem nur dann gegeben, wenn eine Partei im Hinblick auf einen bereits *bestehenden* Vertrag und zur Erreichung eines darüber hinausgehenden Zwecks leistet oder wenn eine Partei im Hinblick auf einen möglichen Vertragsabschluss leistet, wobei nur eine Einigung der Parteien im Hinblick auf die Zuwendung und nicht auf den Vertragsabschluss vorlag; zur condictio ob rem näher u. Dritten Teil C.II.3.f.

[777] Siehe *Busse*, Bereicherungsrecht, S. 108 Fn. 115.

[778] Vgl. *Busse*, Bereicherungsrecht, S. 108; Soergel/*Lüderitz*, Anh I Art. 38, Rdnr. 37; OLG Frankfurt a. M. IPRspr. 1956/57, Nr. 33.

d. Anwendung von UN-Kaufrecht im zugrundeliegenden Rechtsverhältnis

In jeder Rechtsordnung werden wohl Vorschriften zur Rückabwicklung von den von Art. 38 Abs. 1 umfassten Fallkonstellationen vorhanden sein. Vor Probleme wird der Rechtsanwender dann gestellt, wenn UN-Kaufrecht[779] im zugrundeliegenden Rechtsverhältnis anwendbar ist. Denn das sachrechtsvereinheitlichende Übereinkommen enthält keine generellen Regeln zur bereicherungsrechtlichen Rückabwicklung von Kaufverträgen. In den meisten Fällen handelt es sich dabei um ein Problem des vertraglichen Schuldrechts, dessen Rückabwicklung - wie dargestellt - in den meisten Fällen nicht Art. 38 Abs. 1, sondern Art. 32 Abs. 1 Nr. 5 regelt.

Schwierigkeiten können sich aber auch im Anwendungsbereich des Art. 38 Abs. 1 ergeben, wie folgendes Beispiel zeigt: Verlangt der deutsche Fabrikant A vom italienischen Kaufmann B Ware zurück, die er diesem schon geliefert hat, obwohl der Kaufvertrag wegen versteckten Dissenses nicht zustandegekommen ist, so ist gem. Art. 38 Abs. 1 an das Statut des vermeintlichen Kaufvertrages anzuknüpfen.[780] In diesem Fall ist das auf den Vertrag anwendbare Recht das UN-Kaufrecht, das den Artt. 27 ff. gem. Art. 21 EVÜ, Art. 3 Abs. 2 S. 1 vorgeht. Auch hier ist man vor die Frage gestellt, nach welchen Regeln die Rückabwicklung zu erfolgen hat. Vor das gleiche Problem wird man etwa in den Fällen einer Kondiktion einer Zuvielleistung aus einem Kaufvertrag gestellt. Klar ist, dass die Lösung für die Fälle des Art. 32 Abs. 1 Nr. 5 und des Art. 38 Abs. 1 einheitlich erfolgen sollte.

Vorrangig sind solche Lücken im UN-Kaufrecht gem. Art. 7 Abs. 2 Var. 1 UN-Kaufrecht nach den allgemeinen Grundsätzen, die dem Übereinkommen immanent sind, zu lösen. Die Lücken, die das UN-Kaufrecht aber im Hinblick auf die bereicherungsrechtliche Rückabwicklung von Kaufverträgen aufweist, sind nach herrschender Ansicht[781] gem. Art. 7 Abs. 2 Var. 2 UN-Kaufrecht

---

[779] S.o. Fn. 93.

[780] Zur Anwendbarkeit von Art. 38 Abs. 1 auf die Fälle des Dissenses s.o. Dritter Teil C.II.3.c.

[781] Strittig ist, ob das Vertragsstatut nach den Kollisionsnormen des Gerichtsstaates zu ermitteln ist (h.M.) oder ob neue, von der lex fori losgelöste Anknüpfungen zu entwickeln sind, s. dazu *Achilles*, CISG, Art. 7, Rdnr. 7 ff.; *Busse*, Bereicherungsrecht, S. 15; Honsell/*Melis*, Art. 7, Rdnr. 12 ff.; *Kropholler*, IPR, S. 458; Palandt/ *Heldrich*, EGBGB

durch diejenige Rechtsordnung zu füllen, auf die das forumstaatliche IPR verweist (sog. Lückenfüllungsstatut). In Deutschland ist Bereicherungsstatut also das nach Art. 38 Abs. 1 i.V.m. Art. 27 ff. auf den vermeintlichen Vertrag anzuwendende Recht. Zu diesem Ergebnis ist in neuerer Zeit auch das *OLG München*[782] in einem ähnlichen Fall gekommen.

Dem tritt *Schmied*[783] entgegen, der die Artt. 81 ff. UN-Kaufrecht, bzw. die sich daraus ergebenden Grundsätze in allen Rückabwicklungsfällen anwenden will. Wie *Busse*[784] aber zu Recht feststellt, bereitet die Ansicht *Schmieds* vor allen Dingen dann Probleme, wenn das „Lückenfüllungsstatut", z.B. bei fehlender Geschäftsfähigkeit gem. Art. 4 Satz 2 lit. a UN-Kaufrecht, die Unwirksamkeit des Vertrages anordnet. Auch hier könnte man die Artt. 81 ff. (analog) auf die Rückabwicklung anwenden. Die Konsequenz ist aber, dass der grundsätzlich wünschenswerte Zusammenhang zwischen der Unwirksamkeitsanordnung und den Rückabwicklungsmodalitäten auseinandergerissen wird.

Bedenken gegen *Schmieds* Ansatz bestehen auch, wenn man sich vor Augen führt, dass er impliziert, dass der Wille des Übereinkommens dahin geht, für alle Fälle der Rückabwicklung von Kaufverträgen eine allgemeingültige Aussage treffen zu wollen. Die Artt. 81 ff. sind hingegen ausdrücklich auf die Aufhebung von Verträgen beschränkt. Die Einordnung als allgemeinen Grundsatz setzt aber voraus, dass er in mehreren Vorschriften zu finden ist.[785] Außerdem beschränkt sich das UN-Kaufrecht grundsätzlich auf Fälle, in denen ein Vertrag zustandegekommen ist und wirksam ist und bei dem sich erst nach Vertragsschluss im Zuge der Vertragserfüllung ein Grund für die nachträgliche Aufhebung und Vernichtung des Vertrages ergibt. Deshalb ist auch nur für den Fall der Aufhebung eine Rückabwicklung vorgesehen. Alle anderen Fallkonstellationen, in denen der Vertrag erst gar nicht zustandegekommen ist oder unwirksam sein könnte - z.B. bei fehlender Geschäftsfähigkeit -, unterliegen nach Art. 4 Satz 2 lit. a UN-Kaufrecht nicht dem Übereinkommen. Gerade bei Verträgen, die aufgrund der Geschäftsunfähigkeit einer Vertragspartei unwirksam sind, stellt sich die Frage warum das UN-

---

28, Rdnr. 7 m. weiteren Rechtsprechungs- und Literaturnachweisen; Schlechtriem/*Ferrari*, Art. 7, Rdnrn. 44 ff..

[782] S. OLG München RIW 1998, 559 (560).

[783] S. *Schmied*, UN-Kaufrecht, S. 173.

[784] S. *Busse*, Bereicherungsrecht, S. 115.

[785] S. Soergel/*Lüderitz/Fenge*, CISG, Art. 7, Rdnr. 10.

Kaufrecht Grundsätze für die Rückabwicklung aufstellen wollen sollte, wenn es schon nicht die Frage nach der Gültigkeit des Vertrages als Kondiktionsgrund regeln will. Es ist also eher davon auszugehen, dass das UN-Kaufrecht die Fälle, in denen die Gültigkeit des Vertrages in Frage steht, einheitlich, d.h., von der Frage der Ungültigkeit bis zur Rückabwicklung nicht regeln will. Es ist also äußerst fraglich, ob die in Artt. 81 ff. enthaltenen Aussagen zu den Grundsätzen zählen, die sich anhand der Einzelbestimmungen des Abkommens als verallgemeinerungsfähig zeigen sollen.

Aus diesen Gründen ist es überzeugender das Bereicherungsstatut nach Artt. 38 Abs. 1, 27 ff. zu bestimmen, wenn UN-Kaufrecht im zugrundeliegenden Rechtsverhältnis anwendbar ist.

e. Fälle von Zuvielleistung im Zweipersonenverhältnis

aa. Zuvielleistung in Zusammenhang mit einem Rechtsverhältnis

Mitte der achtziger Jahre hatte der *BGH*[786] über einen Fall mit Auslandsbezug zu entscheiden, in dem irrtümlich das 10-fache der eigentlich geschuldeten Summe geleistet wurde. In diesem Fall wurde eine Bank zwischengeschaltet, so dass der kollisionsrechtliche Schwerpunkt auf der Bewältigung von Anweisungsfällen lag. Eine solche Zuvielleistung ist aber auch im Zweipersonenverhältnis denkbar. Will der Leistende den überschüssigen Betrag nun kondizieren, so ist Art. 38 heranzuziehen, da die Wirksamkeit des Vertrages nicht in Frage gestellt wird.

In diesem Kontext weist *Schlechtriem*[787] ausdrücklich darauf hin, dass hier gem. Art. 38 Abs. 1 an das Statut der Schuldbeziehung anzuknüpfen ist, die Anlass für die nicht geschuldete Mehrleistung war. Neben einer generellen Anwendung von Abs. 3 bestände aber noch die Möglichkeit, die Leistung zu unterteilen und nur die bereicherungsrechtliche Rückabwicklung der Mehrleistung Art. 38 Abs. 3 zu unterstellen. Dies hätte aber eine sog. dépeçage, d.h. eine Spaltung des auf die bereicherungsrechtliche Rückabwicklung anwendbaren Rechts, zur Folge. Mit *Reuter/Martinek*[788] ist jedoch festzuhalten,

---

[786] Siehe BGH NJW 1987, 185 ff. = IPRax 1987, 186 f. m. Anm. *Jayme,* 186 f..

[787] S. *Schlechtriem*, Bereicherungsansprüche, S. 29 (57).

[788] S. *Reuter/Martinek*, Ungerechtfertigte Bereicherung, S. 776 f..

dass eine dépeçage im Internationalen Bereicherungsrecht grundsätzlich verhindert werden sollte. Aus diesem Grund kommt eine gespaltene Anknüpfung nicht in Frage.

Eine akzessorische Anknüpfung an das Statut der Schuldbeziehung ist hingegen zu befürworten, da die Leistung sowohl aus der Sicht des (objektiven) Empfängers, als auch aus der Sicht des Leistenden im Hinblick auf das Schuldverhältnis erfolgte. Außerdem wurde der Überschuss unmittelbar zusammen mit dem vertraglich Geschuldeten zugewendet, so dass ein untrennbarer Zusammenhang besteht. Eine Anwendung des Abs. 1 hält auch einer teleologischen Überprüfung stand. Zwar beruht das Kondiktionsbegehren auf einem Fehlverhalten des Leistenden, doch wird der Empfänger durch eine Anknüpfung an das Vertragsstatut nicht unangemessen benachteiligt, da er dieses kannte und gegebenenfalls im Wege einer Rechtswahl beeinflussen konnte. Ferner kam die Leistung für ihn an sich auch nicht überraschend oder unerwartet.
Für eine Anwendung des Abs. 1 muss aber ein direkter Bezug der Leistung zum Rechtsverhältnis bestehen. Das ist dann der Fall, wenn die Mehrleistung unmittelbar mit der geschuldeten Leistung zusammen erfolgt.

bb. Zuvielleistung unabhängig von einem Rechtsverhältnis

Denkbar ist aber auch, dass der Schuldner zeitlich nach der Zuwendung des aus dem Rechtsverhältnis Geschuldeten, d.h. davon unabhängig, nochmals irrtümlich den Gläubiger als Empfänger einer Leistung, die von ihrer Art der Geschuldeten entspricht, aus einem mit einer anderen Person bestehenden Schuldverhältnis benennt. Hier handelt es sich zwar um eine „Zuvielleistung" im Wortsinn, da über die geschuldete Leistung hinaus noch etwas mehr erbracht wird, doch ist die Konstellation eher mit einem Fall der abgeirrten Zahlung oder Leistung, der zunächst Art. 38 Abs. 3 unterliegt[789], zu vergleichen. Denn in diesem Fall kann der Empfänger zunächst nicht anders behandelt werden als eine fremde Person, an die irrtümlich eine Zahlung oder Leistung ergeht. Dieser erhält die Zuvielleistung auch ungewollt, wenn diese nicht in Zusammenhang mit der geschuldeten Leistung steht. Aus der Sicht des objektiven Empfängers ist dies infolge der zeitlichen Verzögerung auch nicht mehr als Leistung mit Bezug zum Rechtsverhältnis anzusehen, da

---

[789] Zu den abgeirrten Leistungen s.u. Dritter Teil D.II.

Leistung und Zuvielleistung zeitlich und sachlich auseinanderfallen. In dieser Fallkonstellation ist zunächst auf Art. 38 Abs. 3 zurückzugreifen.

Über Art. 41 Abs. 2 Nr. 1 1. Fall kann aber eine Anknüpfung an das Statut des Rechtsverhältnisses als wesentlich engerer Verbindung in Frage kommen[790], da das Rechtsverhältnis weiterhin die engste Verbindung zwischen den streitenden Parteien darstellt. Es wird auch meistens im Sinne der Parteien sein, das Statut des Rechtsverhältnisses entscheiden zu lassen, mit dessen Anwendung sie bei Streitigkeiten rechnen mussten und das sie durch eine Rechtswahl unter Umständen beeinflussen konnten.

cc. Zusammenfassung zu den Fällen von Zuvielleistung im Zweipersonenverhältnis

Im Anwendungsbereich des Art. 38 liegen die Fälle, in denen der Schuldner dem Gläubiger mehr leistet, als er diesem eigentlich schuldet. Eine akzessorische Anknüpfung an das Statut des zwischen den Parteien bestehenden Rechtsverhältnisses über Art. 38 Abs. 1 ist dann vorzunehmen, wenn die Zuvielleistung unmittelbar zusammen mit der geschuldeten Leistung erfolgt (z.B. in einem Zahlungsvorgang). Anders verhält es sich, wenn die Zuvielleistung zeitlich und sachlich unabhängig von einem zwischen den Parteien bestehenden Rechtsverhältnis erfolgt. In diesem Fall ist Art. 38 Abs. 3 heranzuziehen. Eine Anknüpfung an das Statut des Rechtsverhältnisses über Art. 41 Abs. 2 Nr. 1 ist aber nicht ausgeschlossen.

f. Condictio ob rem im Zweipersonenverhältnis[791]

Als ein Fall der Leistungskondiktion wird grundsätzlich auch die condictio ob rem[792] oder condictio causa data non secuta aufgefasst.[793] Sie umschreibt Fälle der Rückforderung wegen Nichteintritts des bezweckten Erfolges.[794]

---

[790] Vgl. *Schlechtriem*, Bereicherungsansprüche, S. 29 (58).

[791] S. dazu auch *Busse*, Bereicherungsrecht, S. 119 ff.; *Plaßmeier*, Bereicherung, S. 339 f..

[792] Die condictio ob rem wird auch als Zweckkondiktion bezeichnet.

[793] In kollisionsrechtlichem Kontext s. BGH WM 1967, 1042 ff. = IPRspr. 1966/67, Nr. 28.

[794] S. § 812 Abs. 1 Satz 2 Alt. 2 BGB; nicht eingegangen wird auf die im Sachrecht im Einzelnen streitige Abgrenzung der condictio ob rem zu den Fällen des Wegfalls der Geschäftsgrundlage, s. dazu bspw. *Fikentscher*, Schuldrecht, Rdnrn. 1103 ff..

Kollisionsrechtlich bietet es sich an, die condictio ob rem zunächst in zwei große Fallgruppen aufzuteilen[795]:

aa. Anknüpfung bei einer Leistung solvendi causa und zur Erreichung eines darüber hinausgehenden Zwecks

Die erste Fallgruppe betrifft Konstellationen, in denen auf eine rechtsgültige Verbindlichkeit hin geleistet wird, aber ein weiterer über die Erfüllung hinausgehender und von den Parteien einvernehmlich bezweckter - aber nicht einklagbarer Erfolg - ausbleibt.[796]

Eine bereicherungsrechtliche Rückabwicklung kommt über Art. 38 Abs. 1 in Frage, da die Wirksamkeit des Vertrages nicht angezweifelt wird. Das Problem bei der condictio ob rem, in Zusammenhang mit Art. 38 Abs. 1, liegt in der Natur des ersten Absatzes, der das Rechtsverhältnis in den Mittelpunkt der Kondiktion rückt. In diesem Fall steht jedoch nicht das (unwirksame) Rechtsverhältnis als Kondiktionsgrund im Vordergrund, sondern die Verfehlung eines besonderen Zwecks. Erfolgte die Leistung - wie hier – aber sowohl solvendi causa als auch zur Erreichung eines darüber hinausgehenden Zwecks und bleibt der Zweck aus, so bestehen keine Schwierigkeiten, unter Art. 38 Abs. 1 zu subsumieren und an das Statut des Rechtsverhältnisses anzuknüpfen; denn die Leistung bezog sich (zumindest auch) auf ein bestehendes Rechtsverhältnis.[797] In diesem Sinne hat das *OLG Düsseldorf*[798] entschieden, dass die Rückforderung eines Geschenkes des türkischen Brautvaters an den Bräutigamvater nach dem Schenkungsstatut zu erfolgen hat, wenn die Hochzeit wider Erwarten nicht stattgefunden hat.

---

[795] Auch *Reithmann/Martiny*, Internationales Vertragsrecht, Rdnrn. 346 f., nehmen eine Unterscheidung vor. Allerdings trennen die Autoren zwischen der condictio ob rem und der condictio causa data, causa non secuta, wobei letztere die vorliegend zuerst behandelte Fallgruppe umfasst.

[796] *Schlechtriem*, Schuldrecht, Rdnr. 652.

[797] S. *v. Bar*, IPR II, Rdnr. 734; *Reithmann/Martiny*, Internationales Vertragsrecht, Rdnr. 347; Soergel/*Lüderitz*, Anh I Art. 38, Rdnr. 37.

[798] Vgl. OLG Düsseldorf IPRspr. 1983, Nr. 49 = IPRax 1984, 270 (271) m. Anm. *Fudickar*, 253; so auch OLG Frankfurt a.M. IPRspr. 1988, Nr. 13.

bb. Anknüpfung bei einer Leistung im Hinblick auf ein erwartetes Verhalten oder Ereignis

Die zweite Fallgruppe betrifft Fälle, in denen kein Rechtsverhältnis zwischen den Parteien besteht und die Leistung im Hinblick auf ein erwartetes Ereignis oder Verhalten erfolgt (sog. Veranlassungsfälle).[799]

Mit *Busse*[800] ist in dieser Konstellation grundsätzlich danach zu unterscheiden, ob zwischen dem Leistenden und dem Empfänger Einigkeit über die Erbringung der Leistung bestand.[801]

(1) Vorliegen einer Einigung in Bezug auf die Leistung

Möglich ist, dass sich die Parteien über die Erbringung einer Leistung einig waren, ohne dass ein Vertragsabschluss gewollt und angestrebt war. Bsp.: Ein Deutscher hat an einen Franzosen zur Abwendung einer danach erwartungswidrig doch gestellten Strafanzeige eine bestimmte Summe gezahlt.[802] Die Parteien sind sich hier über die Leistung einig. Ein Vertrag ist jedoch weder von beiden Seiten angestrebt, noch gewollt, da das Geschäft verbotswidrig wäre.

In diesem Fall kommt eine Anknüpfung an die lex domicilii des Bereicherten über Art. 38 Abs. 3[803] oder über Art. 38 Abs. 1 an das Recht, das den „unmöglichen“ oder vereitelten Vertrag beherrscht hätte[804], in Betracht.[805] Die Frage ist hier konkret, welche Anforderungen an das von Art. 38 Abs. 1 voraus-

---

[799] S. *Reithmann/Martiny*, Internationales Vertragsrecht, Rdnr. 346.

[800] S. *Busse*, Bereicherungsrecht, S. 120 f..

[801] Um diese Differenzierung vornehmen zu können, muss allerdings die condictio ob rem auch auf die Fälle ausgedehnt werden, in denen keine Einigung über die Zuwendung bestand. Dies wird im Sachrecht mit dem Erfordernis einer Rechtsgrundabrede zwischen den Parteien abgelehnt. *Busse*, Bereicherungsrecht, 120 f., legt aber anschaulich dar, dass auch der genannte Fall unter die condictio ob rem fällt. Der Fall der Zusendung unbestellter Ware - der in der Literatur oft inkonsequenterweise als Beispiel für eine condictio ob rem genannt wird - kann nämlich nur darunter fallen, wenn keine Rechtsgrundabrede notwendig ist.

[802] Beispiel von *Reithmann/Martiny*, Internationales Vertragsrecht, Rdnr. 346.

[803] S. *Reuter/Martinek*, Ungerechtfertigte Bereicherung, S. 781.

[804] Vgl. *Busse*, Bereicherungsrecht, S. 122; *Plaßmeier*, Bereicherung, S. 339 f..

[805] Unentschlossen *Reithmann/Martiny*, Internationales Vertragsrecht, Rdnr. 346.

gesetzte Rechtsverhältnis zu stellen sind. Reicht es aus, wenn ein solches noch nicht einmal angestrebt war und ungewollt war, aber eine Einigung über die Leistung vorlag?

Eine akzessorische Anknüpfung bereitet zunächst Probleme, da nicht sicher ist, wie die Rechtsordnung, die den verbotswidrigen Vertrag beherrscht hätte, zu bestimmen ist. Nach Art. 28 Abs. 2[806] ist das Recht des Staates anzuwenden, in dem die Partei, welche die charakteristische Leistung erbringt, im Zeitpunkt des Vertragsschlusses ihren gewöhnlichen Aufenthalt hat. Einigkeit besteht darüber, dass in diesem Rahmen die pekuniäre Leistung nicht die den Vertrag kennzeichnende Leistung ist.[807] Demnach ist in diesem Fall die Rücknahme der Strafanzeige die maßgebliche Leistung, so dass das Recht am gewöhnlichen Aufenthaltsort des Empfängers der Geldzahlung Vertragsstatut ist.[808]

Trotz dieser Schwierigkeiten ist eine Anwendung von Art. 38 Abs. 1 vorzugswürdig. Es ist nämlich nicht einzusehen, warum der Empfänger der Leistung in diesem Fall durch eine lokale Anknüpfung nach Art. 38 Abs. 3 bevorzugt werden sollte, da vorliegend das Verhalten beider Parteien gleichermaßen zu missbilligen ist. Ferner hat der Empfänger die Leistung nicht aufgedrängt erhalten. Eine Anwendung des Abs. 3 hätte zur Folge, dass der Empfänger einer abgeirrten Leistung[809], für den dies zutrifft, mit diesem gleichgestellt würde. Schon aufgrund dessen ist m.E. eine Anwendung des Abs. 3 in diesen Fällen zu verneinen und eine akzessorische Anknüpfung nach Abs. 1 vorzunehmen.

Wenn die Akzessorietätsregel für diesen Fall gilt, so muss sie auch für die Fälle der condictio ob rem gelten, in denen eine schuldrechtliche Bindung (noch) gar nicht gewollt war.[810] Dem *OLG Köln*[811] lag ein ähnlicher Fall wie dem bereits erwähnten Fall des *OLG Düsseldorf*[812] vor:

---

[806] S.o. Fn. 347.
[807] S. *v. Hoffmann*, IPR, § 10, Rdnr. 45.
[808] So auch *Busse*, Bereicherungsrecht, S. 122.
[809] Zur abgeirrten Leistung s.u. Dritter Teil C.II.3.j.dd(4).
[810] S. *Busse*, Bereicherungsrecht, S. 122 f..
[811] Vgl. OLG Köln NJW-RR 1994, 1026 ff..
[812] Siehe OLG Düsseldorf IPRspr. 1983, Nr. 49 = IPRax 1984, 270 (271) m. Anm. *Fudickar*, 253.

Die Bräutigameltern wollten Geld kondizieren, das sie den Brauteltern im Zuge einer bevorstehenden Hochzeit ihrer Kinder zugewendet hatten.

In diesem Fall lag - laut *Oberlandesgericht* - aber kein Schenkungsvertrag vor. Das *OLG* hat hier akzessorisch an das mögliche Vertragsstatut angeknüpft. Wenn ein Rechtsverhältnis nicht schon von beiden Seiten angestrebt wurde, so reicht es aus, wenn sich die Parteien über die Leistung einig waren. Wenn dies im oben genannten Fall galt, dann auch hier. Zumal die angeführten Urteile zeigen, dass die Gratwanderung zwischen der Annahme eines tatsächlichen Abschlusses eines (Schenkungs-) Vertrages und dem Vorliegen einer Übereinkunft mit nur (schenkungs- bzw.) vertragsähnlichem Charakter schmal ist. Eine Unterscheidung in der Anknüpfung ist im Vergleich zum oberen Fall hier auch nicht aufgrund einer besonderen Schutzwürdigkeit des Empfängers vorzunehmen.
Zusammenfassend bleibt also festzuhalten, dass im Falle einer Verfehlung des mit der Leistung, über deren Erbringung sich die Parteien einig waren, verfehlten Zwecks nach Art. 38 Abs. 1 akzessorisch an die Rechtsordnung anzuknüpfen ist, die darüber entscheidet, ob zwischen den Parteien ein Vertrag über die Leistung zustandegekommen ist.[813]

(2) Nichtvorliegen einer Einigung in Bezug auf die Leistung

Als Paradebeispiel einer condictio ob rem dient in der Literatur die Zusendung unbestellter Ware.[814] In diesem Fall wird dem Empfänger unaufgefordert eine Sache zwecks Abschluss eines Vertrages und Erbringung einer Gegenleistung geliefert. Beispiel: Unaufgeforderte Zusendung von Kinderpostkarten zur Weihnachtszeit.
Im Unterschied zu den bisher behandelten Fällen liegt hier gerade keine Einigung in Bezug auf die Leistung vor, da der Empfänger diese weder gefördert hat, noch im Voraus von ihrer Erbringung gewusst hat. In den meisten Fällen ist ihm die Leistung sogar lästig. Sowohl die Leistung als auch ein mögliches Rechtsverhältnis sind nur vom Leistenden gewollt.

Auch in diesem Fall kommt sowohl eine akzessorische Anknüpfung gemäß Art. 38 Abs. 1 an das vom Leistenden in Aussicht genommene Vertragsstatut in Betracht, als auch eine räumliche Anknüpfung nach Art. 38 Abs. 3.

---

813 So auch BGH WM 1967, 1042 (1043) = IPRspr. 1966/67, Nr. 28.
814 S. nur *Reuter/Martinek*, Ungerechtfertigte Bereicherung, S. 153.

Bei *Busse*[815] ergibt sich die Antwort aus den Anforderungen, die er an das Merkmal des „Rechtsverhältnisses“ stellt. Er will die Akzessorietätsregel nur in den Fällen anwenden, in denen ein Rechtsverhältnis bestand oder beachtlicherweise *gemeinsam* angestrebt wurde. Unter dieser Voraussetzung wäre Abs. 1 hier nicht heranzuziehen. Eine solche Einschränkung ist dem Wortlaut des Art. 38 Abs. 1 aber nicht zu entnehmen. Dazu merkt *Busse*[816] in einem späteren Aufsatz zur Reform an, dass eine Einschränkung unter Umständen auch an dem Begriff „bezogen“ in Abs. 1 festgemacht werden kann.

Fraglich ist also, ob sich aus dem viertem Anwendungsmerkmal eine inhaltliche Einschränkung der dritten Anwendungsvoraussetzung ergibt. Wie bereits ausgeführt[817], kommt es zur Feststellung des Bezuges der Leistung zu einem möglichen Rechtsverhältnis grundsätzlich auf die Sicht des objektiven Empfängers an. Der objektive Empfänger entscheidet also grundsätzlich auch über das „ob“ des Bezuges. Rechtlich[818] ist in der Zusendung unbestellter Ware ein Vertragsantrag (§ 145 BGB) zu sehen.[819] Der Verbraucher wird im deutschen Recht speziell durch § 241 a BGB geschützt, da kein Vertrag, etwa durch Ingebrauchnahme (§ 151 BGB), zustande kommt. Nur die Zahlung oder ausdrückliche Annahme lassen einen Vertrag zustande kommen.[820] Der Empfänger geht vorliegend also keine Bindung ein. Dies wird meistens auch in den Schreiben deutlich, die den Zusendungen beigefügt sind, indem dort von einer „freiwilligen“ Gegenleistung die Rede ist. Ein Kausalverhältnis existiert in der Vorstellung des Empfängers nicht, da eben nur ein Antrag des Leistenden vorliegt. Art. 38 Abs. 1 erfasst typischerweise Fälle, in denen die Parteien zunächst von einem Rechtsverhältnis ausgingen und erst später dessen Unwirksamkeit festgestellt wird. Das heißt: Im Zeitpunkt der Leistung müssen der Leistende und der Empfänger die Leistung und das Rechtsverhältnis gewollt und angestrebt haben. Ansonsten bezieht sich die Leistung unter Berücksichtigung des objektiven Empfängerhorizonts gar nicht auf ein (vermeintliches) Rechtsverhältnis, da der Empfänger nicht im Hinblick auf ein Rechtsverhältnis agiert hat.

---

[815] S. *Busse*, Bereicherungsrecht, S. 101 ff., 245 ff..

[816] Vgl. *Busse*, RIW 1999, 16 (17 Fn. 14).

[817] S. oben Dritter Teil C.II.3.a.cc.

[818] Vorliegend wird die Beurteilung des deutschen Sachrechts herangezogen. Dies rechtfertigt sich durch die oben begründete Auslegung der Begrifflichkeiten des Art. 38 Abs. 1 nach der lex fori; s.o. Dritter Teil C.II.1.a.aa(3).

[819] S. Palandt/*Heinrichs*, § 241 a, Rdnr. 3.

[820] Str., s. Palandt/*Heinrichs*, § 241 a, Rdnr. 3.

Zusammenfassend ist also festzuhalten, dass sich aus dem Bezogenheitsmerkmal ergibt, dass eine Leistung nur auf ein Rechtsverhältnis bezogen sein kann, wenn ein solches bestand oder gemeinsam angestrebt worden ist. Für den Fall der Zusendung unbestellter Ware ist die Konsequenz, dass auf Art. 38 Abs. 3 zurückzugreifen ist. Dieses Ergebnis ist auch aus Wertungsgesichtspunkten erstrebenswert, da der Leistende dem Empfänger über Art. 38 Abs. 1 ein Bereicherungsstatut aufoktroyieren könnte. Der Empfänger ist in diesem Fall aber - ähnlich dem Empfänger einer abgeirrten Leistung[821] - schutzwürdig, da er auf die Leistung keinen Einfluss genommen hat. Im materiellen Recht hat der Gesetzgeber der Schutzwürdigkeit des Empfängers – wie bereits erwähnt - mit § 241 a BGB Rechnung getragen.[822] Der Schutz des Empfängers sollte auch kollisionsrechtlich gewährleistet sein. Ist ein Rechtsverhältnis also nicht vom Leistenden angestrebt worden und/oder lag keine Einigung über die Leistung vor, so ist eine lokale Anknüpfung nach Art. 38 Abs. 3 gerechtfertigt. Dies ist dem Absender der Ware auch zuzumuten, da er auf eigene Gefahr in Kenntnis der Ablehnung seiner Leistung durch den Empfänger gehandelt hat.[823] Am Fall der Zusendung unbestellter Ware zeigt sich, dass eine Leistungskondiktion nach deutschem Sachrecht[824] nicht zwingend nach den kollisionsrechtlichen Grundsätzen zur Leistungskondiktion behandelt wird.

Obwohl gegen dieses Ergebnis wohl keine Einwände erhoben werden, könnte die Vorgehensweise bemängelt werden. Denn die vorgenommene Auslegung des Anwendungsmerkmals „Rechtsverhältnis“, die sich aus dem Bezogenheitsmerkmal des Abs. 1 ergibt, bleibt hinter dem Wortlaut der Vorschrift zurück und stellt damit eine teleologische Reduktion dar. So stellt *Fischer*[825] fest, dass es immer problematisch ist, „in einem neuen Gesetz die schon vor Erlass bekannten und nicht berücksichtigten Einschränkungsvorschläge durch eine einschränkende Auslegung zu verwirklichen“. Dagegen bestehen hier aber keine Bedenken, da der Gesetzgeber solche Fälle, in denen die Bereicherung ohne eigenes Zutun oder eigene Veranlassung erhalten wird, in den Materialien ausdrücklich Abs. 3 zugewiesen hat.[826] Die gesetzliche

---

[821] Zu den Fällen abgeirrter Leistungen s.u. Dritter Teil C.II.3.j.dd(4), D.II.1.a.

[822] Zur Kritik an dieser Vorschrift vgl. etwa Palandt/*Heinrichs*, § 241 a, Rdnrn. 1, 5.

[823] S. wohl auch *Busse*, Bereicherungsrecht, S. 123 f.; *Lorenz*, IPRax 1985, 328 (329).

[824] Gem. § 812 Abs. 1 S. 2 Var. 2 BGB ist die condictio ob rem als Leistungskondiktion zu behandeln.

[825] Vgl. *Fischer*, IPRax 2002, 1 (3).

[826] S. BR-Dr. 759/98 v. 4.9.1998, 18.

Regelung wird hier also nur im Geiste des Gesetzes eingeschränkt, das nur zum Zwecke der sprachlichen Knappheit derart weit formuliert wurde. Andere Möglichkeiten, das gewünschte Ergebnis zu erreichen, sind auch nicht ersichtlich. Zum Beispiel wäre es schwierigs, nach einer Anknüpfung gem. Art. 38 Abs. 1 über Art. 41 Abs. 1 eine wesentlich engere Verbindung zum Aufenthaltsort des Empfängers nachzuweisen.

cc. Zusammenfassung zur condictio ob rem im Zweipersonenverhältnis

Die Fälle der condictio ob rem bereiten keine Schwierigkeiten, wenn neben der Erreichung eines besonderen Zwecks auch eine Leistung solvendi causa erfolgte. Hier ist gem. Art. 38 Abs. 1 an das Statut des Rechtsverhältnisses anzuknüpfen, aus dem sich die Verpflichtung ergab.

Es ist aber auch möglich, dass eine Leistung nur im Hinblick auf ein erwartetes Verhalten oder Ereignis erbracht wird. Obwohl die auf kollisionsrechtlicher Basis durchgeführte Analyse der condictio ob rem gezeigt hat, dass für eine akzessorische Anknüpfung über Art. 38 Abs. 1 grundsätzlich erforderlich ist, dass ein Rechtsverhältnis bestand oder gemeinsam angestrebt wurde, ist in diesen Fällen eine Ausnahme zugunsten des ersten Absatzes des Art. 38 zu machen. Es reicht aus, dass zwischen den Parteien nur eine Einigung über die Erbringung der Leistung vorlag. Im Ergebnis ist die Einigung der Parteien im Hinblick auf die Erbringung der Leistung aber die zwingende Minimalvoraussetzung für eine akzessorische Anknüpfung nach Abs. 1. Liegt eine solche Einigung nicht vor, wie z.B. bei der Zusendung unbestellter Ware, ist das maßgebliche Recht über Art. 38 Abs. 3 zu bestimmen.

g. Nichtanwendung der Akzessorietätsregel bei nur angenommenem gesetzlichen Schuldverhältnis?

Nach *Busse*[827] rechtfertigt sich eine akzessorische Anknüpfung nicht, wenn der Leistende nur irrtümlich davon ausgeht, er sei dem Empfänger aufgrund Deliktes verpflichtet, obwohl in Wirklichkeit keine unerlaubte Handlung vorlag. Er befürwortet in diesem Fall eine Anknüpfung an den Ort des Bereicherungseintritts, unabhängig davon, ob der Empfänger selbst von einem

---

[827] Vgl. *Busse*, Bereicherungsrecht, S. 102.

deliktischen Anspruch ausgegangen ist. Fraglich ist, ob dieser Ansatz nach dem bereits Festgestellten haltbar ist.

Eben wurde dargelegt, dass ein Rechtsverhältnis zumindest von beiden Seiten angestrebt sein muss. Dies bezog sich aber auf die vertraglichen Schuldverhältnisse. Die gesetzlichen Schuldverhältnisse entstehen gerade unabhängig vom Parteiwillen aufgrund Gesetzes. Für diese Fälle muss man die Anforderungen an ein Rechtsverhältnis dahingehend präzisieren, dass die rechtlichen Voraussetzungen zur Begründung eines solchen Schuldverhältnisses aus der Sicht beider Beteiligten vorgelegen haben müssen.

Busses Ansatz ist auf diesem Hintergrund dann nachvollziehbar, wenn nur der Leistende von einer Verpflichtung aufgrund eines gesetzlichen Schuldverhältnisses ausging. Denn dann sind gerade nicht beide Parteien von einem solchen Rechtsverhältnis ausgegangen. Dieser Fall wird wohl aber nie vorkommen, da der Verpflichtete nur leisten wird, wenn es der Empfänger von ihm verlangt hat. Es liegt nämlich in der Natur der gesetzlichen Schuldverhältnisse, dass bei diesen - anders als bei einem Schuldvertrag - der Leistende weniger Interesse an seiner eigenen Leistung hat, da er keine Gegenleistung erwartet. Die Leistung hat nur ein Erlöschen seiner Verpflichtung zur Folge. So wird beispielsweise der Deutsche dem Franzosen nur dann Schadensersatz für das von ihm in Deutschland beschädigte Kraftfahrzeug zahlen, wenn der geschädigte Franzose darauf drängt und auf die unrechtmäßige Verursachung durch den Deutschen verweist.

Anders verhält es sich, wenn beide Parteien von einer deliktischen Verpflichtung ausgehen, da dann das Rechtsverhältnis in der Vorstellung beider Parteien existiert. Ein solches Rechtsverhältnis besteht nur vom Gesetz her nicht. Es ist aber nicht einzusehen, warum hier eine Unterscheidung zu bspw. den Fällen des Irrtums im Vertragsrecht gemacht werden sollte, wo auch eine akzessorische Anknüpfung erfolgt. Bei einem Irrtum wird der Vertrag nachträglich vernichtet und ist als von Anfang an nichtig anzusehen. Allerdings ist es hier Sache der Parteien, den Vertrag zu vernichten, indem eine Anfechtungserklärung abgegeben wird. Bei den gesetzlichen Schuldverhältnissen liegt es insofern anders, als dass sich aus dem Gesetz von vorneherein ergibt, dass eine Verpflichtung nicht besteht. Die Parteien haben hier keinen Einfluss.

Fraglich ist, ob es dieser Unterschied rechtfertigt, eine akzessorische Anknüpfung nach Art. 38 Abs. 1 abzulehnen. Die vorgenommene Definition des

„Rechtsverhältnisses" gibt eine solche Einschränkung - wie gezeigt - nicht her. *Busse* meint, dass in diesem Fall keine über die Leistung hinausgehende Verbindung zwischen den Parteien besteht. Dies ist zwar der Fall, aber so ist es bei Irrtumsfällen auch, denn nur in der Vorstellung der Parteien besteht eine vertragliche Verbindung. Eine Verbindung besteht hier in der gemeinsamen Annahme eines gesetzlichen Schuldverhältnisses. Dieses angenommene gesetzliche Schuldverhältnis ist die causa für die Vermögensmehrung. Erfolgt die Vermögensmehrung nach dem auf das gesetzliche Schuldverhältnis anwendbaren Recht, so sollte die Rückabwicklung als Rückweg auch nach diesem Recht beschritten werden. Es ist auch nicht einzusehen, warum der Empfänger der Leistung durch Anwendung des ihm günstigeren Rechts bevorteilt werden sollte, da er genauso wie der Leistende von einem Rechtsverhältnis ausgegangen ist und unter Umständen den Leistenden sogar noch bestärkt hat, die Leistung zu erbringen.

Deshalb soll eine akzessorische Anknüpfung auch dann erfolgen, wenn gar kein gesetzliches Schuldverhältnis bestand, ein solches von beiden Parteien aber angenommen wurde. Hält allerdings nur der Leistende ein solches für gegeben, so ist Art. 38 Abs. 1 nicht heranzuziehen, da es an den Voraussetzungen fehlt, die an ein Rechtsverhältnis im Sinne der Vorschrift für eine akzessorische Anknüpfung zu stellen sind.

h. Beachtung des Vernichtungsstatuts

Obwohl die grundsätzliche Maßgeblichkeit der lex causa condictionis in der geschichtlichen Entwicklung des Bereicherungskollisionsrechts bald nicht mehr in Zweifel gezogen wurde, wurde dennoch immer wieder Stellung zur Relevanz des sog. Vernichtungsstatuts genommen.[828] Danach soll die Rechtsordnung über den geltend gemachten Bereicherungsanspruch entscheiden, die die Nichtigkeit des Rechtsverhältnisses anordnet. Die Folge dessen ist eine dépeçage, d.h. eine Aufspaltung von Bereicherungsstatut und dem Statut des Rechtsverhältnisses. Von Bedeutung ist die Differenzierung zwischen dem

---

[828] S. dazu *v. Bar*, IPR II, Rdnr. 736; *Busse*, Bereicherungsrecht, S. 97 ff., 109 ff.; *Lorenz*, FS Zweigert, S. 199 (206 f.); *Plaßmeier*, Bereicherung, S. 259 ff., 308 ff.; *Schlechtriem*, Bereicherungsansprüche, S. 29 (35 f.); BGH NJW 1987, 3193 (3194); LG Frankfurt a.M. NJW-RR 1992, 109 f.; besonders in Österreich *Bydlinski*, Anm. zu OGH, ZfRvgl. 1961, 22 (30 ff.).

Vernichtungsstatut und dem Statut des Rechtsverhältnisses natürlich nur dann, wenn Statutenverschiedenheit vorliegt.

Obwohl mit der Entscheidung des Gesetzgebers zugunsten des Akzessorietätsgrundsatzes auch gleichzeitig eine Entscheidung gegen das Vernichtungsstatut gefallen ist, wird auch in jüngster Zeit eine mögliche Anknüpfung an das Statut des Unwirksamkeitsgrundes im Rahmen der Leistungskondiktion diskutiert.[829]
Dies liegt an dem Wesen der Fallgruppen, in denen das Vernichtungsstatut teilweise dennoch für ausschlaggebend gehalten wird. Allen Konstellationen ist gemein, dass eine Partei des Kondiktionsbegehrens aufgrund rechtlicher Wertungen besonders schutzwürdig erscheint. Die Anwendung des Vernichtungsstatuts wird vor allem in Bezug auf zwei Fallgruppen erörtert: Bei Nichtigkeit eines Vertrages wegen ordre-public-Verstoßes bzw. wegen Verstoßes gegen eine zwingende Norm nach Art. 34 oder bei Unwirksamkeit des Vertrages aufgrund fehlender Geschäftsfähigkeit nach Art. 7[830].

Die Maßgeblichkeit des Vernichtungsstatuts muss aber nur dann diskutiert werden, wenn die aufgeführten Fallgruppen in den Anwendungsbereich des vorliegend interessierenden Art. 38 fallen:

In Zusammenhang mit der ersten Fallgruppe hat der *BGH*[831] zu den Börsentermingeschäften entschieden. Hier lag ein Verstoß eines ausländischen Börsentermingeschäfts gegen das Börsengesetz über § 61 BörsG a.F.[832] vor, der über den speziellen ordre-public-Vorbehalt des Art. 34 relevant war. Hier hat der *Bundesgerichtshof* die bereicherungsrechtliche Rückabwicklung dennoch deutschem Recht unterstellt, obwohl Vertragsstatut eigentlich ausländisches Recht war. Da es hier aber um die bereicherungsrechtliche Rückabwicklung eines vertraglichen Schuldverhältnisses geht, lag das Problem eher im Anwendungsbereich des Art. 32 Abs. 1 Nr. 5. Genauso verhält es sich

---

[829] S. etwa *Fischer*, IPRax 2002, 1 (1 f.).

[830] S. dazu etwa *v. Bar*, IPR II, Rdnr. 735; *Degner*, RIW 1983, 825 (829); Soergel/*Lüderitz*, Anh I Art. 38, Rdnr. 35.

[831] S. BGH NJW 1987, 3181 (3183 f.); so auch OLG Frankfurt a.M. WM 1986, 449 (451); OLG Düsseldorf WM 1989, 50 (55); anders verhält es sich nun nach der Börsengesetznovelle von 1989, s. BGHZ 138, 331 ff. = IPRax 1999, 466 ff. m. Aufsatz von *Fischer*, 450 ff..

[832] Börsengesetz vom 22. Juni 1986, abgedruckt bei *Jayme/Hausmann*, Privat- und Verfahrensrecht, 3. Aufl., Nr. 65.

mit der zweiten Fallgruppe, in der es um die Rückabwicklung eines Vertrages aufgrund mangelnder Geschäftsfähigkeit geht.

Die Frage nach dem Vernichtungsstatut kann man nach der Reform nur dann im Anwendungsbereich des Art. 38 Abs. 1 diskutieren, wenn man der Ansicht *Busses*[833] folgt, der die neue Vorschrift grundsätzlich als Spezialregel gegenüber Art. 32 Abs. 1 Nr. 5 versteht. Für die Frage nach der Maßgeblichkeit des Vernichtungsstatuts schlägt *Busse*[834] eine teleologische Reduktion der Vorschrift vor, wenn Kondiktionsgrund die mangelnde Geschäftsfähigkeit ist.[835]

Wie bereits oben dargelegt[836], ist Art. 38 Abs. 1 aber nicht als lex specialis gegenüber Art. 32 Abs. 1 Nr. 5 anzusehen, so dass es bei dem gefundenen Ergebnis bleibt, dass die Problematik um das Vernichtungsstatut in den bis jetzt diskutierten Fallgruppen Art. 32 Abs. 1 Nr. 5 unterfällt.

An das Vernichtungsstatut müsste man aber auch dann im Rahmen von Art. 38 Abs. 1 denken, wenn das Statut, nach dem das gesetzliche Schuldverhältnis nicht bestand, gleichzeitig die weiteren Rechtsfolgen in einer für eine Partei vorteilhaften, vom Bereicherungsrecht der an sich berufenen Rechtsordnung jedoch abweichenden Weise anordnet.[837] Im Bereich der gesetzlichen Schuldverhältnisse ist bisher noch kein solcher Fall vor Gericht gewesen, noch ist ein solcher in der Literatur erörtert worden. Meistens wird wohl auch das Statut des gesetzlichen Schuldverhältnisses, das mit dem Bereicherungsstatut aufgrund der akzessorischen Anknüpfung identisch ist, über das Bestehen des Schuldverhältnisses urteilen, so dass eine Statutenverschiedenheit zwischen diesem Statut und dem Vernichtungsstatut kaum vorkommen wird.

Da die Diskussion um die Relevanz des Vernichtungsstatuts also vorwiegend in den Anwendungsbereich des Art. 32 Abs. 1 Nr. 5 fällt und für Art. 38 Abs. 1 eher theoretischer Natur ist, wird vorliegend nicht näher auf die

---

[833] S. *Busse*, RIW 1999, 16 (17 f.).
[834] Vgl. *Busse*, RIW 1999, 16 (17 Fn. 13).
[835] Kritisch zu dieser Vorgehensweise *Fischer*, IPRax 2002, 1 (3).
[836] S.o. Dritter Teil C.I.
[837] So *Schlechtriem*, Bereicherungsansprüche, S. 29 (36).

Problematik, ob und gegebenenfalls wie das Vernichtungsstatut Berücksichtigung findet[838], eingegangen.

i. Beachtung anderer Rechte bei Drohung

Das materielle deutsche Recht sieht in §§ 142 Abs. 1, 123 BGB zum Schutz der Freiheit der Willensentschließung eine Möglichkeit zur Anfechtung ex tunc vor, wenn der Vertrag durch widerrechtliche Drohung zustandegekommen ist. Der Schutz des Bedrohten geht weiterhin dahin, dass dieser als Anfechtender nicht zum Ersatz des Vertrauensschadens verpflichtet ist (vgl. § 122 BGB). Der schutzwürdige Bedrohte soll an den Vertrag nicht bebunden sein, d.h., dieser soll keine Wirkung entfalten.

Aufgrund dessen ist eine akzessorische Anknüpfung an das Vertragsstatut vor der Reform teilweise auf Widerstand gestoßen. Dadurch würde der Vertrag auch für den Bedrohten mittelbar Wirkung entfalten, indem er das Bereicherungsstatut bestimmt. So forderte etwa *Busse*[839] für die Fälle, in denen ein Vertrag durch Drohung zustandegekommen ist, eine Anknüpfung an das Statut des Rechtes am Ort des Bereicherungseintritts, wenn das Vertragsstatut für den Bedrohten von Nachteil ist. Im Mittelpunkt eines Kondiktionsbegehrens steht in diesem Fall aber die Unwirksamkeit eines Vertrages. Es handelt sich also um ein Problem, dass dem Anwendungsbereich des Art. 32 Abs. 1 Nr. 5 zuzuweisen ist.

Es stellt sich aber die Frage, ob das Recht am Ort des Bereicherungseintritts dann über Art. 38 Abs. 3 zur Geltung gebracht wird, wenn man Art. 32 Abs. 1 Nr. 5 in den Fällen der widerrechtlichen Drohung einschränkend auslegt. Eine solche Einschränkung lässt sich zunächst nicht an dem Wortlaut des Art. 32 Abs. 1 Nr. 5 festmachen. Allerdings bietet Art. 31 Abs. 2[840] einen Anhaltspunkt. Danach kann sich jede Partei für den Einwand, sie habe dem Vertrag nicht zugestimmt, auf die Vorschriften des Rechts an ihrem gewöhnlichen

---

[838] Zu Beachtlichkeit des Vernichtungsstatuts in Zusammenhang mit den Fällen des Art. 32 Abs. 1 Nr. 5 s. *Fischer*, IPRax 2002, 1 (2 f.).

[839] Vgl. *Busse*, Bereicherungsrecht, S. 103; RG IPRspr. 1928, Nr. 10; ähnlich *Kegel/Schurig*, IPR, S. 538; **a.A.** wohl MüKo/*Spellenberg*, Art. 32, Rdnr. 108: „Auf den Grund der Nichtigkeit oder Unwirksamkeit kommt es ... nicht an, und auch nicht darauf, ob sie ... durch ... Anfechtung eingetreten ist.“.

[840] Art. 31 entspricht Art. 8 EVÜ.

Aufenthalt berufen. Die Vorschrift soll eine Partei davor schützen, eine rechtsgeschäftliche Bindung ohne ihren Willen zu erhalten. Als typisches Beispiel des Art. 31 Abs. 2 gilt das kaufmännische Bestätigungsschreiben, in dessen Rahmen man bei bloßem Schweigen einer Partei von einer Zustimmung ausgeht. Aus dieser Vorschrift lässt sich entnehmen, dass der Bedrohte auf die Vorschriften am Ort seines gewöhnlichen Aufenthaltes zurückgreifen kann, wenn die Beurteilung nach dem Vertragsstatut nicht gerechtfertigt ist.[841]
Letzteres ist wie oben angesprochen der Fall.
Aus diesem Grund scheint es überzeugender, in den Fällen einer Drohung Art. 38 Abs. 3 heranzuziehen.

j. Leistungskondiktionen im Drei- oder Mehrpersonenverhältnis

aa. Einführung in die kollisionsrechtliche Problematik bei Mehrpersonenverhältnissen

Die Anwendung der Akzessorietätsregel bereitet keine Schwierigkeiten, wenn nur zwei Personen an der bereicherungsrechtlichen Rückabwicklung beteiligt sind. Probleme ergeben sich vor allem dann, wenn drei oder mehr Personen beteiligt sind und eine Zuwendung mit einer fremden Schuldrechtsbeziehung in Verbindung gebracht wird.[842] Bereits aus dem Sachrecht ist diese Problematik bekannt und wird auch dort kontrovers diskutiert.[843] *Schmidt*[844] bezeichnet die Mehrpersonenverhältnisse deshalb als „unerschöpflichen Quell von Prozessen und Problemen".

Die sich darum drehenden Fragen waren vor der Reform Anlass eines regen Meinungsaustausches.[845] Die Reform hat keine Klärung in Form einer speziell auf die Problematik zugeschnittenen Norm oder Sonderanknüpfung mit sich

---

[841] Vgl. Palandt/*Heldrich*, EGBGB 31, Rdnr. 5 (Anwendung des Art. 31 Abs. 2 auf Willensmängel); **a.A.** Erman/*Hohloch*, EGBGB Art. 31, Rdnr. 15.

[842] S. *Lorenz*, FS Zweigert, S. 199 (213).

[843] S. etwa *Flume*, NJW 1984, 464 ff.; *Larenz/Canaris*, Schuldrecht, S. 197 ff.; *Loewenheim*, Bereicherungsrecht, S. 30 ff.; *Medicus*, Bürgerliches Recht, Rdnrn. 669 ff.; MüKo/*Lieb*, § 812, Rdnrn. 28 ff.; Palandt/*Sprau*, § 812, Rdnrn. 44 ff..

[844] Vgl. *Schmidt*, Anm. zu BGH, JuS 1991, 75 (75).

[845] S. etwa *Busse*, Bereicherungsrecht, S. 175 ff.; *Lorenz*, FS Zweigert, S. 199 (213 ff.); *Plaßmeier*, Bereicherung, S. 340 ff., jeweils m.w.N..

gebracht. Vielmehr weist *Schlechtriem*[846] darauf hin, dass mit den vorhandenen Regelungen eine Bewältigung der Fälle möglich ist: „Nicht der Regierungsentwurf steht insoweit in Frage, sondern die richtige Subsumtion dieser Bereicherungsfälle unter die eine oder andere Kollisionsnorm." Eine Normierung der einzelnen Fallgruppen wurde von vorneherein abgelehnt, da ansonsten die Norm zu umfangreich geworden wäre und bereits Entscheidungen im Kollisionsrecht getroffen worden wären, die der Literatur und Judikatur vorbehalten bleiben sollen. Ausgangspunkt soll dabei Art. 38 Abs. 1 sein.[847] Entscheidend kommt es dann auf die Entscheidung über die richtige Zuordnung der Leistung zu einem Rechtsverhältnis an, welches im Rahmen der akzessorischen Anknüpfung erheblich ist.[848] Nur wenn eine solche Zuordnung nicht möglich ist, kommen Art. 38 Abs. 2 und Abs. 3 in Frage.[849]

bb. Methodisches Vorgehen

Bevor der Versuch unternommen wird, eine Lösung für die Drei- bzw. Mehrpersonenverhältnisse zu finden, muss das methodische Vorgehen geklärt werden.

Busse[850] hat sich in Zusammenhang mit den Mehrpersonenverhältnissen vor dem IPRG 1999 dafür ausgesprochen, zunächst allgemeine Grundsätze herauszuarbeiten und diese dann auf die Fallgruppen anzuwenden. Der Ausgangspunkt ist jetzt aber ein anderer. Es geht hier um die Subsumtion unter Normen, so dass sich eine Behandlung nach Fallgruppen anbietet. So wurde es auch vor der Reform von den meisten Kollisionsrechtswissenschaftlern[851] gehandhabt. Als Fallgruppen wurden vor allem die Verträge zugunsten Dritter, die Anweisungsfälle, Leistungen auf eine fremde Schuld und Zahlungen durch Sicherungsgeber diskutiert.

---

[846] *Schlechtriem*, IPRax 1995, 65 (66).

[847] Vgl. BT-Dr. 14/343 v. 1.2.1999, 8; Staudinger/*v. Hoffmann/Fuchs*, Art. 38 EGBGB, Rdnr. 18.

[848] S. *Schlechtriem*, Bereicherungsansprüche, S. 29 (72 ff.).

[849] Vgl. *v. Bar*, IPR II, Rdnr. 736.

[850] Vgl. *Busse*, Bereicherungsrecht, S. 177 ff.; ders., RIW 1999, 16 (20).

[851] S. etwa *Lorenz*, FS Zweigert, S. 199 (214 ff.); *Plaßmeier*, Bereicherung, S. 341 ff.; *Rauscher*, IPR, S. 263 ff.; *Reuter/Martinek*, Ungerechtfertigte Bereicherung, S. 787; *Schlechtriem*, Bereicherungsansprüche, S. 29 (74 ff.).

Ehe man jedoch feststellt, wie anzuknüpfen ist, bedarf es in einem ersten Schritt der Bestimmung der Rechtsnatur des Anspruchs, denn für fehlgeschlagene Leistungen und die Fälle der Bereicherung in sonstiger Weise sieht das Gesetz unterschiedliche Kollisionsnormen vor.[852] Zunächst ist also zu fragen, ob eine kollisionsrechtliche Leistung[853] des Anspruchstellers gegeben ist. Hat man die Rechtsnatur des Anspruchs bestimmt, so ist in einem zweiten Schritt zu entscheiden, welche Rechtsordnung, bzw. das Statut welches Rechtsverhältnisses, über das Kondiktionsbegehren entscheidet. Das vierte Anwendungsmerkmal des Art. 38 Abs. 1[854] erfordert eine Zuordnung der Leistung zu einem Rechtsverhältnis, an dessen Statut die Kondiktion dann akzessorisch anzuknüpfen ist.

cc. Die im Bereicherungskollisionsrecht maßgeblichen Interessen

Wie bereits angeklungen ist, spielen im Bereicherungsrecht - im Sachrecht wie im Kollisionsrecht - Wertungen eine große Rolle. Um ein interessengerechtes Ergebnis zu erzielen, müssen die maßgeblichen Interessen herausgearbeitet und bei der Zuordnung der Leistung zu einem Rechtsverhältnis berücksichtigt werden.

Im Internationalen Privatrecht gibt es eine Vielzahl von Interessen, die von Relevanz sein können, wie z.B. die Verkehrsinteressen und der Entscheidungseinklang. Unter den im Vordergrund stehenden spezifisch privatrechtlichen Zwecken und Interessen sind aber vor allem die persönlichen Intereressen der Beteiligten zu nennen.[855] Auch und vor allem im Bereicherungs(-kollisions-)recht besteht Einigkeit darüber, dass die Parteiinteressen ausschlaggebend sind. Dies zeigt sich zum Beispiel in der Einräumung von Rechtswahlbefugnissen (Art. 42)[856] oder etwa daran, dass die Zwecksetzung durch die Parteien für die Bestimmung des anknüpfungserheblichen Rechtsverhältnisses für maßgeblich gehalten wird[857].

---

[852] S.o. Dritter Teil A.II.2.

[853] Zur inhaltlichen Ausgestaltung des kollisionsrechtlichen Leistungsbegriffs s.o. Dritter Teil C.II.1.a.cc(1)(d).

[854] S.o. Dritter Teil C.II.1.a.cc(4).

[855] *Kropholler*, IPR, S. 32.

[856] Zur Rechtswahl s.o. Dritter Teil B.

[857] Dazu s.o. Dritter Teil C.II.3.a.bb.

Plaßmeier[858] will aus dem sachrechtlichen Leistungsbegriff Wertungen für das Kollisionsrecht ziehen. *Busse*[859] stellt zu Recht fest, dass eine Übertragung spezifischer Ausgestaltungen des deutschen Rechts in das Kollisionsrecht methodisch zweifelhaft ist und nicht ohne weiteres in Betracht kommt. Sicherlich ist es aber nicht falsch, von den aus dem Sachrecht bekannten Interessen zu profitieren, wenn man ihre kollisionsrechtliche Relevanz darlegt.[860] Dies rechtfertigt sich auch schon deshalb, weil die Bewältigung der Mehrpersonenverhältnisse, d.h. insbesondere die Zuordnung der Leistung zu einem Rechtsverhältnis, nach der lex fori erfolgt. Für das inländische Kondiktionsdreieck hat *Canaris*[861] ein bahnbrechendes Modell entwickelt, das inzwischen von der herrschenden Lehre[862] übernommen worden ist. Danach wird - auf die Essentialien verkürzt - das kondiktionsrechtliche Dreipersonenverhältnis von drei maßgeblichen Wertungskriterien[863] getragen:
Jeder Partei eines fehlerhaften Kausalverhältnisses sollen ihre Einwendungen und Einreden gegen den Vertragspartner erhalten bleiben. Keine Partei darf Einwendungen ausgesetzt werden, die aus einem Vertragsverhältnis des Partners zu einem Dritten („exceptiones ex iure tertii")[864] stammen. Jede Partei trägt nur das Insolvenzrisiko ihres Partners.[865]

Plaßmeier[866] zieht daraus Folgerungen für das Internationale Bereicherungsrecht. Natürlich sind die kollisionsrechtlichen Interessen nicht so konkret wie die sachrechtlichen, da das IPR ja gerade keine Entscheidung in der Sache

---

[858] Vgl. *Plaßmeier*, Bereicherung, S. 74 ff..

[859] S. *Busse*, RabelsZ 1998, 536 (539).

[860] So auch *Degner*, RIW 1983, 825 (830); *Lorenz*, FS Zweigert, S. 199 (218): „Die kollisionsrechtliche Lösung der im Rahmen dieser schuldrechtlichen Dreipersonenbeziehung auftretenden Störung sollte sich von Wertungen leiten lassen, die im internen Recht überwiegend als richtig anerkannt werden."; auch *Reithmann/Martiny*, Internationales Vertragsrecht, Rdnr. 348, weisen darauf hin, dass eine kollisionsrechtliche Einordnung der jeweiligen bereicherungsrechtlichen Konstellationen ohne eine Bezugnahme auf materiellrechtliche Vorstellungen des deutschen Rechts kaum möglich ist.

[861] S. *Canaris*, FS Larenz, S. 799 ff.; *Larenz/Canaris*, Schuldrecht, S. 246 ff..

[862] S. etwa *Esser/Weyers*, Schuldrecht, S. 47 f.; *Loewenheim*, Bereicherungsrecht, S. 28 ff..

[863] Als vierten, wenngleich auch weniger gewichtigen Gesichtspunkt, nennt *Canaris* noch die Aufrechterhaltung der Rollenverteilung im Prozess, s. *Larenz/Canaris*, Schuldrecht, S. 247.

[864] Vgl. *Larenz/Canaris*, Schuldrecht, S. 247.

[865] S. *Degner*, RIW 1983, 825 (830).

[866] S. *Plaßmeier*, Bereicherung, S. 74 ff..

trifft. Es wird also die materielle Einschätzung, welcher Beteiligte damit rechnen muss, als Schuldner Kondiktionsansprüchen ausgesetzt zu sein, und an wen sich der Kondiktionsgläubiger billigerweise soll halten können, in die kollisionsrechtliche Fragestellung hinein verlängert.[867] Es geht darum, die rechtliche Lage für die Betroffenen so durchsichtig wie möglich zu gestalten, so dass jede Person weiß, wem sie ausgesetzt ist und was sie erwartet. Zweifelsfrei lässt sich auf dieser Grundlage ein Rechtsanwendungsinteresse identifizieren, nämlich das Interesse einer Partei eines Bereicherungsanspruchs, bei der Rückabwicklung einer erbrachten Leistung oder Zuwendung nicht mit einer Rechtsordnung konfrontiert zu werden, die für sie nicht vorhersehbar war.[868] In welchem Umfang sich dieses Interesse auf die kollisionsrechtliche Behandlung von Bereicherungsansprüchen im Mehrpersonenverhältnis auswirken kann, hängt wiederum entscheidend von der Schutzwürdigkeit der betreffenden Partei ab.[869]

dd. Die einzelnen Fallgruppen

(1) Echte Verträge zugunsten Dritter

(a) Allgemeines

Unter dem Überbegriff „echte Verträge zugunsten Dritter“[870] werden diejenigen Fallgruppen verstanden, in denen nach der zwischen Gläubiger (= Versprechungsempfänger)[871] und Schuldner (= Versprechender)[872] getroffenen Absprache einem Dritten (= Begünstigter)[873] ein eigenes Forderungs-

---

[867] *Rauscher*, IPR, S. 263.

[868] Vgl. *Busse*, RabelsZ 1998, 536 (539); *Plaßmeier*, Bereicherung, S. 341.

[869] *Plaßmeier*, Bereicherung, S. 341, m. Beispielen.

[870] Anders *Hadding*, Bereicherungsausgleich, der die Verträge zugunsten Dritter als „Verträge zu Rechten Dritter“ bezeichnet.

[871] Der Versprechungsempfänger wird auch als Stipulant oder Promissar bezeichnet, vgl. *Fikentscher*, Schuldrecht, Rdnr. 248.

[872] Für den Versprechenden wird zuweilen auch die Bezeichnung Promittent verwendet, s. *Fikentscher*, Schuldrecht, Rdnr. 248.

[873] Der Begünstigte kann auch als Destinär deklariert werden, s. *Fikentscher*, Schuldrecht, Rdnr. 248.

recht auf die Vertragsleistung des Schuldners verliehen werden soll.[874] Das Verhältnis zwischen Schuldner und Gläubiger wird als Deckungsverhältnis[875], das zwischen Gläubiger und Drittem als Valutaverhältnis[876] und das zwischen Schuldner und Drittem als Zuwendungsverhältnis bezeichnet.[877]
Von den echten Verträgen zugunsten Dritter sind die Sachverhalte des unechten Vertrages zugunsten Dritter (Versionsfälle) zu trennen, in denen dem Dritten kein eigenes Forderungsrecht zusteht, sondern diesem die Vertragsleistung nur zugute kommen soll.[878]

Abb. 1 *Echter Vertrag zugunsten Dritter*

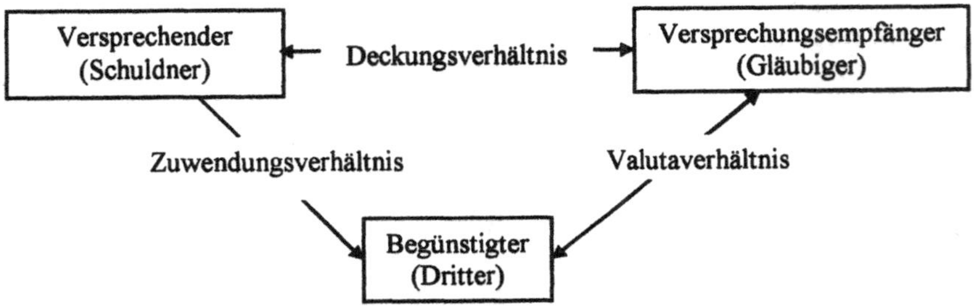

(b) Relevanz der Problematik für Art. 38 Abs. 1 EGBGB

Vorab soll die Frage geklärt werden, inwiefern die Problematik um die Verträge zugunsten Dritter überhaupt in den Anwendungsbereich des Art. 38 Abs. 1 fällt.

Jeder schuldrechtliche Verpflichtungsvertrag kann als Vertrag zugunsten Dritter abgeschlossen werden. Soll also die Rückabwicklung über das Statut

---

874 Vgl. *Lorenz*, FS Zweigert, S. 199 (218); Fallbeispiel bei Staudinger/*v. Hoffmann/Fuchs*, Art 38 EGBGB, Rdnr. 23.

875 Das Deckungsverhältnis kann auch als Hauptvertrag bezeichnet werde, s. *Lorenz*, FS Zweigert, S. 199 (218); *Reithmann/Martiny*, Internationales Vertragsrecht, Rdnr. 353.

876 Das Valutaverhältnis wird auch als Zuwendungsverhältnis bezeichnet, vgl. Palandt/*Heinrichs*, Einf v § 328, Rdnr. 4.

877 S. Abb. 1, S. 200.

878 Zu den unechten Verträgen zugunsten Dritter s.u. Fn. 932.

des fehlerhaften Deckungsverhältnisses erfolgen, so ist an Art. 32 Abs.1 Nr. 5 zu denken, wenn in diesem Verhältnis ein nichtiger Vertrag vorliegt.

Im Valutaverhältnis muss es sich hingegen nicht zwingend um ein vertragliches Verhältnis handeln. Der Gläubiger kann auch in Erfüllung einer gesetzlichen Verpflichtung handeln.[879] Der Zweck des Vertrages zugunsten Dritter kann nämlich auch in der Verkürzung des Leistungsweges liegen, d.h., die doppelte Leistung durch eine direkte Leistung des Versprechenden an den Dritten zu substituieren.[880] Beispiel: Der Deutsche A ist dem Italiener C aus Delikt zur Zahlung von Schadensersatz verpflichtet. A verkauft dem Franzosen B deshalb sein Auto, und beide vereinbaren, dass B direkt an C zahlen muss und dieser berechtigt ist, von B die Zahlung zu verlangen. Würde die bereicherungsrechtliche Rückabwicklung nun über das Statut des Valutaverhältnisses erfolgen, wäre Art. 38 Abs. 1 heranzuziehen.

(c) Bereicherungsstatut

Aus Gründen der Übersichtlichkeit ist zwischen den möglichen Kondiktionsverhältnissen zu trennen:

(aa) Kondiktion zwischen Versprechendem und Versprechungsempfänger und zwischen Versprechungsempfänger und Drittem

Unproblematisch sind die Fälle, in denen eine Partei des Mehrpersonenverhältnisses von der Person kondizieren will, zu der sie in einem unmittelbaren rechtlichen Verhältnis steht. Insoweit ist hier eine Kondiktion im Valuta- und im Deckungsverhältnis zwischen den entsprechenden Parteien aufgrund der Unwirksamkeit des jeweiligen Verhältnisses gemeint. Will nun beispielsweise der Versprechende vom Versprechungsempfänger kondizieren, so ist man sich einig, dass das Statut des Deckungsverhältnisses über das Kondiktionsbegehren entscheidet.[881] Genauso entscheidet das Statut des Valutaverhältnis-

---

[879] Vgl. Palandt/*Heinrichs*, Einf v § 328, Rdnr. 4.

[880] S. Palandt/*Heinrichs*, Einf v § 328, Rdnr. 2.

[881] S. *Einsele*, JZ 1993, 1025 (1027); MüKo/*Kreuzer*, I Vor Art. 38, Rdnr. 20; *Plaßmeier*, Bereicherung, S. 342; *Rauscher*, IPR, S. 264; *Reithmann/Martiny*, Internationales

ses, ob der Dritte die empfangene Leistung an den Versprechungsempfänger herauszugeben hat.

Gegen eine solche akzessorische Anknüpfung über Art. 32 Abs. 1 Nr. 5 oder über Art. 38 Abs. 1 bestehen keine Bedenken, da sich im Zweipersonenverhältnis der Bezug der Leistung auf das Rechtsverhältnis, dessen Statut über die Rückabwicklung entscheidet, eindeutig ergibt. Ferner konnte sich jede Partei des Kondiktionsanspruchs vorher auf das maßgebliche Statut einstellen und darauf unter Umständen Einfluss nehmen.

(bb) Kondiktion des Versprechenden beim Dritten

Die eigentliche Schwierigkeit liegt bei den echten Verträgen zugunsten Dritter, im Kollisionsrecht wie auch im materiellen deutschen Recht, bei einer Kondiktion des Versprechenden beim Dritten, wenn im Deckungsverhältnis ein Mangel vorliegt. Denn zwischen diesen Parteien besteht kein Schuldverhältnis.

In der Literatur[882] wird fast einhellig die Meinung vertreten, dass das Statut des Deckungsverhältnisses über eine mögliche Direktkondiktion gem. Art. 32 Abs. 1 Nr. 5[883] entscheidet. Obwohl an der Richtigkeit dieses Vorschlags heute keine Zweifel mehr bestehen, soll hier der Versuch unternommen werden, den Weg zu diesem Ergebnis anhand der neuen Vorschrift argumentativ nachzuvollziehen. Der Einstieg in den Fall wird anhand von Art. 38 Abs. 1 vorgenommen werden, da von Anfang an noch nicht sicher ist, ob über Art.

Vertragsrecht, Rdnr. 353; in diesem Sinn wohl auch Erman/*Hohloch*. EGBGB Art. 38, Rdnr. 9; Staudinger/*v. Hoffmann/Fuchs*, Art 38 EGBGB, Rdnr. 23.

882 Vgl. *Einsele*, JZ 1993, 1025 (1027); *Hay*, Bereicherung, S. 36, 67 f.; *Lorenz*, FS Zweigert, S. 199 (218 f.); MüKo/*Kreuzer*, I vor Art. 38, Rdnr. 20; *Plaßmeier*, Bereicherung, S. 343; *Rauscher*, IPR, S. 264; *Reithmann/Martiny*, Internationales Vertragsrecht, Rdnr. 353; *Reuter/Martinek*, Ungerechtfertigte Bereicherung, S. 791; *Schlechtriem*, Bereicherungsansprüche, S. 29 (74); Staudinger/*v. Hoffmann/Fuchs*, Art 38 EGBGB, Rdnr. 23; **a.A.** *Busse* , Bereicherungsrecht, S. 204; zu den echten Verträgen zugunsten Dritter treffen bspw. Erman/*Hohloch*, EGBGB Art. 38, Rdnr. 8, und Palandt/*Heldrich*, EGBGB 38, Rdnr. 2, keine Aussage.

883 Eine Unterstellung der bereicherungsrechtlichen Rückabwicklung des Deckungsverhältnisses unter Art. 38 Abs. 1 ist nur möglich, wenn man Art. 32 I Nr. 5 nicht als lex specialis auffasst, s. dazu oben Dritter Teil C.I.2.

32 Abs. 1 Nr. 5 an das Statut des Deckungsverhältnisses oder an das Statut des Valutaverhältnisses, welches durch ein gesetzliches Schuldverhältnis beherrscht werden kann, nach Art. 38 Abs. 1 anzuknüpfen ist.

Entsprechend der oben festgelegten methodischen Vorgehensweise, ist in einem ersten Prüfungsschritt zu bestimmen, ob überhaupt die Rückabwicklung einer Leistung im Sinne des Kollisionsrechts in Frage steht. Wie oben bereits dargestellt wurde[884], reicht es für die Anwendung des Art. 38 Abs. 1 aus, wenn die Vermögensmehrung beim Bereicherungsschuldner auf einer bewussten eigenen Handlung des Bereicherungsgläubigers beruht. Der Versprechende mehrt bei einem echten Vertrag zugunsten Dritter bewusst das Vermögen des Dritten, da er hierzu zumindest gegenüber dem Versprechungsempfänger verpflichtet ist. Darüber hinaus hat bei dem echten Vertrag zugunsten Dritter auch der Dritte einen Anspruch auf die Leistung.[885] Folglich liegt eine Zuwendung vor, so dass der genannte Fall als eine Leistungkondiktion i.S.v. Art. 38 Abs. 1 zu qualifizieren ist.

An dieser Stelle zeigt sich besonders deutlich, dass die Einordnungen als Leistungskondiktion im Sachrecht und im Kollisionsrecht divergieren können. Die Literatur[886] zum deutschen Sachrecht[887] tendiert heute nämlich überwiegend zu einer differenzierenden Betrachtungsweise: Eine Direktkondiktion über die Regeln zur Leistungskondiktion wird nur in besonderen Fällen[888]

---

[884] S.o. Dritter Teil C.II.1.a.cc(1)(d).

[885] Demgemäss nimmt der Versprechende gegenüber dem Dritten und dem Versprechungsempfänger eine zweckgerichtete Vermögensmehrung vor, so dass grundsätzlich auch eine Leistung im Sinne des modernen Leistungsbegriffs an den Dritten und an den Versprechungsempfänger gegeben ist, vgl. *Canaris*, FS Larenz, 799 (829); *Larenz/Canaris*, Schuldrecht, S. 240; Palandt/*Sprau*, § 812, Rdnr. 57.

[886] S. bspw. *Loewenheim*, Bereicherungsrecht, S. 52 f.; *Medicus*, Bürgerliches Recht, Rdnrn. 681 ff.; Palandt/*Sprau*, § 812, Rdnr. 57; Staudinger/*Lorenz*, § 812, Rdnr. 38; **a.A.** *Canaris*, FS Larenz, 799 (829 ff.); *Larenz/Canaris*, Schuldrecht, S. 240 m.w.N. in Fn. 97-99.

[887] Anm.: Im Sachrecht existiert mit § 328 BGB eine Vorschrift zu den Verträgen zugunsten Dritter.

[888] Die Direktkondiktion wird bei Unentgeltlichkeit im Valutaverhältnis und bei Überordnung des Zuwendungsverhältnisses, in welchem der maßgebliche wirtschaftliche Erfolg eintreten soll (Bsp.: Versorgungsvertrag gem. § 330 BGB), zugelassen.

zugelassen, ansonsten erfolgt grundsätzlich eine „Abwicklung über's Eck".[889] Die Entscheidung beruht auf einer Bewertung der Schutzwürdigkeit und Interessen des Dritten; insoweit ist der Dritte in den Fällen der Zulassung einer Direktkondiktion weniger schutzwürdig. Durch die kollisionsrechtliche Vorgehensweise wird natürlich die grundsätzliche sachrechtliche Einschätzung zulasten einer Direkt- und Leistungskondiktion missachtet. Dies hätte kollisionsrechtlich nur dadurch vermieden werden könnten, dass man eine Leistungskondiktion ablehnt und auf Art. 38 Abs. 3 zurückgreift, um dann über Art. 41 Abs. 2 Nr. 1 1. Fall den Versuch zu unternehmen, an das Statut des Deckungsverhältnisses anzuknüpfen. Doch liefe dies zum einen Art. 38 Abs. 1 zuwider, der die Mehrpersonenverhältnisse grundsätzlich regeln will. Zum anderen soll Art. 38 Abs. 3 primär den Fällen vorbehalten sein, in denen der Dritte die Leistung ungewollt, manchmal sogar aufgedrängt erhält. Dies ist hier aber nicht der Fall. Außerdem ist einer Übertragung der sachrechtlichen Erkenntnisse ins Kollisionsrecht nicht zwingend. Ferner wird die sachrechtliche Entscheidung von ganz anderen Gründen getragen, da die Einstufung als Leistungs- oder Nichtleistungskondiktion gleichzeitig darüber entscheidet, ob eine Direktkondiktion möglich ist. Im Kollisionsrecht geht es nur darum, das anwendbare Recht zu bestimmen. Da bei den echten Verträgen zugunsten Dritter - wie dargelegt – die Voraussetzungen für eine kollisionsrechtliche Leistung an den Dritten vorliegen, bestehen hier keine Bedenken, über Art. 38 Abs. 1 nach der adäquaten Anknüpfung zu suchen.

In einem nächsten Schritt ist festzustellen, auf welches Rechtsverhältnis sich die Zuwendung des Versprechenden an den Dritten bezog. Als anknüpfungserhebliche Rechtsverhältnisse kommen die Rechtsverhältnisse in Frage, die im Valuta- und im Deckungsverhältnis bestehen. Die Entscheidung zugunsten eines der Rechtsverhältnisse hat natürlich nur bei Statutenverschiedenheit von Deckungs- und Valutaverhältnis Auswirkungen. Für die Ermittlung der Bezogenheit der Leistung ist die Zwecksetzung durch die Parteien maßgeblich. Bestehen Zweifel über die Zuordnung ist der objektive Empfängerhorizont ausschlaggebend. Wie *Schlechtriem*[890] aber bereits feststellte, kann die bisher vorgenommene parteiautonome Zuordnung durch andere Gesichtspunkte überlagert werden.

---

889 S. *Larenz/Canaris*, Schuldrecht, S. 240; *Medicus*, Bürgerliches Recht, Rdnr. 681; MüKo/*Lieb*, § 812, Rdnrn. 110 ff..

890 S. *Schlechtriem*, Bereicherungsansprüche, S. 29 (41).

Im vorliegenden Fall bezieht sich die Zuwendung aus der Sicht des objektiven Dritten nicht auf das Valutaverhältnis, sondern auf das Deckungsverhältnis insofern, als sich aus diesem Rechtsverhältnis für den Versprechenden die Pflicht zur Leistung an den Dritten ergibt. Ferner hat der Versprechende mit dem Valutaverhältnis nichts zu tun.[891] Wie *Plaßmeier*[892] zurecht anmerkt, scheint diese Ansicht auf den ersten Blick die für den Schutz des Kondiktionsschuldners sprechenden Aspekte[893] zu vernachlässigen und ihn einem Bereicherungsanspruch auszusetzen, der aus einem Verhältnis begründet ist, an dem der Zuwendungsempfänger nicht beteiligt war. Beim echten Vertrag zugunsten Dritter ist der Dritte aber vom Bestehen des Deckungsverhältnisse abhängig. Der Dritte erlangt Ansprüche gegen den Versprechenden nur aufgrund dieses Verhältnisses und muss sich daher gefallen lassen, dass auch dieses Statut über eine Direktkondiktion entscheidet.[894] Mit der Abhängigkeit seines Anspruchs vom Schicksal der Hauptforderung musste der Dritte auch rechnen. Deshalb darf er bei einer Rückforderung nicht besser gestellt werden, als es das Statut dieser Forderung zulässt.[895] Die von *Lorenz*[896] und *Reuter/Martinek*[897] mit dieser Lösung verfolgte Vermeidung einer dépeçage kann aber auch hier nicht ganz erreicht werden, da die Rechtsordnung des Dekckungsverhältnisses auch Ansprüche des Versprechenden gegen den Dritten davon abhängig machen kann, ob das Valutaverhältnis gültig ist, so dass insoweit für die Voraussetzungen des Rückforderungsrechts des Versprechenden doch auf zwei Rechtsordnungen zurückzugreifen ist.[898]

Da eine überwiegende Schutzbedürftigkeit des Dritten nicht ersichtlich ist, wird damit zurecht eine Direktkondiktion des Versprechenden gegen den Dritten nach Maßgabe des Statuts des Deckungsverhältnisses beurteilt, wenn dieses unwirksam ist. Da es um die Rückabwicklung eines nichtigen Vertrages geht, ist dann Art. 32 Abs. 1 Nr. 5 heranzuziehen.

---

[891] So auch *Reuter/Martinek*, Ungerechtfertigte Bereicherung,, S. 791.

[892] Vgl. *Plaßmeier*, Bereicherung, S. 343.

[893] Zu den maßgeblichen Interessen s.o. Dritter Teil C.II.3.j.cc.

[894] S. *Rauscher*, IPR, S. 264.

[895] Vgl. *Schlechtriem*, Bereicherungsansprüche, S. 29 (74).

[896] Vgl. *Lorenz*, FS Zweigert, S. 199 (219).

[897] S. *Reuter/Martinek*, Ungerechtfertigte Bereicherung, S. 791.

[898] S. *Schlechtriem*, Bereicherungsansprüche, S. 29 (74).

(d) Zusammenfassung zu den echten Verträgen zugunsten Dritter

Im Ergebnis werden alle möglichen Konstellationen eines Rückgabebegehrens im Rahmen einer Dreiecksbeziehung bei echten Verträgen zugunsten Dritter als bereicherungsrechtlicher Leistungsfall im Sinne des Art. 38 Abs. 1 eingestuft und somit einer akzessorischen Anknüpfung unterworfen.

Einigkeit besteht darüber, dass das Statut des Deckungsverhältnisses über eine mögliche Kondiktion des Versprechenden beim Versprechungsempfänger entscheidet. Nach diesem Statut richtet sich auch eine mögliche Direktkondiktion des Versprechenden beim Dritten. Demgegenüber beurteilt das Statut des Valutaverhältnisses - ebenfalls über Art. 38 Abs. 1 - die Kondiktionen im Verhältnis zwischen dem Dritten und dem Versprechungempfänger.

(2) Anweisungsfälle

(a) Einführung

In der Praxis sind die Anweisungsfälle[899] wohl die wichtigste Fallgruppe von Mehrpersonenverhältnissen.[900] Hier weist der Anweisende den Angewiesenen[901] an, an einen Dritten[902] zu leisten. Hierbei ist vor allem an Banküberweisungen im Giroverkehr, an die Fälle abgekürzter Lieferungen und an eine Zahlung auf einen Wechsel oder Scheck hin zu denken.[903] Die Beziehungen zwischen den Parteien unterliegen der gleichen Terminologie wie die Beziehungen zwischen den Beteiligten bei den echten Verträgen

---

[899] Die Rede ist von den Anweisungsfällen im weiteren Sinn; d.h., es müssen nicht die Voraussetzungen, die § 783 BGB an eine Anweisung im engeren Sinn stellt, vorliegen. Die Anweisung der § 783 ff. ist eine bürgerlich
-rechtliche Form des Wertpapiers, s. Palandt/*Sprau*, § 783, Rdnr. 3. Unter Anweisung ist hier jede Verfügung eines Bankkunden über sein Girokonto zu verstehen, vgl. *Esser/ Weyers*, Schuldrecht, S. 52.

[900] Siehe Abb. 2, S. 207.

[901] Der Angewiesene wird auch als Leistungsmittler bezeichnet.

[902] Der Dritte wird auch Anweisungsempfänger genannt.

[903] *Reithmann/Martiny*, Internationales Vertragsrecht, Rdnr. 354.

zugunsten Dritter.[904] Zu beachten ist, dass zwischen der Anweisung und dem Deckungsverhältnis, das im deutschen Recht in einem Girovertrag besteht, zu trennen ist, da beide unabhängig voneinander mit Fehlern behaftet sein können.[905]

Wie bei den echten Verträgen zugunsten Dritter ist auch bei der Lösung der Anweisungsfälle Art. 38 Abs. 1 als Ausgangspunkt zu wählen, da erst festgestellt werden muss, ob das Statut des Rechtsverhältnisses im Deckungsverhältnis oder das Statut des Rechtsverhältnisses im Valutaverhältnis über die Rückforderung entscheidet. Auch hier kann im Valutaverhältnis eine gesetzliche Verpflichtung bestehen.

Abb. 2 *Anweisungsfälle*

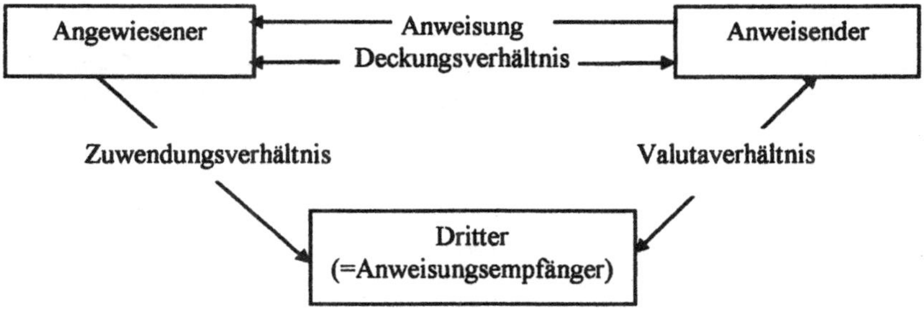

(b) Bereicherungsstatut

(aa) Kondiktion zwischen Anweisendem und Angewiesenem und zwischen Anweisendem und Anweisungsempfänger

Genau wie bei dem echten Vertrag zugunsten Dritter ist in zwei von drei möglichen Konstellationen die Anknüpfung eindeutig: Ist eines der Verhältnisse fehlerhaft, so richten sich die Kondiktionen der an diesem Verhältnis

---

[904] Das Verhältnis zwischen Angewiesenem und Drittem wird auch als Vollzugsverhältnis bezeichnet; wobei der Dritte auch Begünstigter genannt wird, vgl. *Medicus*, Bürgerliches Recht, Rdnr. 674.

[905] Man spricht auch von der Abstraktion der Anweisungsleistung von der Deckungsbeziehung.

Beteiligten über Art. 38 Abs. 1 oder Art. 32 Abs. 1 Nr. 5 nach dem für ihre Rechtsbeziehung maßgeblichen Statut.[906]

Eine Kondiktion des Angewiesenen beim Anweisenden wegen eines Fehlers im Deckungsverhältnis unterliegt demnach dem Statut des Deckungsverhältnisses. Die bereicherungsrechtliche Rückforderung beim Anweisungsempfänger durch den Anweisenden wird durch das Statut des Valutaverhältnisses bestimmt.

(bb) Kondiktion des Angewiesenen beim Anweisungsempfänger infolge fehlender oder fehlerhafter Anweisung

Thema eines nachhaltigen Streits ist die Konstellation, in der der Angewiesene direkt vom Empfänger kondizieren will, weil ein dem (vermeintlich) Anweisenden nicht zurechenbarer Fehler in der Anweisung vorlag oder diese ganz gefehlt hat.[907] In der Literatur gehen die Meinungen über die gebotene Anknüpfung weit auseinander. Es bietet sich deshalb an, als Paradigma einen Sachverhalt aufzugreifen, der einer Entscheidung des *Bundesgerichtshofes*[908] 1986 zugrundelag:[909]

Der Beklagte erhielt als Alleinvertreter der italienischen Firma R für von ihm vermittelte Aufträge Provision nach Zahlung durch den Kunden. Am 5.8.1982 beauftrage die Firma R die Klägerin, eine Bank aus Florenz, 1.499,60 DM auf das Konto des Beklagten in Deutschland zu überweisen. Die Klägerin über-

---

[906] Vgl. *Einsele*, JZ 1993, 1025 (1027); Erman/*Hohloch*, EGBGB Art. 38, Rdnr. 8; *Lorenz*, FS Zweigert, S. 199 (221 f.); MüKo/*Kreuzer*, I vor Art. 38, Rdnr. 21; Palandt/*Heldrich*, EGBGB 38, Rdnr. 2; *Plaßmeier*, Bereicherung, S. 344; *Reithmann/Martiny*, Internationales Vertragsrecht, Rdnr. 354; *Reuter/Martinek*, Ungerechtfertigte Bereicherung, S. 792; *Schlechtriem*, Gutachten, S. 29 (74 f.); Staudinger/v. *Hoffmann/Fuchs*, Art 38 EGBGB, Rdnr. 24.

[907] Beispiele: Irrtümliche Doppelausführung eines Überweisungsauftrags, Einlösung nicht unterschriebener Schecks, Ausführung eines gefälschten bzw. verfälschten Überweisungsauftrags, Überweisung trotz rechtzeitigem Widerruf oder Weisung eines Geschäftsunfähigen, s. *Lorenz*, FS Zweigert, S. 199 (221 f. Fn. 58).

[908] S. BGH NJW 1987, 185 ff. = IPRax 1987, 186 f. m. Anm. *Jayme*, 187; im Ergebnis so auch OLG Hamburg IPRspr. 1986, Nr. 35 a; LG München II, Urt. v. 23.6.1989 - 1 O 4019/88 (nicht veröffentlicht).

[909] So geht auch *Lorenz*, NJW 1990, 607 (608), vor.

wies irrtümlich als Provision 14.996 DM. Sie verlangte Rückzahlung des zuviel gezahlten Betrages, die der Beklagte verweigerte, weil er der Firma R Aufträge in einem höheren Wert als dem der Provision vermittelt habe.

Entsprechend der Typologie der kollisionsrechtlichen Bereicherunganspruche ist zunächst zu beurteilen, ob die Angewiesene als Klägerin an den Anweisungsempfänger als Beklagten i.S.v. Art. 38 Abs. 1 geleistet hat. Eine Zuwendung im Sinne einer bewussten Vermögensmehrung liegt vor, so dass von einer Anwendung des Abs. 1 auszugehen ist. An dieser Stelle zeigt sich deutlich, dass die kollisionsrechtliche Einstufung als Leistungskondiktion i.S.v. Art. 38 Abs. 1 mit der Einordnung im materiellen Recht divergieren kann. Im deutschen Sachrecht[910] wird der Durchgriff gegen den Anweisungsempfänger bei Fehlen einer wirksamen Anweisung auf der Basis des modernen Leistungsbegriffs als Nichtleistungskondiktion eingeordnet.

In einem zweiten Prüfungsschritt geht es darum, die Zuwendung an den Anspruchgegner zu einem Rechtsverhältnis zuzuordnen:

Der Anweisungsempfänger bezieht die Zuwendung des Angewiesenen, die vermeintlich vom Anweisenden initiiert wurde, auf das Valutaverhältnis, da die Zuwendung zur Erfüllung der sich daraus ergebenden Verbindlichkeit gedacht war. Der Angewiesene bezieht die Zuwendung hingegen auf das Dekkungsverhältnis, da sich darauf seine Verpflichtung gegenüber dem vermeintlich Anweisenden zur Zuwendung ergab. Aus den subjektiven Perspektiven der streitenden Parteien ergibt sich also ein Dissens über die Zuordnung der Zuwendung zu einem Rechtsverhältnis.[911] *Lorenz*[912], der den übereinstim-

---

[910] In Anweisungsfällen erfüllt der Angewiesene mit der Leistung seine vermeintliche Verpflichtung gegenüber dem Anweisenden. Im Unterschied zu den echten Verträgen zugunsten Dritter hat der Anweisungsempfänger hier kein eigenes Forderungsrecht gegen den Angewiesenen, so dass der Angewiesene mit der Zuwendung auch keinen Zweck gegenüber dem Dritten verfolgt. Der Angewiesene ist nur Leistungsmittler, so dass es sich bei der Vermögensbewegung zwischen Angewiesenem und Dritten nur um eine tatsächliche Zuwendung handelt. Demnach liegt zwischen den Personen des Kondiktionsanspruchs auch keine Leistung im Sinne des modernen Leistungsbegriffs vor, s. *Loewenheim*, Bereicherungsrecht, S. 38; *Medicus*, Bürgerliches Recht, Rdnrn. 676 f..

[911] So auch *Esser/Weyers*, Schuldrecht, S. 52: „... einen übereinstimmenden Willen der Beteiligten ... gibt es hier nicht.".

[912] S. *Lorenz*, FS Zweigert, S. 199 (222); ders., NJW 1990, 607 ff.; siehe dazu schon oben Dritter Teil C.II.3.a.cc.

menden Parteiwillen in den Vordergrund rückt, will deshalb eine räumliche Anknüpfung nach Art. 38 Abs. 3[913] vornehmen, da eine Zuordnung nicht möglich ist.[914] Auch der *BGH*[915] hat sich im genannten Fall für eine räumliche Anknüpfung entsprechend dem heutigen Art. 38 Abs. 3 entschieden. Ähnlich wie bei den Fällen einer abgeirrten Leistung[916] handelt es sich bei den Fällen fehlerhafter oder fehlender Anweisungen nach *Lorenz*[917] um eine „isolierte Wertverschiebung", bei der die Zweckbestimmung des Angewiesenen als Leistendem keine Zuordnung bewirken kann. Ein weiterer Grund für die Anknüpfung nach Abs. 3 mag auch in der Affinität zum internen materiellen Bereicherungsrecht liegen[918], da die Einstufung als Nichtleistungskondiktion der Beurteilung von Anweisungsfällen durch die Literatur[919] und die Recht-

---

913 Eine Anknüpfung über Art. 38 Abs. 2 kommt nur dann in Frage, wenn der Anweisungsempfänger die fehlerhafte oder fehlende Anweisung durch eigenes Verhalten herbeigeführt hat.

914 So im Ergebnis auch *v. Bar*, IPR II, Rdnr. 736; *Einsele*, JZ 1993, 1025 (1027); Erman/*Hohloch*, EGBGB Art. 38, Rdnr. 8; *Lorenz*, NJW 1990, 607 ff.; ders., Staudinger/*Lorenz*, § 812, Rdnr. 124; ders., FS Zweigert, S. 199 (221 f.); *Rauscher*, IPR, S. 265 f.; Soergel/*Lüderitz*, Art. 38 EGBGB Anh I, Rdnr. 36; *Staudinger/v. Hoffmann/Fuchs*, Art 38 EGBGB, Rdnr. 25; im Grundsatz so auch *Fischer*, IPRax 2002, 1 (7), der aber über Art. 41 Abs. 2 Nr. 1 das Rechtsverhältnis im Valutaverhältnis für maßgeblich erklärt; so zu verstehen *Hay*, Bereicherung, S. 68.

915 S. BGH NJW 1987, 185 ff. = IPRax 1987, 186 f. m. Anm. *Jayme*, 187; im Ergebnis so auch das OLG Hamburg IPRspr. 1986, Nr. 35 a, und das LG München II, Urt. v. 23.6.1989 - 1 O 4019/88 (nicht veröffentlicht).

916 Der Gesetzgeber hat diese Fälle ausdrücklich Art. 38 Abs. 3 zugewiesen, s. BT-Dr. 14/343 v. 1.2.1999, 9; zu Art. 38 III s.u. Dritter Teil D.II.

917 Vgl. *Lorenz* , FS Zweigert, S. 199 (222).

918 *Fischer*, IPRax 2002, 1 (7 Fn. 94), verweist bei der Begründung, dass der genannte Fall grundsätzlich unter Art. 38 Abs. 3 fällt, etwa auf *Larenz/Canaris*, Schuldrecht, 194, 228, die sich im zitierten Werk mit dem materiellen Schuldrecht auseinandersetzen; auch *Einsele*, JZ 1993, 1025 (1027), weist auf das Verbot der Versionsklage im internen Sachrecht hin.

919 S. etwa *Brox/Walker*, Besonderes Schuldrecht, § 37, Rdnrn. 14 f.; *Loewenheim*, Bereicherungsrecht, S. 38, m.w.N. in Fn. 89; *Medicus*, Bürgerliches Recht, Rdnrn. 676 ff.; Palandt/*Sprau*, § 812, Rdnr. 51; **a.A.** MüKo/*Lieb*, § 812, Rdnrn. 45 ff.; s. dazu auch *Flume*, NJW 1984, 464 ff..

sprechung[920] im Sachrecht, die eine Direktkondiktion als Nichtleistungskondiktion bisher stets zugelassen haben, entspricht.

Wie bereits oben dargelegt wurde[921], ist *Lorenz* Auffassung im Hinblick auf die für die Zuordnung einer Leistung maßgeblichen Kriterien nicht zu folgen. Vielmehr ist der objektive Empfängerhorizont bei einem Dissens über die (subjekive) Zuordnung der Leistung heranzuziehen. Darüber hinaus bestehen m.E. Bedenken, die vorliegende Fallgruppe mit den Fällen der abgeirrten Leistung durch eine identische Anknüpfung gleich zu setzen. Bei der abgeirrten Leistung fehlt es grundsätzlich an einem (möglichen) Rechtsgrund für das Behaltendürfen, da zwischen dem Anweisenden und dem Anweisungsempfänger kein rechtliches (Valuta-) Verhältnis besteht. Hier ist der Anweisungsempfänger durch ein zwischen dem Anweisenden und ihm (vermeintlich) bestehendes Rechtsverhältnis zumindest mittelbar an der vermeintlichen Leistung des Anweisenden beteiligt. Der Dritte ist dadurch nicht in gleichem Maße schutzwürdig wie der Empfänger einer abgeirrten Leistung, da er die Zuwendung durch die Verpflichtung des Anweisenden im Valutaverhältnis auch nicht überraschend oder aufgedrängt erhält. Auch bei der Zuvielleistung im zitierten Beispielsfall hat der Anweisungsempfänger gegen die Überweisung an sich nichts einzuwenden.

Lorenz Ansicht ist also nicht Folge zu leisten, so dass die Zuordnung der Zuwendung zu einem Rechtsverhältnis zunächst über den objektiven Empfängerhorizont zu beurteilen ist. Der Anweisungsempfänger musste vorliegend erkennen, dass der Angewiesene ihm gegenüber keinen Zweck verfolgt, da dieser ihm gegenüber nicht verpflichtet war. Vielmehr hat der Angewiesene seine Verpflichtung gegenüber dem vermeintlich Anweisenden zur Ausführung der vermeintlichen Anweisung erfüllt. Unter Bezugnahme auf den objektiven Empfängerhorizont ist die Zuwendung also dem Deckungsver-

---

920 Vgl. etwa BGH NJW 1994, 2357 (2358); BGHZ 66, 362 (375) = NJW 1976, 1449 (1450); BGH ZIP 1990, 1126 f.; BGH ZIP 1994, 1098 ff.; OLG Köln NJW 1983, 1500 (1501 f.); LG Bielefeld WM 1970, 1072; weitere Nachweise zur Rechtsprechung bei *Loewenheim*, Bereicherungsrecht, S. 37 ff.; MüKo/*Lieb*, § 812, Rdnr. 52 Fn. 136 ff.; zu berücksichtigen ist allerdings, dass die Zulässigkeit der Direktkondiktion fast durchweg mit fehlender Gutgläubigkeit der jeweiligen Anweisungsempfänger begründet, s. dazu MüKo/*Lieb*, § 812, Rdnr. 53;

921 S.o. Dritter Teil C.II.3.a.cc.

hältnis zuzuordnen, so dass an das Statut dieses Rechtsverhältnisses akzessorisch anzuknüpfen wäre.[922]

Fraglich ist aber, ob diese Zuordnung einer wertenden Betrachtung Stand hält. Gegen die Beachtlichkeit des Deckungsverhältnisses spricht, dass dem Anweisungsempfänger bei völlig fehlender oder gefälschter Anweisung jede Bezugnahme auf das Deckungsverhältnis fehlt oder doch jedenfalls dem vermeintlich Angewiesenen jedes schutzwürdige Vertrauen auf die Anwendung des Statuts des Deckungsverhältnisses bei noch nicht einmal bestehender Übereinstimmung der Beteiligten über die Zuwendung der Leistung abzusprechen ist.[923] Der Angewiesene hätte auch eher die Möglichkeit gehabt, die Anweisung auf ihre Fehlerlosigkeit zu überprüfen, während der Dritte meistens gar nicht mit der Anweisung in Berührung kommt. Eine Anknüpfung an das Deckungsverhältnis rechtfertigt sich auch nicht aufgrund der auf den ersten Blick augenscheinlichen Parallele zu den Fällen des echten Vertrages zugunsten Dritter. Anders als in diesen Fällen leitet der Dritte hier keine Rechte aus dem Deckungsverhältnis ab und hat damit weitaus weniger Bezug zu dem Deckungsverhältnis als der Dritte beim echten Vertrag zugunsten Dritter. Aus diesen Gründen scheidet eine Beachtlichkeit des Statuts des Deckungsverhältnisses m.E. in Fällen fehlender oder fehlerhafter Anweisung aus. Vielmehr ist es überzeugender, eine Zuordnung zum Statut des Valutaverhältnisses vorzunehmen.[924] In diesem Zusammenhang bemerkt *Fischer*[925] zu Recht, dass die Entscheidung auf der Gewichtung der Schutzwürdigkeit des Angewiesenen und des Anweisungsempfängers beruht. Für den Anweisungsempfänger ist eine Anknüpfung an das Statut des Valutaverhältnisses insofern von Vorteil, als dass er dieses unter Umständen durch eine Rechtswahl (z.B. über Art. 27) unmittelbar beeinflussen konnte. Ferner ist er an diesem beteiligt und musste mit dessen Geltung für die Rückabwicklung rechnen. War kein Verhalten des Dritten für die Fehler-

---

922 S. *Reithmann/Martiny*, Internationales Vertragsrecht, Rdnr. 355; *Schlechtriem*, Bereicherungsansprüche, S. 29 (74 f.); ders., IPRax 1987, 356 f.; Staudinger/*v. Hoffmann/Fuchs*, Art 38 EGBGB, Rdnr. 25.

923 S. *Einsele*, JZ 1993, 1025 (1027).

924 Vgl. *Busse*, RIW 1999, 16 (20); Erman/*Hohloch*, EGBGB Art. 38, Rdnr. 8; *Fischer*, IPRax 2002, 1 (7); *Jayme*, IPRax 1987, 186 f.; *Jayme/Mansel*, IPRax 1992, 126 (127 f.); diess., IPRax 1991, 427 (429); MüKo/*Kreuzer*, I Vor Art. 38, Rdnr. 21; Palandt/*Heldrich*, EGBGB 38, Rdnr. 2; *Plaßmeier*, Bereicherung, S. 343 ff.; *Reuter/Martinek*, Ungerechtfertigte Bereicherung, S. 792.

925 Vgl. *Fischer*, IPRax 2002, 1 (7).

haftigkeit der Anweisung ausschlaggebend, so ist er auch schutzwürdig und durfte darauf vertrauen, dass eine Leistung durch seinen Partner aus dem Valutaverhältnis erfolgt ist. Dass sich sein Partner dafür entscheidet, den gegen ihn gerichteten Anspruch nicht durch eigene Zuwendung, sondern durch die Veranlassung einer Drittzuwendung zu erfüllen, darf die kollisionsrechtliche Rechtsposition des Dritten nicht beeinträchtigten.[926] Bei der Gewichtung der Interessen ist aber auch zu berücksichtigten, dass der Angewiesene nicht an der Rechtsbeziehung im Valutaverhältnis beteiligt ist. Eine Berücksichtigung des Valutaverhältnisses hätte damit zur Folge, dass sich der Angewiesene auf ein Recht einstellen müsste und seine Ansprüche dem Statut eines Rechtsverhältnisses unterordnen müsste, in das er keinen Einblick hatte.[927] Hält man den Angewiesenen aufgrund dessen für ebenso schutzwürdig wie den Anweisungsempfänger, so wäre - als Ausgleich zwischen beiden Interessen - eine Anknüpfung nach Art. 38 Abs. 3[928] an das Ortsrecht möglich, an welchem sich der Erwerbstatbestand verwirklicht hat. Auf der anderen Seite wird der Angewiesene aber gerade kraft eigener Entscheidung in einem fremden Rechtsverhältnis tätig, und zwar im Verhältnis zu diesem als Leistungsmittler.[929] Dies ist das Wesen seiner Tätigkeit. Im zitierten Fall

---

[926] Vgl. *Busse*, Bereicherungsrecht, 182.

[927] S. *Einsele*, JZ 1993, 1025 (1027).

[928] Im Sachrecht müsste man nun ein Eingreifen der Nichtleistungskondiktion aufgrund des Grundsatzes der Subsidiarität der Nichtleistungskondiktion in Frage stellen. Dieser Grundsatz greift nur ein, wenn bezüglich desselben Bereicherungsgegenstandes eine Leistungsbeziehung vorliegt. Liegt aber aufgrund besonderer Umstände (z.B. wenn der Empfänger die Fehlerhaftigkeit der Anweisung nicht kennt oder wenn diese dem scheinbar Anweisenden nicht zurechenbar ist) gar keine Leistung vor, so kommt eine Nichtleistungskondiktion in Frage. Im Kollisionsrecht kann der Grundsatz der Subsidiarität der Nichtleistungskondiktion aber von vornherein keine Geltung beanspruchen. Würde man die Anwendbarkeit der Vorschriften zur Nichtleistungskondiktion aufgrund ihrer Subsidiarität ablehnen, so ließe sich für den Bereicherungsausgleich kein darauf anwendbares Recht finden, da neben Art. 38 keine weiteren Vorschriften zur bereicherungsrechtlichen Rückabwicklung vorhanden sind. Diese Entscheidung käme einer Entscheidung in der Sache gleich: Der Angewiesene hätte keine Möglichkeit, einen Direktanspruch gegen den Anweisungsempfänger geltend zu machen und eine Beurteilung nach einer Rechtsordnung zu erlangen. Es ist aber gerade nicht Aufgabe des Kollisionsrechts, solche Entscheidungen zu treffen. Schon aus diesem Grund kann der Grundsatz der Subsidiarität der Nichtleistungskondiktion im Internationalen Privatrecht keine Anwendung finden.

[929] S. *Fischer*, IPRax 2002, 1 (7).

des *Bundesgerichtshofes* hat sich die Angewiesene durch die Überweisung auf ein ausländisches Konto sogar bewusst in eine Situation mit Auslandsberührung begeben, so dass ihr die Anwendung ausländischen Rechts jedenfalls eher zuzumuten ist als dem Empfänger, der nur eine Zuwendung seines (Vertrags-) Partners erwartet.[930] Deshalb ist es dem Angewiesenen auch zuzumuten, sich dem fremden Rechtsverhältnis unterzuordnen[931], wenn dieses keinen Durchgriff vorsieht. Die Schutzwürdigkeit des Angewiesenen ist meines Erachtens damit nicht als so gewichtig anzusehen, als dass dadurch eine Anknüpfung nach Art. 38 Abs. 3 gerechtfertigt wäre.

Zusammenfassend bleibt festzuhalten, dass das Statut des Valutaverhältnisses über eine mögliche Direktkondiktion des Angewiesenen gegen den Anweisungsempfänger entscheidet.
Eine andere Bewertung ergibt sich m.E. nur dann, wenn der Anwiesungsempfänger die Fehlerhaftigkeit der Anweisung zu verantworten hat. In diesem Fall durfte er die Zuwendung der Angewiesenen nicht als eine Zuwendung seines Partners aus dem Valutaverhältnis verstehen, so dass ihm jedes schutzwürdige Vertrauen im Hinblick auf die Anwendung des auf dieses Verhältnis anwendbaren Rechts fehlt. Über eine mögliche Direktkondiktion sollte dann das Statut des Deckungsverhältnisses entscheiden.

(cc) Kondiktion des Angewiesenen beim Anweisungsempfänger in sonstigen Fällen

Der Versuch einer Direktkondiktion beim Anweisungsempfänger kann vom Angewiesenen aber nicht nur unternommen werden, wenn die Anweisung fehlt oder fehlerhaft ist. Denkbar ist auch, dass der Angewiesene aufgrund der Nichtigkeit des Deckungsverhältnisses bei dem Dritten die Zuwendung zurückfordert.
Wenn das das Valutaverhältnis beherrschende Recht schon bei fehlender oder fehlerhafter Anweisung auf die Direktkondiktion anwendbar ist, so muss es erst recht bei Vorliegen einer Anweisung gelten, auch wenn das Deckungsverhältnis unwirksam ist. Die besondere Schutzwürdigkeit des Anweisungsempfängers ergibt sich aus den gleichen Gründen wie bei den Fällen fehlerhafter oder fehlender Anweisung. Ferner trägt der Angewiesene da-

---

930 Vgl. *Busse*, Bereicherungsrecht, 182 f..

931 Vgl. *Busse*, Bereicherungsrecht, S. 345 ff.; *Plaßmeier*, Bereicherung, S. 341.

durch, dass er nicht von seinem Vertragspartner kondiziert, das Risiko, dass nicht das Statut des Deckungsverhältnisses über seinen Anspruch entscheidet. Im Ergebnis entscheidet damit auch über Direktkondiktionen des Angewiesenen beim Anweisungsempfänger[932], die nicht auf einer Fehlerhaftigkeit der Anweisung beruhen, grundsätzlich das Statut des Valutaerhältnisses.[933]

(c) Zusammenfassung zu den Anweisungsfällen

Ähnlich wie bei den echten Verträgen zugunsten Dritter bereiten auch bei den Anweisungsfällen die Konstellationen keine Probleme, in denen die Parteien des Deckungs- oder des Valutaverhältnisses von einander kondizieren wollen. In diesen Fällen ist jeweils das Statut des Rechtsverhältnisses maßgeblich, das zwischen den streitenden Parteien (vermeintlich) besteht.

Schwieriger ist die Lösung von Fällen, in denen der Angewiesene direkt beim Anweisungsempfänger aufgrund einer fehlenden oder fehlerhaften Anweisung kondizieren will. In diesem Fall ist die Zuwendung an den Anweisungsempfänger aus Wertungsgründen dem Rechtsverhältnis im Valutaverhältnis über Art. 38 Abs. 1 zuzuordnen. Folglich beurteilt sich eine mögliche Direktkondiktion des Angewiesenen beim Anweisungsempfänger nach der Rechtsordnung, die das Valutaverhältnis beherrscht. Hat der Anweisungsempfänger die Fehlerhaftigkeit der Anweisung allerdings selbst bewirkt, so ist an das Statut des Deckungsverhältnisses anzuknüpfen.

Nichts anderes gilt für die Fälle einer Direktkondiktion, die nicht auf einer Fehlerhaftigkeit der Anweisung, sondern auf einem Mangel im Deckungsverhältnis beruhen.

---

[932] Direktkondiktionen in Fällen des unechten Vertrages zugunsten Dritter sind kollisionsrechtlich wegen ihrer Parallelen wie Anweisungsfälle zu behandeln, so dass auch hier über Art- 38 Abs. 1 das Statut des Valutaverhältnisses heranzuziehen ist.

[933] Ebenso *Busse*, Bereicherungsrecht, 179 ff., 182; *Plaßmeier*, Bereicherung, 343 ff.; **a.A.** *Rauscher*, IPR, S. 265.

(3) Akkreditiv

(a) Allgemeines

Obwohl das Akkreditiv auch als Anweisung im weiteren Sinn bezeichnet wird[934], stellt es als Instrument zur Zahlungssicherung im Außenhandel einen kollisionsrechtlich gesondert zu behandelnden Fall dar.

Das Akkreditiv[935] ist in seiner einfachsten Form eine Vereinbarung zwischen der eröffnenden Bank (= Angewiesene, Akkreditivbank) und ihrem Kunden (= Anweisender, Akkreditiv-Auftraggeber), in der sich die Bank verpflichtet, Zahlung an einen Dritten (= Anweisungsempfänger, Akkreditiv-Begünstigter) zu leisten, sofern die Akkreditivbedingungen erfüllt sind.[936] Aufseiten des Dritten wird im internationalen Zahlungsverkehr regelmäßig eine Avisbank zwischengeschaltet, die die Aufgabe hat, den Dritten über die Eröffnung des Akkreditivs zu unterrichten und das Geld gegen Prüfung der Warendokumente auszuzahlen. Die Avisbank kann aber auch als Bestätigungsbank fungieren, wenn sie das Akkreditiv gegenüber dem Dritten bestätigt.[937] Durch die Avisbank erweitert sich das klassische Dreipersonenverhältnis[938] auf ein Vierpersonenverhältnis[939].

Zu unterscheiden sind das Valutaverhältnis zwischen dem Akkreditivauftraggeber und dem Begünstigten (Valutaverhältnis)[940], die Rechtseziehung zwischen dem Akkreditivauftraggeber und der Bank (Deckungsverhältnis)[941] und die Beziehung zwischen der Bank und dem Begünstigten. Die Besonderheit besteht nun darin, dass zwischen dem Angewiesenen und dem An-

---

[934] *Schwintowski/Schäfer*, Bankrecht, § 10, Rdnr. 1.

[935] Zum Akkreditiv allgemein vgl. *Schwintowski/Schäfer*, Bankrecht, § 10.

[936] S. MüKo/*Hüffer*, § 783, Rdnr. 81.

[937] Vgl. *Schwintowski/Schäfer*, Bankrecht, § 10, Rdnr. 11.

[938] Im Dreipersonenverhältnis kann auf die graphische Darstellung zu den Anweisungsfällen entsprechend verwiesen werden, s.o. Abb. 2, S. 207.

[939] Eine graphische Darstellung des Vierpersonenverhältnisses (Dokumentenakkreditiv) findet sich bei *Schwintowski/Schäfer*, Bankrecht, § 10, Rdnr. 2.

[940] Im Valutaverhältnis liegt meistens ein Warengeschäft, z.B. ein Kauf zwischen Exporteur und Importeur vor, s. *Schwintowski/Schäfer*, Bankrecht, § 10, Rdnr. 1.

[941] Im Deckungsverhältnis liegt ein Werkvertrag mit Geschäftsbesorgungscharakter vor, s. *Schwintowski/ Schäfer*, Bankrecht, § 10, Rdnr. 8.

weisungsempfänger durch die Eröffnung oder Bestätigung eines Akkreditivs oder der Annahme eines Wechsels, eine dritte schuldrechtliche Beziehung in Form eines abstrakten Schuldversprechens besteht.[942]

(b) Bereicherungsstatut

Über die Anknüpfung für bereicherungsrechtliche Ansprüche im Akkreditivverkehr ist sich die Kollisionsrechtswissenschaft einig[943]:

Liegt ein Fehler in dem das Warengeschäft betreffenden Valutaverhältnis zwischen dem Käufer (Akkreditiv-Auftraggeber) und dem Verkäufer (Akkreditiv-Begünstigtem) vor und führt dies zum Bereicherungsausgleich, dann entscheidet das Statut des Valutaverhältnisses.[944] Bei einem Fehler im Dekckungsverhältnis zwischen Auftraggeber und Akkreditivbank entscheidet das Statut des Deckungsverhältnisses über die Rückabwicklung. Über eine Direktkondiktion des Angewiesenen beim Anweisungsempfänger entscheidet das Akkreditivstatut, d.h. das Statut des Schuldversprechens[945] als Rechtsgrund für das Versprechen selbst.[946]

---

[942] Zumindest nach h.M. im deutschen Recht ist dies so gem. § 780 BGB; s. Erman/*Heckelmann*, Vor § 783, Rdnr. 7; MüKo/*Hüffer*, § 783, Rdnr. 90; Palandt/*Sprau*, § 783, Rdnr. 17; *Schwintowski/Schäfer*, Bankrecht, § 10, Rdnr. 1; BGHZ 60, 262 (262) m. w.N..

[943] S. *Busse*, Bereicherungsrecht, S. 207; *Einsele*, JZ 1993, 1025 (1028); *Plaßmeier*, Bereicherung, S. 348; *Reithmann/Martiny*, Internationales Vertragsrecht, Rdnr. 1073; *Reuter/Martinek*, Ungerechtfertigte Bereicherung, S. 793; *Schlechtriem*, Bereicherungsansprüche, S. 29 (75 f.); Staudinger/v. *Hoffmann/Fuchs*, Art 38 EGBGB, Rdnr. 27.

[944] S. *Staudinger/v. Hoffmann/Fuchs*, Art 38 EGBGB, Rdnr. 27.

[945] Die Bestimmung des Akkreditivstatuts ist umstritten, s. dazu Soergel/*v. Hoffmann*, Art. 28, Rdnrn. 342 ff.. Nach einer Ansicht ist das Recht der Akkreditivbank maßgeblich, weil diese die charakteristische Leistung erbringt. Ist eine Avisbank zwischengeschaltet, so soll das Recht der bestätigenden Bank maßgeblich sein, weil dieses die Rechtsbeziehung zum Begünstigten prägt, vgl. OLG Koblenz, IPRspr. 1989, Nr. 46; *v. Bar*, IPR II, Rdnr. 497 m.w.N.; *Reithmann/Martiny*, Internationales Vertragsrecht, Rdnr. 1073; Staudinger/*v. Hoffmann/Fuchs*, Art 38 EGBGB, Rdnr. 27. Dagegen spricht sich Staudinger/*Lorenz*, § 812, Rdnr. 125, für die einheitliche Anknüpfung an das Recht des Zahlungsortes aus.

[946] Ansonsten unterliegt das Akkreditiv in aller Regel den ERA 500 (*Einheitliche Richtlinien und Gebräuche für Dokumenten-Akkreditive)*, abgedruckt bei *Baumbach/Hopt*, HGB, ERA (11), und ist von dem Grundverhältnis anhaftenden Mängeln weitgehend

Wird eine weitere bestätigende (Avis-) Bank in das Akkreditivgeschäft eingeschaltet, die auch an den Anweisungsempfänger leistet[947], so wird zwischen der bestätigenden Bank und dem Anweisungsempfänger ein selbständiges abstraktes Schuldversprechen begründet, nach dessen Statut sich dann auch der Bereicherungsausgleich im Falle einer Direktkondiktion beurteilt.[948]

Alle Fallkonstellationen fallen jedoch nicht in den Anwendungsbereich des Art. 38 Abs. 1, sondern sind Art. 32 Abs. 1 Nr. 5 zuzuweisen, da es um die Folgen der Nichtigkeit von Verträgen geht.

(4) Fälle der abgeirrten Leistung

Ein Dreipersonenverhältnis kann auch in den Fällen der abgeirrten Leistung[949] vorliegen. In diesem Zusammenhang wird an Fallkonstellationen gedacht, in denen eine Leistung irrtümlich - etwa aufgrund einer Namens- oder Adressenverwechselung, der falschen Angabe einer Kontonummer, aufgrund Versagens technischer Apparaturen oder etwa durch eine falsche Gutschrift - an eine falsche Person erbracht wurde.[950] Der Unterschied zu den Fällen der fehlerhaften oder fehlenden Anweisung besteht darin, dass es an einer Rechtsbeziehung im Valutaverhältnis vollständig fehlt.[951] Probleme ergeben sich auch hier bei einer Kondiktion des Angewiesenen beim Dritten.

Als Beispiel kann wiederum ein Fall dienen, den der *Bundesgerichtshof*[952] zu entscheiden hatte:

---

abstrahiert, s. Staudinger/*v. Hoffmann/Fuchs*, Art 38 EGBGB, Rdnr. 27. Die ERA sind allerdings AGB, die nur kraft Unterwerfung durch den Kunden gelten, vgl. *Baumbach/ Hopt*, HGB, ERA (11), Rdnr. 2.

[947] Der Dritte erhält in diesem Fall nämlich einen zusätzlichen Zahlungsanspruch gegen die Bestätigungsbank, vgl. *Schwintowski/Schäfer*, Bankrecht, § 10, Rdnr. 11.

[948] S. *Busse*, Bereicherungsrecht, S. 208.

[949] S. Abb. 3, S. 221; der Begriff wurde von *v. Caemmerer*, FS Rabel I, S. 333 (388), geprägt.

[950] S. *Einsele*, JZ 1993, 1025 (1032).

[951] Vgl. *Plaßmeier*, Bereicherung, S. 348; Staudinger/*v. Hoffmann/Fuchs*, Art 38 EGBGB, Rdnr. 17.

[952] S. BGH IPRspr. 1987, Nr. 16 = NJW 1987, 1825 f. = WM 1987, 530 f. = IPRax 1987, 372 ff. m. Aufsatz von *Schlechtriem*, 356 f..

Eine französische Bank hatte eine deutsche Bank - die Klägerin - im Namen ihres französischen Kunden beauftragt, auf ein bei der Filiale München der Klägerin geführtes Konto eines namentlich und mit Adresse bezeichneten Kunden einen Betrag gutzuschreiben. Da dort Empfänger und Konto nicht ermittelt werden konnten, wurde der Auftrag an eine andere Filiale weitergeleitet, wo der Überweisungsbetrag dem Beklagten gutgeschrieben wurde, der den angegebenen Nachnamen trug und die maßgebliche Adresse hatte. Wie sich dann erst wesentlich später herausstellte, war der Empfänger des Betrages nicht identisch mit der Person, die durch die Überweisung tatsächlich begünstigt werden sollte. Die Klägerin forderte vom Beklagten den gezahlten Betrag zurück.

Der *Bundesgerichtshof* hat sich im zitierten Fall für das deutsche Recht als Statut des Deckungsverhältnisses entschieden.[953] Die Bank hat hier an den Dritten kollisionsrechtlich eine Leistung erbracht, so dass Art. 38 Abs. 1 grundsätzlich anzuwenden wäre. Die Zuordnung zu diesem Rechtsverhältnis über Art. 38 Abs. 1 stößt aber auf Bedenken, da der Anweisungsempfänger, der durch die fehlende Rechtsgrundlosigkeit der Zuwendung durch das fehlende Valutaverhältnis zu der Zuwendung keinen Bezug hat und somit unter Umständen objektiv gar nicht wissen kann, was der Zuwendung durch den Angewiesenen zugrunde lag. Theoretisch ist auch denkbar, dass eine Bank selbst aus eigener Motivation etwas an eine Person zuwendet. Darüber hinaus ist eine Zuordnung zum Statut des Deckungsverhältnisses aufgrund der Schutzwürdigkeit des Dritten auch nicht sachgerecht.[954] Die Anwendung des auf das Deckungsverhältnis anzuwendenden Rechts bedeutet für ihn nämlich, dem Recht eines Schuldverhältnisses unterworfen zu werden, von dem er nichts wusste und auf das er keinen Einfluss hatte. Eine solche Entscheidung zugunsten des Angewiesenen, für den eine Anknüpfung an das Statut des Deckungsverhältnisses aus Gründen der Vorhersehbarkeit und Beeinflussbarkeit von Vorteil wäre, liefe aber der ausdrücklichen Entscheidung des Gesetzgebers zuwider. Vorliegend handelt es sich nämlich um einen Fall der abgeirrten Leistung, in dem der Dritte die Zuwendung ungewollt, vielleicht sogar aufgedrängt erhalten hat.[955] Seiner Position wird die Anwendung eines Rechts, auf das er keinen Einfluss hatte und das er nicht kennt, damit nicht gerecht. Die abgeirrten Leistungen sind vom Gesetzgeber[956] deshalb aus-

---

[953] Zustimmend *Plaßmeier*, Bereicherung, S. 351; *Schlechtriem*, IPRax 1987, 356 ff..

[954] Vgl. auch Staudinger/*v. Hoffmann/Fuchs*, Art 38 EGBGB, Rdnr. 26.

[955] So auch BR-Dr. 759/98 v. 4.9.1998, 18; BT-Dr. 14/343 v. 1.2.1999, 9.

[956] S. BR-Dr. 759/98 v. 4.9.1998, 18; BT-Dr. 14/343 v. 1.2.1999, 9.

drücklich Art. 38 Abs. 3[957] zugewiesen worden, obwohl – wie gezeigt – eigentlich eine Leistung der Angewiesenen an den Dritten i.S.v. Art. 38 Abs. 1 vorliegt. Da es sich kollisionsrechtlich nach dem Willen des Gesetzgebers also um eine „sonstige Kondiktion" handelt, ist die Verwendung des Begriffs abgeirrte „Leistung" irreführend.[958] Die Entscheidung zugunsten des Art. 38 Abs. 3 ist aber auch im vorliegenden Fall richtig, da der Empfänger der Leistung durch eine räumliche Anknüpfung nach Abs. 3, die oft zu seinem Umweltrecht führt, geschützt werden kann.

Es besteht allerdings die Möglichkeit, über Art. 41 Abs. 2 Nr. 1 1. Fall[959] eine wesentlich engere Verbindung des Sachverhalts zu einer bestehenden Rechtsbeziehung zwischen dem Anweisenden und dem Dritten, die aber keinen Rechtsgrund zum Behaltendürfen des erlangten Etwas gibt, anzunehmen und die bereicherungsrechtliche Rückabwicklung dem Recht zu unterwerfen, dass über das Schuldverhältnis befindet. Ist nämlich beispielsweise die irrtümliche Benennung des Empfängers deshalb geschehen, weil zu ihm zuvor Rechtsbeziehungen bestanden, so ist das diese Rechtsbeziehung regelnde Recht auch für die Rückabwicklung der irrtümlichen Zahlung maßgebend, obwohl sie aus der Sicht der Beteiligten ohne Bezug zu dem Schuldverhältnis erfolgt sein mag.[960] Denn hätte der schuldrechtliche Kontakt nie bestanden, so wäre es nie zu der Benennung des Zahlenden gekommen. Es besteht also ein – wenn auch auf den ersten Blick entfernter - Zusammenhang zwischen der schuldrechtlichen Beziehung und der Zuwendung. Dies läuft auch nicht den Interessen

---

[957] Für eine Anknüpfung i.S.v. Art. 38 Abs. 3 sprach sich vor dem IPRG 1999 auch die herrschende Meinung aus, s. etwa *Busse*, Bereicherungsrecht, S. 161 ff.; *v. Caemmerer*, FS Rabel I, S. 333 ff.; ders., Gutachten, S. 6; *Lorenz*, FS Zweigert, S. 199 (211 f.); ders., IPRax 1985, 328 (329); *Reuter/Martinek*, Ungerechtfertigte Bereicherung, S. 780 f.; *Schlechtriem*, Bereicherungsansprüche, S. 29 (57); offen lassend *Reithmann/Martiny*, Internationales Vertragsrecht, Rdnr. 343; a. A. *Zweigert/Müller-Gindullis*, IECL, Vol. III (1973), Chap. 30, sec. 34, p. 16, die direkt auf das Umweltrecht abstellen; **a.A.** *Plaßmeier*, Bereicherung, S. 348 ff., der das Statut des Deckungsverhältnisses entscheiden lassen will; *Einsele*, JZ 1993, 1025 (1032), will m. Verw. auf OLG Hamburg IPRspr. 1932, Nr. 40, und BGH IPRspr. 1956/57, Nr. 34, das Recht entscheiden lassen, das zu dem Vermögens- bzw. Rechtserwerb des Empfängers geführt hat; *Zweigert*, SJZ 1947, 247 (252), lässt das Statut der abgeirrten Leistung entscheiden.

[958] Auch *Busse*, Bereicherungsrecht, S. 161, äußert sich kritisch zu dieser Begrifflichkeit.

[959] Es ist dabei unerheblich, dass der Angewiesene nicht unmittelbar an diesem Rechtsverhältnis beteiligt ist, s.u. Dritter Teil E.IV.2.b.

[960] Vgl. *Schlechtriem*, Bereicherungsansprüche, S. 29 (58).

des Angewiesenen und des Dritten entgegen. Der Dritte konnte auf das Statut des Schuldverhältnisses unter Umständen Einfluss nehmen, und er konnte damit rechnen, dass dieses Statut seine Rechtsbeziehung zu dem Anweisenden und auch zu dessen Leistungsmittler regelt, sofern sich ein Bezug zu diesem Schuldverhältnis ergibt. Für den Angewiesenen macht es hingegen keinen Unterschied, ob eine räumliche Anknüpfung oder eine Anknüpfung an das Statut des Rechtsverhältnisses vorgenommen wird, da er auf beide Statuten keinen Einfluss hat.

Im Ergebnis unterliegen Direktkondiktionen in den Fällen abgeirrter Leistungen Art. 38 Abs. 3, wobei über Art. 41 Abs. 2 Nr. 1 1. Fall an ein zwischen Anweisenden und Dritten bestehendes Rechtsverhältnis angeknüpft werden kann.

Abb. 3 *Fälle der abgeirrten Leistung*

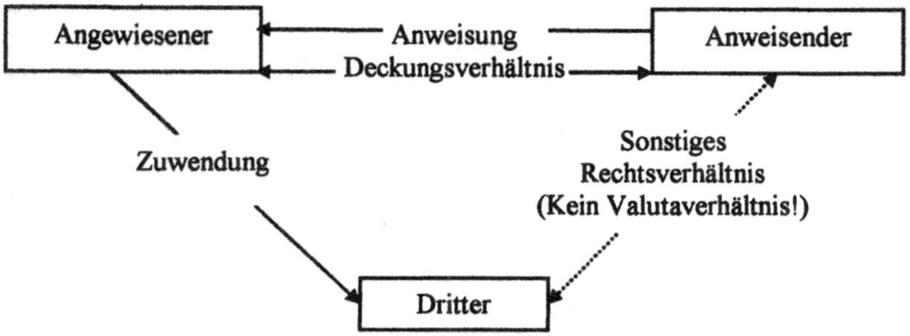

(5) Zessionsfälle

(a) Allgemeines

Weiterhin beschäftigen die sog. Zessionsfälle[961] die Kollisionsrechtswissenschaft.

Im Mittelpunkt der Diskussion steht die rechtsgeschäftliche Übertragung des Gläubigerrechts auf einen Dritten, wie sie etwa die §§ 398-411 BGB

[961] S.u. Abb. 4, S. 223.

vorsehen.[962] In diesem Fall tritt der alte Gläubiger (= Abtretender oder Zedent) dem neuen Gläubiger (= Abtretungsempfänger oder Zessionar) eine Forderung gegen einen Dritten durch Vertrag ab. Die Abtretung, die selbst kein Verpflichtungsgeschäft darstellt, ist von dem Geschäft zu trennen, das ihr zugrunde liegt und oft gleichzeitig mit ihr vorgenommen wird (z.B. Schenkung, Kauf).

Die Abtretung hat im Wirtschaftleben erhebliche Bedeutung. So ist es denkbar, dass der Käufer dem Verkäufer mit dessen Einverständnis anstelle der Kaufpreiszahlung eine ihm zustehende Forderung abtritt. Ebenso ist der Gläubiger in der Lage, seine noch nicht fällige Forderung an einen anderen zu verkaufen und abzutreten, um sich auf diese Weise vorzeitige Barmittel zu beschaffen.[963]

Kollisionsrechtlich interessant wird die Zession dann, wenn der Schuldner an den Zessionar oder in Unkenntnis der Abtretung an den Zedenten zugewendet hat und nach Entdeckung des Nichtbestehens der Forderung von dem Empfänger der Zuwendung kondizieren will. Ein Kondiktionsanspruch gegen den Zessionar kommt gleichfalls in Betracht, wenn die Zession selbst unwirksam ist. Die Frage nach der adäquaten Anknüpfung stellt sich auch, wenn der richtige Gläubiger von dem vermeintlichen Gläubiger wegen Unwirksamkeit der Forderungsabtretung kondizieren will.[964] Für Art. 38 Abs. 1 sind vor allen Dingen die Fälle von Bedeutung, in denen eine Forderung aus einem gesetzlichen Schuldverhältnis, z.B. eine Schadensersatzforderung aus Delikt[965], abgetreten wird.

---

[962] Das deutsche Recht kennt neben dem rechtsgeschäftlichen Forderungsübergang (Abtretung) noch zwei weitere Arten von Gläubigerwechseln: Der gesetzliche Gläubigerwechsel *(cessio legis)* und den Gläubigerwechsel durch staatlichen Hoheitsakt *(cessio judicialis)* (siehe z.B. § 835 Abs. 2 ZPO).

[963] S. *Brox/Walker*, Allgemeines Schuldrecht, § 34, Rdnr. 6.

[964] Zur Kondiktion des Zessionars beim Zedenten wegen Eingriffs in die Forderungszuständigkeit des Zessionars s.u. Dritter Teil D.I.3.d.

[965] Ersatzansprüche aus Delikt sind im deutschen Recht grundsätzlich übertragbar, vgl. Palandt/*Thomas*, § 823, Rdnr. 157.

Abb. 4 *Zessionsfälle*

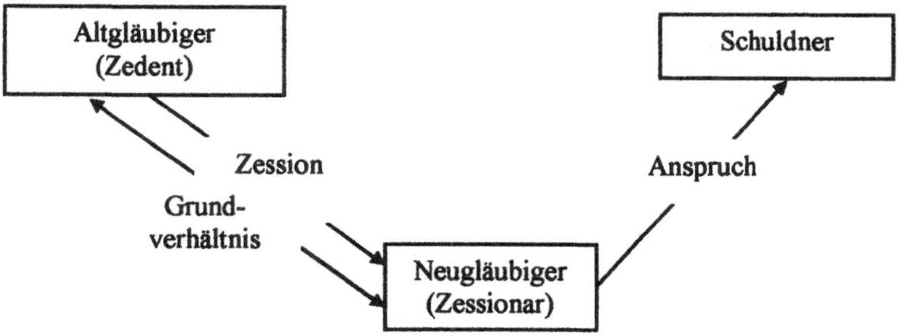

(b) Bereicherungsstatut

(aa) Kondiktion des Schuldners beim Zessionar oder beim Zedenten bei Abtretung einer nicht bestehenden Forderung

Da die Erfüllung der Verbindlichkeit gegenüber dem Zessionar oder dem Zedenten als Zuwendung zu qualifizieren ist, ist Art. 38 Abs. 1 für die Ermittlung des auf den Kondiktionsanspruch des Schuldners gegen den Zessionar oder den Zedenten wegen Abtretung einer nichtbestehenden Forderung anwendbaren Rechts heranzuziehen.

Im deutschen materiellen Bereicherungsrecht wird hingegen die Kondiktion des Schuldners beim Zessionar wegen Nichtbestehens der Forderung als Nichtleistungskondiktion eingestuft. Die herrschende Literatur[966] und der *Bundesgerichtshof*[967] kehren das Ergebnis des modernen Leistungsbegriffs, dass eine Leistung des Schuldners an den Zessionar vorliegt, mit Wertungsargumenten wieder um. Sie gelangen zu dem entgegengesetzten Ergebnis, dass eine Abwicklung nur zwischen Schuldner und Zedent nach § 812 Abs. 1

---

[966] S. etwa *Canaris*, FS Larenz, 799 (834 ff.); Erman/*Westermann*, § 812, Rdnr. 36; MüKo/*Lieb*, § 812, Rdnr. 121; Palandt/*Sprau*, § 812, Rdnr. 67; Staudinger/*Lorenz*, § 812, Rdnr. 41; **a.A.** *Dörner*, NJW 1990, 473 (477); *Medicus*, Bürgerliches Recht, Rdnr. 685 a; s. dazu allgmein *Tiedtke* WM 1999, 517 ff..

[967] Siehe BGH NJW 1989, 161 ff. und 900 ff.; BGHZ 105, 365 (368 ff.); 122, 46 (48 ff.).

S. 1 Var. 1 BGB möglich ist. Der *Bundesgerichtshof*[968] lässt eine Ausnahme dann zu, wenn der Zessionar die Auszahlung besonders intensiv verlangt hat. Eine Kondiktion des Schuldners beim Zessionar wird folglich als Nichtleistungskondiktion qualifiziert, die gegenüber der Leistungskondiktion subsidiär ist. Hauptargument ist das Liquiditätsrisiko, das der Schuldner bei einer Kondiktion beim Zessionar tragen müsste, obwohl er sich diesen gar nicht als Vertragspartner ausgesucht hat.

Die kollisionsrechtliche Einstufung scheint in Widerspruch zu der Einstufung im deutschen Sachrecht zu stehen. Dennoch ist die getroffene Entscheidung zugunsten einer Einordnung als Leistungskondiktion beizubehalten, da die Anwendungsvoraussetzungen des Art. 38 Abs. 1 gegeben sind. Bei dieser Konstellation im Rahmen der Zessionsfälle wird die Entscheidung der herrschenden Ansicht zum deutschen Sachrecht auch vorwiegend von dem Umstand getragen, dass eine Entscheidung zugunsten der Leistungskondiktion einen Anspruch des Schuldners gegen den Zessionar zur Folge hätte. Mit der kollisionsrechtlichen Beurteilung wird hingegen noch nicht entschieden, gegen wen sich der Anspruch des Schuldners zu richten hat. Aus den unterschiedlichen Aufgaben des Kollisionsrechts und des Sachrechts rechtfertigt sich bereits eine abweichende Beurteilung. Darüber hinaus tritt mit der divergierenden kollisionsrechtlichen Beurteilung auch kein Bruch mit den wesentlichen sachrechtlichen Wertungen ein. Denn wie sich noch zeigen wird, findet auch hier der Schuldnerschutz unter Berücksichtigung des Kriteriums der Vorhersehbarkeit des anwendbaren Rechts Berücksichtigung.

Mit der Entscheidung zugunsten einer Leistungskondiktion ist noch nicht die Frage geklärt, welchem Rechtsverhältnis die Zuwendung zuzuordnen ist. Aufgrund der Besonderheit der Zession kommt sowohl eine akzessorische Anknüpfung an das Statut der abgetretenen Forderung, d.h. an das Statut des Rechtsverhältnisses, dem diese Forderung entstammt[969], als auch an das Zessionsgrundstatut, d.h. an das Statut des der Abtretung zugrundeliegenden Geschäfts, in Frage. Vor dem IPRG 1999 bestand über die Anknüpfung an das Forderungsstatut Einigkeit.[970]

---

[968] Vgl. BGHZ 105 365 (372); BGH NJW 1989, 161 (162).

[969] Bei einer vertraglichen Forderung ist an das Vertragsstatut anzuknüpfen. Bei einer kraft Gesetzes entstandenen Forderung ist das für die Entstehung dieses Schuldverhältnisses maßgebliche Recht heranzuziehen (z.B. Deliktsstatut).

[970] Vgl. *Busse*, Bereicherungsrecht, S. 206; *Einsele*, JZ 1993, 1025 (1027); Erman/*Hohloch*, EGBGB Art. 38, Rdnr. 8; *Hay*, Bereicherung, S. 68; *Lorenz*, FS Zweigert,

Zumindest für das Verhältnis von Schuldner und Zessionar scheint auf den ersten Blick Art. 33 Abs. 2[971] einen Anhaltspunkt zu bieten, der für die Übertragung einer vertraglichen oder sonstigen Forderung[972] eine Regelung trifft. Danach unterstehen alle im Zusammenhang mit einer Zession stehenden Rechtsfragen dem Recht, dem die übertragene Forderung unterliegt.[973] Da der Gesetzgeber schon mit der akzessorischen Anknüpfung in Art. 38 Abs. 1 keinen inhaltlichen Bruch mit den Regelungen des Schuldvertragsrechts - im Besonderen mit Art. 32 Abs. 1 Nr. 5 - eingegangen ist, könnte man schließen, dass ein solcher auch hier nicht gewollt ist. Allerdings ist man sich einig, dass Bereicherungsansprüche, die infolge einer Zession entstehen, nicht zum unmittelbaren Anwendungsbereich des Art. 33 Abs. 2 gehören.[974] Insofern ist es eher zweifelhaft, Art. 33 Abs. 2 als Entscheidungskriterium heranzuziehen.

Aus der Sicht aller Beteiligten bezog sich die Zuwendung des Schuldners aber auf die von ihm zu tilgende Forderung. Die sich aus diesem Umstand ergebende Anknüpfung an das Statut des Rechtsverhältnisses, aus dem sich die Forderung gegen den Schuldner ergab, hält auch der folgenden Überprüfung unter Wertungsgesichtspunkten stand. Im materiellen Recht[975] wie im Kollisionsrecht darf der Schuldner keine Nachteile dadurch davontragen, dass die Forderung gegen ihn an einen anderen Gläubiger abgetreten

---

S. 199 (220 f.); MüKo/*Kreuzer*, I vor Art. 38, Rdnr. 19; *Plaßmeier*, Bereicherung, S. 351 ff.; *Reuter/Martinek*, Ungerechtfertigte Bereicherung, S. 790 f.; *Reithmann/ Martiny*, Internationales Vertragsrecht, Rdnr. 352; *Schlechtriem*, Bereicherungsansprüche, S. 29 (76); ders., IPRax 1995, 65 (66 Fn. 14).

[971] Art. 33 Abs. 1 und 2 entsprechen Art. 12 EVÜ; Abs. 3 entspricht Art. 13 EVÜ.

[972] Von Art. 33 werden auch Abtretungen von Forderungen aus einem gesetzlichen Schuldverhältnis erfasst, s. *v. Bar*, IPR II, Rdnr. 566; *v. Hoffmann*, IPR, § 10, Rdnr. 89.

[973] Eine Ausnahme bildet das Verhältnis zwischen dem Zessionar und dem Zedenten, das nach Art. 33 Abs. 1 dem Zessionsgrundstatut untersteht, s. dazu Palandt/*Heldrich*, EGBGB 33, Rdnr. 2. Streitig ist in diesem Zusammenhang, ob der Forderungsübergang als solcher nicht auch von Art. 33 Abs. 1 erfasst wird, vgl. zum Streitstand MüKo/*Martiny*, Art. 33, Rdnr. 4 a. Diese Auffassung, die vorwiegend im Ausland vertreten wird, verletzt aber den Abstraktionsgrundsatz bei Forderungsabtretungen, s. MüKo/*Martiny*, Art. 33, Rdnr. 4 a.

[974] S. *Plaßmeier*, Bereicherung, S. 352; in diesem Sinne ist wohl auch *v. Bar*, RabelsZ 1989, 462 (469 ff.), zu verstehen; **a.A.** wohl Staudinger/*v. Hoffmann/Fuchs*, Art 38 EGBGB, Rdnr. 22: „Die Maßgeblichkeit des Forderungsstatuts folgt ... im Verhältnis zum Zessionar aus Art. 33 Abs. 2 i.V.m. Art. 38 Abs. 1 EGBGB.“.

[975] Zum Schuldnerschutz bei der Abtretung siehe *Brox/Walker*, Allgemeines Schuldrecht, § 34, Rdnrn. 22 ff..

wurde. Der Schuldner wäre bei einer Anknüpfung an das Zessionsgrundstatut, welchem z.B. ein Kaufvertrag zugrunde liegen kann, einer Rechtsordnung ausgeliefert, die er nicht kannte und auf deren Anwendbarkeit nur die Vertragsparteien, z.B. durch eine Rechtswahl nach Art. 27, Einfluss nehmen konnten. Für den Schuldner war nur das die Forderung beherrschende Recht vorhersehbar. Die Anknüpfung an dieses Recht benachteiligt die anderen Beteiligten auch nicht unangemessen. Der Altgläubiger kannte dieses Recht und konnte es unter Umständen sogar beeinflussen. Der Zedent konnte sich zumindest Kenntnis vom anwendbaren Recht verschaffen, und es stand ihm frei, die Abtretung abzulehnen, wenn ihm dieses Recht nicht zusagte.

Im Ergebnis ist es also überzeugend, das Statut des Rechtsverhältnisses über einen möglichen Bereicherungsanspruch des Schuldners gegen den Zessionar oder den Zedenten entscheiden zu lassen, aus dem sich die Forderung ergibt.[976]

(bb) Kondiktion des Schuldners beim Zessionar wegen fehlgeschlagener Abtretung einer bestehenden Forderung

Ein Kondiktionsbegehren des Schuldners gegenüber dem Zessionar kann sich auch dann ergeben, wenn die Forderung besteht, aber die Zession selbst unwirksam ist. Auch in diesem Fall bezog sich die Zuwendung des Schuldners auf das Rechtsverhältnis, aus dem sich die Forderung ergab, so dass das Forderungsstatut über den Bereicherungsanspruch gem. Art. 38 Abs. 1 entscheidet.[977]

Im Sachrecht werden die Fälle fehlgeschlagener Abtretung einer bestehenden Forderung selten erörtert. Erfolgt dennoch eine Auseinandersetzung, wird die Direktkondiktion des Schuldners gegen den Zessionar nach § 812 Abs. 1 S. 1 Var. 1 BGB in einigen Fällen zugelassen.[978] Teilweise erfolgt also auch eine Einstufung als Leistungskondiktion aus Wertungsaspekten.

---

[976] So nach der Reform auch *Fischer*, IPRax 2002, 1 (8); Staudinger/*v. Hoffmann/Fuchs*, Art 38 EGBGB, Rdnr. 22.

[977] So auch *Busse*, Bereicherungsrecht, S. 206.

[978] S. MüKo/*Lieb*, § 812, Rdnr. 124 c.

(cc) Kondiktion des Scheinzedenten beim Scheinzessionar wegen fehlgeschlagener Abtretung einer bestehenden Forderung

Fraglich ist, ob das Forderungsstatut auch über das Rückabwicklungsmodell entscheidet, wenn der Scheinzedent vom Scheinzessionar wegen Fehlerhaftigkeit der Rechtsübertragung das kondizieren will, was der Schuldner letzterem zur Tilgung seiner Verbindlichkeit zugewendet hat.

Busse[979] spricht sich zugunsten des Forderungsstatuts aus und löst einen Fall, den der *Bundesgerichtshof*[980] 1959 zu entscheiden hatte, vor diesem Hintergrund neu. Stark vereinfacht ging es darum, ob der vermeintliche Zessionar einer Forderung den vom Schuldner gezahlten Betrag nach Wegfall der Zession[981] an den tatsächlichen Gläubiger herauszugeben hat.[982] *Busse* lässt im Fall New Yorker Recht als das Forderungsstatut über das Rückabwicklungsmodell entscheiden.

Nach dem IPRG 1999 muss zunächst festgehalten werden, dass Art. 38 Abs. 1 nicht die richtige Grundlage zur Ermittlung des anwendbaren Rechts ist. Der Zedent hat das Vermögen des Zessionars nicht durch bewusste eigene Handlung gemehrt. Vielmehr hat der Schuldner an den Zessionar zugewendet. Grundsätzlich ist deshalb eine Anknüpfung über Art. 38 Abs. 2[983] an das Recht des Ortes vorzunehmen, an dem der Eingriff geschehen ist.[984] Da bei den Zessionsfällen aber zwischen den Beteiligten rechtliche Beziehungen bestehen, besteht das Bedürfnis nach der Suche eines sachnäheren Rechts. Über Art. 41 Abs. 2 Nr. 1 1. Fall kann eine Anknüpfung an das Statut des Rechtsverhältnisses, aus dem sich die Forderung ergibt, oder an das Statut, das die der Zession zugrundeliegende Rechtsbeziehung beherrscht, ermöglicht werden, sofern zu dem Rechtsverhältnis eine engere Beziehung als zu der

---

979 S. *Busse*, Bereicherungsrecht, S. 206.

980 Vgl. BGH NJW 1959, 1317 ff..

981 Im Fall ging es um einen trust.

982 Zusammenfassung von *Busse*, Bereicherungsrecht, S. 206.

983 Der Scheinzessionar hat durch die Einziehung der Forderung in die Forderungszuständigkeit des Scheinzedenten eingegriffen, da dieser aufgrund der fehlerhaften Abtretung nicht Inhaber der Forderung geworden ist.

984 Die Nichtleistungskondiktion ist auch nicht gegenüber der Leistungskondiktion subsidiär, da das Subsidiaritätsprinzip im Kollisionsrecht keine Anwendung findet, s.o. Fn. 928; zur Bestimmung des Eingriffsortes bei der Einziehung einer Forderung durch einen Nichtberechtigten s.u. Dritter Teil D.I.3.d.aa.

zuvor über Art. 38 Abs. 2 ermittelten Rechtsordnung besteht. Vorliegend besteht sowohl zu dem der Zession zugrundeliegenden Rechtsverhältnis, an dem die streitenden Parteien unmittelbar beteiligt sind, als auch zum Statut des Rechtsverhältnisses, aus dem sich die abgetretene Forderung ergibt, eine engere Beziehung.

Eine Anknüpfung an das Zessionsgrundstatut würde vorrangig dem Interesse des Scheinzessionars entsprechen, da er dieses gegebenenfalls unmittelbar beeinflussen konnte. Eine Anwendung des Zessionsgrundstatuts ist aber vor allem dann von Vorteil, wenn sich der Bereicherungsanspruch auf ein Verhalten des Bereicherungsschuldners bezieht, das gleichzeitig eine Vertragsverletzung darstellt. In diesem Fall bestimmt nämlich Art. 33 Abs. 1, dass das Zessionsgrundstatut im Verhältnis Zessionar - Zedent für alle Verpflichtungen maßgeblich ist, die sich aus der kausalen Vertragsbeziehung ergeben. Darunter fallen beispielsweise auch vertragliche Schadensersatzansprüche wegen pflichtwidriger Einziehung der Forderung durch den Zessionar. Durch eine Anknüpfung der Bereicherungsansprüche an das Zessionsgrundstatut kann ein Gleichlauf mit vertraglichen Ansprüchen erreicht werden. Da der Bereicherungsanspruch vorliegend aber auf der Unwirksamkeit der Abtretung basiert, sind vertragliche Ansprüche nicht denkbar, so dass das Argument des Gleichlaufs der Ansprüche unerheblich ist.

Eine Anknüpfung an das Zessionsgrundstatut hätte indessen eine Beurteilung des Bereicherungsanspruchs nach mehreren Rechten zur Folge. Denn die im Rahmen des anwendbaren Sachrechts zu prüfende Vorfrage, ob die Abtretung wirksam war, beurteilt sich bei einer selbständigen Anknüpfung[985] gem. Art. 33 Abs. 2 nach dem Forderungsstatut.[986] Allerdings gibt es noch mehrere mögliche Vorfragen[987], die eine selbständige Anknüpfung bewirken, so dass

---

985 Zur Frage nach der Anknüpfung der Vorfrage s. *v. Hoffmann*, IPR, § 6, Rdnrn. 60 ff., und unten im Dritten Teil C.III.1.

986 Vgl. Palandt/*Heldrich*, EGBGB 33, Rdnr. 2: „Für den Übergangsvorgang selbst, insbesondere die Abtretung als Verfügungsgeschäft gilt diese Regelung *(Anm.: Art. 33 Abs. 1; Anmerkung vom Verfasser)* nicht. Vielmehr sind die Voraussetzungen einer Abtretung ... nach dem Recht der abgetretenen Forderung zu beurteilen, Abs. 2.“; *v. Hoffmann*, IPR, § 10, Rdnr. 90; MüKo/*Martiny*, Art. 33, Rdnr. 4 a m.w.N.; **a.A.** *Einsele*, ZVglRWiss 91, 1 (1).

987 Die Frage nach der Geschäftsfähigkeit einer Vertragspartei ist etwa selbständig nach Art. 7 Abs. 1 EGBGB anzuknüpfen.

der Umstand der Anwendung mehrerer Rechte nicht allein ausschlaggebend für eine andere Anknüpfung sein kann.

Grund des Kondiktionsbegehrens ist die Unwirksamkeit der Zession. Über die Wirksamkeit des Forderungsübergangs, d.h. über die Voraussetzungen einer wirksamen Abtretung, entscheidet nach Art. 33 Abs. 2 das Forderungsstatut.[988] Entscheidet das Forderungsstatut über die wirksame Übertragung der Forderung, so sollte es auch über die Rückabwicklung aufgrund einer unwirksamen Zession entscheiden. Der Zessionar hatte auch die Möglichkeit, von dem Forderungsstatut Kenntnis zu erlangen, so dass er nicht besonders schutzwürdig ist. Aus diesen Gründen spricht m.E. nichts gegen eine Anwendbarkeit des Forderungsstatuts auf einen Kondiktionsanspruch des Scheinaltgläubigers gegen den Scheinneugläubiger aufgrund einer unwirksamen Abtretung einer bestehenden Forderung.[989]

(c) Zusammenfassung der wesentlichen Ergebnisse

Im Ergebnis unterliegt das Kondiktionsbegehren des Schuldners gegenüber dem Zedenten oder dem Zessionar wegen Nichtbestehens der Forderung oder wegen Unwirksamkeit der Abtretung über Art. 38 Abs. 1 dem Statut des Rechtsverhältnisses, aus dem sich die Forderung gegen den Schuldner ergibt. Das Forderungsstatut entscheidet ebenfalls über einen möglichen Bereicherungsanspruch des Scheinzedenten gegen den Scheinzessionar wegen der fehlerhaften Abtretung einer wirksamen Forderung gem. Art. 41 Abs. 2 Nr. 1 1. Fall.

(6) Kondiktion des freiwilligen Drittzahlers beim Gläubiger der Hauptschuld

(a) Allgemeines

Aus dem deutschen Sachrecht - insbesondere in Zusammenhang mit §§ 267, 268 BGB - sind die Fälle der Drittleistung[990] bekannt, in denen ein Dritter

---

[988] Vgl. Palandt/*Heldrich*, EGBGB 33, Rdnr. 2.

[989] Im Ergebnis so auch *Fischer*, IPRax 2002, 1 (6); BGH JZ 1999, 404 (404) m. Anm. *Kieninger*, 405 ff.; BGHZ 111, 376 (380 f.).

[990] S. Abb. 5, S. 230.

ohne eine vermeintliche oder wirkliche Anweisung oder Verpflichtung gegenüber dem Schuldner auf dessen Schuld leistet.[991] Wenn die fremde Schuld tatsächlich bestand und der Dritte gerade das Geschuldete geleistet hat, wird sich der Dritte an den befreiten Schuldner halten. Dazu bedarf es der Rückgriffskondiktion, auf die unten näher eingegangen wird.[992] Hat die Schuld aber nicht wirklich bestanden oder kommt der Drittzahlung nach dem Statut der Schuld keine Tilgungswirkung zu, wird sich der Dritte an den Gläubiger der Hauptforderung wenden. Beispiel:[993] Der deutsche Onkel A zahlt die vermeintliche Unterhaltsschuld des französischen Neffen B bei dessen französischer Tochter T. B hatte aber, was A nicht wusste, kurz vorher die Schulden aufgrund eines Lottogewinns begleichen können. Fraglich ist hier, ob A von T den gezahlten Betrag kondizieren kann.

Auch bei dieser Konstellation ergibt sich, aufbauend auf dem Problem, dass zwischen den streitenden Parteien keine unmittelbare Beziehung besteht, die Frage, welches Recht über eine mögliche Direktkondiktion entscheidet.

Abb. 5 *Fälle der freiwilligen Drittzahlung*

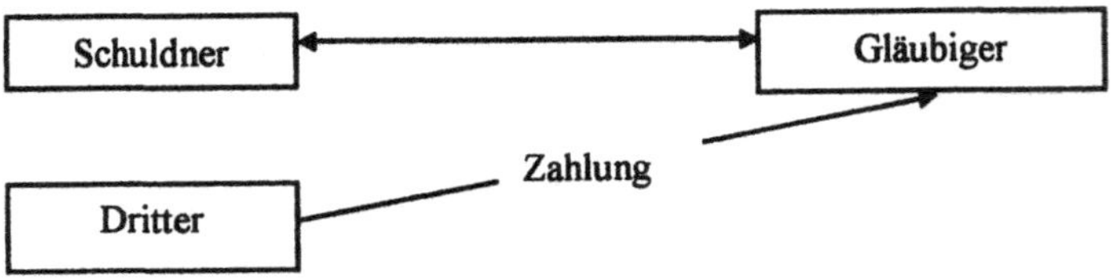

(b) Bereicherungsstatut

Der Dritte hat bewusst und durch eigene Handlung das Vermögen des Gläubigers gemehrt, um eine Schuldbefreiung des Schuldners zu bewirken. Aus diesem Grund ist der genannte Fall als kollisionsrechtliche Leistungskondiktion im Sinne von Art. 38 Abs. 1 zu qualifizieren.[994] Im internen Sach-

[991] Zum deutschen Sachrecht siehe etwa *Medicus*, Bürgerliches Recht, Rdnrn. 684 ff..

[992] S.u. Dritter Teil C.II.3.j.dd(9).

[993] Beispiel nach *Medicus*, Bürgerliches Recht, Rdnr. 684.

[994] Von einer „Leistung“ des Dritten an den Gläubiger sprechen ebenfalls *v. Bar*, IPR II, Rdnr. 737; *Einsele*, JZ 1993, 1025 (1026); *Lorenz*, FS Zweigert, S. 199 (215); *Reuter/Martinek* Ungerechtfertigte Bereicherung, S. 788; Soergel/*Lüderitz*, Anh. I Art. 38,

recht besteht auf der Grundlage des modernen Leistungsbegriffs ebenfalls die Tendenz zur dogmatischen Einordnung als Leistungskondiktion.[995] Vorliegend ist der Bereicherungsanspruch an das Schuldstatut der zu tilgenden Forderung anzuknüpfen, wenn die Zuwendung des Dritten auf diese bezogen ist. Eine solche Anknüpfung ist allerdings ausgeschlossen, wenn das vermeintlich bestehende Rechtsverhältnis nur einseitig vom Gläubiger, z.B. durch Zusendung unbestellter Ware, angestrebt wurde.[996] In diesem Fall ist schon eine Voraussetzung für eine Anwendbarkeit des Art. 38 Abs. 1 nicht erfüllt, so dass auf Art. 38 Abs. 3 zurückzugreifen ist.[997] In allen anderen Fällen bestehen heute keine Zweifel mehr, dass eine Anknüpfung an das Schuldstatut erfolgen muss.[998] Zum einen bezog sich die Leistung des Drittzahlers auf das vermeintliche Rechtsverhältnis, aus dem sich die vermeintliche Forderung ergab, und zum anderen konnte sich der Drittzahler über das Schuldstatut Kenntnis verschaffen und musste auch mit dessen Anwendung rechnen. Der Drittzahler greift hier nämlich in eine fremde Rechtsbeziehung ein und genießt deshalb keinen besonderen Schutz.

Rdnr. 49; *Fischer*, IPRax 2002, 1 (8), hält nur die Rückgriffskondiktion für eine Nichtleistungskondiktion; *Schlechtriem*, Bereicherungsansprüche, 29 (78), wendet Art. 38 Abs. 1 an, obwohl er die Rückgriffskondiktion als Nichtleistungskondiktion bezeichnet.

[995] Die Einstufung als Leistung beruht im Sachrecht auf der Erwägung, dass der Gläubiger, der dem Schuldner gegenüber nicht zur Zuwendung verpflichtet ist, primär eine Vermögensmehrung im Vermögen des Gläubigers bewirken will. Die Vermögensmehrung beim Schuldner durch Schuldbefreiung sei demgegenüber nur ein - zwar gewollter, aber nicht bezweckter - Reflex, vgl. *Koppensteiner/Kramer*, Ungerechtfertigte Bereicherung, S. 41 ff.; *Medicus*, Bürgerliches Recht, Rdnr. 685; MüKo/*Lieb*, § 812, Rdnr. 103; im Ergebnis so auch *Canaris*, FS Larenz, S. 799 (847 f.); *Larenz/Canaris*, Schuldrecht, S. 243; **a.A.** *Esser/Weyers*, Schuldrecht, S. 59; Jauernig/*Schlechtriem*, § 812, Rdnr. 76 f.; BGHZ 113, 62 (69).

[996] Zur Zusendung unbestellter Ware s.o. Dritter Teil C.II.3.f.bb(2).

[997] Vgl. *Plaßmeier*, Bereicherung, S. 191 ff.; Soergel/*Lüderitz*, Anh. I Art. 38, Rdnr. 36.

[998] S. *v. Bar*, IPR II, Rdnr. 737; *Busse*, Bereicherungsrecht, S. 191 ff.; *Einsele*, JZ 1993, 1025 (1026); Erman/*Hohloch*, EGBGB Art. 38, Rdnr. 8; *Hay*, Bereicherung, S. 32; *Lorenz*, FS Zweigert, S. 199 (214 f.); MüKo/*Kreuzer*, I Vor Art. 38, Rdnr. 14; *Plaßmeier*, Bereicherung, S. 353 ff.; *Rauscher*, IPR, S. 263; *Reuter/Martinek*, Ungerechtfertigte Bereicherung, S. 788; *Reithmann/Martiny*, Internationales Vertragsrecht, Rdnr. 349; Staudinger/*v. Hoffmann/Fuchs*, Art 38 EGBGB, Rdnr. 19; Staudinger/*Lorenz*, § 812, Rdnr. 120; Soergel/*Lüderitz*, Anh. I Art. 38, Rdnr. 49; **a.A.** ArbG Düsseldorf, IPRax 1990, 328 ff., das noch auf den Ort der Vermögensbelegenheit des Bereicherungsschuldners und damit auf dessen Wohnsitz abstellt; s. dazu kritisch *Junker*, IPRax 1990, 303 (308).

(c) Zusammenfassung der wesentlichen Ergebnisse

Zahlt ein Dritter ohne Verpflichtung auf eine fremde Schuld, so ist ein möglicher Bereicherungsanspruch gegen den Gläubiger wegen Nichtbestehens der Forderung oder fehlender Tilgungswirkung der Leistung nach Art. 38 Abs. 1 akzessorisch an das Statut, das die zu tilgende Forderung beherrscht, anzuknüpfen.

(7) Kondiktion des Bürgen beim Gläubiger der Hauptschuld

(a) Allgemeines

Als weiterer Fall im Rahmen der Dreipersonenverhältnisse ist die Kondiktion des Bürgen beim Gläubiger der Hauptschuld zu erörtern.[999]

Bei der Bürgschaft[1000] handelt es sich um einen Schuldvertrag, in dem sich der Bürge (= Sicherungsgeber) gegenüber dem Gläubiger (= Sicherungsnehmer) eines Dritten verpflichtet, für die Erfüllung einer Verbindlichkeit gegenüber dem Dritten einzustehen.[1001] Da aus dem Bürgschaftsvertrag nur der Bürge verpflichtet ist, handelt es sich um einen einseitig verpflichtenden Vertrag. Es ist aber möglich, dass ein Rechtsverhältnis zwischen dem Bürgen und dem Schuldner besteht, z.B. ein Auftrag oder ein Geschäftsbesorgungsvertrag, das den Bürgen zur Übernahme der Bürgschaft bewegt hat.[1002] Das Statut dieses Rechtsverhältnisses wird vor allem bei der Rückgriffskondiktion des Bürgen gegen den Schuldner relevant.[1003]

Im deutschen Recht ist jede Art vermögensrechtlicher Verbindlichkeiten durch eine Bürgschaft sicherbar.[1004] Der Rechtsgrund der Verbindlichkeit, z.B. aus Vertrag oder Gesetz, ist gleichgültig.[1005] Theoretisch ist es also denk-

---

999 Die nachfolgenden Ausführungen gelten entsprechend für andere bürgschaftsähnliche Verpflichtungen, wie z.B. den Garantievertrag oder den Schuldbeitritt.

1000 S.u. Abb. 6, S. 233.

1001 Siehe etwa § 765 BGB.

1002 Zum Kondiktionsanspruch des Bürgen gegen den Schuldner s. u. Dritter Teil C.II.3.j.dd(9)(c).

1003 S.u. Dritter Teil C.II.3.j.dd(9)(c).

1004 S. BGH NJW 1989, 1856 (1857).

1005 Vgl. Palandt/*Sprau*, § 765, Rdnr. 17.

bar, dass sich ein Dritter für eine Schuld aus Delikt oder eine Unterhaltsverpflichtung eines anderen verbürgt. Allerdings wird dies praktisch wohl nicht vorkommen, da die Bürgschaft eigentlich ein Sicherungsinstrument ist, um den potentiellen Gläubiger zu einem Vertragsabschluss zu bewegen (z.B. Kreditsicherung).

Abb. 6 *Bürgschaftsfälle*

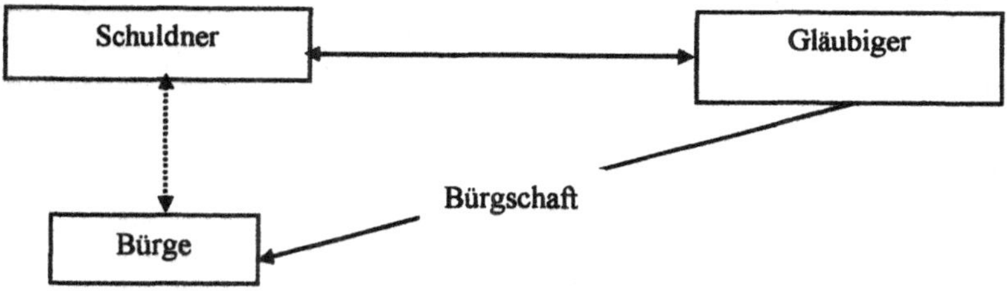

(b) Bereicherungsstatut

Für Ansprüche innerhalb des Hauptschuldverhältnisses ist klar, dass in Anwendung der Akzessorietätsregel das für das Grundverhältnis maßgebliche Recht auch über die Rückforderungsansprüche entscheidet.[1006]
Kollisionsrechtlich ergibt sich mit der Anknüpfung vor allem dann ein Problem, wenn der Bürge vom Gläubiger kondizieren will, weil die Hauptschuld im Zeitpunkt der Zahlung nicht (einredefrei) bestand oder der Bürgschaftsvertrag selbst unwirksam war:

Der mögliche Kondiktionsanspruch des Bürgen gegen den Gläubiger der Hauptschuld ist aufgrund der Zuwendung des Bürgen an diesen als kollisionsrechtliche Leistungskondiktion zu qualifizieren. Das eigentliche Problem ergibt sich erst bei der Frage nach der Zuordnung der Zuwendung. Im Gegensatz zu der freiwilligen Tilgung fremder Schulden steht der Dritte hier mit dem Gläubiger durch den Bürgschaftsvertrag in einer unmittelbar rechtlichen Beziehung. Im Verhältnis Hauptschuldner - Gläubiger - Bürge ist demnach zwischen drei Statuten zu unterscheiden, denen die Zuwendung an den Gläubiger zugeordnet werden könnte: Dem Statut der Hauptschuld, dem der Bürgenverpflichtung, sowie dem Statut des Rechtsverhältnisses zwischen

---

[1006] Siehe *Busse*, Bereicherungsrecht, S. 204.

Bürge und Schuldner.[1007] Obwohl in der Literatur[1008] zunächst eine akzessorische Anknüpfung an das Statut der Hauptforderung laut wurde, war sich die Kollisionsrechtswissenschaft[1009] bald einig, dass sich ein potentieller Rückforderungsanspruch nach dem Bürgschaftsstatut richtet, welches über Artt. 27 ff. zu bestimmen ist. Die Leistung des Bürgen ist aufgrund seiner Eigenverpflichtung aus dem Bürgschaftsvertrag primär als auf das Bürgschaftsverhältnis erbracht anzusehen. Dies muss auch der (objektive) Gläubiger erkennen.[1010] Eine Anknüpfung an das Statut der Hauptforderung hätte für den Bürgen den Nachteil der fehlenden Personenidentität der Vertragsparteien. Am Bürgschaftsverhältnis sind die streidenden Parteien beide beteiligt, und beide konnten auf das anwendbare Recht über Art. 27 Einfluss nehmen. Eine andere Anknüpfung ergibt sich aus dem gleichen Grund auch dann nicht, wenn der Bürge dem Schuldner gegenüber zur Übernahme der Bürgschaft verpflichtet war, da der Gläubiger in dieses Rechtsverhältnis nicht unmittelbar involviert ist.

Im Ergebnis beherrscht also das Bürgschaftsstatut den Kondiktionsanspruch des Bürgen gegen den Gläubiger. Dies gilt unabhängig davon, ob das Kodiktionsbegehren auf einer Unwirksamkeit des Bürgschaftsvertrags oder einem Nichtbestehen der Hauptschuld aufbaut.[1011]

(c) Das Problem der Versagung oder der Kumulation von Ansprüchen bei Auseinanderfallen des Statuts der Hauptschuld und des Bürgschaftsstatuts

Ein besonderes Problem kann sich dann ergeben, wenn das Bürgschaftsstatut und das Statut der Hauptschuld auseinanderfallen.

[1007] S. Staudinger/*v. Hoffmann/Fuchs*, Art 38 EGBGB, Rdnr. 21.

[1008] Vgl. *Lorenz*, FS Zweigert, S. 199 (216 ff.).

[1009] S. *Busse*, Bereicherungsrecht, S. 202 ff.; ders., RIW 1999, 16 (20); *Lorenz*, FS Zweigert, S. 199 (217); MüKo/*Kreuzer*, I Vor Art. 38, Rdnr. 17; Palandt/*Heldrich*, EGBGB 38, Rdnr. 2; *Plaßmeier*, Bereicherung, S. 355; *Rauscher*, IPR, S. 263; *Reithmann/Martiny*, Internationales Vertragsrecht, Rdnr. 351; *Reuter/Martinek*, Ungerechtfertigte Bereicherung, S. 789; *Schlechtriem*, IPRax 1995, 65 (66 Fn. 14); Staudinger/*v. Hoffmann/Fuchs*, Art 38 EGBGB, Rdnr. 21.

[1010] S. *Busse*, Bereicherungsrecht, S. 202 f.; *Plaßmeier*, Bereicherung, S. 354 f..

[1011] Vgl. Staudinger/*v. Hoffmann/Fuchs*, Art 38 EGBGB, Rdnr. 21.

Denkbar ist, dass bei Nichtbestehen der Hauptschuld das Bürgschaftsstatut dem Bürgen einen Kondiktionsanspruch gegen den Gläubiger verwehrt, während das Statut der Hauptschuld einen solchen Anspruch zulassen würde. Das Statut der Hauptschuld gewährt dem Bürgen hingegen keinen Anspruch gegen den Hauptschuldner; denn es steht fest, dass dieser nicht bereichert ist, weil er nichts erlangt hat und auch keine Kondiktion gegen den vermeintlichen Gläubiger hat.[1012] Im Ergebnis ist trotz Zweifeln und Problemen mit der kollisionsrechtlichen Bewältigung und Begründung klar, dass der Bürge nicht leer ausgehen darf und ihm ein Anspruch gegen den Gläubiger zu geben ist.[1013] Anderer Ansicht ist nur *Plaßmeier*[1014], der zugunsten einer sicheren und vorhersehbaren Anknüpfung weiterhin das Bürgschaftsstatut für maßgeblich hält und damit dem Bürgen keine Bereicherungsansprüche ermöglicht.

Obwohl *Lorenz*[1015] feststellt, dass eine kollisionsrechtliche Begründung für einen Anspruch des Bürgen schwer fällt, sind Versuche einer Erklärung unternommen worden. Während *Lorenz*[1016] die Lösung aus dem materiellen Recht entwickeln will, das den Bürgschaftsvertrag beherrscht, versuchen andere das Problem auf kollisionsrechtlicher Ebene zu lösen und das Statut der Hauptschuld auch für einen Anspruch des Bürgen gegen den Gläubiger zur Anwendung zu bringen. *Schlechtriem*[1017] gibt dem Bürgen bei Normleere die Möglichkeit, die Leistung nachträglich auf das Statut der Hauptschuld zu beziehen, um dieses zur Anwendung zu bringen. Diese Begründung lässt aber unberücksichtigt, dass die Kollisionsrechtswissenschaft für den Fall von Normwidersprüchen zwischen mehreren zur Anwendung berufenen Rechtsordnungen eine Lösung bereit hält, die als Anpassung[1018] bezeichnet wird.[1019]

[1012] S. *Lorenz*, FS Zweigert, S. 199 (217).

[1013] S. *Busse*, Bereicherungsrecht, S. 203; *Einsele*, JZ 1993, 1025 (1026); *Lorenz*, FS Zweigert, S. 199 (217 f.); MüKo/*Kreuzer*, I Vor Art. 38, Rdnr. 17; *Rauscher*, IPR, S. 264; *Reithmann/Martiny*, Internationales Vertragsrecht, Rdnr. 351; *Reuter/Martinek*, Ungerechtfertigte Bereicherung, S. 790; Staudinger/*Lorenz*, § 812, Rdnr. 121; so wohl auch *Schlechtriem*, Bereicherungsansprüche, S. 29 (76 f.).

[1014] Vgl. *Plaßmeier*, Bereicherung, S. 355 f..

[1015] S. *Lorenz*, FS Zweigert, S. 199 (218).

[1016] Siehe *Lorenz*, FS Zweigert, S. 199 (218); *Einsele*, JZ 1993, 1025 (1026); *Reuter/Martinek*, Ungerechtfertigte Bereicherung, S. 790.

[1017] Vgl. *Schlechtriem*, Bereicherungsansprüche, S. 29 (76 f.).

[1018] Teilweise wird auch der Begriff Angleichung verwendet. Allerdings ist der Terminus Anpassung vorzuziehen, da zur Problemlösung nur die Rechtsanwendung im Einzelfall modifiziert wird, nicht aber die beteiligten Rechtsordnungen oder Normen als solche

Obwohl das Ziel der Anpassung, eine Synthese verschiedener Rechtsordnungen zu erreichen, klar ist, besteht über den Weg dorthin Streit. Die herrschende Meinung[1020] zieht eine kollisionsrechtliche Lösung vor und unterstellt die gesamte Rechtsbeziehung anhand einer Wertentscheidung einem einheitlichen Recht.[1021]

Der im vorliegend interessierenden Fall bestehende Normmangel kann danach durch die kollisionsrechtliche Anpassung an das Statut der Hauptschuld überwunden werden[1022]: Der Bürge kann bei dem Gläubiger kondizieren, wobei der Gläubiger diesem alle Einwendungen entgegensetzen kann, die nach dem Statut der Hauptschuld bestehen.[1023]

Eine Anpassung ist auch notwendig, wenn eine Kumulation von Ansprüchen (Normhäufung) vorliegt, d.h., wenn sowohl das Bürgschaftsstatut, als auch das auf den Rückgriff anwendbare Recht dem Schuldner einen Anspruch gewähren. Hier ist nicht auf den ersten Blick klar, an welches Statut anzuknüpfen ist, da beide einen Anspruch gewähren. Um eine einheitliche Beurteilung dieser Fälle zu erreichen, müsste man auch hier an das Statut der Hauptschuld anknüpfen. Allerdings wird durch eine Anknüpfung an das Bürgschaftsstatut eine weitere Abweichung von der Regel, dass ein Anspruch des Bürgen gegen den Gläubiger diesem Statut unterliegt, vermieden. Ferner wird damit berücksichtigt, dass sich die Leistung des Bürgen auf den Bürgschaftsvertrag bezog. Aus diesen Gründen ist m.E. das Bürgschaftsstatut heranzuziehen. Der Bürge kann zwar gegen den Gläubiger vorgehen, gegen den Hauptschuldner allerdings nicht, auch wenn dort eine vom Bürg-

---

einander angeglichen werden, vgl. *Ferid*, IPR, Rdnr. 4-69; *v. Hoffmann*, IPR, § 6, Rdnr. 31 Fn. 54; *Looschelders*, Anpassung, S. 4; *Neuhaus*, Grundbegriffe, S. 353.

1019 Vgl. *Rauscher*, IPR, S. 264; *Reithmann/Martiny*, Internationales Vertragsrecht, Rdnr. 351; eine Anpassung hält auch *Plaßmeier*, Bereicherung, S. 355, für möglich.

1020 S. etwa *Ferid*, IPR, Rdnr. 4-66 ff.; *v. Hoffmann*, IPR, § 6, Rdnr. 36; *Keller/Siehr*, IPR, S. 454; *Neuhaus*, Grundbegriffe, S. 358; Palandt/*Heldrich*, Einl v EGBGB 3, Rdnr. 32 m.w.N..

1021 Als ultima ratio wird auch die Schaffung neuer Sachnormen durch den Richter nicht ausgeschlossen, s. dazu *Junker*, IPR, Rdnr. 267; *Kropholler*, IPR, S. 232 ff.; MüKo/*Sonnenberger*, Einl. IPR, Rdnr. 549.

1022 Zur Anwendbarkeit des Statuts der Hauptschuld gelangen auch *Busse*, Bereicherungsrecht, S. 203; MüKo/*Kreuzer*, I Vor Art. 38, Rdnr. 17.

1023 S. *Rauscher*, IPR, S. 264.

schaftsstatut verschiedene Rechtsordnung gilt und diese einen Anspruch gewähren möchte.[1024]

(d) Zusammenfassung zur Kondiktion des Bürgen beim Gläubiger der Hauptschuld

Eine Kondiktion des Bürgen beim Gläubiger der Hauptschuld wegen Nichtbestehens oder nicht einredefreien Bestehens der Hauptschuld oder wegen eines Mangels im Bürgschaftsverhältnis unterliegt über Art. 38 Abs. 1 dem Statut, welches den Bürgschaftsvertrag beherrscht.

Kommt es zu Normwidersprüchen zwischen dem Statut der Hauptschuld und dem Bürgschaftsstatut mit der Folge, dass dem Bürgen ein Bereicherungsanspruch verwehrt bleibt oder diesem mehrere Ansprüche zugestanden werden, so ist im Wege der Anpassung bei einem Normmangel ausnahmsweise das Statut der Hauptschuld heranzuziehen, und bei einer Normhäufung entscheidet wiederum allein das Bürgschaftsstatut.

(8) Unentgeltliche Weitergabe der Leistung an Dritte (Weitergabekondiktion)

(a) Einführung

Die Weitergabekondiktion[1025] betrifft die Frage, ob auch ein Dritter (= Drittempfänger, Anspruchgegner) zur Herausgabe des von ihm mit Rechtsgrund vom Erstempfänger erworbenen Bereicherungsgegenstandes (bzw. Surrogates) an den primär Leistenden (= Anspruchsteller) verpflichtet ist.[1026]

Im deutschen Recht ist hierbei an die Vorschriften der § 816 Abs. 1 S. 2 BGB und § 822 BGB zu denken. In beiden Fällen ist der Dritte dem direkten Kondiktionsanspruch einer Person ausgesetzt, mit der er selbst nicht in (rechtsgeschäftlichen) Kontakt getreten ist, wenn er unentgeltlich erworben hat. Eine Kondiktion beim Erstempfänger kommt nicht in Betracht, da dieser durch die unentgeltliche Weitergabe der Vertragsleistung entreichert ist (§ 818 Abs. 3

[1024] Im Ergebnis so auch *Busse*, Bereicherungsrecht, S. 203.

[1025] Derartige Ansprüche werden oft auch als Verfolgungsansprüche bezeichnet.

[1026] S. Abb. 7, S. 242.

BGB). Die Vorschriften unterscheiden sich dadurch, dass § 816 I 2 BGB die unentgeltliche Verfügung eines Nichtberechtigten voraussetzt[1027], während nach § 822 BGB die unentgeltliche Verfügung eines Berechtigten vorliegen muss[1028]. Beide Regelungen werden von der Erwägung getragen, dass ein unentgeltlicher gutgläubiger Erwerb weniger schutzwürdig ist als der entgeltliche Erwerb.

Verfolgungsansprüche werden aber etwa auch im US-amerikanischen Recht mit dem Institut des tracing[1029] oder im französischen Recht mit der actio de in rem verso[1030] gestattet. Auch das englische Recht lässt einen Durchgriff gegen den Bereicherten im Ausnahmefall eines unentgeltlichen Erwerbs zu.[1031]

Kollisionsrechtlich ist zu fragen, welche Rechtsordnung darüber entscheidet, ob der primär Leistende erfolgreich gegen den Dritten klagen kann, zu dem der geleistete Vermögenswert gelangt ist. Als Ausgangspunkt der anschließenden Überlegungen soll folgendes Beispiel dienen[1032]:

Der Angehörige A eines deutschen Erblassers erhielt aus dem Nachlass ein Gemälde als Vermächtnis und schenkte es bei einem Besuch in Zürich seinem Freund F in der Schweiz. Später wird ein Testament gefunden, in dem der Erblasser das Vermächtnis widerrufen hatte. Die Erben E verlangen vom Beschenkten in der Schweiz die Herausgabe des Gemäldes, da der Vermächtnisnehmer nicht mehr bereichert sei.

[1027] Beispiel: B verschenkt das geliehene Buch des A an den gutgläubigen C (Fall des § 816 Abs. 1 S. 2 BGB).

[1028] Beispiel: B verschenkt das Buch, welches er aufgrund eines (nichtigen) Kaufvertrags von A erworben hat, an C (Fall des § 822 BGB).

[1029] Vgl. dazu *Plaßmeier*, Bereicherung, S. 255 ff..

[1030] S. dazu etwa *Hübner/Constantinesco*, Einführung, S. 179 f..

[1031] Vgl. Lipkin Gorman v. Karpnale Ltd. [1991] 3 WLR 10 (Ansprüche gegen einen Spielclub auf Herausgabe von Geld, das ein Spieler in seiner Anwaltskanzlei unterschlagen und in dem Club verspielt hatte).

[1032] Beispiel von *Siehr*, IPR, S. 263.

(b) Bereicherungsstatut

Im oben genannten Beispielsfall bestehen Rechtsbeziehungen zwischen den Erben und dem vermeintlichen Vermächtnisnehmer und zum anderen zwischen dem vermeintlichen Vermächtnisnehmer und dem Dritten.[1033] Streng genommen gehören derartige Fallkonstellationen systematisch nicht zu den Mehrpersonenverhältnissen, da die Zuwendung an den Anspruchgegner mit einem Rechtsverhältnis des Zuwendenden mit dem Anspruchsteller nichts zu tun hat; es handelt es um zwei hintereinander geschaltete Rechtsverhältnisse und damit eigentlich nicht um ein komplexes Verhältnis.[1034]

Aus diesem Grund werden die Weitergabekondiktionen in der Literatur[1035] gesondert von Art. 38 Abs. 1 - meist in einem eigenen Abschnitt - behandelt. Art. 38 Abs. 1 bietet für diesen Fall keinen Lösungsweg an, da keine Zuwendung des Bereicherungsgläubigers an den Bereicherungsschuldner vorliegt. Der Bereicherungsgläubiger hat nur an den Erstempfänger zugewendet. Von dem Dritten wusste er zu diesem Zeitpunkt noch nichts. *V. Hoffmann/ Fuchs*[1036] wollen deshalb allgemeine internationalprivatrechtliche Interessen entscheiden lassen. *Schlechtriem*[1037] will, soweit es um einen Fall des § 816 Abs. 1 S. 2 BGB geht, Art. 38 Abs. 2 maßgebend sein lassen.

Schlechtriem ist insoweit zuzustimmen, da die Konsequenz aus einer Nichtanwendbarkeit des Abs. 1 wegen einer fehlenden Zuwendung eine Anknüpfung an den Eingriffsort gem. Art. 38 Abs. 2 oder an den Ort des Bereicherungseintritts nach Art. 38 Abs. 3 ist.[1038] In den Fällen des § 816 Abs. 1 S. 2 BGB

[1033] Im deutschen Recht wird durch das Vermächtnis gem. § 2174 BGB für den Bedachten das Recht begründet, von dem Beschwerten, d.h. den Erben, die Leistung des vermachten Gegenstandes zu fordern. Durch das Vermächtnis entsteht zwischen dem Bedachten und den Beschwerten ein Schuldverhältnis, s. Palandt/*Edenhofer*, § 2174, Rdnr. 1.

[1034] *Busse*, Bereicherungsrecht, S. 196 f..

[1035] S. etwa *Schlechtriem*, Bereicherungsansprüche, S. 29 (59 f.); Staudinger/*v. Hoffmann/Fuchs*, Art 38 EGBGB, Rdnr. 28.

[1036] S. Staudinger/*v. Hoffmann/Fuchs*, Art 38 EGBGB, Rdnr. 28.

[1037] Vgl. *Schlechtriem*, IPRax 1995, 65 (69): „Soweit es um den Fall des § 816 Abs. 1 S. 2 BGB geht, findet aufseiten des Erwerbers, also des Dritten ein »Eingriff« in die Rechtsposition des Dritten statt .... Das spricht dafür, insoweit an sich das Recht des Eingriffsortes maßgebend sein zu lassen, ...“; ders., Bereicherungsansprüche, S. 29 (59 f.).

[1038] **A.A.** wohl *Fischer*, IPRax 2002, 1 (8); *Siehr*, IPR, S. 261, die in allen Fällen zunächst Art. 38 Abs. 3 heranziehen wollen. Die Nichtleistungskondiktion ist auch nicht gegenüber

ist an sich Art. 38 Abs. 2 heranzuziehen.[1039] Soweit es sich um einen Fall des § 822 BGB handelt, ist Art. 38 Abs. 3 maßgeblich.[1040] In diesem Dreipersonenverhältnis bestehen aber zwei Rechtsverhältnisse, die über Art. 41 Abs. 2 Nr. 1 1. Fall Berücksichtigung finden könnten. Denkbar ist eine Anknüpfung an das Statut des Rechtsverhältnisses zwischen den Erben und dem vermeintlichen Vermächtnisnehmer[1041] oder an das Statut des Rechtsverhältnisses zwischen dem vermeintlichen Vermächtnisnehmer und dem Dritten (Weitergabestatut). Dabei ist es für eine Anwendung des Art. 41 Abs. 2 Nr. 1 1. Fall unerheblich, dass der Anspruchsteller in das maßgebliche Rechtverhältnis nicht unmittelbar als (Vertrags-) Partei involviert ist.[1042] Die Ansichten der Kollisionsrechtswissenschafter zu der Frage des anwendbaren Rechts gingen vor der Reform auseinander. Die überwiegende Meinung[1043] hielt das Weitergabestatut für maßgeblich. Eine ältere Ansicht[1044] vertrat für den Durchgriff auf den Drittempfänger eine Anknüpfung an das Recht, das die Beziehung zwischen dem Erstempfänger und dem an diesen Leistenden beherrscht. *Lorenz*[1045] tritt hingegen für eine Kumulation beider Statuten ein, soweit es sich um eine Weitergabekondiktion im Sinne von § 822 BGB handelt. Eine Kondiktion bei dem Dritten kommt danach nur dann in Frage,

---

der Leistungskondiktion subsidiär, da das Subsidiaritätsprinzip im Kollisionsrecht keine Geltung hat, s.o. Fn. 928.

1039 Der Erwerber und der Veräußerer greifen bei der Veräußerung und Übereignung einer Sache in das Eigentum des Berechtigten ein, weil beide in der dinglichen Einigung zusammenwirken, s. *Medicus*, Bürgerliches Recht, Rdnr. 714.

1040 In den Fällen des § 822 BGB hat der Erwerber nicht in das Eigentum des Bereicherungsgläubigers eingegriffen, da ihm die Sache vom dinglich Berechtigten geleistet wurde.

1041 Das Erbstatut entscheidet über die mit dem Erwerb der Erbschaft zusammenhängenden Fragen, vgl. Palandt/*Heldrich*, EGBGB 25, Rdnr. 10.

1042 Zu den Anforderungen an die rechtliche Beziehung im Rahmen von Art. 41 Abs. 2 Nr. 1 1. Fall s.u. Dritter Teil E.IV.2.b.

1043 S. *v. Bar*, IPR II, Rdnr. 737; *Busse*, Bereicherungsrecht, S. 198 ff.; *Einsele*, JZ 1993, 1025 (1033); MüKo/*Kreuzer*, I Vor Art. 38, Rdnr. 22; *Plaßmeier*, Bereicherung, S. 390; *Raape*, IPR, S. 528; *Reuter/Martinek*, Ungerechtfertigte Bereicherung, S. 794; *Schlechtriem*, IPRax 1995, 65 (70); ders., Bereicherungsansprüche, S. 29 (60 f.); ders., IPRax 1995, 65 (69 f.); IPG 1973 Nr. 8 (Heidelberg), 59 ff.; unentschieden *Reithmann/Martiny*, Internationales Vertragsrecht, Rdnr. 357.

1044 S. *Knoch*, Aufgliederung der Kondiktionen, S. 74 ff.; *Zweigert/Müller-Gindullis*, IECL, Vol. III (1973), Chap. 30, sec. 31, 32.

1045 Vgl. Staudinger/*Lorenz*, § 812, Rdnr. 126; ders., FS Zweigert, S. 199 (225 f.).

wenn beide Rechte diese zulassen. In den Fällen des § 816 Abs. 1 S. 2 BGB will *Lorenz*[1046] hingegen das Recht entscheiden lassen, das die schuldrechtliche Beziehung zwischen dem Dritten und dem Erstempfänger beherrscht.

Die von *Lorenz* vertretene „Kumulationslösung" ist auf der Basis der neuen Vorschriften m.E. heute nicht mehr haltbar.[1047] Wie sich unten noch zeigen wird[1048], ist über Art. 41 keine Anwendung mehrer Rechte nebeneinander zuzulassen.

Der herrschenden Meinung ist vorab Recht zu geben, dass die schutzwürdigen Interessen des Dritten eine Anknüpfung an das Statut der Erstbeziehung, d.h. im Beispielsfall an das rechtliche Verhältnis zwischen dem Erben und dem vermeintlichen Vermächtnisnehmer, verbieten. Der Dritte musste mit der Anwendung dieses Rechts nicht rechnen.[1049] Diese Tatsache hat aber nicht automatisch eine Anknüpfung an das andere zur Auswahl stehende Statut des Rechtsverhältnisses zwischen Drittem und Erstempfänger zur Folge. Vielmehr muss eine Gesamtschau der Umstände ergeben, dass dieses Statut die Rechtsfrage im Interesse der Beteiligten besser zu regeln vermag als das sich über Art. 38 ergebende Statut.
Fischer[1050] belässt es in dieser Situation im Ergebnis bei einer Anwendung des über Art. 38 ermittelten Rechts mit der Begründung, dass das Recht, das das Rechtsverhältnis zwischen dem Dritten und dem Erstempfänger beherrscht, für den Kläger und den Dritten nicht von größerem Interesse ist als die Anwendung des Rechts am Eingriffsort oder am Ort des Bereicherungseintritts. Dem ist schon deshalb zu widersprechen, weil der Dritte das Recht, das auf das Rechtsverhältnis zum Erstempfänger anwendbar ist, durch eine Rechtswahl beeinflussen kann.[1051] M.E. sollte in dieser Situation, wenn für den Anspruchsteller die Entscheidung zugunsten einer Anwendung eines der in Frage kommenden Rechte ohnehin von geringem Interesse ist, zumindest im Interesse des Dritten entschieden werden.

[1046] S. Staudinger/*Lorenz*, § 816, Rdnr. 34.

[1047] So im Ergebnis auch *Fischer*, IPRax 2002, 1 (9).

[1048] S.u. Dritter Teil E.V.2.

[1049] So auch *Schlechtriem*, Bereicherungsansprüche, S. 29 (60); MüKo/*Kreuzer*, I vor Art. 38, Rdnr. 22.

[1050] S. *Fischer*, IPRax 2002, 1 (9); so auch Soergel/*Lüderitz*, Anh I Art 38, Rdnr. 50.

[1051] Bei den Verfolgungsansprüchen im deutschen Recht handelt es sich bei dem Rechtsverhältnis zwischen dem Dritten und dem Erstempfänger um eine Schenkung. Eine Rechtswahl der Parteien ist damit im Rahmen von Art. 27 möglich.

Aus diesem Grund ist m.E. mit der herrschenden Meinung an einer Anknüpfung an das Statut des Rechtsverhältnisses zwischen dem Dritten und dem Erstempfänger über Art. 41 Abs. 2 Nr. 1 1. Fall festzuhalten.[1052]

Im Präzedens führt dies zur Anwendung des deutschen Rechts, welches gem. Art. 28[1053] Abs. 2 S. 1[1054] auf den Vertrag zwischen dem vermeintlichen Vermächtnisnehmer und dem Drittempfänger anzuwenden ist.[1055]

Abb. 7 *Unentgeltliche Weitergabe der Leistung an Dritte*

(c) Zusammenfassung zur Weitergabekondiktion

Die kollisionsrechtliche Bewältigung der Weitergabekondiktion findet zunächst auf der Basis des Art. 38 Abs. 2 oder Abs. 3 statt. Über Art. 41 Abs. 2 Nr. 1 1. Fall ist dann aber eine Anknüpfung an das Statut des Rechtsverhältnisses vorzunehmen, das zwischen dem Dritten und dem Erstempfänger besteht (Weitergabestatut).

1052 Im Ergebnis nach der Reform so auch Erman/*Hohloch*, EGBGB 38, Rdnr. 14; Staudinger/*v. Hoffmann/ Fuchs*, Art 38 EGBGB, Rdnr. 28.

1053 S.o. Fn. 347.

1054 Bei einer Schenkung erbringt der Schenker die charakteristische Vertragsleistung, s. *v. Bar* , IPR II, Rdnr. 496; Palandt/*Heldrich*, EGBGB 28, Rdnr. 10; BGH IPRspr. 1983, Nr. 36; OLG Düsseldorf IPRax 1984, 270 (271); OLG Köln NJW-RR 1994, 1026 (1026).

1055 So auch *Siehr*, IPR, S. 263.

(9) Rückgriffskondiktion

(a) Einführung in die Problematik

Trotz ihrer geringen sachrechtlichen Relevanz[1056] erfreute sich die Rückgriffskondiktion vor der IPR-Reform von 1999 großer Aufmerksamkeit[1057].

Bei der Rückgriffskondiktion geht es darum, dass ein Dritter beim Hauptschuldner Rückgriff nimmt, da er diesen von dessen Verbindlichkeit gegenüber dem Gläubiger befreit hat. In diese Kategorie der bereicherungsrechtlich zu qualifizierenden Rückgriffskondiktionen gehören die Regressansprüche des Drittzahlers gegen den von seiner Schuld befreiten Schuldner, ohne dass zwischen diesen Personen im Innenverhältnis eine rechtliche Beziehung bestand, sowie der Rückgriff des Drittzahlers auf den Schuldner aufgrund eines Fehlers in dem zwischen ihnen (vermeintlich) bestehenden Kausalverhältnis. Daneben zählen auch der mögliche Rückgriff des Bürgen beim Hauptschuldner und die Rückgriffsansprüche zwischen mehreren Schuldnern, die für die Erfüllung derselben Forderung haften, zu dieser Fallgruppe.

Im deutschen Sachrecht bleibt für die Rückgriffskondiktion nur ein enger Anwendungsbereich. In vielen Fällen sichert das Gesetz den zahlenden Dritten dadurch, dass es den Anspruch des Gläubigers gegen den Schuldner auf den Dritten übergehen lässt *(cessio legis)*.[1058] Weiterhin kann es sein, dass das Gesetz dem Dritten einen eigenen Anspruch gegen den Schuldner gibt. Hat der Dritte als Beauftragter des Schuldners oder als berechtigter Geschäftsführer ohne Auftrag gehandelt, steht ihm ein Aufwendungsersatzanspruch gegen den Schuldner zu (§ 670; §§ 683, 670 BGB). Daneben kommt ein Bereicherungsanspruch gegen den Schuldner nicht in Betracht, weil ein Rechtsgrund für die Vermögensverschiebung gegeben ist. Beim Auftrag liegt dieser in dem Vertragsverhältnis. Die berechtigte GoA ist nach ihrer gesetzlichen Regelung Rechtsgrund für jede Vermögensmehrung, die durch das Tätigwerden des Geschäftsführers beim Geschäftsherrn eintritt.[1059]

[1056] S. *Plaßmeier*, Bereicherung, S. 358; Staudinger/*Lorenz*, § 812, Rdnr. 2.

[1057] Vgl. nur *Marschall*, Schadensverlagerung und Regreß, S. 190 ff.; *Wandt*, Geschäftsführung ohne Auftrag, S. 165 ff..

[1058] Siehe bspw. § 268 III, § 774 I, § 1615 b II BGB.

[1059] Vgl. *Brox/Walker*, Besonderes Schuldrecht, § 35, Rdnr. 38.

Auch das Kollisionsrecht trägt den verschiedenen Regressmöglichkeiten mit unterschiedlichen Kollisionsnormen Rechnung. Art. 33 Abs. 3[1060] bestimmt etwa das auf den Regress im Wege einer Legalzession anwendbare Recht. Art. 39 Abs. 2, der ebenfalls mit der Reform von 1999 in das EGBGB eingefügt wurde[1061], hält eine Regelung für die Tilgung einer fremden Verbindlichkeit durch einen Geschäftsführer ohne Auftrag bereit.

Um die Rechtsfrage den entsprechenden Kollisionsnormen zuweisen zu können, müsste man bereits im Rahmen der Qualifikation entscheiden, welche Form des Regresses dem Anspruchsteller zusteht. Um die kollisionsrechtliche Wahl des anwendbaren Rechts nicht von dieser nur sachrechtlich zu entscheidenden Frage abhängig zu machen und um kollisionsrechtliche Anknüpfungswidersprüche zu vermeiden, ist man sich einig, dass ein Gleichlauf aller Regresswege sichergestellt werden muss[1062] und dass auch Bereicherungsansprüche einer entsprechenden Anknüpfung unterworfen werden müssen. Denn für die kollisionsrechtliche Behandlung kann es nicht entscheidend sein, wie ein Rückgriffsanspruch rechtstechnisch im Einzelnen durchgeführt wird, ob das Sachrecht also einen Bereicherungs- oder GoA-Anspruch gewährt oder die getilgte Forderung kraft Gesetzes auf den Zahlenden übergehen lässt.[1063]

(b) Rückgriff des (freiwilligen) Drittzahlers beim Schuldner

(aa) 1. Fall: Zwischen Drittzahler und Schuldner besteht im Zeitpunkt der Zahlung kein Kausalverhältnis

Die Kondiktion des freiwilligen Drittzahlers beim Gläubiger wurde bereits diskutiert.[1064] Genauso ist es aber auch möglich, dass sich der Drittzahler mit

---

[1060] S.o. Fn. 971.

[1061] S. dazu BT-Dr. 14/343 v. 1.2.1999, 10; BR-Dr. 759/98 v. 4.9.1998, 20; *v. Hoffmann*, Geschäftsführung ohne Auftrag, S. 80 ff..

[1062] S. MüKo/*Kreuzer*, II Vor Art. 38, Rdnr. 11; *Plaßmeier*, Bereicherung, S. 360; *Stoll*, FS Müller-Freienfels, S. 631 (638, 640).

[1063] Vgl. Erman/*Hohloch*, EGBGB Art. 38, Rdnr. 8; *v. Hoffmann*, Geschäftsführung ohne Auftrag, S. 80 (93); *Plaßmeier*, Bereicherung, S. 360; *Schlechtriem*, Bereicherungsansprüche, S. 29 (39, 76); *Stoll*, FS Müller-Freienfels, 631 (638, 640).

[1064] S.o. Dritter Teil C.II.3.j.dd(6).

seinem Begehren an den Schuldner wendet, wenn die Zuwendung an den Gläubiger eine Schuldbefreiung ausgelöst hat, so dass der Schuldner bereichert ist.

Zunächst kommt ein Anspruch aus Geschäftsführung ohne Auftrag in Betracht, der über Art. 39 Abs. 2 dem Statut der Verbindlichkeit unterliegt. Die Qualifikation hängt vom subjektiven Merkmal des Geschäftsführungswillens ab, dessen Feststellung gerade bei Leistungen Dritter auf fremde Schuld nicht immer leicht möglich ist.[1065] Deshalb wird diese Anspruchsgrundlage oft mit der bereicherungsrechtlichen Grundlage zusammen geprüft. Der Bereicherungsanspruch wird ferner verdrängt, wo eine Legalzession angeordnet ist.
Die Qualifikation als Regressanspruch aus Geschäftsführung ohne Auftrag, Bereicherungsrecht oder Legalzession kann aber dahinstehen, wenn alle Ansprüche - wie oben gefordert - einer einheitlichen Anknüpfung unterliegen. Fraglich ist, welcher Anknüpfung der bereicherungsrechtliche Anspruch unterliegt:

Der Dritte hat mit der Leistung an den Gläubiger auch gleichzeitig bewusst durch eigene Handlung das Vermögen des Schuldners gemehrt, da es ihm darum ging, bei dem Schuldner eine Schuldbefreiung zu erreichen. Folglich kann diese Rückgriffskondiktion unter Art. 38 Abs. 1 subsumiert werden, so dass es in einem weiteren Schritt auf den Bezug der Zuwendung zu einem Rechtsverhältnis ankommt. Diese Qualifikation steht im Widerspruch zur Einordnung der Rückgriffskondiktion als Nichtleistungskondiktion im internen materiellen Bereicherungsrecht.[1066] Doch aus den gleichen Gründen wie bei den Zessionsfällen ändert sich dadurch nichts an der kollisionsrechtlichen Einstufung als Leistungskondiktion.

In Betracht kommt eine Zuordnung zu dem Rechtsverhältnis aus dem sich das Forderungsrecht des Gläubigers gegen den Schuldner ergab. Eine Anwendung des Forderungsstatuts entsprach vor der Reform fast einhelliger Meinung[1067].

[1065] S. *Lorenz*, FS Zweigert, S. 199 (215).

[1066] Vgl. *Larenz/Canaris*, Schuldrecht, S. 191.

[1067] S. *v. Bar*, IPR II, Rdnr. 737; *Busse*, Bereicherungsrecht, S. 192; *v. Caemmerer*, FS Rabel I, S. 333 (388); *Einsele*, JZ 1993, 1025 (1026); *Hay*, Bereicherung, S. 32; MüKo/*Kreuzer*, I Vor Art. 38, Rdnrn. 15, 27; *Plaßmeier*, Bereicherung, S. 363; *Rauscher*, IPR, S. 263; *Reithmann/Martiny*, Internationales Vertragsrecht, Rdnr. 349; *Reuter/ Martinek*, Ungerechtfertigte Bereicherung, S. 788; *Schlechtriem*, Bereicherungsansprüche,

Art. 33 Abs. 3 S. 1[1068] stellt keine Entscheidungshilfe dar, da die Vorschrift eine Eigenverpflichtung des Drittzahlers voraussetzt, die vorliegend nicht gegeben ist. Einen Anhaltspunkt bietet in diesem Zusammenhang aber Art. 39 Abs. 2, der Regressansprüche des Zahlenden, die auf die freiwillige Tilgung einer fremden Schuld gestützt werden[1069], dem Recht unterstellt, das auf die Verbindlichkeit anzuwenden ist.[1070] Eine unmittelbare Anwendung des Art. 39 II auf die genannten Fälle ist nicht möglich, da sich die Regelung nach ihrer systematischen Stellung nur auf den Aufwendungsersatzanspruch aus Geschäftsführung ohne Auftrag, nicht dagegen auch auf einen entsprechenden Bereicherungsanspruch bezieht.[1071] Aus Art. 39 Abs. 2 lässt sich aber der Grundsatz ableiten, dass immer das Statut der Verbindlichkeit entscheidet, wenn der Dritte zahlt. Diese Anknüpfung bezweckt den Schutz des Schuldners, der sich ohne sein Zutun einem Gläubigerwechsel ausgesetzt sieht und aus dessen Sicht sich der Regress als Durchgriff darstellt. Ferner konnten sich beide Parteien des Bereicherungsverhältnisses auf die Anwendbarkeit dieses Rechts einstellen. Aus Gründen der einheitlichen Anknüpfung der Regressansprüche und aus Wertungsgesichtspunkten ist der bereicherungsrechtliche Rückgriff des freiwilligen Drittzahlers gegen den Schuldner über Art. 38 Abs. 1 dem Recht zu unterstellen, das die getilgte Schuld beherrscht.[1072]

Als Sonderfall wird im Rahmen dieser Fallgruppe in der Literatur die Tilgung vermeintlich eigener Schuld behandelt. Der Regressanspruch des Dritten

---

S. 29 (77); Soergel/*Lüderitz*, Anh I Art. 38, Rdnr. 49; *Zweigert/Müller-Gindullis*, IECL, Vol. III (1973), Chap. 30, sec. 39; Staudinger/*Lorenz*, § 812, Rdnr. 120; ders., FS Zweigert, S. 199 (216); so wohl auch *Marschall*, Schadensverlagerung und Regreß, S. 190 (201).

[1068] S.o. Fn. 971.

[1069] Zur Tilgung fremder Schulden durch einen Geschäftsführer ohne Auftrag s. etwa *v. Hoffmann*, Geschäftsführung ohne Auftrag, S. 80 (93 ff.); *Wandt*, Geschäftsführung ohne Auftrag, S. 165 ff..

[1070] Art. 39 Abs. 2 bestätigt die schon bisher in der deutschen Gerichtspraxis anerkannte Lösung, s. MüKo/*Kreuzer*, II Vor Art. 38, Rdnr. 11; Staudinger/*v. Hoffmann/Fuchs*, Art 39, Rdnr. 40, jeweils m.w.N.. Die Vorschrift findet aber weder in ausländischen Kodifikationen noch in den Vereinheitlichungsvorschlägen eine Entsprechung, vgl. *Kreuzer*, RabelsZ 2001, 383 (412).

[1071] Vgl. Palandt/*Heldrich*, EGBGB 39, Rdnr. 2.

[1072] So nach der Reform auch *Fischer*, IPRax 2002, 1 (8); Staudinger/*v. Hoffmann/Fuchs*, Art 38 EGBGB, Rdnr. 19.

gegen den Schuldner wird in diesem Zusammenhang auch als echte Rückgriffskondiktion bezeichnet. Beispiel: Der Deutsche D glaubt, sein Hund habe den Franzosen G gebissen und ersetzt diesem den Schaden. In Wahrheit ist G von dem Hund des Spaniers S gebissen worden.

Der Dritte mehrt hier aufgrund der vermeintlichen Eigenverpflichtung das Vermögen des Gläubigers. Von der Verpflichtung eines anderen zur Leistung hat der Dritte keine Kenntnis, so dass ihm die Schuldbefreiung des eigentlichen Schuldners durch seine Leistung nicht bewusst ist. Folglich beruht die Bereicherung des Bereicherungsschuldners in den Fällen der echten Rückgriffskondiktion nicht auf einer Zuwendung des Dritten an den Schuldner. Aus diesem Grund ist m.E. der Boden der kollisionsrechtlichen Leistungskondiktion bereits verlassen, so dass grundsätzlich an Art. 38 Abs. 3 anzuknüpfen ist. *Schlechtriem*[1073] hält in diesem Fall wegen der besonderen Beziehung des Bereicherungsvorgangs auf eine Schuldbeziehung trotzdem Art. 38 Abs. 1 für anwendbar. Diese Ausnahme zugunsten des Art. 38 Abs. 1, die die Anwendbarkeit des Abs. 1 nur zusätzlich erschwert, ist aber gar nicht nötig, da eine akzessorische Anknüpfung auch über Art. 41 Abs. 2 Nr. 1 1. Fall herbeigeführt werden kann. Die Einordnung als Nichtleistungskondiktion entspricht ferner dem deutschen Sachrecht.[1074] Den Weg über Artt. 38 Abs. 3, 41 Abs. 2 Nr. 1 1. Fall aus dogmatischen Gründen hält *Schlechtriem*[1075] darüber hinaus ausdrücklich für möglich.

Der Rückgriff gegen den Schuldner ist folglich als Nichtleistungskondiktion i.S.v. Art. 38 Abs. 3 einzuordnen. Aus den gleichen Gründen ist aber nach Art. 41 Abs. 2 Nr. 1 1. Fall eine engere Verbindung mit dem Recht anzunehmen, das die beglichene Schuld beherrscht.[1076] An der Schutzwürdigkeit

---

[1073] S. *Schlechtriem*, Bereicherungsansprüche, S. 29 (78); ders., IPRax 1995, 65 (66 Fn. 14); Staudinger/*v. Hoffmann/Fuchs*, Art 38 EGBGB, Rdnr. 19; so wohl auch *Lorenz*, FS Zweigert, S. 199 (227); MüKo/*Kreuzer*, I Vor Art. 38, Rdnr. 16 Fn. 42.

[1074] In den meisten Fällen liegt gleichzeitig aber auch eine Leistung vor. Die Leistung auf eine vermeintlich eigene Schuld löst daher fast immer nur eine Leistungskondiktion des Leistenden gegen den Empfänger aus und nicht die Rückgriffskondiktion gegen den wirklichen Schuldner, s. etwa *Medicus*, Bürgerliches Recht, Rn. 948.

[1075] Vgl. *Schlechtriem*, Bereicherungsansprüche, S. 29 (78); ders., IPRax 1995, 65 (66 Fn. 14).

[1076] Im Ergebnis so auch *Einsele*, JZ 1993, 1025 (1026); Erman/*Hohloch*, EGBGB Art. 38, Rdnr. 8; *Hay*, Bereicherung, S. 32; *Knoch*, Aufgliederung der Kondiktionen, S. 69; MüKo/*Kreuzer*, Rdnr. 16; *Reithmann/ Martiny*, Internationales Vertragsrecht, Rdnr. 349;

des Dritten ändert sich nichts dadurch, dass der Drittzahler sich irrtümlich für verpflichtet hielt. In diesem Sinn hat bisher auch die Judikatur[1077] in Fällen entschieden, in denen ein vermeintlich (mit-) verpflichteter Dritter eine Unterhaltsschuld erfüllt hatte.[1078] Der Regressanspruch gegen den Schuldner unterlag dem Unterhaltsstatut.[1079]
Allerdings kann auch in solchen Fällen eine (Sonder-) Beziehung zwischen den Parteien des Bereicherungsverhältnisses bestehen, die das Statut der bezahlten Schuld im Rahmen von Art. 41 Abs. 2 Nr. 1 1. Fall verdrängen kann.[1080] Als Beispiel führt *Schlechtriem*[1081] einen Fall an, den der *Bundesgerichtshof*[1082] 1983 zu entscheiden hatte:

Der Lieferant einer Ware hatte den Schaden des Abnehmers in der falschen Annahme bezahlt, eine Untersuchungspflicht verletzt zu haben und deshalb haftpflichtig geworden zu sein, während tatsächlich ein für den Lieferanten nicht erkennbarer Herstellungsfehler den Schaden verursacht hatte.

Da durch die Drittzahlung eine Befreiung des schadensersatzpflichtigen Herstellers eintritt, kann eine Regresspflicht des Herstellers gegenüber dem Lieferanten bestehen. In diesem Fall besteht über Art. 41 Abs. 2 Nr. 1 1. Fall eine engere Verbindung zu dem Statut, das den Vertrag zwischen dem Lieferanten und dem Hersteller beherrscht, als zu dem Statut der getilgten Schuld. Zum einen sind beide Parteien in diesen Vertrag unmittelbar involviert. Zum anderen haben sich die Parteien für den Fall, dass zwischen ihnen Rechtsstreitigkeiten entstehen, auf das auf den Vertrag anzuwendende Recht eingerichtet. Folglich entspricht es auch den Interessen der Parteien, über Art.

Staudinger/*v. Hoffmann/Fuchs*, Art 38 EGBGB, Rdnr. 20; Staudinger/*Lorenz*, § 812, Rdnr. 120; ders., FS Zweigert, S. 199 (216 Fn. 46), zum Regress gegen den entlasteten Unterhaltsschuldner; *Schlechtriem*, Bereicherungsansprüche, S. 29 (77 f.); ders., IPRax 1995, 65 (66 Fn. 14); *Zweigert/Müller-Gindullis*, IECL, Vol. III (1973), Chap. 30, sec. 39.

[1077] Vgl. OLG Celle FamRZ 1967, 156 (156); IPG 1972, Nr. 21, 189 (München).

[1078] S.dazu auch *Brückner*, Unterhaltsregreß, S. 54 f..

[1079] Für die Fälle, in denen eine öffentliche Aufgaben wahrnehmende Einrichtung der Unterhaltsverpflichtung des zur Zahlung Verpflichteten vorgeleistet hat, bestimmt Art. 18 Abs. 6 Nr. 3, dass das Unterhaltsstatut über das Ausmaß der Erstattungspflicht des Unterhaltsverpflichteten urteilt, s. dazu Palandt/*Heldrich*, EGBGB 18, Rdnrn. 18 f..

[1080] S. *Reithmann/Martiny*, Internationales Vertragsrecht, Rdnr. 349; Staudinger/*v. Hoffmann/Fuchs*, Art 38 EGBGB, Rdnr. 20.

[1081] Vgl. *Schlechtriem*, IPRax 1995, 65 (66 Fn. 14).

[1082] S. BGH NJW 1983, 812 (814).

41 Abs. 2 Nr. 1 1. Fall eine Anknüpfung an das Statut des zwischen ihnen bestehenden Vertrages vorzunehmen.

(bb) 2. Fall: Zwischen Drittzahler und Schuldner besteht im Zeitpunkt der Zahlung ein auf Tilgung der Schuld gerichtetes unwirksames Kausalverhältnis

In den Fällen der Drittzahlung ist es möglich, dass den Drittzahler und den Schuldner ein vertragliches Verhältnis (Kausalverhältnis) verbindet, das den Dritten verpflichtet, die Schuld beim Gläubiger zu tilgen.[1083] Beispiel: A beschädigt bei einem Unfall das Auto des B. Die Versicherung des A ist durch den Versicherungsvertrag mit A verpflichtet, den entstandenen Schaden des B zu begleichen. Ist der Versicherungsvertrag unwirksam oder bestand keine Pflicht zur Zahlung, wird der Versicherer vom Schuldner Regress in Höhe der getilgten Schuld verlangen. Fraglich ist, welches Recht über den möglichen Anspruch befindet.

Der Dritte tilgt die Schuld beim Gläubiger, um seiner Verpflichtung aus dem Vertrag mit dem Schuldner nachzukommen. Er mehrt damit auch bewusst das Vermögen des Schuldners, so dass kollisionsrechtlich eine Leistungskondiktion i.S.v. Art. 38 Abs. 1 vorliegt.[1084] Im Sachrecht[1085] ordnet man die Rückgriffskondiktion systematisch grundsätzlich den Nichtleistungskondiktionen zu, doch räumt man auch dort ein, dass der Rückgriff des Drittzahlers gegen den befreiten Schuldner, nicht vollständig in diese Kategorie passt.[1086]

Bei der darauf folgenden Entscheidung über die adäquate Anknüpfung tritt neben dem Statut der Hauptschuld das Statut des (vermeintlichen) Kausalverhältnisses zwischen dem Schuldner und dem Drittzahler hinzu, dem die Zuwendung im Rahmen von Art. 38 Abs. 1 möglicherweise zugeordnet werden kann. Vor der Reform unterstellte die herrschende kollisionsrechtliche Literatur[1087] dem Statut der getilgten Forderung nur noch die Frage, ob die

---

[1083] S.u. Abb. 8, S. 251.

[1084] So auch *Schlechtriem*, IPRax 1995, 65 (66 Fn. 14); Soergel/*Lüderitz*, Anh I Art 38, Rdnr. 49.

[1085] S. *Larenz/Canaris*, Schuldrecht, S. 191.

[1086] Vgl. *Plaßmeier*, Bereicherung, S. 358 m.w.N..

[1087] S. *Busse*, Bereicherungsrecht, S. 192; *Einsele*, JZ 1993, 1025 (1026); *Plaßmeier*, Bereicherung, S. 365; *Reithmann/Martiny*, Internationales Vertragsrecht, Rdnr. 349;

Zahlung schuldtilgende Wirkung hat. Über den Regressanspruch an sich sollte das Statut der zwischen den Parteien des Bereicherungsverhältnisses bestehenden Zahlungsabrede urteilen.[1088]
An der Richtigkeit dieser Anknüpfung bestehen auch nach dem IPRG 1999 unter Berücksichtigung der herausgearbeiteten Kriterien keine Bedenken. Die Leistung des Drittzahlers bezog sich hier auf das (vermeintliche) Kausalverhältnis, da sich daraus seine (vermeintliche) Verpflichtung zur Tilgung der fremden Verbindlichkeit ergab. Zum anderen kann ergänzend die Wertung Art. 33 Abs. 3 S. 1 herangezogen werden. Art. 33 Abs. 3 macht deutlich, dass sich hier im Hinblick auf die Anknüpfung ein Unterschied zu den Fällen ergibt, in denen zwischen dem Schuldner und dem Zahlenden kein auf die Schuldtilgung bezogenes Schuldverhältnis bestand oder als bestehend vorausgesetzt wurde. Art. 33 Abs. 3 S. 1 besagt, dass die Berechtigung des verpflichteten Dritten[1089] zum Regress gegenüber dem Schuldner dem für die Verpflichtung des Dritten maßgeblichen Recht unterseht.[1090] Diese Anknüpfung rechtfertigt sich auch in Bezug auf die Parteiinteressen. Die Parteien konnten sich auf die Anwendung des für das Kausalverhältnis maßgeblichen Rechts einstellen und auf dieses unter Umständen sogar Einfluss nehmen.

Deshalb beurteilt sich der Rückgriff des Drittzahlers gegen den Schuldner, zu dem der Zahlende in einem vertraglichen Verhältnis steht, auch anhand der neuen Vorschriften nach dem Statut dieses Kausalverhältnisses. Auf die

---

Schlechtriem, Bereicherungsansprüche, S. 29 (77); ders., IPRax 1995, 65 (66 Fn. 14); Soergel/*Lüderitz*, Anh I Art. 38, Rdnr. 49; Staudinger/*Lorenz*, § 812, Rdnr. 120; so wohl auch Palandt/*Heldrich*, EGBGB 38, Rdnr. 2.

[1088] S. *Busse*, Bereicherungsrecht, S. 192; *Einsele*, JZ 1993, 1025 (1026); MüKo/*Kreuzer*, I Vor Art. 38, Rdnr. 15; Palandt/*Heldrich*, EGBGB 38, Rdnr. 2; *Plaßmeier*, Bereicherung, S. 365 f.; *Reithmann/Martiny*, Internationales Vertragsrecht, Rdnr. 349; *Reuter/Martinek*, Ungerechtfertigte Bereicherung, S. 88; Soergel/*Lüderitz*, Anh I Art. 38, Rdnr. 49; Staudinger/*Lorenz*, § 812, Rdnr. 120; ebenso *Marschall*, Schadensverlagerung und Regreß, S. 190 (200), für den Fall, dass ein Schadensereignis neben einem deliktsrechtlichen Schadensersatzanspruch auch Leistungspflichten dritter Personen auslöst, etwa einer Versicherung.

[1089] Art. 33 Abs. 3 S. 1 gilt auch für Fälle, in denen die Verpflichtung des Dritten gegenüber dem Schuldner besteht, s. MüKo/*Martiny*, Art. 33, Rdnr. 18.

[1090] S. Palandt/*Heldrich*, EGBGB 33, Rdnr. 3; zu Art. 33 s. *v. Bar*, RabelsZ 1989, 462 (476 f., 482).

Frage, ob die Zahlung schuldbefreiende Wirkung hatte, soll allerdings das Statut der getilgten Schuld anzuwenden sein.

Abb. 8 Rückgriffskondiktion. *Zwischen Drittzahler und Schuldner besteht im Zeitpunkt der Zahlung ein auf Tilgung der Schuld gerichtetes Kausalverhältnis*

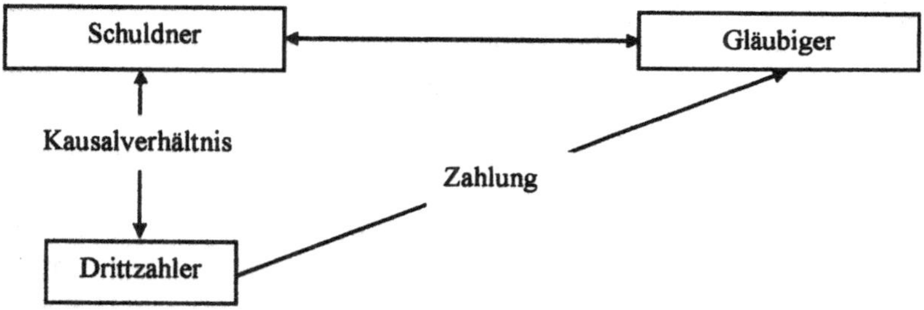

(cc) Zusammenfassung zum Rückgriff des (freiwilligen) Drittzahlers beim Schuldner

Nimmt der Drittzahler beim Schuldner Regress, weil durch die Leistung an den Gläubiger Tilgungswirkung eingetreten ist, so ist grundsätzlich über Art. 38 1 Abs. an das Statut der getilgten Schuld anzuknüpfen.

Das Gleiche gilt im Ergebnis auch für die Fälle der echten Rückgriffskondiktion, in denen sich der Drittzahler irrtümlich selbst dem Gläubiger zur Leistung verpflichtet fühlte. Dies ergibt hier aber aus Art. 41 Abs. 2 Nr. 1 1. Fall, da die echte Rückgriffskondiktion nicht mehr als bereicherungsrechtlicher Leistungsfall qualifiziert werden kann. Das Statut der getilgten Schuld stellt hingegen nicht die engste Verbindung dar, wenn zwischen den Personen eine vertragliche Beziehung bestand, auch wenn sich aus dieser keine Zahlungspflicht des Dritten ergab. Hier ist an das Statut anzuknüpfen, das den Vertrag beherrscht.

Anders verhält es sich, wenn der Drittzahler dem Schuldner gegenüber durch eine vertragliche Abrede zur Begleichung der fremden Schuld beim Gläubiger verpflichtet war. Nach Art. 38 Abs. 1 ist dann an das Statut des im Innenverhältnis bestehenden Rechtsverhältnisses anzuknüpfen.

(c) Rückgriff des Bürgen beim Hauptschuldner

(aa) 1. Fall: Zwischen dem Bürgen und dem Hauptschuldner besteht kein Vertrag im Hinblick auf die Übernahme der Bürgschaft

Wie der Drittzahler wird der Bürge beim Schuldner Regress suchen, wenn die Hauptschuld bestand und das Statut dieser Schuld der Zahlung an den Gläubiger durch den Bürgen Tilgungswirkung zumaß.[1091] Der Kondiktionsanspruch wird nur dann nicht von der cessio legis (Art. 33 Abs. 3 S. 1) verdrängt, wenn die Zahlung des Bürgen zur Tilgung der Schuld geführt hat, die getilgte Forderung aber nicht auf ihn übergegangen ist.[1092]

Der Bürge hat mit der Zuwendung an den Gläubiger bewusst das Vermögen des Hauptschuldners gemehrt, da bei diesem Schuldbefreiung gegenüber dem Gläubiger eintreten sollte. Folglich bestimmt Art. 38 Abs. 1 über den Regress des Bürgen gegen den Schuldner. Die Zuwendung kann hier dem Statut der getilgten Forderung oder dem Statut des Rechtsverhältnisses, aus dem sich die Eigenverpflichtung des Bürgen ergibt, zuzuordnen sein. Wie bei den Fällen der Drittzahlung bietet Art. 33 Abs. 3 S. 1 für die kollisionsrechtliche Bewältigung des Bürgenregresses einen Anhaltspunkt, der sich zugunsten einer Anwendung des Rechts ausspricht, das die Verpflichtung des Bürgen beherrscht. Um eine kongruente Anknüpfung aller Regressmöglichkeiten zu erreichen, sollte damit auch das Bürgschaftsstatut den bereicherungsechtlichen Rückgriff des Bürgen auf den Schuldner bewerten.[1093] Die Angemessenheit dieser Anknüpfung ergibt sich nach der IPR-Reform von 1999 schon daraus, dass sich die Leistung des Bürgen primär auf die Tilgung seiner eigenen Verpflichtung aus dem Bürgschaftsverhältnis bezog. Als weiteres Argument bringt *Plaßmeier*[1094] vor, dass durch eine solche Anknüpfung Wertungswidersprüche vermieden werden, wenn sich der Bürge

---

[1091] Zu den Bürgschaftsfällen s.o. Abb. 5, S. 233.

[1092] S. Staudinger/*v. Hoffmann/Fuchs*, Art 38 EGBGB, Rdnr. 21.

[1093] S. Erman/*Hohloch*, Art. 38 EGBGB, Rn. 8; *Plaßmeier*, Bereicherung, S. 366 f.; MüKo/*Kreuzer*, I vor Art. 38, Rn. 17; *Rauscher*, IPR, S. 263; *Reithmann/Martiny*, Internationales Vertragsrecht, Rdnr. 351; *Schlechtriem*, IPRax 1995, 65 (66 Fn. 14); Staudinger/*v. Hoffmann/Fuchs*, Art 38 EGBGB, Rdnr. 21; so wohl auch Palandt/*Heldrich*, EGBGB 38, Rdnr. 2; **a.A.** *Busse*, Bereicherungsrecht, S. 204; ders., RIW 1999, 16 (20), der das Statut der Hauptforderung für maßgeblich hält.

[1094] Vgl. *Plaßmeier*, Bereicherung, S. 367.

nicht nur an den Schuldner, sondern auch an den Gläubiger wendet. Dies ist dann denkbar, wenn die Zahlung des Bürgen trotz Unwirksamkeit des Bürgschaftsverhältnisses Tilgungswirkung für die zuvor wirksame bestandene Hauptschuld hat. Denn im Verhältnis zum Gläubiger entscheidet ebenfalls das Bürgschaftsstatut über einen Bereicherungsanspruch. Eine doppelte Inanspruchnahme von Schuldner und Gläubiger kann so verhindert werden.

Im Ergebnis bleibt festzuhalten, dass das Bürgschaftsstatut über einen Regress des Bürgen gegen den Schuldner entscheidet, wenn den Bürgen und Hauptschuldner kein Vertrag verbindet, der auf die Übernahme der Bürgschaft gerichtet war.

(bb) 2. Fall: Zwischen dem Bürgen und dem Hauptschuldner besteht ein Vertrag im Hinblick auf die Übernahme der Bürgschaft

Eine andere Beurteilung der Rückgriffskondiktion des Sicherungsgebers kann sich aber dann ergeben, wenn zwischen diesem und dem Hauptschuldner eine vertragliche Abrede bestand, die den Bürgen zur Übernahme der Bürgschaft veranlasst hat (z.B. ein Auftrag). In diesem Fall wird von der Literatur[1095] eine Zuordnung der Zuwendung zu dem Vertrag zwischen dem Sicherungsgeber und dem Schuldner angenommen. Es erscheint aber auf den ersten Blick nicht ausgeschlossen, die Zuwendung - wie im ersten Fall oben - auf den Bürgschaftsvertrag zu beziehen. Der Sicherungsnehmer ist in vorliegendem Fall aus zwei Verträgen zur Zuwendung verpflichtet. Zum einen will der Garant seine Verpflichtung gegenüber dem Sicherungsnehmer erfüllen, die er eingegangen ist, bevor er den Bürgschaftsvertrag unterzeichnet hat. Auf der anderen Seite will er natürlich auch seiner Pflicht aus dem Bürgschaftsvertrag nachkommen. Aus der Sicht aller Beteiligten bezog sich die Zuwendung sowohl auf den Bürgschaftsvertrag als auch auf das andere Schuldverhältnis zwischen dem Bürgen und dem Schuldner. Aufgrund der zweifach begründeten Verpflichtung des Bürgen helfen auch die Wertungen des Art. 33 Abs. 3 S. 1 nicht weiter. Da eine Zuordnung der Leistung nach ihrem Zweck schwer fällt, müssen Wertungen herangezogen werden. Art. 41 Abs. 2 Nr.1 1.

[1095] Siehe *Busse*, Bereicherungsrecht, S. 204; MüKo/*Kreuzer*, I Vor Art. 38, Rdnr. 17; *Plaßmeier*, Bereicherung, S. 367 f.; *Schlechtriem*, Bereicherungsansprüche, S. 29 (76); ders., IPRax 1995, 65 (66 Fn. 14); Staudinger/*Lorenz*, § 812, Rdnr. 121; Staudinger/*v. Hoffmann/Fuchs*, Art 38 EGBGB, Rdnr. 21; so wohl auch Palandt/*Heldrich*, EGBGB 38, Rn. 2.

Fall bringt zum Ausdruck, dass die engste Beziehung zu einem Rechtsverhältnis zwischen den Beteiligten anzunehmen ist. In diesem Zusammenhang wird vor allem an Schuldverträge gedacht, an denen die Parteien des Bereicherungsverhältnisses unmittelbar beteiligt sind. Der Vertrag des Garanten mit dem Schuldner verbindet die Parteien vorliegend unmittelbar, da diese gleichzeitig die Vertragspartner darstellen, während in den Bürgschaftsvertrag nur der Schuldner unmittelbar als Vertragspartei involviert ist. Darüber hinaus gilt hier - wie bei dem Regress des mit dem Schuldner vertraglich verbundenen Drittzahlers[1096] -, dass sich die Parteien auf das Recht, welches die vertragliche Abrede beherrscht, eingestellt haben für den Fall, dass es zu einer rechtlichen Auseinandersetzung zwischen diesen kommt. Aus diesem Grund sollte die Zuwendung als auf das zwischen dem Schuldner und dem Bürgen bestehende Rechtsverhältnis erbracht angesehen werden.

Das Statut des Rechtsverhältnisses zwischen Schuldner und Bürge entscheidet damit über Art. 41 Abs. 2 Nr. 1 1. Fall auch über eine mögliche Rückgriffskondiktion.

(cc) Zusammenfassung zum Rückgriff des Bürgen beim Hauptschuldner

Über den Regress des Bürgen beim Schuldner entscheidet grundsätzlich gem. Art. 38 Abs. 1 das Bürgschaftsstatut, da sich die Zuwendung auf den Bürgschaftsvertrag bezog. Besteht zwischen dem Bürgen und dem Hauptschuldner allerdings eine vertragliche Abrede hinsichtlich der Übernahme der Bürgschaft, so beurteilt das Statut dieses Vertrages den möglichen Regress gegen den Schuldner.

[1096] S.o. C.II.3.j.dd(9)(b)(bb).

(d) Regressansprüche zwischen mehreren gleichstufig verpflichteten Schuldnern

(aa) Einführung

Aus dem deutschen materiellen Recht sind Fälle bekannt, in denen auf der Schuldnerseite mehrere Personen stehen.[1097] Zu denken ist hier etwa an die Teilschuldnerschaft, die Gesamtschuldnerschaft und die Schuldnergemeinschaft.

Befriedigt einer von mehreren Gesamtschuldnern, die dieselbe Forderung zu erfüllen haben, den Gläubiger und rückt dieser kraft Gesetzes in die Gläubigerstellung ein, so bestimmt Art. 33 Abs. 3 S. 2 i.V.m. S. 1, dass der Rückgriff des leistenden Schuldners gegen einen Mitschuldner dem Schuldstatut des Leistenden im Außenverhältnis zum Gläubiger unterliegt.[1098] Vorliegend interessieren aber nur die Fälle, in denen ein Ausgleichsanspruch unter mehreren Schuldnern, die nicht unbedingt Gesamtschuldner sind, geltend gemacht wird, in denen es nicht um den Regress im Wege des Übergangs der getilgten Forderung geht und in denen das zwischen ihnen bestehende oder als bestehend vorausgesetzte Innenverhältnis keine speziellen Ausgleichspflichten vorsieht. Die Haftung mehrerer für dieselbe Forderung kann dabei auf einer schon vor Eintritt der die Haftung begründenden Tatsachen bestehenden Verbindung bestehen oder auf einer „Zufallsgemeinschaft", die erst aufgrund der haftungsbegründenden Tatsachen selbst entsteht.[1099]

(bb) 1. Fall: Die Verpflichtung aller Schuldner unterliegt derselben Rechtsordnung[1100]

Fraglich ist, welches Recht über einen bereicherungsrechtlich zu qualifizierenden Ausgleichsanspruch entscheidet. Die Zuwendung des Zahlenden erfolgt aufgrund seiner nicht nur subsidiären Eigenverpflichtung und somit auch auf seine eigene Schuld. Trotzdem ist sich der Zahlende, der von den anderen

---

[1097] S.u. Abb. 9, S. 257.

[1098] S. Palandt/*Heldrich*, EGBGB 33, Rn. 3.

[1099] Vgl. *Plaßmeier*, Bereicherung, S. 368.

[1100] S. dazu *Plaßmeier*, Bereicherung, S. 369.

Schuldnern regelmäßig weiß, bewusst, dass er durch seine Handlung eine Schuldbefreiung der anderen Schuldner erreicht. Folglich beurteilt sich der Kondiktionsanspruch gegen die anderen Mitverpflichteten nach Art. 38 Abs. 1.

Denkbar ist vorliegend - wie bei den Fällen der Drittzahlung oder der Zahlung durch einen Bürgen - eine Anknüpfung an das Statut, aus dem sich die Forderung gegen den zahlenden Schuldner ergibt. Für die Anknüpfung können, abhängig von der Zahl der Verpflichteten, beliebig viele Kausalverhältnisse bestehen. Dies ist etwa der Fall, wenn mehrere Schuldner zwar dasselbe Leistungsinteresse des Gläubigers zu befriedigen haben, ihre Verpflichtung aber auf verschiedenen Rechtsgründen mit unterschiedlichen Statuten beruht.[1101] Die Anknüpfung wirft keine Probleme auf, wenn die Haftung der gleichstuftig verpflichteten Schuldner einer „Zufallsgemeinschaft" derselben Rechtsordnung unterliegen (Bsp.: Mitbürgen, Deliktstäter[1102]). Wie in den Fällen der Zahlung auf eine fremde Schuld ist die Rechtsordnung maßgeblich, die die Forderung beherrscht, auf die die Zahlung erbracht wurde und aus der sich gleichzeitig die Verpflichtung des Zahlenden ergibt.[1103] In diesem Recht hat die Ausgleichsforderung seinen Ursprung, und dieses Recht bestimmt über die Höhe der Ausgleichsforderung.[1104]

Neben einer „Zufallsgemeinschaft" ist es aber auch möglich, dass die Schuldner bereits vor der Tilgung der Schuld durch eine auf die Zahlung gerichtete engere Verbindung verbunden waren oder diese als bestehend vorausgesetzt wurde (z.B. Gesellschaftsverhältnis). Wie bei den Fällen der Zahlung einer fremden Schuld, bei der zum Schuldner ein Kausalverhältnis besteht, ist an dieser Stelle an das Statut des im Innenverhältnis bestehenden Rechtsverhältnisses anzuknüpfen.[1105] Die Zuordnung der Zuwendung zu diesem Rechtsverhältnis ergibt sich zum einen daraus, dass diese die gleichstufige Verpflichtung der Personen begründet hat. Erst aufgrund dieses Verhältnisses entsteht die Pflicht zur Zuwendung. Außerdem verbindet das Rechtsverhältnis die Parteien unmittelbar miteinander, und die Parteien

---

[1101] S. *Plaßmeier*, Bereicherung, S. 368.

[1102] Im deutschen Sachrecht ist an § 840 BGB zu denken.

[1103] Vgl. *Plaßmeier*, Bereicherung, S. 368; *v. Caemmerer*, FS Rabel I, S. 333 (388); so zu Art. 33 MüKo/*Martiny*, Art. 33, Rdnr. 30; *Stoll*, FS Müller-Freienfels, 640 f.; Palandt/*Heldrich*, EGBGB 33, Rdnr. 3.

[1104] Vgl. *Plaßmeier*, Bereicherung, S. 369.

[1105] S. *Plaßmeier*, Bereicherung, S. 369 f..

konnten auf das anwendbare Recht unter Umständen Einfluss nehmen und mussten damit mit der Anwendung dieses Rechts bei Streitigkeiten rechnen. Diese Ansicht wird auch im Rahmen von Art. 33 Abs. 3 S. 2 vertreten.[1106]

Abb. 9 *Fälle der gleichstufigen Verpflichtung mehrerer Schuldner*

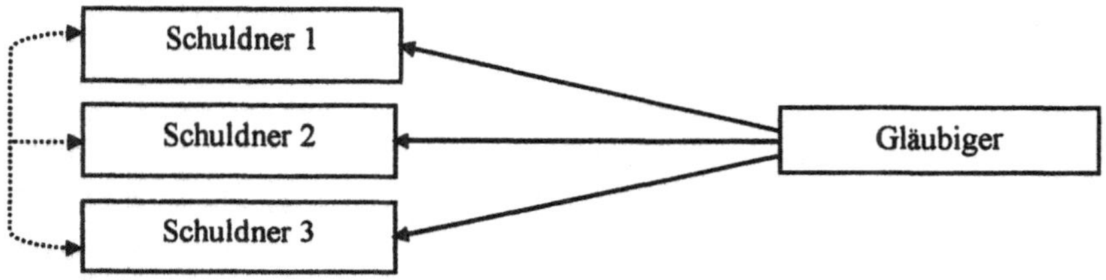

(cc) 2. Fall: Die Verpflichtungen der Schuldner unterliegen unterschiedlichen Rechtsordnungen

Dann, wenn für die Verpflichtungen der Schuldner verschiedene Rechte gelten, ist die Anknüpfung zweifelhaft. Dies ist nach dem IPRG 1999 vor allem bei mehreren Deliktstätern denkbar, wenn beispielsweise ein Schädiger und der Geschädigte ihren gewöhnlichen Aufenthalt in demselben Staat haben. In diesem Fall gilt gem. Art. 40 Abs. 2 S. 1, abweichend von Art. 40 Abs. 1, das Recht dieses Staates.

Die Problematik lässt sich an folgendem Fall demonstrieren, mit dem sich das *BayObLG*[1107] zu befassen hatte:

Der Mietwagenunternehmer M aus München vermietete einen PKW an einen in Deutschland ansässigen Deutschen A. A überließ den Wagen ohne Erlaubnis des M dem B, der damit in Österreich einen Unfall verursachte.

Wendet man die zur ersten Fallvariante aufgestellten Regeln auch hier an, so käme das Schuldstatut des Leistenden zur Anwendung. Im Beispielsfall wäre

---

[1106] S. MüKo/*Martiny*, Art. 33, Rdnr. 31; Soergel/*v. Hoffmann*, Art. 33, Rdnr. 28; **a.A.** *Einsele*, ZVglRWiss. 1991, 22 Fn. 78, die an der Maßgeblichkeit des Zessionsgrundstatuts festhalten will.

[1107] S. BayObLG IPRax 1982, 249 f..

deutsches Recht auf den Regressanspruch des A gegen B anwendbar. Denn nach Art. 40 Abs. 2 S. 1 ist auf den deliktsrechtlichen Anspruch des M gegen A grundsätzlich deutsches Recht als das Recht am gemeinsamen gewöhnlichen Aufenthalt der Personen anwendbar. Deutsches Recht bleibt auch dann anwendbar, wenn man an das (Miet-) Vertragsstatut[1108] als wesentlich engere Verbindung gem. Art. 41 Abs. 2 Nr. 1 1. Fall anknüpft. Im Gegenzug wäre aber österreichisches Recht gem. Art. 40 Abs. 1 S. 1[1109] auf den Regressanspruch des B gegen A anwendbar, wenn B den M befriedigt.

Für die Anknüpfung wäre damit ausschlaggebend, welcher Schuldner dem anderen zuvorkommt und den Gläubiger befriedigt. Damit käme es zu einem „Wettlauf der Schuldner", die ihr eigenes Schuldstatut, auf das sie gegebenenfalls Einfluss nehmen konnten oder das ihnen für den Regress unter Umständen Vorteile verschafft, zur Anwendung bringen wollen. Obwohl dies auf den ersten Blick nicht erstrebenswert erscheint, hat sich das Gesetz mit Art. 33 Abs. 3 für diese Lösung entschieden. Der Grund für diese Bevorzugung des die Zahlung zuerst erbringenden Schuldners wird darin gesehen, dass derjenige, der zuerst in Anspruch genommen wird, „rechtsanwendungsrechtlich auch bezüglich des Regresses in der Vorderhand sein" sollte.[1110]

Im Ergebnis ist damit auch für den Fall, dass die Haftung der Schuldner unterschiedlichen Rechtsordnungen unterliegt, der Regress im Innenverhältnis nach dem Statut der Verbindlichkeit des Bereicherungsgläubigers zu beurteilen. Bestand zwischen den Schuldnern vor Eintritt des haftungsbegründenden Ereignisses eine Sonderverbindung, so ist an das Statut dieses Rechtsverhältnisses, zu dem eine wesentlich engere Verbindung als zu dem Statut der getilgten Schuld bestand, anzuknüpfen.[1111]

[1108] Bei Mietverträgen erbringt der Vermieter die vertragscharakteristische Leistung, so dass nach Art. 28 Abs. 2 S. 1 das Recht am gewöhnlichen Aufenthalt des Vermieters anzuwenden ist. Die Parteien können aber nach Art. 27 das anwendbare Recht durch eine Rechtswahl bestimmen.

[1109] Der Handlungsort ist vorliegend identisch mit dem Erfolgsort, so dass der Verletzte M hier nicht zugunsten des Rechts am Erfolgsort gem. Art. 40 Abs. 1 S. 2 optieren wird.

[1110] S. *v. Bar*, IPR II, Rdnr. 584; ders., RabelsZ 1989, 462 (484); *Plaßmeier*, Bereicherung, S. 371; *Stoll*, FS Müller-Freienfels, S. 631 (659); unentschieden MüKo/*Martiny*, Art. 33, Rdnr. 32 m.w.N..

[1111] Vgl. *Plaßmeier*, Bereicherung, S. 371 f.; *Schlechtriem*, Bereicherungsansprüche, S. 29 (39); MüKo/*Kreuzer*, I vor Art. 38, Rdnr. 17.

(dd) Zusammenfassung zu den Regressansprüchen zwischen mehreren gleichstufig verpflichteten Schuldnern

Auf den Regressanspruch des zahlenden Schuldners gegen die anderen Verpflichteten, der sich als Leistungskondiktion im Sinne von Art. 38 Abs. 1 darstellt, ist das Recht anzuwenden, das die Forderung beherrscht, auf die die Zahlung erbracht wurde und aus der sich gleichzeitig die Verpflichtung des Zahlenden ergibt. Besteht zwischen den Schuldnern im Innenverhältnis jedoch ein Kausalverhältnis, so ist akzessorisch an das Statut anzuknüpfen, das dieses Kausalverhältnis beherrscht.

Bei diesem Ergebnis bleibt es auch, wenn die Verpflichtungen der Schuldner unterschiedlichen Rechtsordnungen unterliegen.

III. Vorfragen im Rahmen des Bereicherungsstatuts

1. Einführung

Bereits in Zusammenhang mit den Erstfragen im Rahmen von Art. 38 Abs. 1[1112] ist angeklungen, dass schon vor der Kodifikation die Frage aufgeworfen wurde, ob im Rahmen des Bereicherungsstatuts Vorfragen bestehen können.

Bei einer Vorfrage handelt es sich um eine Frage nach dem Bestehen eines präjudiziellen Rechtsverhältnisses oder einer Rechtslage, die von dem durch die Kollisionsnormen zur Anwendung berufenen materiellen Recht aufgeworfen werden. Vorfragen stellen sich damit erst nach vollzogener kollisionsrechtlicher Anknüpfung im materiellen Recht.[1113] Das Problem besteht nach der Feststellung, ob es sich überhaupt um eine Vorfrage handelt, darin zu klären, wie die Anknüpfung der Vorfrage im Einzelnen vorzunehmen ist.[1114] Handelt es sich nicht um eine Vorfrage, so liegt eine bloße Tatbestandsvoraussetzung vor, deren Beurteilung dem auf die Hauptfrage anwendbaren Recht obliegt.

[1112] S.o. Dritter Teil C.II.1.a.cc(1)(b).

[1113] Oft werden auch solche Fragen als Vorfragen bezeichnet, die sich im Tatbestand einer Kollisionsnorm stellen. Zur Trennung der Begrifflichkeiten von Erst- und Vorfrage s.o. Dritter Teil C.II.1.a.cc(1)(c).

[1114] Vgl. dazu allgemein *v. Hoffmann*, IPR, § 6, Rdnrn. 60 ff..

Der deutsche § 812 Abs. 1 S. 1 Var. 1 BGB setzt für einen Anspruch aus Leistungskondiktion voraus, dass der Anspruchgegner etwas ohne Rechtsgrund durch Leistung des Anspruchstellers erlangt hat. Die darin enthaltenen Voraussetzungen finden sich auch in ausländischen Rechtsordnungen wieder. Beispielsweise stellt das englische Recht[1115] an alle Bereicherungsansprüche die Anforderung, dass der Beklagte durch die Erlangung eines Vorteils bereichert ist („The defendant must have been enriched by the receipt of a benefit") und dass dieser keinen Grund dafür hat, den Bereicherungsgegenstand für sich zu behalten („unjust retention of the benefit").[1116]

Wie bereits oben dargelegt wurde[1117], handelt es sich bei der Frage, ob eine Leistung vorliegt und ob eine Bereicherung eingetreten ist[1118], nicht um eine Frage nach dem Bestehen eines präjudiziellen Rechtsverhältnisses oder einer Rechtslage. Da somit die Voraussetzungen für eine Einordnung als Vorfrage nicht gegeben sind, entscheidet das Bereicherungsstatut über diese Voraussetzungen.

Die allein verbleibende Frage nach dem Rechtsgrund der eingetretenen Bereicherung war vor der Reform die am häufigsten behandelte Vorfrage:

2. Die Behandlung der Vorfrage nach dem Rechtsgrund[1119]

Im Mittelpunkt der Diskussion stand die Anknüpfungsfrage, die zunächst von der Einordnung als Vorfrage oder als bloße Tatbestandsvoraussetzung abhängt.

Letztgenannter Punkt wird in der Literatur weder diskutiert, noch wird die Frage als Vorfrage tituliert. Allein *Schlechtriem*[1120] und *Neumeyer*[1121]

[1115] Siehe dazu *Plaßmeier*, Bereicherung, S. 103 ff..

[1116] Daneben muss die Bereicherung auf Kosten des Klägers eingetreten sein („enrichment at the plaintiff's expense").

[1117] S.o. Dritter Teil C.II.1.a.cc(1)(c).

[1118] S.o. Dritter Teil C.II.1.a.cc(2).

[1119] Siehe dazu grundsätzlich *Plaßmeier*, Bereicherung, S. 306 ff., der im Ergebnis aber keine Entscheidung über die adäquate Anknüpfung trifft.

[1120] *Schlechtriem*, Bereicherungsansprüche, S. 29 (56), spricht aber nur in Zusammenhang mit der Eingriffskondiktion von einer Vorfrage.

[1121] Vgl. *Neumeyer*, IPR, § 36, S. 32.

sprechen von einer Vorfrage. Dennoch ist mit *Plaßmeier*[1122] davon auszugehen, dass die Vorfragenqualität dieses Merkmals außer Frage stand, da es sich bei der causa einer Vermögensmehrung um einen Umstand handelt, der ausschließlich durch rechtliche Vorüberlegungen zu ermitteln ist[1123], wie z.B. durch das Bestehen einer Unterhaltsverpflichtung oder durch die Wirksamkeit eines Vertrages, auf den sich die Leistung bezog. Es handelt sich also um eine Vorfrage im Sinne der Vorfragendefinition.[1124]

Auf dieser Basis stellt sich die Frage, ob diese selbständig oder unselbständig in Abhängigkeit vom Hauptstatut anzuknüpfen ist. Die unterschiedlichen Auffassungen erlangen grundsätzlich nur dann praktische Bedeutung, wenn auf die Hauptfrage ausländisches Recht zur Anwendung kommt und die Kollisionsnormen der lex fori und der lex causae für die Vorfrage auf unterschiedliche Rechtsordnungen verweisen.[1125]

Im Gegensatz zur älteren Literatur[1126] vertraten die meisten Rechtswissenschafter[1127] - meistens ohne nähere kollisionsrechtliche Begründung[1128] - in Einklang mit dem *Reichsgericht*[1129] vor der Kodifikation des Bereicherungskollisionsrechts eine unselbständige Anknüpfung. Danach ist die Vorfrage ausgehend vom IPR der lex causae zu beantworten. *Schlechtriem*[1130] nimmt

---

[1122] S. *Plaßmeier*, Bereicherung, S. 306.

[1123] Vgl. *Plaßmeier*, Bereicherung, S. 306.

[1124] So wohl auch *Busse*, Bereicherungsrecht, S. 225.

[1125] Vgl. *v. Hoffmann*, IPR, § 6, Rdnr. 60.

[1126] S. etwa *Frankenstein*, IPR II, 392; weitere Nachweise zur älteren Literatur bei *Plaßmeier*, Bereicherung, S. 307 Fn. 55.

[1127] S. *Balastèr*, Bereicherung, S. 98; *v. Bar*, IPR II, Rdnr. 745; *Knoch*, Aufgliederung der Kondiktionen, S. 8 ff.; *Siehr*, IPR, S. 261; BGH IPRax 1987, 372 (373); OLG Karlsruhe IPRspr. 1992, Nr. 52 b.

[1128] Vgl. etwa *v. Bar*, IPR II, Rdnr. 745: „ ... und es *(Anm.: das Bereicherungsstatut; Anmerkung vom Verfasser)* sagt auch, in welchem Verhältnis welcher Umstand einen Rechtsgrund zum Behaltendürfen der Zuwendung abgibt.“; *Siehr*, IPR, S. 261: „Dieses Bereicherungsstatut entscheidet ..., vor allem ob die Leistung ohne Rechtsgrund erfolgte ....“.

[1129] S. RG IPRspr. 1932, Nr. 38.

[1130] Vgl. *Schlechtriem*, Bereicherungsansprüche, S. 29 (42, 56); ; ders., IPRax 1995, 65 (69); in Bezug auf die Verfügung durch einen Nichtberechtigten so auch *Lorenz*, FS Zweigert, S. 199 (229 Fn. 76) sowie bezüglich der Inhaberschaft eines betroffenen Rechts *Busse*, Bereicherungsrecht, S. 225; MüKo/*Kreuzer*, I Vor Art. 38, Rdnr. 8.

hingegen eine differenzierende Betrachtung vor. Bei Eingriffskondiktionen soll die Vorfrage, ob das Recht dem Betroffenen überhaupt zustand und ob die über eine fremde Sache zugunsten eines Dritten erfolgte Verfügung von einem Nichtberechtigten getroffen wurde, einer selbständigen Anknüpfung unterliegen. Im Rahmen der Leistungskondiktion soll das Bereicherungsstatut hingegen auch über die Frage der Rechtsgrundlosigkeit der Bereicherung entscheiden.

Bei der Leistungskondiktion kommt es bei einer selbständigen Anknüpfung der Vorfrage im ausländischen Sachrecht wegen der akzessorischen Anknüpfung in Art. 38 Abs. 1 zu einem Gleichlauf des Bereicherungsstatuts mit dem Statut des Rechtsverhältnisses, das den rechtlichen Grund für das Behaltendürfen bildet. Bei einer unselbständigen Anknüpfung wird das ausländische Kollisionsrecht berufen, das unter Umständen zu einer anderen Rechtsordnung führt, die das Rechtsverhältnis beherrscht, als sie vom deutschen Kollisionsrecht bestimmt wurde. Nur durch eine selbständige Anknüpfung wird mithin eine einheitliche Beurteilung des Bereicherungsanspruchs gewährleistet. Allerdings ist es gerade das Wesen der Vorfrage, dass auch andere Rechtsordnungen zum Tragen kommen können. Die Entscheidung zugunsten einer selbständigen oder unselbständigen Anknüpfung der Vorfrage sollte sich an dem Zweck der Kollisionsnorm, nach welcher die Hauptfrage zu entscheiden ist, orientieren.[1131] Art. 38 Abs. 1 stellt eine Sachnormverweisung dar.[1132] Dem ausländischen Recht soll nicht die Möglichkeit zuteil werden, die so gefundene engste Verbindung zu einem Recht durch einen renvoi oder eine Weiterverweisung wieder aufzuheben. Durch eine unselbständige Anknüpfung der Vorfrage wird dem ausländischen Recht aber gewissermaßen die Möglichkeit eingeräumt, den Bereicherungsanspruch nach einem anderen Recht zu bestimmen. Der Bereicherungsanspruch hängt hier nämlich von der Frage der Rechtsgrundlosigkeit ab. Die Frage, ob eine Bereicherung mit oder ohne rechtlichen Grund eingetreten ist, ist essentiell für die Beurteilung des Anspruchs selbst; wenn ein Rechtsgrund gegeben ist, kann kein Bereicherungsanspruch entstehen.[1133] Es besteht also eine besonders enge Beziehung zwischen der Vorfrage und der Hauptfrage. Die von Art. 38 Abs. 1 vorgenommene Sachnormverweisung[1134] für den Bereicherungsanspruch im Allgemeinen wäre sinnlos, wenn das Essentialium

[1131] S. *v. Hoffmann*, IPR, § 6, Rdnr. 72.

[1132] S. dazu u. Dritter Teil F.II.

[1133] Vgl. *Plaßmeier*, Bereicherung, S. 308.

[1134] Zum renvoi s.u. Dritter Teil F.II.2.

des Bereicherungsanspruchs durch eine unselbständige Anknüpfung von einem anderen Recht als dem Bereicherungsstatut beherrscht werden könnte.

Aufgrund des engen Zusammenhangs zwischen dem Bestehen des Bereicherungsanspruchs und der Frage der Rechtsgrundlosigkeit scheint eine selbständige Anknüpfung der Vorfrage im Rahmen der Leistungskondiktion also überzeugender. Dem deutschen Kollisionsrecht wird somit tatsächlich die Frage nach dem anwendbaren Recht, das über den Bestand des Bereicherungsanspruchs entscheidet, überlassen. Dies bedeutet aber nicht, dass Einzelfragen dennoch isoliert angeknüpft und nach einer anderen Rechtsordnung zu beurteilen sein können, wie etwa die Frage nach der Rechts- oder Geschäftsfähigkeit einer Person.[1135]

Zum gleichen Ergebnis kommt man auch bei der Eingriffskondiktion. Bei der Eingriffskondiktion geht es bei der Frage nach der Rechtsgrundlosigkeit darum, ob dem Betroffenen ein Recht zustand. Bei einer selbständigen Anknüpfung beurteilt sich die Vorfrage bei Eingriffen in Sachen im deutschen Kollisionsrecht gem. Art. 43 Abs. 1 nach der lex rei sitae, die meistens mit dem Recht am Eingriffsort identisch ist. Auch im Ausland ist die Anknüpfung an die lex rei sitae gebräuchlich, so dass es auch bei einer unselbständigen Anknüpfung meist zum gleichen Ergebnis kommen wird[1136] In diesen Fällen ist das Bereicherungsstatut mit dem Statut, das die Vorfrage beherrscht, identisch. Für eine selbständige Anknüpfung spricht aber generell, dass Art. 38 Abs. 2 u.a. den Gleichlauf mit dem sachrechtlichen Güterschutz bezweckt. Dies kann nur durch eine selbständige Anknüpfung gesichert werden, insbesondere wenn das ausländische IPR nicht der situs- Regel folgt, die zur Anwendung des Art. 43 Abs. 1 führt. Aus diesem Grund ist auch bei der Eingriffskondiktion von einer selbständigen Anknüpfung der Vorfrage auszugehen.

Dies gilt auch für die Fälle der sonstigen Nichtleistungskondiktionen des Art. 38 Abs. 3, sofern die Frage nach dem Rechtsgrund tatsächlich einmal in den Fällen, die von dieser Vorschrift umfasst werden, relevant werden sollte. Der Zweck des Abs. 3 besteht in dem Schutz des Empfängers durch eine Anknüpfung an das Recht am Ort des Bereicherungseintritts, das regelmäßig mit seinem Umweltrecht identisch ist.[1137] Der Empfänger würde aber nur durch

---

[1135] So auch *Schlechtriem*, Bereicherungsansprüche, S. 29 (42).

[1136] S. etwa Art. 99 Abs. 1 des Schweizer IPRG, abgedruckt im *Anhang* (S. 343 ff.).

[1137] S. *Schlechtriem*, Bereicherungsansprüche, S. 29 (57).

eine umfassende Geltung des Bereicherungsstatuts, das auch die Frage der Rechtsgrundlosigkeit beherrscht, geschützt. Art. 38 Abs. 3 lässt aber eine Gesamtverweisung[1138] zu, so dass der Empfängerschutz durch die Anwendung des Umweltrechts durch einen renvoi oder eine Weiterverweisung wieder aufgehoben werden kann. Der Empfängerschutz des Art. 38 Abs. 3 ist also nicht allumfassend. Für eine Anknüpfung an das IPR der lex fori spricht hier die dadurch entstehende einheitliche Behandlung der Vorfrage nach dem Rechtsgrund für alle Kondiktionen, sowie der interne Entscheidungseinklang, der im Zweifel wichtiger ist als der internationale.[1139]

3. Zusammenfassung zu den Vorfragen im Rahmen des Bereicherungsstatuts

Die Vorfrage nach dem Rechtsgrund der eingetretenen Bereicherung ist für alle Kondiktionen selbständig, d.h., nach dem IPR der lex fori anzuknüpfen.

D. Nichtleistungskondiktionen

I. Eingriffskondiktion

1. Qualifikation

a. Die einzelnen Tatbestandsvoraussetzungen des Art. 38 Abs. 2 EGBGB

aa. Einführung

Während die Leistungskondiktion unhaltbare Güterverschiebungen durch Leistungen ausgleichen will, sorgt die Eingriffskondiktion als wohl wichtigster Unterfall der Nichtleistungskondiktionen im internen materiellen Recht für einen Gebrauchswert-Ausgleich im weitesten Sinne, wenn Güter von Nichtberechtigten - ohne Leistung - einfach genutzt, verbraucht oder in Anspruch genommen werden.[1140] Beispiel: Der Neffe N braucht ohne Erlaub-

---

[1138] S.u. Dritter Teil F.II.

[1139] S. *Ferid*, IPR, Rdnr. 4-64.

[1140] Vgl. *Fikentscher*, Schuldrecht, Rdnr. 1120.

nis alle Nahrungsvorräte seines Onkels O in dessen Abwesenheit auf. Der Anspruch des O auf Ersatz des Wertes der Vorräte ist als Eingriffskondiktion zu bewerten.

Entsprechend der Typologie der Bereicherungsansprüche[1141] ist in Art. 38 Abs. 2 eine Anknüpfung für die Fälle vorgesehen, in denen der Anspruchsteller einen Anspruch wegen Bereicherung durch einen Eingriff des Anspruchgegners in ein geschütztes Interesse geltend macht. In Abgrenzung zu Art. 38 Abs. 1, der eine akzessorische Anknüpfung für Leistungskondiktionen vorsieht, und zu den sonstigen Kondiktionen i.S.v. Art. 38 Abs. 3 steht im Rahmen von Abs. 2 die Anwendungsvoraussetzung des „Eingriffs in ein geschütztes Interesse“ im Vordergrund. Zum Erfordernis des Bereicherungseintritts gilt hier das Gleiche wie bei Art. 38 Abs. 1.[1142] Für eine Bereicherungs des Anspruchgegners reicht es aus, wenn eine Verbesserung der Vermögenslage des Bereicherungsschuldners eingetreten ist.

bb. Erstes Anwendungsmerkmal: Der Eingriff

Die Frage, ob eine Eingriffskondiktion vorliegt, ist noch nicht positiv beantwortet, wenn die Vermögensverschiebung nicht auf einer Zuwendung des Bereicherungsgläubigers i.S.v. Art. 38 Abs. 1 beruht. Neben einer Regel zur Eingriffskondiktion existiert nämlich mit Art. 38 Abs. 3 eine weitere Vorschrift für Nichtleistungskondiktionen, die ebenfalls bei Nichtvorliegen einer Zuwendung eingreifen kann. Um die Eingriffskondiktion von den sonstigen Kondiktionen des Abs. 3 abzugrenzen, bedarf es deshalb einer näheren inhaltlichen Bestimmung des Terminus „Eingriff“. Die Definition darf aber nicht so weit gehen, dass Entscheidungen vorweggenommen werden, die eigentlich erst vom anwendbaren Sachrecht getroffen werden dürfen. Das Bereicherungsstatut entscheidet beispielsweise über die Frage der Schutzwürdigkeit des Interesses, die untrennbar mit der Frage nach dem Vorliegen eines Eingriffs verbunden ist.[1143] Um dennoch eine Abgrenzung zu den sonstigen Kondiktionen des Art. 38 Abs. 3 zu schaffen, muss der auslösende Umstand der Interessenbeeinträchtigung Berücksichtigung finden.[1144] Der Anspruchsteller muss daher geltend machen, dass der in

---

[1141] Zur Typologie der Bereicherungsansprüche s.o. Dritter Teil A.II.2.

[1142] S.o. Dritter Teil C.II.1.a.cc(2).

[1143] S. *Busse*, Bereicherungsrecht, S. 226.

[1144] Vgl. *Busse*, Bereicherungsrecht, S. 226.

Anspruch Genommene für die Beeinträchtigung seiner Rechtsgüter in irgendeiner Weise verantwortlich gemacht werden kann. Die konkrete Urheberschaft ist hingegen nicht nachzuweisen. Es darf also kein freiwilliges Verhalten des Anspruchgegners zu der Vermögensmehrung geführt haben, da ansonsten eine Qualifikation als Leistungskondiktion in Betracht kommt. Ist der Anspruchgegner gar nicht verantwortlich für die Vermögensmehrung, liegt ein Fall des Art. 38 Abs. 3 vor, sofern nicht wiederum Abs. 1 eingreift. Dies ist grundsätzlich bei den Verwendungskondiktionen der Fall, wenn eine Vermögensmehrung nicht bewusst erfolgte, aber zumindest die Vermögensdisposition als durch freie Entscheidung erfolgt angesehen werden kann.

Im Ergebnis bleibt also festzuhalten, dass eine Anknüpfung nach Art. 38 Abs. 2 erfordert, dass der Bereicherungsgläubiger erklärt, dass der Vorteil nicht auf eigenem Verhalten, sondern auf einem Geschehen beruht, für das der in Anspruch Genommene im weitesten Sinne Verantwortung tragen kann.[1145]

cc. Zweites Anwendungsmerkmal: Der Eingriff in ein „geschütztes Interesse"

Der Bereicherungsgläubiger muss ferner eine Beeinträchtigung eigener, schutzwürdiger Interessen geltend machen, damit eine Anknüpfung gem. Art. 38 Abs. 2 an den Eingriffsort vorgenommen werden kann.

Während im Referentenentwurf von 1984 noch die Rede von „Eingriffen in einen fremden Gegenstand" die Rede war, trat in dem Regierungsentwurf eines Gesetzes zum Internationalen Privatrecht für außervertragliche Schuldverhältnisse und Sachen von 1998 anstelle des Wortes „Gegenstand" - zurückgehend auf einen Vorschlag von *v. Bar* auf der Sitzung des Deutschen Rates für Internationales Privatrecht vom 13.-15.10.1994 in Mannheim - der Ausdruck „geschütztes Interesse". Daneben standen die Termini „Recht" und „Rechtsgut" zur Auswahl. Der deutsche Gesetzgeber hat den Begriff „geschütztes Interesse" gewählt, um deutlich zu machen, dass von der Anknüpfungsregel nicht nur Eingriffe in Sachen, sondern auch Eingriffe in geschützte Interessen jedweder Art, insbesondere Forderungen und Persönlichkeits-

---

[1145] S. *Busse*, Bereicherungsrecht, S. 226.

rechte, erfasst sind.[1146] Aus diesem Grund ist die Änderung auch nicht nur terminologischer Natur, wie *Busse*[1147] diese 1999 noch betitelte.

Nach den Gesetzesmaterialien[1148] fallen aber Immaterialgüterrechte, d.h. vor allem Patent, Gebrauchs- und Geschmacksmuster, Marken, Urheberrechte und sonstige Unternehmenskennzeichen, nicht unter den Begriff des geschützten Interesses, so dass sie außerhalb des Anwendungsbereichs von Art. 38 Abs. 2 bleiben.[1149] Ebenso wie bei deliktischen Eingriffen in diesen Fällen zugunsten der Anknüpfung an das Recht des Schutzlandes von der allgemeinen Tatortregel abgewichen wird[1150], ist die lex loci protectionis auch für Ansprüche aus Eingriffskonktion maßgeblich.[1151] Danach ist das Recht des Landes anwendbar, in dem die beanstandete Benutzungshandlung stattgefunden hat.[1152] Angesichts des weiten Wortlauts kann diese Einschränkung nur im Wege einer teleologischen Reduktion durchgesetzt werden. Der Möglichkeit, über Art. 41 eine engere Verbindung zu dem Recht des Schutzlandes anzunehmen[1153], wäre gleichzeitig die Möglichkeit immanent, eine engere Verbindung nach Art. 41 Abs. 2 Nr. 2 zum gemeinsamen gewöhnlichen Aufenthaltsort anzunehmen oder eine Rechtswahl nach Art. 42 zuzulassen. Dies liefe aber dem Schutzlandprinzip zuwider, das - jedenfalls derzeit - auch keinen Raum für eine vorrangige Anknüpfung lässt.[1154] *Kreuzer*[1155] stellt zu Recht fest, dass eine normative Klarstellung wünschenswert gewesen wäre.

[1146] Vgl. BT-Dr. 14/343 v. 1.2.1999, 9.

[1147] S. *Busse*, RIW 1999, 16 (18).

[1148] Vgl. BT-Dr. 14/343 v. 1.2.1999, 9, 10.

[1149] S. *Kreuzer*, RabelsZ 2001, 383 (407); Palandt/*Heldrich*, EGBGB 38, Rdnr. 3; *Wagner*, IPRax 1998, 420 (437); Staudinger/*v. Hoffmann/Fuchs*, Art 38 EGBGB, Rdnr. 16.

[1150] S. etwa Palandt/*Heldrich*, EGBGB 40, Rdnr. 13; *Schaub*, RabelsZ 2002, 18 (50) m. weiteren Nachweisen in Fn. 128.

[1151] S. *v. Bar*, IPR II, Rdnr. 740; MüKo/*Kreuzer*, Vor Art 38 EG I, Rdnr. 26; *Sack*, WRP 2000, 269 (286); Staudinger/*v. Hoffmann/Fuchs*, Art 38 EGBGB, Rdnr. 16; *Ulmer*, Immaterialgüterrechte, Nr. 22 ff.; BGHZ 136, 380 (390 f.) = IPRspr. 1997, Nr. 125 = JZ 1998, 1015 (1017) m. Anm. *Schack*, 1018 ff..

[1152] S. *Sack*, WRP 2000, 269 (286).

[1153] Nach *Schaub*, RabelsZ 2002, 18 (50), kann das Schutzlandprinzip über Art. 41 zur Anwendung gebracht werden.

[1154] S. etwa BGHZ 136, 380 (386); *Sack*, WRP 2000, 269 (286); zur Möglichkeit einer „Auflockerung“ siehe auch *v. Bar*, IPR II, Rdnr. 710.; *Schack*, Urheber- und Urhebervertragsrecht Rdnr. 925.

[1155] Vgl. *Kreuzer*, RabelsZ 2001, 383 (407).

Ob ein Interesse „schutzwürdig" ist und ob etwas als Eingriffsobjekt taugt, entscheidet das Bereicherungsstatut. Kollisionsrechtlich ist kein Nachweis über das Merkmal des schutzwürdigen Interesses zu erbringen. Es reicht, wenn der Anspruchsteller die Inhaberschaft schlüssig behauptet.[1156] Die Inhaberschaft eines Rechts ist bei der Frage der Rechtsgrundlosigkeit der Bereicherung - wie oben dargelegt[1157] - als Vorfrage im Rahmen des materiellen Rechts selbständig anzuknüpfen.

b. Abgrenzung zu benachbarten Kollisionsnormen

aa. Abgrenzung zum Vertragsstatut

Ein Abgrenzungsproblem zwischen den Fällen einer Bereicherung durch Eingriff in ein geschütztes Interesse und vertraglichen Ansprüchen ist aus dem internen Rechtsverständnis heraus zunächst nicht ersichtlich. Abgrenzungsprobleme sind vielmehr bei der Leistungskondiktion denkbar, da es in diesem Zusammenhang um die Rückgewähr von Leistungen gehen kann, die im Rahmen eines Schuldvertrages erbracht wurden. Bei Eingriffskondiktionen ist allenfalls denkbar, dass eine wesentlich engere Verbindung zu einem Rechtsverhältnis zwischen dem Eingreifenden und dem Inhaber des Eingriffsobjekts nach Art. 41 Abs. 2 Nr. 1 1. Fall besteht als zu dem Recht am Eingriffsort. Diese Frage behandelt aber kein Abgrenzungsproblem zwischen Bereicherungs- und Vertragsstatut, da eine Korrektur nach Art. 41 eine Qualifikation als bereicherungsrechtlichen Eingriffsfall bereits voraussetzt.

Ein Abgrenzungsproblem kann dennoch entstehen, wenn sich der Bereicherungsgläubiger auf einen Vertragsbruch durch den Bereicherungsschuldner („breach of contract") beruft. In diesem Fall wird etwa der Anspruch auf Herausgabe von Gewinnen, die unmittelbar aus dem Vertragsbruch entstehen, d.h. etwa durch Weiterveräußerung der verkauften, aber noch nicht geleisteten Sache, durch das englische Recht als bereicherungsrechtlich qualifiziert. Der Eingriff liegt hier in der dem Käufer schon zugewiesenen Erwerbsaussicht.[1158] Bei einer Qualifikation nach der lex fori wird man aber keine bereicherungsrechtliche, sondern eine vertragliche Qualifikation anzunehmen haben, da Art.

[1156] S. *Busse*, Bereicherungsrecht, S. 225.

[1157] S.o. Dritter Teil C.III.2.

[1158] Vgl. *Busse*, Bereicherungsrecht, S. 27, 228.

32 Abs. 1 Nr. 3 alle Ansprüche wegen Nichterfüllung dem Vertragsstatut unterstellt. Hier geht es zwar nicht unmittelbar um die Folgen der Nichterfüllung, sondern um die Folgen einer weitergehenden Handlung, die die Nichterfüllung begründet. Wenn das Vertragsstatut die Folgen der Nichterfüllung regelt, so muss auch das die Nichterfüllung auslösende Moment darunter fallen[1159], denn beispielsweise entscheidet das Vertragsstatut auch über die Voraussetzungen für eine Unmöglichkeit der Vertragsleistung.[1160]

bb. Abgrenzung zum Delikts- und Sachenrechtsstatut

Das Ziel der Eingriffskondiktion, sowie des Delikts- und Sachenrechts liegt im Rechtsgüterschutz. Die dadurch begründete enge Verwandtschaft der Anspruchsarten kann zu einer Überschneidung zwischen den einzelnen Bereichen führen. Unter der Voraussetzung, dass die Anknüpfungspunkte divergierten, bedurfte es deshalb vor der Reform einer Abgrenzung zum Delikts[1161]- und Sachenrechtsstatut[1162]. Diese Abgrenzungsfragen sind heute weitgehend überwunden, da man für die Eingriffskondiktion eine Anknüpfung gewählt hat, die einen Einklang mit dem Deliktsstatut und bei Eingriffen in Sachen regelmäßig auch mit der lex rei sitae erzielt.[1163] Trotzdem kann es zu Divergenzen zwischen dem Statut der Eingriffskondiktion und dem Sachenrechtsstatut kommen, so dass die Qualifikation des Anspruchs entscheidend sein kann. Ein Beispiel bildet die qualifikatorische Bewältigung dinglicher Folgeansprüche des Eigentümers gegen den Besitzer:
Der Eigentümer einer Sache kann von dem nichtberechtigten Besitzer nach § 985 BGB Herausgabe verlangen. Daneben sehen die §§ 987 ff. BGB eine Reihe von weiteren Ansprüchen des Eigentümers gegen den Besitzer vor. Umstritten ist, wie solche Ansprüche zu qualifizieren sind. Die in Deutsch-

---

[1159] So im Ergebnis auch *Brereton*, Restitution, S. 142 (177 f.); *Busse*, Bereicherungsrecht, S. 229; *Stevens*, Restitutionary Obligations, S. 180 (187).

[1160] S. Palandt/*Heldrich*, EGBGB 32, Rdnr. 5.

[1161] S. etwa *Busse*, Bereicherungsrecht, S. 227 f..

[1162] Dies ist etwa bei den Ansprüchen wegen Verbindung, Vermischung, Verarbeitung oder bei Verwendungsersatzansprüchen des dem Eigentümer verpflichteten unrechtmäßigen Besitzers strittig, s. *v. Bar*, IPR II, Rdnr.745 m.w.N..

[1163] Zur Regelanknüpfung s.u. Dritter Teil D.I.2.

land herrschende Lehre[1164] und der *Bundesgerichtshof*[1165] nehmen überwiegend eine sachenrechtliche Qualifikation vor. Andere differenzieren nach dem Charakter der Ansprüche. Verwendungsersatzansprüche des herausgabepflichtigen Besitzers sind danach etwa bereicherungsrechtlich zu qualifizieren[1166], Schadensersatzansprüche hingegen deliktisch[1167]. *Busse*[1168] will alle Ansprüche, unabhängig davon, ob sie auf Schadensersatz oder auf Nutzungsersatz gerichtet sind, bereicherungsrechtlich einordnen. Nach neuem Recht bietet sich ferner die Möglichkeit, über Art. 41 bei vorangegangener bereicherungsrechtlicher Qualifikation eine wesentlich engere Verbindung zu dem Sachenstatut anzunehmen.

In den meisten Fällen werden auch hier die unterschiedlichen Ansichten zum gleichen Ergebnis kommen, da der Ort der Belegenheit der Sache im Zeitpunkt der Geltendmachung des Anspruchs identisch sein wird mit dem Ort des Eingriffs, d.h. mit dem Ort, an dem der Besitzer die Sache genutzt oder beschädigt hat. Trotzdem ist es denkbar, dass der Besitzer nach der Nutzung oder Schädigung der Sache seinen gewöhnlichen Aufenthalt in ein anderes Land verlegt und die Sache deshalb nun an einem anderen Ort belegen ist, als am Belegenheitsort bei Vornahme der Nutzung oder Schädigung.

Vorab muss festgehalten werden, dass die Qualifikationsproblematik nicht dahingestellt sein kann, da sich bei einer bereicherungsrechtlichen Qualifikation die Möglichkeit einer Rechtswahl durch die Parteien gem. Art. 42 stellt. Die Vorschriften zum Internationalen Sachenrecht räumen den Parteien eine solche Möglichkeit hingegen nicht ein. Deshalb ist die Korrektur einer bereicherungsrechtlichen Qualifikation über Art. 41 zugunsten einer Anknüpfung an das Sachenrechtsstatut abzulehnen.

Für eine sachenrechtliche Einordnung der dinglichen Folgeansprüche des Eigentümers gegen den Besitzer spricht bei einer Beurteilung lege fori zunächst die systematische Stellung im deutschen Sachrecht im 3. Buch des Bürgerlichen Gesetzbuchs, das das Sachenrecht zum Gegenstand hat. Aller-

---

1164 S. etwa *Einsele*, JZ 1993, 1023 (1029); *Kegel/Schurig*, IPR, S. 663; MüKo/*Kreuzer*, Nach Art 38 Anh I, Rdnr. 31; Palandt/*Bassenge*, Vorbem v § 987, Rdnr. 25; Palandt/*Heldrich*, EGBGB 43, Rdnr. 4..

1165 BGHZ 108, 353 (355).

1166 S. *v. Bar*, IPR II, Rdnr. 745.

1167 S. OLG Frankfurt a.M. WM 1995, 50 (52); *Kronke/Berger*, IPRax 1991, 316 (316).

1168 S. *Busse*, Bereicherungsrecht, S. 229, 233.

dings ist man sich im materiellen Recht einig, dass diese Ansprüche im Verhältnis Eigentümer und Besitzer keine dinglichen Ansprüche darstellen, sondern schuldrechtlichen Charakter haben.[1169]

Die kollisionsrechtliche Einordnung als sachenrechtliche Ansprüche wird aber durch den engen Zusammenhang dieser Ansprüche mit dem Herausgabeanspruch des Eigentümers getragen. Das Vorliegen einer Vindikationsage ist die Basis für einen Anspruch auf Schadens- oder Nutzungsersatz. Das Recht der belegenen Sache entscheidet in solchen Fällen als Sachenrechtsstatut über den Herausgabeanspruch und über die Eigentumsverhältnisse, so dass es sachgerecht erscheint, diesem Statut auch den Ausgleich für die sachenrechtlich veranlasste Bereicherung zu unterstellen. Die Rechtsordnung, die über den Herausgabeanspruch urteilt, sollte auch über die Folgen entscheiden können.

Aus diesen Gründen ist es m.E. überzeugend, die Ansprüche des Eigentümers gegen den Besitzer aus dem Eigentümer-Besitzer-Verhältnis sachenrechtlich zu qualifizieren und der lex rei sitae im Zeitpunkt der Geltendmachung des Anspruchs zu unterstellen.

c. Zusammenfassung zur Qualifikation

Um eine räumliche Anknüpfung nach Art. 38 Abs. 2 vornehmen zu können, muss der Bereicherungsgläubiger behaupten, dass die Bereicherung nicht auf eigenem Verhalten, sondern auf einem Geschehen beruht, für das der Bereicherungsschuldner im weitesten Sinne verantwortlich gemacht werden kann. Von der Norm („geschütztes Interesse") sind in diesem Rahmen nicht nur Eingriffe in körperliche Güter erfasst, sondern etwa auch Eingriffe in das allgemeine Persönlichkeitsrecht oder in die Forderungszuständigkeit. Nach den Gesetzesmaterialien sind Eingriffe in Immaterialgüterrechte allerdings ausdrücklich vom Anwendungsbereich ausgenommen. In diesen Fällen entscheidet die lex loci protectionis über Ansprüche aus Eingriffskondiktion.

Zu Abgrenzungsproblemen zum Vertragsstatut kann es allein in den Fällen des englischen „breach of contract" kommen, wenn sich der Bereicherungsgläubiger auf einen solchen Vertragsbruch durch den Bereicherungsschuldner beruft. Unter Berücksichtigung des Art. 32 Abs. 1 Nr. 3 ist in diesem Fall aber von einer schuldvertraglichen Qualifikation auszugehen.

[1169] Vgl. etwa *Medicus*, Bürgerliches Recht, Rdnr. 452.

Abgrenzungsprobleme zum Delikts- und Sachenstatut sind durch den angestrebten Anknüpfungsgleichlauf der Vorschriften in den meisten Fällen theoretischer Natur. Bei den Schadensersatz- oder Nutzungsersatzansprüchen des Eigentümers gegen den Besitzer aus einem Eigentümer-Besitzer-Verhältnis (s. §§ 987 ff. BGB) kann es jedoch zu Divergenzen zwischen dem Bereicherungsstatut und dem Sachenstatut kommen. Aus diesem Grund sind diese Ansprüche einheitlich dem Statut zu unterstellen, das über den Herausgabeanspruch des Eigentümers gegen den Besitzer entscheidet. Gem. Art. 43 Abs. 1 ist die lex rei sitae im Zeitpunkt der Geltendmachung des Anspruchs maßgeblich.

2. Regelanknüpfung

Während über die akzessorische Anknüpfung der Leistungskondiktion Einigkeit herrschte, fehlte vor der Reform ein Konsens im Hinblick auf die adäquate Anknüpfung von Eingriffskondiktionen. Eine räumliche Anknüpfung stand zwar außer Zweifel, doch waren die in Frage stehenden Orte umstritten. Neben einer Anknüpfung an das Recht am Eingriffsort, die dem Vorschlag des Deutschen Rates für IPR[1170] und dem Gutachten *Schlechtriems*[1171], sowie einem Teil der Literatur[1172] entsprach, wurde vor allem eine Anknüpfung an das Recht diskutiert[1173], dem die Vermögensverschiebung unterliegt[1174]. Zur Auswahl standen weiterhin eine Anknüpfung an das Recht

---

1170 S. *v. Caemmerer*, Gutachten, S. 1.

1171 Vgl. *Schlechtriem*, Bereicherungsansprüche, S. 29 (30); ders., IPRax 1995, 65 (66).

1172 S. etwa *v. Bar*, IPR II, Rdnr. 740; *v. Caemmerer*, FS Rabel I, S. 333 (388); Erman/*Hohloch*, BGB, 9. Aufl., vor Art 38, Rdnr. 3; *Kropholler*, IPR, 1. Aufl., S. 429; MüKo/*Kreuzer*, I Vor Art. 38, Rdnr. 24; *Reuter/Martinek*, Ungerechtfertigte Bereicherung, S. 784; bei Eingriffen in Immaterialgüterrechte befürwortet auch *Lorenz*, FS Zweigert, S. 199 (229), das Recht des Eingriffsortes.

1173 S. *Einsele*, JZ 1993, 1025 (1030); *Kegel*, IPR, S. 527; *Kunz*, IPR, Rdnr. 544; *Rauscher*, IPR, S. 266 f.; *Reithmann/Martiny*, Internationales Vertragsrecht, Rdnr. 358; Soergel/*Lüderitz*, Anh I Art. 38 EGBGB, Rdnrn. 43 ff.; BGH WM 1970, 1297 ff. = IPRspr. 1970, Nr. 43 = AWD 1971, 40 ff. = DB 1970, 2020 ff.; BGHZ 35, 267 (269); BGH NJW 1960, 774 (775); BGH IPRspr. 1966/67, Nr. 28; OLG Hamburg IPRspr. 1982, Nr. 24.

1174 Gemeint ist das Recht, das den sachenrechtlichen Vorgang beherrscht, der der Wertverschiebung zugrunde liegt. Dies ist bei sachenrechtlichen Vorgängen die lex rei sitae.

am Ort der Belegenheit des Rechtsguts[1175] oder etwa an das Recht am Ort des Bereicherungseintritts[1176]. *Busse*[1177] schlug hingegen eine differenzierende Betrachtungsweise vor. Danach sollte bei Eingriffen in tatsächlicher Weise der Eingriffsort maßgeblich sein, bei Eingriffen durch Änderung der Inhaberschaft eines Rechts sollte der Bereicherungsanspruch dem Recht unterstehen, das die Rechtsänderung angeordnet hat.

Art. 38 Abs. 2 beendet grundsätzlich den Streit um die Anknüpfung der Eingriffskondiktion. Eingriffskondiktionen unterliegen danach dem Recht des Staates, in dem der Eingriff geschehen ist. Der Eingriffsort ist dabei der Ort, an dem die Verletzung der Rechtsposition des Betroffenen erfolgte.[1178] Der Grund für diese Anknüpfung liegt vor allem in der Nähe der Eingriffskondiktion zum deliktischen und zum sachenrechtlichen Güterschutz.[1179] Die bereicherungsrechtlichen Ansprüche sind in anderen Rechtsordnungen, insbesondere im anglo-amerikanischen Rechtskreis[1180], teilweise sogar erst aus den deliktischen Ansprüchen hervorgegangen. Die Ablösung vom Schadensersatzrecht ist in unterschiedlichem Maße verlaufen, so dass die Grenzziehung zwischen beiden Anspruchsarten in den einzelnen Rechtsordnungen variiert.[1181] Zudem sind beide Anspruchsarten in ihren Voraussetzungen und Rechtsfolgen häufig eng aufeinander abgestimmt.[1182] Durch die lokale Anknüpfung in Art. 38 Abs. 2 wird ein Gleichlauf des Internationalen Bereicherungsrechts mit dem Internationalen Deliktsrecht und in der Mehrzahl der Fälle auch mit dem Internationalen Sachenrecht gewähr-

---

[1175] Vgl. dazu Staudinger/*Lorenz*, § 816, Rdnr. 34; BGH WM 1970, 1297 ff. = IPRspr. 1970, Nr. 43 = AWD 1971, 40 ff. = DB 1970, 2020 ff..

[1176] S. etwa § 46 des österreichischen IPRG, abgedruckt im *Anhang* (S. 343 ff.); s. dazu *Schlechtriem*, Bereicherungsansprüche, S. 29 (47).

[1177] S. *Busse*, Bereicherungsrecht, S. 149 ff..

[1178] Vgl. *v. Hoffmann*, IPR, § 11, Rdnr. 5.

[1179] S. etwa *Lorenz*, FS Zweigert, S. 199 (228): „Die Nachbarschaft der Bereicherungsklage aus Eingriff zur Vindikation und zur unerlaubten Handlung ist unverkennbar."; **a.A.** *Zweigert/Müller-Gindullis*, IECL, Vol. III (1973), Chap. 30, sec. 14: „Claims based on unjustifiable enrichment and claims based on tort are not closely related.".

[1180] S. *Zweigert/Kötz*, Rechtsvergleichung, S. 538 ff., 559 ff..

[1181] S. dazu *Schlechtriem*, Bereicherungsansprüche, S. 29 (49 f.); ders., IPRax 1995, 65 (68).

[1182] Vgl. *v. Hoffmann*, IPR, § 11, Rdnr. 4.

leistet. Damit werden schwierige Qualifikations- und Anpassungsprobleme vermieden.[1183]

Zu beachten ist aber, dass bei einer Auflockerung des Deliktsstatuts gem. Art. 40 Abs. 2 auch für den Bereicherungsanspruch an eine vom Eingriffsort abweichende Anknüpfung gem. Art. 41 Abs. 2 Nr. 2 zu denken ist.
Wie sich unten noch näher zeigen wird, erteilt die Neukodifikation damit gleichwohl dem Recht, dem die Vermögensverschiebung unterliegt, keine generelle Absage.[1184] Die Anwendung dieses Rechts kann dadurch erreicht werden, dass man eine wesentlich engere Verbindung des Sachverhalts zu diesem Recht gem. Art. 41 Abs. 2 Nr. 1 anerkennt.[1185]

3. Besonderheiten

a. Geltung der (deliktsrechtlichen) Ubiquitätsregel

Aus dem Kollisionsrecht der unerlaubten Handlung sind Distanzdelikte[1186] bekannt, in denen Handlung[1187] und Erfolg[1188] in unterschiedlichen Staaten

---

[1183] BT-Dr. 14/343 v. 1.2.1999, 9; *Schlechtriem*, Bereicherungsansprüche, S. 29 (49): „Hat die amerikanische Waffenfirma ihren arabischen Kunden überredet, den bestehenden Lieferungsvertrag mit einem deutschen Hersteller zu brechen (weil dieser angeblich keine Exportlizenz erhalten könne) und stattdessen von ihr zu beziehen, dann sollte das anwendbare Recht nicht davon abhängen, ob die Ansprüche des Klägers nur als Schadensersatzansprüche einzuordnen und zu konstruieren sind oder - mit der amerikanischen Rechtsprechung - als Bereicherungsansprüche.".

[1184] S. *Busse*, RIW 1999, 16 (18); Staudinger/*v. Hoffmann/Fuchs*, Art 38 EGBGB, Rdnr. 9.

[1185] Zu den Fällen, in denen die Vermögensmehrung beim Bereicherungsschuldner durch eine rechtlich geregelte Vermögensverschiebung eintritt und die eine wesentlich engere Verbindung i.S.v. Art. 41 auslösen, s.u. Dritter Teil D.I.3.e.

[1186] Bei Platzdelikten, bei denen Handlungs- und Erfolgsort in einem Staat liegen, stellt sich die Frage des Bestimmungsproblems hingegen nicht.

[1187] Der Handlungsort ist der Ort, an dem der Bereicherungsschuldner gehandelt hat. Vorausgesetzt wird eine willensabhängige Tätigkeit, welche als Gefährdung eines rechtlich geschützten Interesses an die Außenwelt tritt, s. *Deutsch*, Haftungsrecht, Rdnr. 96.

[1188] Der Erfolgsort wird als Ort definiert, an dem die Beeinträchtigung des geschützten Interesses eingetreten ist.

auftreten.[1189] Solche Fälle kommen aber auch in Zusammenhang mit dem Bereicherungskollisionsrecht vor, wie folgendes Beispiel von *Schlechtriem*[1190] zeigt:

Ein Hirte lässt sein Vieh von seinem Hund über die Grenze zum Weiden treiben. Handlungsort ist vorliegend der Ort, an dem der Hirte den Hund dazu veranlasst hat, das Vieh auf die Weide zu treiben, da an diesem Ort der Eingriff in Gang gesetzt wurde. Erfolgsort ist im Beispielsfall der Belegenheitsort der Weide, da dort der Eingriff tatsächlich eingetreten ist. Mehrere anknüpfungserhebliche Orte kommen aber auch bei Verletzungen des Persönlichkeitsrechts durch grenzüberschreitende Publikationen, Fernsehsendungen etc. in Betracht.[1191]

Fraglich ist, wie in diesen Fällen kollisionsrechtlich zu verfahren ist. Die Formulierung in Art. 38 Abs. 2 („Recht des Staates, in dem der Eingriff geschehen ist“) lässt zunächst offen, ob es sich dabei um den Handlungs- oder Erfolgseingriffsort handelt. Diese Unschärfe ist jedoch beabsichtigt, um den erstrebten Gleichlauf der auf Rechtsgüterschutz gerichteten Ansprüche aus Eingriffskondiktion und Delikt zu erhalten. Der Gesetzgeber hat den Gleichklang mit den deliktischen Ansprüchen im Gesetzestext - trotz der Anregung des Bundesrates[1192], eine dem Art. 40 Abs. 1 entsprechende Regelung für das Bereicherungsrecht zu schaffen - nicht sichergestellt, sondern geht offenbar von einer Regelung durch die Judikatur aus.

Dieses Ziel kann im neuen Recht durch eine analoge Anwendung der in Art. 40 Abs. 1[1193] enthaltenen Regelung im Bereicherungskollisionsrecht erreicht werden.[1194] Im Internationalen Deliktsrecht gilt das Ubiquitätsprinzip in der

---

[1189] Bsp.: A schießt von Deutschland aus über die Grenze auf den in der Schweiz befindlichen B, der schwer verletzt wird. Der Handlungsort liegt in Deutschland, der Erfolgsort in der Schweiz, vgl. *Hoffmann*, IPR, § 11, Rdnr. 23.

[1190] S. *Schlechtriem*, Bereicherungsansprüche, S. 29 (51).

[1191] S.u. Dritter Teil D.I.3.b.

[1192] S. BR-Dr. 759/2/98 v. 26.10.1998, 1.

[1193] Zu dem neuen Art. 40 Abs. 1 s. *Freitag/Leible*, ZVglRWiss 2000, 101 ff.; *Spickhoff*, IPRax 2000, 1 ff..

[1194] S. *Busse*, Bereicherungsrecht, S. 152 f.; ders., RIW 1999, 16 (20); *Kreuzer*, RabelsZ 2001, 383 (407); Palandt/*Heldrich*, EGBGB 38, Rdnr. 3; *Fischer*, IPRax 2002, 1 (4); *Junker*, RIW 2000, 241 (244); *Spickhoff* NJW 1999, 2209 (2211); *Staudinger*, DB 1999, 1589 (1689); offengelassen von *Wagner*, IPRax 1999, 210 (210); vor der Reform so auch

Form des Art. 40 Abs. 1. In analoger Anwendung auf das Internationale Bereicherungsrecht bedeutet dies zunächst, dass sowohl der Handlungs- wie auch der Erfolgsort Eingriffsort sein können. *V. Hoffmann*[1195] schlägt hingegen vor, den erwünschten Gleichlauf mit Hilfe der Ausweichklausel des Art. 41 zu begründen. Der „Umweg" über Art. 41 Abs. 1 ist aber nur dann möglich, wenn man als Eingriffsort nur den Ort ansieht, an dem der Eingriff tatsächlich geschehen ist, also den Erfolgseingriffsort. Denn Art. 41 steht in der Fallprüfung hinter Art. 38; erst muss eine Grundanknüpfung bestimmt werden, die dann über Art. 41 korrigiert werden kann. Fraglich ist, wie man eine Beschränkung auf den Erfolgseingriffsort begründen will, obwohl der Wortlaut bewusst offen gehalten ist und der Wille des Gesetzgebers auf eine Berücksichtigung auch des Erfolgseingriffsortes schliessen lässt. Obwohl beide Wege geeignet sind, das angestrebte Ziel des Gleichlaufs mit dem Deliktsstatut zu erreichen, ist der Weg über eine analoge Anwendung des Art. 40 Abs. 1 im Bereicherungskollisionsrecht aus den genannten Gründen m.E. vorzuziehen.

Unklar ist weiterhin, wie sich die Modifizierung der Ubiquitätsregel im Deliktsrecht auf den angestrebten Gleichlauf auswirkt, da Art. 38 Abs. 2 für das Bereicherungsrecht dem Handlungsort abweichend vom Deliktsrecht keinen ausdrücklichen Vorrang einräumt. Fraglich ist also, ob auch die Anknüpfungsmodifikationen des Deliktsstatuts für das Bereicherungsstatut gelten. Um den erwünschten Gleichlauf der auf Rechtsgüterschutz gerichteten Ansprüche aus Eingriffskondiktion und Delikt nicht zu gefährden, muss man die Regelung des Art. 40 Abs. 1 jedoch im ganzen Umfang und nicht nur in den Grundzügen übernehmen.

Im Ergebnis ist also bei bereicherungsrechtlichen Ansprüchen, bei denen Handlungs- und Erfolgseingriffsort voneinander abweichen, dem Handlungsort entsprechend Art. 40 Abs. 1 S. 1 bei nicht rechtzeitiger prozessualer Wahl des Entreicherten i.S.v. Art. 40 Abs. 1 S. 2, S. 3 Vorrang einzuräumen.[1196]

---

v. Bar, IPR II, Rdnr. 739; Erman/*Hohloch*, EGBGB Art. 38, Rdnrn. 9, 10; MüKo/*Kreuzer*, I Vor Art. 38, Rdnr. 24; *Schlechtriem*, Bereicherungsansprüche, S. 29 (51); ders. IPRax 1995, 65 (70); **a.A.** *Plaßmeier*, Bereicherung, S. 394 ff.; Soergel/*Lüderitz*, Anh I Art 38, Rdnr. 43.

[1195] Vgl. *v. Hoffmann*, IPR, § 11, Rdnr. 5.

[1196] So auch Staudinger/*v. Hoffmann/Fuchs*, Art. 38 EGBGB, Rdnr. 15.

b. Eingriff in Persönlichkeitsrechte („Streudelikte")

Die Regelanknüpfung des Art. 38 Abs. 2 erfasst auch Eingriffe in Persönlichkeitsrechte.[1197]

Die Bestimmung des Eingriffsortes bereitet keine Schwierigkeiten, wenn sich der Vorgang aus dem sich der Bereicherungsanspruch ableitet, innerhalb eines Staates abspielt. Sobald sich der die Eingriffskondiktion auslösende äußere Geschehensablauf aber über mindestens eine Staatsgrenze hinweg erstreckt, kommt man an der Entscheidung nicht mehr vorbei, den Eingriffsort zu konkretisieren. In Betracht kommen hierbei vornehmlich Eingriffe durch international tätige Massenmedien (z.B. grenzüberschreitende Ausstrahlung einer Fernsehsendung in mehreren Staaten oder weltweite Verbreitung einer Zeitschrift).[1198] Wie etwa der Fall der Caroline von Monaco[1199] gezeigt hat, können dabei mehrere Handlungs[1200]- und Erfolgsorte[1201] aufeinandertreffen.[1202]

[1197] Vgl. BT-Dr. 14/343 v. 1.2.1999, 9; zur alten Rechtslage s. *Wagner*, JZ 1993, 1034 ff.; ders., RIW 1994, 195 ff..

[1198] Die Bestimmung des Eingriffsortes ist auch bei Persönlichkeitsverletzungen über das Internet strittig. Der Handlungsort soll dort liegen, wo die betreffende Information in das Netz eingespeichert wurde (sog. Uploading), s. *v. Hoffmann*, IPR, § 11, Rdnr. 27; Palandt/*Heldrich*, EGBGB 40, Rdnr. 12; *Mankowski*, RabelsZ 1999, 203 (256); **a.A.** LG Düsseldorf NJW-RR, 1998, 979 (980). Der Erfolgsort liegt überall dort, wo ein Nutzer das Angebot abruft, s. Palandt/*Heldrich*, EGBGB 40, Rdnr. 12; LG Düsseldorf NJW-RR 1998, 979 (980); LG München I RIW 2000, 466 (467); zu internationalen Streudelikten im Internetsektor s. auch *Mankowski*, RabelsZ 1999, 203 (169 ff.), und im Pressesektor s. *v. Hein*, Günstigkeitsprinzip, S. 320 ff.; *Looschelders*, ZVglRWiss 1996, 48 (81 ff.).

[1199] Eine weltweit erscheinende Zeitschrift hatte ohne Genehmigung Fotos, die ein französischer Reporter in Saint-Rémy aufgenommen hatte, aus dem Privatleben der Prinzession Caroline von Monaco veröffentlicht, vgl. BGH NJW 1996, 1128 ff.; OLG Hamburg NJW-RR 1995, 790 ff. = AfP 1996, 69 ff. m. Aufsatz von *Ehmann/Thorn*, 20 ff. = IPRspr. 1994, Nr. 51; s. dazu *Fuchs*, JuS 2000, 879 ff..

[1200] Als Handlungsorte kamen alle Orte in Betracht, an denen die Zeitschrift vertrieben wurde, eingeschließlich die des Verlagssitzes.

[1201] Als Erfolgsorte kamen alle Orte in Betracht, an denen die Zeitschrift verkauft wurde.

[1202] Im internationalen Deliktsrecht wird beim Vorliegen mehrerer Erfolgsorte auch von „multi-state-Delikten" , s. etwa *Plaßmeier*, Bereicherung, S. 396 ff., oder von „Streudelikten", vgl. etwa *Freitag/Leible*, ZVglRWiss 2000, 101 (134), gesprochen.

Um den Gleichlauf mit dem Deliktsstatut zu wahren, müssen der Ermittlung des Eingriffsortes die gleichen Erwägungen zugrunde liegen wie die, die bei der Ermittlung des Handlungs- und Erfolgsortes im Deliktskollisionsrecht für maßgeblich gehalten werden.[1203] Da das Problem also primär Art. 40 zuzuweisen ist, soll nur eine kurze Darstellung des Streitstandes erfolgen:

Bei Persönlichkeitsverletzungen durch die Presse wird der Handlungsort teilweise danach festgelegt, welches Recht für den Betroffenen am günstigsten ist.[1204] Aus Gründen der Praktikabilität und aufgrund der mit der IPR-Reform verfolgten Prozessökonomie, lehnen andere eine solche Ausdehnung des Günstigkeitsprinzips ab. Deshalb schlagen etwa *Freitag/ Leible*[1205] vor, alle in Betracht kommenden Handlungsorte nebeneinander gelten zu lassen mit der Prämisse, dass der Geschädigte das für ihn günstigste Recht unbeschränkt wählen kann. Dafür spricht, dass der Gesetzgeber den Geschädigten schon mit der grundsätzlichen Geltung des Ubiquitätsprinzips in Art. 40 Abs. 1 bevorteilen wollte. Das Gesetz will dem Geschädigten aber nur die Wahl zwischen Handlungs- und Erfolgsort geben, nicht aber zwischen mehreren Handlungsorten. Ferner spricht das Gesetz nur von *dem* Handlungs- und *dem* Erfolgsort.[1206] Deshalb sollte das Optionsrecht des Geschädigten auf einen Handlungsort reduziert werden. Dadurch kann vor allem das Problem vermieden werden, wie zu verfahren ist, wenn der Beeinträchtigte keine Wahl zugunsten eines Handlungsortes trifft.[1207] Deshalb ist ein Haupthandlungsort zu ermitteln, mangels eines solchen das Recht am Sitz des Verletzten. Bei Pressedelikten wird der Haupthandlungsort am realen Verlagssitz als Verhaltenszentrale gesehen, der meist mit dem juristischen Sitz überein-

---

1203 S. Staudinger/*v. Hoffmann/Fuchs*, Art. 38 EGBGB, Rdnr. 15.

1204 Vgl. MüKo/*Kreuzer*, Art. 38, Rdnr. 50; *Kegel*, IPR, S. 539 ff..

1205 Vgl. *Freitag/Leible*, ZVglRWiss 2000, 101 (137 f.); bei besonderen Delikten (z.B. Wettbewerbsverstößen) ziehen die Autoren hingegen eine Reduktion auf einen Handlungsort nach dem Kriterium der engsten Verbindung vor, (136 f.); ebenso *Spichkoff*, IPRax 2000, 1 (5).

1206 S. *Freitag/Leible*, ZVglRWiss 2000, 101 (136).

1207 In diesem Fall nimmt *Spickhoff*, IPRax 2000, 1 (5), der dem Beschädigten eine Wahlbefugnis einräumt, eine Prüfungspflicht des Gerichts von Amts wegen an, ob eines der Handlungsortsrechte den geltend gemachten Anspruch trägt. Das widerspricht m.E. aber der Prozessökonomie, deren Förderung ein Ziel des Art. 40 Abs. 1 ist, der die Gerichte von der Auffindung des günstigsten Rechts freispricht.

stimmt.[1208] Zu dem gleichen Ergebnis wird man wohl kommen, wenn man mit *Freitag/Leible*[1209] den Haupthandlungsort in Anlehnung an Art. 41 danach bestimmt, zu welcher potentiellen lex causae der Eingriff die engste Verbindung aufweist.[1210]

Aus den gleichen Gründen wie oben wird auch bei einer Mehrzahl zur Verfügung stehender Erfolgsorte eine Lösung nach dem Günstigkeitsprinzip abgelehnt. In diesem konkreten Fall will *Schlechtriem*[1211] nicht dem Richter, sondern dem Verletzten die Wahl überlassen mit der Einschränkung, dass der Bereicherungsgläubiger die Bereicherung aufgrund des Eingriffs in einem bestimmten Land nur nach Maßgabe des in diesem Land geltenden Bereicherungsrechts herausverlangen kann. Er kann also nicht die für ihn günstigste Rechtsordnung wählen und danach alle die durch Eingriffe in mehreren Ländern erlangten Bereicherungen insgesamt herausverlangen.[1212] Andere wollen jeden Erfolgsort entscheiden lassen, wobei dessen Recht aber nur für jeweils den in seinem Gebiet entstandenen Schaden anwendbar ist („Mosaiksystem").[1213]

[1208] Vgl. *Ehmann/Thorn*, AfP 1996, 20 (23); *v. Hoffmann*, IPR, § 11, Rdnr. 32; BGHZ 131, 332 (335) = NJW 1996, 1128 (1128) = IPRspr. 1995, Nr. 39 („Erscheinungsort des Druckwerkes"); im Ergebnis so auch Palandt/*Heldrich*, EGBGB 40, Rdnr. 3; Staudinger/*v. Hoffmann/Fuchs*, Art. 38 EGBGB, Rdnr. 15.

[1209] *Freitag/Leible*, ZVglRWiss 2000, 101 (136 f.), folgen diesem Prinzip nur bei besonderen Delikten (z.B. Wettbewerbsverstößen).

[1210] *Spickhoff*, IPRax 2000, 1 (3, 5), will die Konkretisierung der Tatortregel bei Persönlichkeitsverletzungen im Rahmen des Kollisionsrechts der unerlaubten Handlung generell über Art. 41 Abs. 1 vornehmen.

[1211] S. *Schlechtriem*, Bereicherungsansprüche, S. 29 (51); zustimmend *Plaßmeier*, Bereicherung, S. 397; vom Ansatzpunkt her zustimmend *Freitag/Leible*, ZVglRWiss 2000, 137 ff., aber mit anderen Einschränkungen; für alle anderen Fälle außer Pressedelikten so auch *Spickhoff*, IPRax 2000, 1 (5).

[1212] So wohl auch Palandt/*Heldrich*, EGBGB 40, Rdnr. 4: „Zwischen mehreren Erfolgsorten in verschiedenen Staaten Wahlrecht des Verletzten, Art. 40 Abs. 1 S. 2 analog, bei Pressedelikten allerdings beschränkt auf den im Staat des Erfolgsorts entstandenen Schaden.".

[1213] S. *Junker*, RIW 2000, 241 (250); *Looschelders*, ZVglRWiss 1996, 48 (81 f.); MüKo/*Kreuzer*, Art 38, Rdnr. 216; Soergel/*Lüderitz*, Art. 38, Rdnr. 96; so wohl auch *Spickhoff*, IPRax 2000, 1 (5), für Pressedelikte; BGH NJW 1996, 1128 (1128); OLG Hamburg, NJW-RR 1995, 790 (792); so auch EuGH (Fiona Shevill/Press Alliance), Slg. 1995-I, 415 ff.= ZEuP 1996, 295 ff. m. Anm. *Huber*, 300 ff. = IPRax 1997, 111 ff. m.

Die Lösung über ein Wahlrecht des Bereicherungsgläubigers führt zu einer willkürlichen Bevorzugung des Geschädigten, der schon durch das Wahlrecht zwischen Handlungs- und Erfolgsort begünstigt wird. Ferner sprechen schon die oben im Rahmen der Bestimmung des Handlungsortes genannten Argumente gegen ein solches Vorgehen. Eine Mosaikbeurteilung ist hingegen praktisch kaum durchführbar, da zu viele Rechte ermittelt und die Schäden genau abgegrenzt werden müssen.[1214] Daher ist auch hier auf den Haupterfolgsort abzustellen oder, wenn sich ein solcher nicht eindeutig ermitteln lässt, auf den Sitz des Geschädigten.[1215]

c. Art. 40 Abs. 3 EGBGB analog in Fällen des Art. 38 EGBGB?

Mit Art. 40 Abs. 3 enthält das autonome Kollisionsrecht der unerlaubten Handlung eine spezielle ordre-public-Vorschrift zur Abwehr exzessiver deliktischer Schadensersatzansprüche. Vor dem IPRG 1999 wurden deutsche Staatsangehörige durch das sog. privilegium germanicum des Art. 38 a.F. (zuvor Art. 12) vor exorbitanten Ansprüchen nach ausländischem Tatortrecht geschützt. In das Bereicherungskollisionsrecht ist eine solche Regelung hingegen nicht eingefügt worden, obwohl auch hier Bereicherungsansprüche vom ausländischen Recht gewährt werden können, deren Umfang oder Höhe mit dem internen Rechtsverständinis nicht vereinbar sind.

Aus diesem Grund fordert *Busse*[1216] eine analoge Anwendung des Art. 40 III im Internationalen Bereicherungsrecht. Die überwiegende Kollisionsrechtswissenschaft[1217] lehnt hingegen eine entsprechende Heranziehung dieser Vorschrift ab. Das Problem exorbitanter Ansprüche wird vielmehr über die allgemeine ordre-public-Klausel des Art. 6 gelöst. *V. Hoffmann/Fuchs*[1218] wollen Art. 6 dann aber im Lichte des Art. 40 Abs. 3 konkretisieren.

Aufsatz von *Kreuzer/Klötgen*, 90 ff., für die Frage der internationalen Zuständigkeit; *Schaub*, RabelsZ 2002, 18 (43 ff.), äußert europarechtliche Bedenken im Hinblick auf die Mosaikbetrachtung.

1214 Vgl. *v. Hoffmann*, IPR, § 11, Rdnr. 32.

1215 S. *Binder*, RabelsZ 1955, 401 (477); *Ehmann/Thorn*, AfP 1996, 20 (23); *v. Hoffmann*, IPR, § 11, Rdnr. 32; Staudinger/*v. Hoffmann/Fuchs*, Art 38 EGBGB, Rdnr. 15.

1216 S. *Busse*, RIW 1999, 16 (20); so wohl auch *Sack*, WRP 2000, 269 (288).

1217 Vgl. Erman/*Hohloch*, EGBGB Art. 38, Rdnr. 4; *Kreuzer*, RabelsZ 2001, 383 (404); Palandt/*Heldrich*, EGBGB 38, Rdnr. 5.

1218 S. Staudinger/*v. Hoffmann/Fuchs*, Art. 38 EGBGB, Rdnr. 11.

Allein die Tatsache, dass vor der Reform Art. 38 a.F. nach Ansicht einiger Rechtswissenschaftler[1219] auf Bereicherungsansprüche analog anwendbar war, begründet keine analoge Anwendung des Art. 40 Abs. 3 im neuen Recht. Eine Analogie zu ziehen, bedeutet nämlich immer, eine Lücke im Gesetz zu schliessen, die eine Frage zum Gegenstand hat, die der Gesetzgeber bewusst nicht geregelt hat oder die dieser bei Schaffung des Gesetzes unbewusst nicht bedacht hat.[1220] Bei den Arbeiten zum IPRG 1999 hat der Gesetzgeber das Problem aber erkannt und mit Art. 40 Abs. 3 eine Regelung geschaffen, die von ihrer systematischen Stellung allein auf deliktische Ansprüche bezogen ist. Hätte der Gesetzgeber eine Anwendung dieser Regelung auf das Bereicherungskollisionsrecht gewollt, hätte er Art. 38 einen Absatz entsprechend Art. 40 III hinzugefügt oder Abs. 3 aus Art. 40 als selbständige Norm - ähnlich wie Art. 41 - ausgegliedert. Das gesetzgeberische Vorgehen würde durch eine analoge Anwendung der Vorschrift m.E. missachtet. Eine Entscheidung gegen eine Analogie bedeutet aber noch nicht, dass keine Limitierung der nach ausländischem Recht bestehenden Anspruchshöhe erfolgen kann. Vielmehr ist in diesen Fällen Art. 6 als Korrektiv heranzuziehen. Bei der Frage, ob das Ergebnis der Anwendung ausländischen Rechts mit den inländischen Wertvorstellungen unvereinbar ist, sollte dann aber Art. 40 Abs. 3 mit in die Überlegungen einbezogen werden, um die Parallelität und Deckungsgleichheit von Bereicherungs- und Deliktsstatut sicherzustellen.[1221] Es ist insbesondere zu beachten, dass von dieser Norm nur zurückhaltend Gebrauch zu machen ist. Ihre Anwendung ist nach den Gesetzesmaterialien[1222] nur bei einem gravierenden Widerspruch zu den Grundvorstellungen des deutschen Rechts gerechtfertigt. Insbesondere ist Art. 40 Abs. 3 nur ein Teilausschnitt der Haftungsausfüllung. Im Rahmen von Art. 6 können weiterhin übermäßig scharfe Haftungsgründe oder ein anstößig erscheinendes Fehlen von Haftungsgründen den Vorbehalt der öffentlichen Ordnung auslösen.[1223]

Im Ergebnis ist damit Art. 6 heranzuziehen, wenn nach inländischem Rechtsverständnis Bedenken gegen die Haftausfüllung nach ausländischem Recht bestehen. Allerdings sind die Wertungen, die vom Gesetzgeber in Art. 40 Abs. 3 getroffen wurden, auch im Rahmen von Art. 6 zu beachten.

[1219] Vgl. etwa *Busse*, Bereicherungsrecht, S. 154, 173; *Reuter/Martinek*, Ungerechtfertigte Bereicherung, S. 785.

[1220] S. *Brox*, BGB AT, Rdnr. 64.

[1221] S. Staudinger/v. *Hoffmann/Fuchs*, Art. 38 EGBGB, Rdnr. 11.

[1222] Vgl. BT-Dr. 14/343 v. 1.2.1999, 12.

[1223] S. *Spickhoff*, NJW 1999, 2209 (2213).

d. Eingriff in die Forderungszuständigkeit

aa. 1. Fall: Einziehung einer Forderung durch einen Nichtberechtigten

Nach einer wirksamen Abtretung einer bestehenden Forderung kann es vorkommen, dass der Schuldner dennoch an den Altgläubiger, den Zedenten, zahlt. Mit einem solchen Fall hatte sich der *Bundesgerichtshof*[1224] zu beschäftigen:

Der Klägerin, einer österreichischen Bank, waren von einer deutschen GmbH im Wege der Globalzession Forderungen abgetreten worden. Ein Kunde der GmbH zahlte trotz Aufforderung nicht an die Klägerin, sondern auf das Konto der Zedentin bei einer deutschen Bank, der späteren Beklagten.
Das deutsche materielle Bereicherungsrecht würde dem Berechtigten gegen den Nichtberechtigten, der die Forderung unberechtigt eingezogen hat, gem. § 816 Abs. 2 BGB einen Anspruch auf Herausgabe des Geleisteten geben.

In diesen Fällen des Eingriffs in die Forderungszuständigkeit war kollisionsrechtlich bislang umstritten, ob dieser nach dem Recht der Forderung, also dem Forderungsstatut[1225], oder dem Recht des Eingriffsortes[1226] beurteilt werden sollte. Mit Art. 38 Abs. 2 ist grundsätzlich eine Entscheidung zugunsten des Eingriffsortes gefallen. Das kollisionsrechtliche Problem dieser Fallgruppe liegt nun darin, den Eingriffsort zu bestimmen. Anders als bei Eingriffen in Sachen, wo die Belegenheit der Sache als Eingriffsort eindeutig festgestellt werden kann, haben Forderungen als nicht verkörperte Güter keine Belegenheit im eigentlichen Sinn, die zu einer eindeutigen Lokalisierung des Eingriffsortes führen könnte.[1227] Dieses Problem war ein wesentlicher Einwand, der vor der Reform gegen die Anknüpfung an den Eingriffsort vorgebracht wurde.[1228]

[1224] S. BGH IPRspr. 1998, Nr. 39 = IPRax 2000, 128 ff. m. Aufsatz von *Stadler*, 104 ff. = JZ 1999, 404 f. m. Anm. *Kieninger*, 405 ff..

[1225] S. etwa *Busse*, Bereicherungsrecht, S. 138; BGH IPRspr. 1998, Nr. 39 = IPRax 2000, 128 ff. m. Aufsatz von *Stadler*, 104 ff. = JZ 1999, 404 f. m. Anm. *Kieninger*, 405 ff..

[1226] S. MüKo/*Kreuzer*, I Vor Art 38, Rdnr. 25; *Schlechtriem*, IPRax 1995, 65 (67 f.).

[1227] S. *Busse*, Bereicherungsrecht, S. 136.

[1228] S. *Busse*, Bereicherungsrecht, S. 137; *Einsele*, JZ 1993, 1025 (1030); Soergel/*Lüderitz*, Art 38 Anh I, Rdnr. 47.

Trotzdem versucht ein Teil der Literatur, die Belegenheit der Forderung zu konkretisieren. *Kegel/Schurig*[1229] sehen in diesem Zusammenhang den Wohnsitz bzw. den gewöhnlichen Aufenthalt des Schuldners als Belegenheitsort der Forderung an. Genauso könnte man die Belegenheit des Schuldnervermögens für maßgeblich erachten. *Schlechtriem*[1230] hält für den Bereicherungsausgleich zwischen Gläubiger und Scheingläubiger sowohl den Wohnsitz des Schuldners[1231] als auch die Belegenheit des Schuldnervermögens für kollisionsrechtlich unbeachtlich. Der Erfüllungsort der Forderung soll nach *Schlechtriem*[1232] als Eingriffsort für die Anknüpfung der Eingriffskondiktion ausschlaggebend sein, während *Lüderitz*[1233] den Sitz des Bereicherten für maßgeblich erklärt. Die gleichen Ergebnisse wie *Schlechtriem* erzielen auch diejenigen[1234], die den Ort des Eintritts der Tilgungswirkung bevorzugen.

Fischer[1235] stellt zu Recht fest, dass die Sicht der Literatur damit auf den Erfolgsort gerichtet ist, auch wenn dieser unterschiedlich definiert wird. Daneben kommt als Eingriffsort aber auch noch der Handlungsort in Betracht. Bei der Einziehung einer Forderung ist als Handlungsort der Ort anzusehen, an dem der Nichtberechtigte die Leistung eingefordert hat, da an diesem Ort die Beeinträchtigung des geschützten Interesses in Gang gesetzt wurde. Die Anwendung des Handlungsortsrechts ist dem Bereicherungsschuldner auch durchaus zumutbar, entweder weil er dort seinen Sitz hat oder weil er dort die Interessenbeeinträchtigung freiwillig initiiert hat.[1236]

Bei einem Aufeinandertreffen von Handlungs- und Erfolgseingriffsort kann der Bereicherungsgläubiger, wie oben bereits dargelegt wurde[1237], in Anlehnung an die deliktsrechtliche Regelung des Art. 40 Abs. 1 S. 2, S. 3 zugunsten des Erfolgsrechts optieren. Bei nicht (rechtzeitiger) Ausübung des Wahlrechts ist das Recht am Handlungsort ausschlaggebend. Für den Fall, dass der Be-

---

[1229] Vgl. *Kegel/Schurig*, IPR, S. 947; BGH IzRspr. 1962/63, Nr. 56 b.

[1230] Vgl. *Schlechtriem*, Bereicherungsansprüche, S. 29 (45).

[1231] Insoweit zustimmend *Einsele*, JZ 1993, 1025 (1030 Fn. 68).

[1232] S. *Schlechtriem*, IPRax 1995, 65 (68); Staudinger/*v. Hoffmann/Fuchs*, Art. 38 EGBGB, Rdnr. 13; in diese Richtung tendiert auch Staudinger/*Lorenz*, § 816, Rdnr. 34.

[1233] S. Soergel/*Lüderitz*, Art 38 Anh I, Rdnr. 47.

[1234] Vgl. MüKo/*Kreuzer*, I Vor Art 38, Rdnr. 25; *Reuter/Martinek*, Ungerechtfertigte Bereicherung, S. 784 f..

[1235] Vgl. *Fischer*, IPRax 2002, 1 (6).

[1236] S. *Fischer*, IPRax 2002, 1 (6).

[1237] S.o. Dritter Teil D.I.3.a.

reicherungsgläubiger sein Wahlrecht ausübt, muss geklärt werden, welchem Ort als Eingriffserfolgsort der Vorzug zu geben ist.

Obwohl die Forderung auch vom Wert des Vermögens des Schuldners abhängt, wird der gewöhnliche Aufenthalt oder Wohnsitz des Schuldners zu Recht als ungeeignet für die Anknüpfung empfunden. An diesem Ort tritt der Rechtsverlust in der Form des Forderungsverlustes des Gläubigers nämlich nicht ein. Das Gleiche gilt für die Ansicht, die auf den Sitz des Bereicherten abstellt. Da der Verlust also im Vermögen des Gläubigers, zu dem die Forderung gehört, eintritt, könnte man die Belegenheit des Vermögens des Gläubigers für ausschlaggebend erachten. *Fischer*[1238] knüpft dann an den gewöhnlichen Aufenthalt, bei Geschäftsvermögen an den Ort der Niederlassung an, da dieser in der Regel mit der Belegenheit des Vermögens identisch ist.

Die Zuordnung der Forderung kann aber problematisch sein, wenn sich das Vermögen des Gläubigers aus mehreren Positionen zusammensetzt, die an verschiedenen Orten belegen sind. So kann sich die Forderung etwa aus dem Geschäft einer Zweigniederlassung ergeben, die mehrere Konten in verschiedenen Ländern führt. Auf solche Schwierigkeiten stößt man bei einer Anknüpfung an den Ort, wo die Forderung zu erfüllen war, nicht. Dies ist der Ort, an dem der Forderungsgläubiger die Forderung erwarten konnte[1239] und an dem der Vermögensverlust durch den Eintritt der Tilgungswirkung endgültig herbeigeführt wurde. Für diese Lösung spricht auch, dass der Erüllungsort zuständigkeitsbegründend wirkt (vgl. Art. 5 Nr. 1 EuGVO/ EuGVÜ).[1240]

Deshalb ist der bereicherungsrechtliche Anspruch des Berechtigten gegen denjenigen, der unberechtigt eine Forderung einzieht, im Rahmen von Art. 38 Abs. 2 m.E. an das Recht an dem Ort, an dem die Forderung zu erfüllen war, anzuknüpfen, wenn der Bereicherungsgläubiger zugunsten des Rechts am Eingriffserfolgsort in dem von Art. 40 Abs. 1 S. 3 vorgegebenen zeitlichen Rahmen optiert.

[1238] S. *Fischer*, IPRax 2002, 1 (6).

[1239] S. *Schlechtriem*, IPRax 1995, 65 (68).

[1240] Vgl. Staudinger/*Lorenz*, § 816, Rdnr. 34; zu den Zuständigkeiten im internationalen Bereicherungsrecht s.u. Vierter Teil.

Dies bedeutet aber noch nicht, dass es keine wesentlich engere Verbindung zu einem anderen Recht geben kann, die über Art. 41 zu berücksichtigen ist. Der *BGH*[1241] hat im Beispielsfall den Anspruch aus Eingriffskondiktion zwischen Gläubiger und Scheingläubiger im Falle einer Zession dem Recht unterworfen, das die Forderung beherrscht. Die Anknüpfung an das Forderungsstatut hat den Vorteil, dass ein Gleichlauf mit dem Statut erzielt wird, das die Vorfrage[1242] nach der Tilgungwirkung der Zahlung zum Gegenstand hat.[1243] Nach Art. 33 Abs. 2 entscheidet nämlich das Forderungsstatut über die befreiende Wirkung einer Leistung durch den Schuldner. Auf der anderen Seite ist eigentlich das Zessionsgrundstatut[1244] das stärkste Bindungsglied zwischen dem Zedenten und dem Zessionar, auf das die Beteiligten durch eine Rechtswahl gegebenenfalls Einfluss nehmen konnten. Eine Entscheidungshilfe stellt Art. 33 Abs. 1 dar, der bestimmt, dass das Zessionsgrundstatut über alle Verpflichtungen urteilt, die sich aus der kausalen Vertragsbeziehung zwischen Zedenten und Zessionar ergeben. Hierzu gehören etwa auch vertragliche Schadensersatzansprüche wegen pflichtwidriger Einziehung der Forderung. Um eine einheitliche Beurteilung aller Ansprüche zu gewährleisten, sollten auch die Bereicherungs- und Deliktsansprüche nach dem Zessionsgrundstatut über Art. 41 Abs. 2 Nr. 1 1. Fall beurteilt werden.[1245]

In allen anderen Fällen der Einziehung einer Forderung, denen keine Zession zugrunde liegt, ist das Forderungsstatut als wesentlich engere Verbindung im Sinne von Art. 41 Abs. 2 Nr. 1 1. Fall anzusehen, weil es das Recht ist, auf das sich die Beteiligten des Kondiktionsverhältnisses einstellen konnten.[1246] Dies entspricht dem Interesse des schutzwürdigen Berechtigten, der auf das Forderungsstatut gegebenenfalls Einfluss nehmen konnte. Der Nichtberechtigte hat sich durch die Einziehung der Forderung freiwillig in ein

---

[1241] S. BGH IPRspr. 1998, Nr. 39 = IPRax 2000, 128 ff. m. Aufsatz von *Stadler*, 104 ff. = JZ 1999, 404 f. m. Anm. *Kieninger*, 405 ff.; zustimmend Palandt/*Heldrich*, EGBGB 38, Rdnr. 3; *Stadler*, IPRax 2000, 104 (110); Staudinger/*v. Hoffmann/Fuchs*, Art. 38 EGBGB, Rdnr. 13; OLG Düsseldorf IPRspr. 1990, Nr. 254 b.

[1242] S. *Busse*, Bereicherungsrecht, S. 171 Fn. 24.

[1243] Im Rahmen von § 816 Abs. 2 BGB ist das Merkmal „Wirksamkeit der Leistung gegenüber dem Berechtigten" als eine solche Vorfrage zu behandeln.

[1244] Als Zessionsgrundstatut wird das Recht bezeichnet, das auf das der Abtretung zugrundeliegende Kausalverhältnis (z.B. ein Forderungskauf oder eine Schenkung) anwendbar ist.

[1245] So auch *Fischer*, IPRax 2002, 1 (6); *Busse*, Bereicherungsrecht, S. 171 f..

[1246] S. Staudinger/*Lorenz*, § 816, Rdnr. 34.

fremdes Rechtsverhältnis hineingedrängt, so dass ihm die Anwendung des Rechts, das die Forderung beherrscht, auch zumutbar ist.

bb. 2. Fall: Eingriff durch Veräußerung der Forderung

Neben einer unberechtigten Einziehung kann in die Forderungszuständigkeit eines anderen auch durch eine Veräußerung einer verbrieften Forderung mit der Folge eines gutgläubigen Erwerbs der Forderung durch einen Dritten eingegriffen werden.[1247]

Im Rahmen von Art. 38 Abs. 2 ergibt sich wieder die Problematik der Konkretisierung des Eingriffsorts. Ist die Forderung verbrieft und die Papierübergabe konstitutiv[1248], so wird als Eingriffsort der Belegenheitsort der Urkunde *(lex cartae sitae)* angesehen.[1249] Bei Übertragung unverbriefter Forderungen oder verbriefter Forderungen, bei denen die Papierübergabe nicht konstitutiv ist[1250], soll der Eingriffsort am Wohnsitz, bzw. gewöhnlichen Aufenthalt des Forderungsgläubigers sein.[1251]
Bei verbrieften Forderungen hat die Forderung durch die Urkunde körperliche Gestalt angenommen. Die Anknüpfung an die lex cartae sitae rechtfertigt sich dadurch, dass die Forderung von der Urkunde abhängt, so dass die Verfügung über die Urkunde gleichzeitig einen Eingriff in die Forderungszuständigkeit darstellt. Ferner wird durch diese Anknüpfung ein Gleichlauf mit dem Sachenrechtsstatut erzielt, dass etwa über den gutgläubigen Erwerb des Dritten als Vorfrage entscheidet.

[1247] § 816 Abs. 1 S. 1 BGB spricht dem Berechtigten in diesem Fall einen Herausgabeanspruch gegen den unberechtigt Verfügenden zu.

[1248] Dies ist zum Beispiel bei Inhaberpapieren („Das Recht aus dem Papier folgt dem Recht am Papier") der Fall.

[1249] So im Ergebnis für Inhaber- und Orderpapiere *Busse*, Bereicherungsrecht, S. 140 ff..

[1250] Die Papierübergabe ist beispielsweise nicht konstitutiv bei der Übertragung eines Sparbuchs (Rektapapier; „Das Recht am Papier folgt dem Recht aus dem Papier") durch Abtretung der Forderung gegen die Bank; zu den unterschiedlichen Wertpapieren s. Palandt/*Sprau*, Einf v § 793, Rdnrn. 1 ff..

[1251] S. MüKo/*Kreuzer*, I Vor Art 38, Rdnr. 25; *Schlechtriem*, IPRax 1995, 65 (68); Staudinger/*v. Hoffmann/Fuchs*, Art. 38 EGBGB, Rdnr. 14; **a.A.** *Busse*, Bereicherungsrecht, S. 140 ff., der bei Rektapapieren das Wertpapierrechtsstatut, d.h. die Rechtsordnung, der das verbriefte Recht unterliegt, entscheiden lassen will.

Bei unverbrieften Forderungen oder bei Forderungen, bei denen die Papierübergabe nicht konstitutiv ist, kommt es auf die Urkunde gerade nicht an, so dass die Urkunde nicht als maßgeblich für die Konkretisierung des Eingriffsortes betrachtet werden kann. Neben dem vorgeschlagenen Eingriffserfolgsort am Wohnsitz, bzw. am gewöhnlichen Aufenthalt des Gläubigers liegt hier noch ein Handlungsort vor, der Berücksichtigung finden muss. Als Handlungsort ist der Ort anzusehen, an dem der nichtberechtigt Verfügende die Abtretungserklärung abgegeben hat.[1252] Der Bereicherungsgläubiger kann aber zugunsten des Erfolgseingriffsortes gem. Art. 40 Abs. 1 S. 2 und S. 3 analog votieren. Die Anknüpfung an den Wohnsitz oder den gewöhnlichen Aufenthalt ergibt sich dann daraus, dass dort der Verlust des Gläubigers eintritt; an diesem Ort wird der Gläubiger regelmäßig seine Außenstände als Vermögensgegenstände in seinen Büchern führen (und bei Verlust verbuchen).[1253]

In der letzten Fallgruppe ist aber eine wesentlich engere Verbindung zum Forderungsstatut gem. Art. 41 Abs. 2 Nr. 1 1. Fall anzunehmen, da beide Beteiligte des Bereicherungsverhältnisses mit diesem Recht in Kontakt kommen, da es über die Übertragung und Erfüllung der Forderung entscheidet.[1254] Für das Forderungsstatut sprechen in diesen Fall weiterhin die gleichen Gründe, die für seine Anwendung in der Fallgruppe der unberechtigten Einziehung einer Forderung sprechen.

e. Abweichung von der Regelanknüpfung zugunsten des Rechts, das die Vermögensverschiebung anordnet

Vor der Reform wurde von einem Teil der Literatur[1255] vertreten, bei Wertverschiebungen durch sachenrechtliche Vorgänge die Rechtsordnung über

---

[1252] S. *Fischer*, IPRax 2002, 1 (6).

[1253] Vgl. *Schlechtriem*, IPRax 1995, 65 (68).

[1254] So im Ergebnis auch *Busse*, Bereicherungsrecht, S. 140 ff.; Staudinger/*v. Hoffmann/Fuchs*, Art. 38 EGBGB, Rdnr. 14.

[1255] S. *Busse*, Bereicherungsrecht, S. 133 ff.; *Degner*, RIW 1983, 825 (829); *Einsele*, JZ 1993, 1025 (1028 f.); *Hüßtegge*, IPR, S. 111; *Rauscher*, IPR, S. 267; *Reithmann/Martiny*, Internationales Vertragsrecht, Rdnr. 358; BGH NJW 1960, 774 (775) = IPRspr. 1960/61, Nr. 231; BGHZ 35, 267 (269); BGH WM 1970, 1297 ff. = IPRspr. 1970, Nr. 43 = AWD 1971, 40 ff. = DB 1970, 2020 ff.; OLG Hamm IPRspr. 1989, Nr. 76 = RIW 1991, 155 (156); LG Hamburg IPRspr. 1977, Nr. 23 = RIW 1980, 517 (518); *Zweigert/Müller-*

den stattzufindenden Ausgleich entscheiden zu lassen, nach welcher der Vermögenserwerb eingetreten ist. Fälle, die in diesem Zusammenhang diskutiert wurden, sind die des Eigentumsverlusts durch Verbindung, Vermischung, Verarbeitung[1256], durch Ersitzung[1257] und durch Verfügungen eines Nichtberechtigten über eine fremde bewegliche Sache. In letztgenanntem Fall sollte die Eingriffskondiktion dem Recht an demjenigen Ort unterstehen, an welchem sich die Sache im Zeitpunkt ihrer Veräußerung befunden hat, wenn dort der Rechtsverlust infolge gutgläubigen Erwerbs eingetreten und vollendet worden ist.[1258] Bei Ansprüchen aus Eigentumsverlust durch den originären Eigentumserwerb durch einen Dritten sollte die lex rei sitae im Zeitpunkt der Verbindung, Vermischung, Verarbeitung bzw. bei Ablauf der Ersitzungszeit entscheiden.[1259]

In einem viel zitierten Fall, mit dem sich der *Bundesgerichtshof*[1260] zu beschäftigen hatte, hatte die Klägerin, ein französisches Unternehmen, einem Deutschen eine Planierraupe unter Eigentumsvorbehalt verkauft. Die beklagte Bank hatte sich diese zur Sicherung übereignen lassen und veräußerte sie nach Ausbleiben weiterer Zahlungen des Käufers an einen Dritten. Deutsches Recht als das auf den gutgläubigen Eigentumserwerb anwendbare Recht fand

---

Gindullis, IECL, Vol. III (1973), Chap. 30, sec. 37; im Ergebnis so auch *Plaßmeier*, Bereicherung, S. 379 ff., 381 ff.; einschränkend *Lorenz*, FS Zweigert, S. 199 (226); Staudinger/*Lorenz*, § 816, Rdnr. 34, für die Verfügung eines Nichtberechtigten; **a.A.** *v. Caemmerer*, FS Rabel I, S. 333 (388); MüKo/*Kreuzer*, I Vor Art. 38, Rdnr. 25; differenzierend Soergel/*Lüderitz*. Art. 38 Anh I, Rdnr. 47: lex rei sitae bei Verbindung, Vermischung, Verarbeitung, Recht am Eingriffsort bei Verfügungen eines Nichtberechtigten.

1256 S. etwa §§ 946-950 BGB; die in diesem Zusammenhang bestehenden Bereicherungsansprüche werden als Verwendungskondiktionen bezeichnet; Art. 38 Abs. 2 gilt nur für die Fälle, in denen der Eigentümer nicht selbst den Eigentumsverlust herbeiführt hat, sondern derjenige, zu dessen Gunsten die Rechtsänderung eintritt. Hingegen ist Art. 38 Abs. 3 heranzuziehen, wenn der Eigentümer selbst die Verbindung, Vermischung, Verarbeitung herbeiführt, die zum Eigentumsverlust führt.

1257 S etwa §§ 937-945 BGB.

1258 Vgl. Staudinger/*Lorenz*, § 816, Rdnr. 34.

1259 S. *Reithmann/Martiny*, Internationales Vertragsrecht, Rdnr. 358.

1260 S. BGH WM 1970, 1297 ff. = IPRspr. 1970, Nr. 43 = AWD 1971, 40 ff. = DB 1970, 2020 ff..

auch auf die Frage Anwendung, ob der Klägerin wegen des Rechtsverlusts ein Bereicherungsanspruch gegen den verfügenden Nichtberechtigten zusteht.[1261] Nach dem IPRG 1999 entscheidet gem. Art. 38 Abs. 2 das Recht am Eingriffsort, das regelmäßig mit derjenigen Rechtsordnung identisch ist, die den Eigentumswechsel anordnet. Wie oben aber bereits dargelegt wurde, beansprucht die deliktsrechtliche Ubiquitätsregel auch im Bereicherungskollisionsrecht analog Geltung. Aus diesem Grund ist vorrangig der Handlungseingriffsort zu beachten. Der Erfolgseingriffsort ist nur bei rechtzeitiger prozessualer Wahl des Entreicherten heranzuziehen. Bei Distanzeingriffen entscheidet damit über die Eingriffskondiktion zumeist ein anderes Recht als das Belegenheitsrecht, das die Vermögensverschiebung anordnet. Probleme können sich dann ergeben, wenn der Vermögenserwerb nach dem Belegenheitsrecht bereicherungsfest ist, nach dem Recht des Handlungsortes dagegen nicht.[1262]

Wie *Fischer*[1263] aber zu Recht feststellt, kommt die Berücksichtigung eines vom Erfolgs- und Belegenheitsort abweichenden Handlungsortes nur in einem Teil dieser Fälle in Betracht. Der Eigentumserwerb durch Ersitzung beruht auf der Innehabung des Besitzes durch den Erwerber über einen gewissen Zeitraum. Die Handlung des Erwerbers besteht also in der Innehabung des Besitzes an der Sache. Bei der Frage, wo der Besitz ausgeübt wird, kann es dabei aber nicht auf den gewöhnlichen Aufenthalt des Erwerbers ankommen, sondern nur darauf, wo die Sache sich befindet, da die Ausübung der tatsächlichen Sachherrschaft eng mit der Belegenheit der Sache verbunden ist.[1264] Handlungsort ist damit der Ort, an dem die Sache belegen ist. In den Fällen der Ersitzung ist der Eingriffshandlungsort also identisch mit dem Eingriffserfolgsort als Belegenheitsort der Sache.

In den Fällen der Verbindung, Vermischung, Verarbeitung beruht der Eigentumserwerb entweder auf einem Verhalten der Person, zu deren Gunsten die Rechtsänderung eintritt oder auf einem Verhalten des (ursprünglichen) Eigentümers. Jedoch ist ein Auseinanderfallen von Verarbeitungs-, Vermischungs-, Verbindungshandlungsort und Verarbeitungs-, Vermischungs-, Verarbei-

---

[1261] Staudinger/*v. Hoffmann/Fuchs*, Art. 38 EGBGB, Rdnr. 12.

[1262] Vgl. *Fischer*, IPRax 2002, 1 (4).

[1263] S. *Fischer*, IPRax 2002, 1 (4).

[1264] So auch *Fischer*, IPRax 2002, 1 (4).

tungserfolgsort nur schwer vorstellbar.[1265] Möglich ist zwar, dass eine von im Ausland aus in Auftrag gegebene Sache im Inland neu hergestellt wird, doch wird in diesem Fall als Handlungsort nur der inländische Betrieb angesehen.[1266] Ein Auseinanderfallen von Handlungs- und Erfolgseingriffsort ist aber bei der Verfügung eines Nichtberechtigten gegeben, wenn die Einigung außerhalb des Belegenheitsstaates oder als Distanzgeschäft erfolgt.[1267] Fraglich ist, ob in diesen Fällen eine wesentlich engere Verbindung zu der lex rei sitae im Zeitpunkt der Verfügung, die den Eigentumserwerb des Dritten regelt, gem. Art. 41 Abs. 2 Nr. 1 1. Fall anzunehmen ist.[1268]

Da Eingriffe, die eine Bereicherung auslösen, immer an deliktische Handlungen denken lassen, könnte man an der deliktsgleichen Anknüpfung an den Eingriffsort festhalten.[1269] Der Bereicherungsanspruch knüpft hier aber an einen sachenrechtlichen Vorgang, d.h. an den Eigentumserwerb durch den Dritten an.[1270] Die Wirksamkeit der Verfügung ist deshalb auch häufig[1271] Vorrage. Ordnet eine Rechtsordnung eine Vermögensverschiebung an, so muss es dieser Rechtsordnung auch überlassen sein, darüber zu befinden, ob der Erwerber dem derart in seinem Eigentum Beeinträchtigten einen Bereicherungsausgleich schuldet.[1272] Eine Anknüpfung an die lex rei sitae hätte auch den Vorteil eines Gleichlaufs mit eventuell konkurrierenden Ansprüchen aus dem Eigentümer-Besitzer-Verhältnis[1273], die - wie oben dargelegt[1274] - sachenrechtlich zu qualifizieren sind. Deshalb ist die Nähe zum

---

1265 Im bekannten Beispiel von *Raape*, IPR, S. 527 f., wo ein amerikanischer Künstler, wohnhaft in Paris, auf einer fremden Leinwand am Königsee malt, fallen Handlungs- und Erfolgseingriffsort auch zusammen.

1266 Im Deliktsrecht wird bei der Haftung für Dritte etwa an den Ort ihres Handelns angeknüpft, wenn diese für den Schuldner dort tätig werden, s. *Fischer*, IPRax 2002, 1 (5); MüKo/*Kreuzer*, Art. 38, Rdnr. 54.

1267 S. *Fischer*, IPRax 2002, 1 (4).

1268 S. *Busse*, RIW 1999, 16 (18); so wohl auch *Schlechtriem*, Bereicherungsansprüche, S. 29 (68 r. Sp. oben).

1269 So im Ergebnis auch *Fischer*, IPRax 2002, 1 (5).

1270 Im internen Sachrecht wird dies besonders deutlich durch § 951 BGB, der für die Entschädigung für den Rechtsverlust auf das Recht der ungerechtfertigten Bereicherung verweist.

1271 S. *Plaßmeier*, Bereicherung, S. 381.

1272 Vgl. *Plaßmeier*, Bereicherung, S. 380.

1273 S. *Einsele*, JZ 1993, 1025 (1029); *Plaßmeier*, Bereicherung, S. 382.

1274 S.o. Dritter Teil D.I.1.b.bb.

Sachenrecht hier größer als die Nähe zum Deliktsrecht. Gegen die Anwendung des Belegenheitsrechts sprechen auch nicht die Interessen der Parteien, da die Anwendung der lex rei sitae für diese in gleicher Weise zumutbar ist, wie eine Anknüpfung an den Eingriffsort. Die Anwendung beider Rechte war für die Parteien in gleichem Umfang vorhersehbar.

Folglich scheint es überzeugend in den Fällen der Verfügung eines Nichtberechtigten über eine fremde bewegliche Sache, in denen nach der Grundanknüpfung mangels Wahl des Erfolgseingriffsortes der Handlungseingriffsort maßgeblich ist, über Art. 41 Abs. 2 Nr. 1 1. Fall das Recht entscheiden zu lassen, dass die Vermögensverschiebung anordnet. Gem. Art. 43 Abs. 1 entscheidet dann die lex rei sitae im Zeitpunkt des Erwerbs.[1275]

f. Bereicherung zulasten der Insolvenzmasse

Ein Spezialfall bildet die Bereicherung zulasten der Insolvenzmasse. Der *Bundesgerichtshof*[1276] bejaht in den Fällen, in denen ein inländischer Insolvenzgläubiger eines im Inland eröffneten Insolvenzverfahrens durch eine im Ausland zulässige Einzelzwangsvollstreckung in eine dort belegene, zur Insolvenzmasse gehörende Sache des Gemeinschuldners Befriedigung erlangt, eine Abweichung vom Recht des Eingriffsortes zugunsten des Insolvenzstatuts.

[1275] Die Ermittlung der lex rei sitae bereitet Probleme, wenn über die Ware während des Transports verfügt wird. Umstritten ist, welchem Recht Verfügungen über res in transitu unterstehen. Die Neukodifikation schweigt zu dieser Frage, vgl. BT-Dr. 14/343 v. 1.2.1999, 14. Nach herrschender Meinung bleibt das Recht eines bloßen Transitlandes regelmäßig außer Betracht. Statt dessen wird über Art. 46 auf das Recht des zukünftigen Bestimmungsortes abgestellt, s. *v. Hoffmann*, IPR, § 12, Rdnrn. 39 f. m.w.N.; *Plaßmeier*, Bereicherung, S. 384 ff.; **a.A.** *Schlechtriem*, Bereicherungsansprüche, S. 29 (50), der am Recht des Eingriffsortes festhält, da durch die vorübergehende Anwesenheit der Sache im Transitland ausreichend Berührungspunkte begründet würden.

[1276] S. BGHZ 88, 147 (155 f.) (ohne kollisionsrechtliche Erörterung) = IPRspr. 1983, Nr. 205 b = IPRax 1984, 264 ff. m. Aufsatz von *Pielorz*, 241 ff.: Ein inländischer Konkursgläubiger eines im Inland eröffneten Konkursverfahrens erlangte Vermögenswerte des Gemeinschuldners, die dieser zuvor in die Schweiz verschoben hatte, durch eine in der Schweiz zulässige Einzelzwangsvollstreckung. Den Bereicherungsanspruch des Konkursverwalters wegen Verstoßes der Einzelzwangsvollstreckung gegen § 14 KO beurteilte der *BGH* nach deutschem Recht.

Nach neuem Recht ist entscheidend, dass eine wesentlich engere Verbindung zu dem Statut des Hauptinsolvenzverfahrens gem. Art. 41 Abs. 2 Nr. 1 1. Fall[1277] besteht als zu dem Recht an dem Ort, an dem in die Insolvenzmasse eingegriffen wurde.[1278] Die lex fori concursus principalis hat kollisionsrechtlichen Vorrang, da es um eine vom deutschen Insolvenzrecht getroffene Zuweisungsentscheidung geht. § 35 InsO bestimmt, dass das Insolvenzverfahren das gesamte Vermögen des Schuldners im Inland und im Ausland im Zeitpunkt der Eröffnung des Verfahrens erfasst. Wenn das Insolvenzverfahren nun in Deutschland nach deutschem Recht stattfindet, sollte das deutsche Recht über das gesamte Vermögen entscheiden. Diese Regelung darf durch das Kollisionsrecht nicht unterwandert werden, in dem durch die Anwendung eines anderen Rechts eine Einzelzwangsvollstreckung in einen Vermögensgegenstand, der zur Insolvenzmasse i.S.v. § 35 InsO gehört, geschaffen wird. Damit wären auch auf verschiedene Gegenstände aus derselben Insolvenzmasse mehrere Rechte anwendbar.

Aus diesen Gründen ist auf den Bereicherungsanspruch des Insolvenzverwalters gegen den Insolvenzgläubiger in Abweichung von Art. 38 Abs. 2 in diesem Fall über Art. 41 Abs. 2 Nr. 1 1. Fall die lex fori concursus principalis anzuwenden.

g. Wettbewerbsverstöße

Einen speziellen Fall der Eingriffskondiktion stellen schließlich diejenigen Bereicherungsansprüche dar, die aus wettbewerbswidrigem Verhalten entstehen.[1279] Der EGBGB-Entwurf vom 15.5.1984[1280] sah in Art. 40 Abs. 2

[1277] Durch die Eröffnung des Insolvenzverfahren wird eine rechtliche Beziehung (Art. 41 Abs. 2 Nr. 1 1. Fall) zwischen den Personen begründet, die von der lex fori concursus beherrscht wird.

[1278] So im Ergebnis auch *Busse*, Bereicherungsrecht, S. 171; *Canaris*, ZIP 1983, 647 (651); MüKo/*Kreuzer*, I Vor Art. 38, Rdnr. 28; *Siehr*, IPR, S. 263; Soergel/*Lüderitz*, Anh I Art. 38, Rdnr. 48; Staudinger/*v. Hoffmann/Fuchs*, Art. 38 EGBGB, Rdnr. 32; Staudinger/*Lorenz*, § 812, Rdnr. 127; wohl auch *v. Bar*, IPR II, Rdnr. 741; zweifelnd *Reithmann/Martiny*, Internationales Vertragsrecht, Rdnr. 360.

[1279] Zu den Besonderheiten des Rechts des unlauteren Wettbewerbs in Zusammenhang mit der Rechtswahlfreiheit im IPR s. *Einsele*, RabelsZ 1996, 424 (427 ff.).

Nr. 2 noch eine Anknüpfung für Ansprüche aus der Verletzung dieser Verhaltensnormen an das Recht des Staates vor, auf dessen Markt die Wettbewerbsmaßnahmen einwirken (Marktrecht).[1281] Nach kritischen Stellungnahmen des *Max-Planck-Instituts* für ausländisches und internationales Patent-, Urheber- und Wettbewerbsrecht sowie der Literatur[1282] wurde in dem Referentenentwurf von 1993[1283] auf eine Sonderregelung der Handlungen des unlauteren Wettbewerbs verzichtet.

Die herrschende Meinung spricht sich aber auch nach der Reform für eine wettbewerbsspezifische Bestimmung des anwendbaren Rechts aus. Nach der herrschenden Literatur[1284] und Rechtsprechung[1285] zum internationalen Deliktsrecht ist das Recht des Ortes anwendbar, an dem die wettbewerblichen Interessen der Konkurrenten aufeinanderstoßen[1286]; zur Anwendung kommt im Ergebnis das Recht des Marktes, auf dem die Konkurrenten miteinander im Wettbewerb stehen.[1287] Das ist der Markt, um dessen Marktanteile es geht

---

[1280] „Referentenentwurf eines Gesetzes zur Ergänzung des Internationalen Privatrechts (der außervertraglichen Schuldverhältnisse und Sachen) vom 15.5.1984", abgedruckt im *Anhang* (S. 343 ff.).

[1281] Siehe auch Art. 7 des Vorschlages des Deutschen Rates für Internationales Privatrecht, abgedruckt im *Anhang* (S. 343 ff.).

[1282] Vgl. etwa *Sack*, GRUR/Int. 1988, 320 (329 f.); MüKo/*Kreuzer*, Art. 38, Rdnr. 249.

[1283] „Referentenentwurf eines Gesetzes zur Ergänzung des Internationalen Privatrechts (der außervertraglichen Schuldverhältnisse und Sachen) vom 1.12.1993", abgedruckt im *Anhang* (S. 343 ff.).

[1284] S. *v. Bar*, IPR II, Rdnrn. 695 ff.; *Baumbach/Hefermehl*, Wettbewerbsrecht, Einl. UWG, Rdnr. 184; *Freitag/Leible*, ZVglRWiss 2000, 101 (136); *v. Hoffmann*, IPR, § 11, Rdnr. 51; *Kreuzer*, Wettbewerbsverstöße, S. 232 (274); MüKo/*Kreuzer*, Art. 38, Rdnr. 234; *Plaßmeier*, Bereicherung, S. 405 ff.; *Sack*, GRUR/Int. 1988, 320 (330); *Schaub*, RabelsZ 2002, 18 (52 f.) m.w.N. in Fn. 139; Staudinger/*v. Hoffmann*, Art. 40 EGBGB, Rdnr. 326; **a.A.** *Sandrock*, GRUR/Int. 1985, 507 (512), der in diesem Zusammenhang eine Geltung des Schutzlandprinzips aufgrund der „materiellen Einheit" von Wettbewerbs- und Immaterialgüterrecht vertritt.

[1285] BGHZ 35, 329 (330 ff.) = IPRspr. 1960/61, Nr. 155; BGHZ 40, 391 (392 ff.); 113, 11 (14 ff.); BGH NJW 1998, 1227 (1228).

[1286] Dies gilt nur für marktbezogene Wettbewerbshandlungen. Zur Anknüpfung betriebsbezogener Wettbewerbshandlungen siehe *Sack*, WRP 2000, 269 (273).

[1287] S. *v. Bar*, IPR II, Rdnrn. 695 ff.; *Kropholler*, IPR, S. 516; bei der Bestimmung des Marktortes bei Wettbewerbsverstößen können sich Probleme ergeben, wenn mehrere Orte der Interessenkollision zur Verfügung stehen oder etwa wenn das Produkt nur im Internet

und auf dem der Verbraucher zum Zwecke des Produktabsatzes umworben wird (Warenabsatzmarkt).[1288]
Wie bei den Eingriffen in Persönlichkeitsrechte muss wegen der Nähe zum deliktsrechtlichen Rechtsgüterschutz im Rahmen des Bereicherungskollisionsrechts das Gleiche gelten wie im internationalen Deliktsrecht. Die vorgeschlagene Anknüpfung rechtfertigt sich daraus, dass an diesem Ort die Beeinträchtigung des Interesses des Bereicherungsgläubigers tatsächlich stattfindet. Ferner soll das Recht des Marktes, das darüber entscheidet, ob ein Wettbewerbsvorsprung als ungerechtfertigt anzusehen ist, auch über die aufgrund dieses Vorsprungs eingetretene Bereicherung entscheiden.[1289] Baut etwa ein deutsches Unternehmen Teile von Uhrenrohwerken eines schweizerischen Herstellers nach und vertreiben beide ihre Produkte auf dem deutschen Markt[1290], so ist das deutsche Recht auf den Bereicherungsanspruch auf Herausgabe des durch diesen Wettbewerbsverstoß erzielten Gewinns[1291] anwendbar, da in Deutschland als Verkaufsort der Uhren die Interessen der Konkurrenten aufeinandertreffen.[1292]

Während die Maßgeblichkeit des Marktrechts weitgehend unstreitig ist, wird die Anwendbarkeit dieses Rechts methodisch auf verschiedene Grundlagen gestützt:

Nach einer Ansicht fallen Handlungs- und Erfolgsort bei Wettbewerbsverstößen zusammen[1293], so dass es einer Konkretisierung des Eingriffsortes be-

---

vertrieben wird („multi-state-Wettbewerbshandlungen"). Zur Bestimmung des Marktortes s. *Baumbach/Hefermehl*, Wettbewerbsrecht, Einl UWG, Rdnr. 186 b; *Mankowski*, GRUR/Int. 1999, 909 (919 f.); ders., RabelsZ 1999, 203 ff.; Palandt/*Heldrich*, EGBGB 41, Rdnr. 11; *Sack*, WRP 2000, 269 (273 ff.); Staudinger/*v. Hoffmann*, Art. 40 EGBGB, Rdnr. 339; BGH JZ 1971, 731 f. m. Anm. *Deutsch*, 732 f..

1288 S. *v. Hoffmann*, IPR, § 11, Rdnr. 51.

1289 S. *Plaßmeier*, Bereicherung, S. 405 ff..

1290 Sachverhalt von BGHZ 21, 266 ff..

1291 Grundlage für ein solches Begehren ist ein Verstoß gegen § 1 UWG wegen „sklavischer Nachahmung"; s. dazu *Baumbach/Hefermehl*, Wettbewerbsrecht, § 1 UWG, Rdnrn. 439 ff..

1292 Vgl. *Plaßmeier*, Bereicherung, S. 407.

1293 Vgl. *v. Bar*, IPR II, Rdnr. 696: „Eine ubiquitäre Aufspaltung des Tatorts ... findet nicht statt."; *Sack*, WRP 2000, 269 (272): „Handlungs- und Erfolgsort fallen am Ort der wettbewerblichen Interessenkollision zusammen."; zustimmend *Baumbach/Hefermehl*,

darf, die im Rahmen von Art. 38 Abs. 2 am Ort des Marktes zu suchen ist.[1294] Nach anderer Ansicht fallen Handlungs- und Erfolgsort bei Wettbewerbsverstößen auseinander. Als Handlungsort wird der Ort angesehen, an dem die Handlung ganz oder teilweise ausgeführt wird.[1295] Danach ist etwa das deutsche Wettbewerbsrecht bereits anwendbar, wenn ein Teil der Wettbewerbshandlung wie Herstellung, Vertrieb oder bloße Durchfuhr im Inland erfolgt.[1296] Als Erfolgsort gilt der Ort, auf dessen Markt die Wettbewerbsmaßnahme einwirkt. Da Art. 38 Abs. 2 dem modifizierten Ubiquitätsprinzip des Art. 40 Abs. 1 folgt[1297], besteht die Möglichkeit, dass das Marktrecht durch eine Wahl des Verletzten zugunsten des Rechts am Handlungsort nicht zur Anwendung gelangt. Um dies zu vermeinden, soll das Marktrecht über das Korrektiv des Art. 41 Abs. 1 zur Geltung gebracht werden.[1298] Die Ubiquitätsregel soll in den Fällen des unlauteren Wettbewerbs vielmehr erst gar nicht anwendbar sein.

M.E. bedarf es in den Fällen des unlauteren Wettbewerbs nicht der Ausweichklausel des Art. 41, da sich Handlungs- und Erfolgsort am Ort des Marktes vereinigen. Der Handlungsort liegt dort, wo alle Tatbestandsmerkmale eines Eingriffs in Wettbewerbsrechte oder einer unerlaubten Handlung verwirklicht werden. Am Ort der Herstellung des Produkts als möglichem Handlungsort wird dagegen nur ein Tatbestandsmerkmal verwirklicht.[1299] Erst dort, wo bei den Abnehmern irrige Vorstellungen über die Herkunft und Güte der Ware hervorgerufen werden, tritt der wettbewerbliche Interessenkonflikt auf. In den

---

Wettbewerbsrecht, Einl UWG, Rdnr. 184; **a.A.** wohl *v. Hoffmann*, IPR, § 11, Rdnr. 51; *Schaub*, RabelsZ 2002, 18 (53).

[1294] S. Palandt/*Heldrich*, EGBGB 40, Rdnr. 11, der die Tatortregel des Art. 40 Abs. 1 für anwendbar hält; wohl auch *Freitag/Leible*, ZVglRWiss 2000, 101 (137).

[1295] Vgl. *Baumbach/Hefermehl*, Wettbewerbsrecht, Einl UWG, Rdnr. 184. so wohl auch Mankowski, GRUR/Int. 1999, 909 (910).

[1296] S. etwa BGHZ 14, 291; 21, 266 (270).

[1297] S.o. Dritter Teil D.I.3.a.

[1298] S. *v. Hoffmann*, IPR, § 11, Rdnr. 51; Staudinger/*v. Hoffmann*, Art. 40 EGBGB, Rdnr. 326; so wohl auch Erman/*Hohloch*, EGBGB Art. 41, Rdnr. 8: „Art. 41 I dient ... bei Wettbewerbsdelikten der Findung der eigentlich angemessenen Anküpfung, soweit man nicht ohnehin vorzieht, diese Deliktsgruppen als durch Art. 40-42 n.F. gar nicht erfasst zu betrachten."; **a.A.** *Mankowski*, GRUR/Int. 1999, 909 (910), der als „Kunstgriff" als Handlungsort auch den Marktort ansehen will.

[1299] S. *Baumbach/Hefermehl*, Wettbewerbsrecht, Einl UWG, Rdnr. 184.

Materialien[1300] zum Reformgesetz heisst es ferner nur: „Solche grundsätzlichen Lösungen werden sich, *jedenfalls* mit Hilfe von Artikel 41 EGBGB-E, ohne Spezialnorm erzielen lassen.“ Damit wird nicht ausgeschlossen, dass das gewünschte Ergebnis auch über die Grundanknüpfungen erreicht werden kann.

Eine Ausnahme von der Anknüpfung an das Marktrecht hat der *Bundesgerichtshof*[1301] bisher (gem. Art. 41 Abs. 2 Nr. 2 i.V.m. Art. 40 Abs. 2 S. 2) für die Fälle gemacht, in denen die Konkurrenten ihren gemeinsamen Sitz in Deutschland haben, wenn sich der Wettbewerb auf dem Auslandsmarkt ausschließlich zwischen Unternehmen mit Sitz im Inland abspielt oder die Wettbewerbshandlung sich gezielt gegen inländische Mitbewerber richtet. Haben beide deutsche Unternehmen eine Niederlassung am ausländischen Marktort, von der aus der Wettbewerb stattfindet, so gilt dagegen auch nach Art. 41 Abs. 2 S. 2 i.V.m. Art. 40 Abs. 2 S. 2 im Ergebnis das Recht am Marktort.[1302]

h. Zusammenfassung zu den Besonderheiten

Im Rahmen der Eingriffskondiktionen des Art. 38 Abs. 2 bestehen folgende Besonderheiten:

1. Für die Fälle, in denen Eingriffshandlungs- und erfolgsort auseinanderfallen, ist die modifizierte deliktsrechtliche Ubiquitätsregel entsprechend Art. 40 Abs. 1 anzuwenden.

2. Bei Eingriffen in Persönlichkeitsrechte, wo mehrere Eingriffshandlungs- und Erfolgsorte zur Ermittlung des anwendbaren Rechts zur Verfügung stehen, ist ein Haupteingriffshandlungsort zu ermitteln, mangels dessen ist das Recht am Sitz des Geschädigten heranzuziehen. Das Gleiche gilt für die Konkretisierung des Eingriffserfolgsortes.

[1300] Vgl. BT- Dr. 14/343 v. 1.2.1999, 10; Hervorhebung vom Verfasser.

[1301] S. BGHZ 40, 391 (397) = IPRax 1989, 384 f.; BGH GRUR/Int. 1982, 553 (554); zustimmend Palandt/*Heldrich*, EGBGB 41, Rdnr. 11; zur Möglichkeit einer akzessorischen Anknüpfung über Art. 41 Abs. 2 Nr. 1 s. Staudinger/*v. Hoffmann*, Art. 40 EGBGB, Rdnr. 349.

[1302] Vgl. Palandt/*Heldrich*, EGBGB 41, Rdnr. 11.

3. Exorbitante Bereicherungsansprüche können nicht über eine analoge Anwendung des Art. 40 Abs. 3 verhindert werden. Bestehen nach inländischem Rechtsverständnis aber Bedenken gegen die Haftungsausfüllung nach ausländischem Recht, so kann über die allgemeine ordre--public-Klausel des Art. 6 eine Abwehr exzessiven Haftungsrechts erfolgt. Allerdings sind dabei die Wertungen des Art. 40 Abs. 3 zu berücksichtigen.

4. Bei einem Eingriff in die Forderungszuständigkeit bereitet die Spezifizierung des Ortes, an dem in die Forderung eingegriffen wurde, Probleme. In den Fällen der unberechtigten Einziehung einer Forderung liegt der Eingriffshandlungsort an dem Ort, an dem der Bereicherungsgläubiger die Forderung eingezogen hat. Der Eingriffserfolgsort ist hingegen am Erfüllungsort zu sehen. Ist die Forderung gegenüber über dem Zedenten als Altgläubiger erfolgt, so besteht jedoch eine wesentlich engere Verbindung zum Zessionsgrundstatut gem. Art. 41 Abs. 2 Nr. 1 1. Fall. In allen anderen Fällen der Einziehung einer Forderung, denen keine Zession zugrunde liegt, ist hingegen an das Forderungsstatut als wesentlich engere Verbindung im Sinne von Art. 41 Abs. 2 Nr. 1 1. Fall anzuknüpfen.

Bei Eingriffen in die Forderungszuständigkeit durch Veräußerung der Forderungen wird an die lex cartae sitae angeknüpft, wenn die Forderung verbrieft war und die Papierübergabe konstitutiv war. Bei unverbrieften Forderungen oder bei verbrieften Forderungen, bei denen die Papierübergabe nicht konstitutiv ist, unterliegt der Bereicherungsanspruch des Gläubigers gegen den nichtberechtigt Verfügenden grundsätzlich dem Recht am Wohnsitz bzw. am gewöhnlichen Aufenthalt des Forderungsgläubigers. Über Art. 41 Abs. 2 Nr. 1 1. Fall besteht aber eine wesentlich engere Verbindung zu dem Forderungsstatut.

5. Bei Verfügungen eines Nichtberechtigten über eine fremde bewegliche Sache kann der Eingriffserfolgsort, der regelmäßig mit der lex rei sitae übereinstimmt, von dem Eingriffshandlungsort abweichen. Übt der Geschädigte sein Wahlrecht analog Art. 40 Abs. 1 S. 2 nicht oder nicht rechtzeitig aus, so ist über Art. 41 Abs. 2 Nr. 1 1. Fall eine wesentlich engere Verbindung zu dem Recht anzunehmen, das die Vermögensverschiebung anordnet.

6. Bereicherungsansprüche des Insolvenzverwalters gegen den inländischen Insolvenzgläubiger eines im Inland eröffneten Insolvenzverfahrens, der durch eine im Ausland zulässige Einzelzwangsvollstreckung in eine dort belegene, zur Insolvenzmasse gehörende Sache des Gemeinschuldners Befriedigung

erlangt hat, unterliegen über Art. 41 Abs. 2 Nr. 1 1. Fall der lex fori concursus principalis.

7. Bei Bereicherungsansprüchen des Konkurrenten wegen Verstosses gegen das Wettbewerbsrecht ist gem. Art. 38 Abs. 2 das Recht des Marktes, an dem die Interessen der Konkurrenten kollidieren, anzuwenden.

II. Sonstige Kondiktionen

1. Qualifikation

a. Einführung

Nach dem Willen des Gesetzgebers[1303] soll Art. 38 Abs. 3 als Regelung für alle Bereicherungsfälle dienen, die nicht schon von den Absätzen 1 und 2 erfasst sind. In diesem Zusammenhang werden die Fälle der abgeirrten Leistung[1304] an einen Dritten anstelle des Vertragspartners oder rechtsgrundlose Verwendungen auf fremdes Gut genannt.

Im Gegensatz zu den Absätzen 1 und 2 enthält Abs. 3 keinen besonderen Typ von Bereicherungsanspruch. Während zuvor eine Qualifikation schon anhand der Merkmale „Leistung“ und „Eingriff (in ein geschütztes Interesse)“ vorgenommen werden konnte, muss für eine Einordnung unter Abs. 3 auf das allgemeine bereicherungsrechtliche Prinzip zurückgegriffen werden. Demnach ist ein Anspruch als bereicherungsrechtlich einzuordnen, wenn der Anspruchsteller vorbringt, dass der potentielle Bereicherungsschuldner etwas auf seine Kosten erlangt hat, ohne zum Behalten berechtigt zu sein.[1305]

Als bereicherungsrechtlich sind damit auch Ansprüche aus abgeirrten Leistungen zu qualifizieren. Abgeirrte Leistungen erfolgen oft aufgrund einer Namens- oder Adressenverwechselung (z.B. Zusendung von Ware aufgrund falscher Adressenangabe auf dem Postpaket), der falschen Angabe einer Kontonummer, aufgrund Versagens technischer Apparaturen oder etwa durch

---

[1303] S. BT-Dr. 14/343 v. 1.2.1999, 9.

[1304] S. dazu schon oben bei der Problematik um die Mehrpersonenverhältnisse, Dritter Teil C.II.3.j.dd(4).

[1305] So auch *Busse*, Bereicherungsrecht, S. 229, 253.

eine falsche Gutschrift.[1306] Hier fehlt es an einem Leistungsgrundverhältnis, das ein Behalten rechtfertigt. Der Begriff der abgeirrten „Leistung" ist in diesem Zusammenhang irreführend[1307], da diese Fälle gerade nicht als Leistungskondiktion von Art. 38 Abs. 1 geregelt wird, sondern nach dem Willen des Gesetzgebers einen Fall der Nichtleistungskondiktion darstellen.
Ebenfalls unter Art. 38 Abs. 3 und nicht unter Art. 38 Abs. 1 fällt die Rückforderung von Zuwendungen, die im Hinblick auf ein erst künftiges Rechtsverhältnis erbracht wurden, das nur vom Zuwendenden angestrebt wurde (Bsp.: Zusendung unbestellter Ware[1308]).

b. Verwendungsersatzansprüche

Unter Art. 38 Abs. 3 sollen grundsätzlich auch Verwendungskondiktionen zu subsumieren sein.[1309] Bei Verwendungskondiktionen geht es um den Ersatz von Aufwendungen, die jemand aus eigenen Mitteln auf Sachen des Bereicherungsschuldners gemacht hat und dadurch dessen Vermögen rechtsgrundlos gemehrt hat, ohne dass eine Zuwendung im Sinne des Art. 38 Abs. 1 vorliegt.

Die Einordnung eines Anspruchs als bereicherungsrechtlich bereitet keine Schwierigkeiten, wenn Verwendungen tatsächlicher Art auf Sachen vorliegen, in denen der Bereicherungsgläubiger keinen Geschäftsführungswillen[1310] hatte und keinen Besitz an der Sache hatte, auf die er Verwendungen macht. *Schlechtriem*[1311] nennt in diesem Zusammenhang den Fall, dass jemand irrtümlich einen fremden Acker pflügt, in der Annahme, dass es sich dabei um seinen Acker handelt. Im Beispielsfall mehrt der Bereicherungsgläubiger unbewusst das Vermögen eines anderen, so dass keine Zuwendung i.S.v. Art. 38 Abs. 1 vorliegt. Ferner ist der Bereicherungsschuldner für die Entreicherung des Anspruchstellers nicht verantwortlich, so dass auch Art. 38 Abs. 2 nicht in Betracht kommt.

[1306] S. *Einsele*, JZ 1993, 1025 (1032).
[1307] So auch *Busse*, Bereicherungsrecht, S. 161.
[1308] S.o. Dritter Teil C.II.3.f.bb(2).
[1309] Vgl. BT-Dr. 14/343 v. 1.2.1999, 9.
[1310] Wollte der Bereicherungsgläubiger hingegen ein fremdes Geschäft führen, so ist vorrangig an Art. 39 zu denken.
[1311] S. *Schlechtriem*, IPRax 1995, 65 (70).

Viele Fälle der Verwendungskondiktion fallen aber schon unter Art. 38 Abs. 2.[1312] Das Unterscheidungskriterium der Verwendungskondiktion, die unter Art. 38 Abs. 3 fällt, gegenüber der Eingriffskondiktion besteht darin, dass die Bereicherung bei der Eingriffskondiktion des Abs. 2 durch eine Handlung des Bereicherten und nicht des „Verwenders" eintritt.[1313] Das ist etwa der Fall bei Verwendungskondiktionen wegen Verbindung, Vermischung, Verarbeitung, wenn der Eigentümer nicht selbst seinen Eigentumsverlust herbeiführt; dann liegt nämlich ein Eingriff in fremdes Eigentum vor. Baut etwa jemand in ein fremdes Grundstück eigenes Material ein, so dass der Eigentümer des Grundstücks nach dem am Ort des Einbaus geltenden Recht Eigentümer des Materials wird, so handelt es sich nicht um eine Eingriffskondiktion, da der Person, zu deren Gunsten die Rechtsänderung eintritt, diese Rechtsänderung nicht zuzurechnen ist.[1314]

Probleme ergeben sich dann, wenn Ansprüche wegen Verwendungen auf eine Sache geltend gemacht werden, die im Zeitpunkt der Verwendung im Besitz des Anspruchstellers ist, nachdem der Eigentümer die Herausgabe der Sache vom unrechtmäßigen Besitzer herausverlangt hat. Hier handelt es sich um einen dinglichen Folgeanspruch, der im deutschen Recht den Regeln zum Eigentümer-Besitzer-Verhältnis (§§ 987-996 BGB) zuzuweisen ist.[1315] Da der Verwendungsersatzanspruch eng mit der Vindikation verbunden ist, ist fraglich, ob dieser Anspruch als bereicherungsrechtlich oder als sachenrechtlich zu qualifizieren ist. Aus den gleichen Gründen, aus denen die dinglichen Folgeansprüche des Eigentümers gegen den Besitzer als sachenrechtlich einzuordnen sind[1316], ist m.E.[1317] der Verwendungsersatzanspruch des unrechtmäßigen Besitzers als sachenrechtlich zu qualifizieren.[1318]

Sobald also die Herausgabe einer Sache nach der lex rei sitae (Art. 43 Abs. 1) verlangt wird, sollten sich auch die Verwendungsersatzansprüche des

---

[1312] Für den Vorrang von Art. 38 Abs. 2 sprachen sich schon BT-Dr. 14/343 v. 1.2.1999, 9; *Schlechtriem*, Bereicherungsansprüche, S. 29 (58), aus.

[1313] Vgl. *Einsele*, JZ 1993, 1025 (1030).

[1314] Beispiel von *Busse*, Bereicherungsrecht, S. 230.

[1315] Für Verwendungsersatzansprüche siehe §§ 994, 996 BGB.

[1316] S.o. Dritter Teil D.I.1.b.bb.

[1317] S. auch *Fischer*, IPRax 2002, 1 (8), der sich im Ergebnis ebenfalls für die Maßgeblichkeit der lex rei sitae entscheidet.

[1318] **A.A.** *Busse*, Bereicherungsrecht, S. 233, der alle Folgeansprüche zu Herausgabeansprüchen bereicherungsrechtlich qualifiziert.

Besitzers nach der Belegenheit der Sache im Zeitpunkt der Geltendmachung des Anspruchs richten.

c. Abgrenzung zum Statut der Geschäftsführung ohne Auftrag

Verwendungen auf fremde Gegenstände werden oft in dem Wissen getätigt, dass es sich hierbei um einen fremden Gegenstand handelt und dass dadurch ein fremdes Vermögen gemehrt wird, ohne dass ein Schuldvertrag mit dem Bereicherten besteht oder in Aussicht genommen wird. Durch den Geschäftsführungswillen kommt neben einer bereicherungsrechtlichen Qualifikation auch eine Einordnung als Anspruch aus Geschäftsführung ohne Auftrag in Betracht. In den meisten Fällen hat der „Verwender" die Sache noch in Besitz, so dass auch ein Verwendungsersatzanspruch aus dem Eigentümer-Besitzer-Verhältnis in Frage kommt, der sachenrechtlich zu qualifizieren ist.[1319] Die Abgrenzung zwischen den verschiedenen Anspruchsarten ist nur dann notwendig, wenn die verschiedenen Anknüpfungen zu unterschiedlichen Ergebnissen gelangen. Art. 39 Abs. 1 unterstellt die gesetzlichen Ansprüche aus der Besorgung eines fremden Geschäfts dem Recht des Staates, in dem das Geschäft vorgenommen worden ist. Der Vornahmeort ist identisch mit dem Ort, an dem die Bereicherung eintritt (Art 38 Abs. 3) und mit der Belegenheit der Sache (Art. 43 Abs. 1), auf die Verwendungen gemacht werden. Folglich liegt ein Gleichlauf zwischen Ansprüchen aus Bereicherung, GoA und Eigentümer-Besitzer-Verhältnis vor.

Die Abgrenzung der Bereicherungsansprüche, die Art. 38 Abs. 3 zuzuweisen sind, zu den Fällen der Geschäftsführung ohne Auftrag ist damit nur eine theortische Frage, so dass es hier keiner weiteren Erörterung bedarf.

2. Regelanknüpfung

Nach Art. 38 Abs. 3 ist auf die sonstigen Fälle der Ansprüche aus ungerechtfertigter Bereicherung das Recht des Staates anzuwenden, in dessen Territorium die Bereicherung eingetreten ist (lex loci condictonis). Bei abgeirrten Leistungen liegt der Bereicherungseintrittsort an dem Ort, wo der Bereicherte den Wert empfangen hat[1320], soweit Konten nicht im Ausland geführt werden,

---

[1319] S.o. Dritter Teil D.II.1.b.

[1320] S. Staudinger/*v. Hoffmann/Fuchs*, Art. 38 EGBGB, Rdnr. 17.

also regelmäßig am Wohnsitz- oder Geschäftssitz des Empfängers. Damit ist der Eingriffsort in den meisten Fällen identisch mit dem Wohn- oder Geschäftssitz des Bereicherten, so dass dessen Umweltrecht zur Anwendung gelangt. Bei Verwendungskondiktionen ist hingegen der Lageort entscheidend.[1321] Mit dieser räumlichen Anküpfung soll der Bereicherte geschützt werden, der die Begünstigung oft ohne eigenes Zutun, häufig sogar aufgedrängt erhält.[1322]

Der Gesetzgeber folgt damit Art. 1 Abs. 3 des Vorschlages des deutschen Rates für Internationales Privatrecht von 1982[1323]. Auch in ausländischen Rechtsordnungen findet sich eine solche Anknüpfung.[1324] Die Anküpfung entspricht ferner der Anknüpfungsregel des Art. 7 Abs. 3 GEDIP-E[1325].

Dieser Anknüpfungsgrundsatz war im alten Recht aber nicht unumstritten[1326], da die Anküpfung an die lex loci condictionis zu Zufälligkeiten führen kann.[1327] Erfolgt die abgeirrte Leistung etwa auf ein Konto des französischen Kontoinhabers in der Schweiz, so ist nach Art. 38 Abs. 3 schweizer Recht anzuwenden, obwohl die Belegenheit des Kontos zufällig sein kann oder von rein wirtschaftlichen Aspekten abhängt. Ein anderes Beispiel stellen etwa Verwendungen zugunsten eines Schiffs auf hoher See dar.[1328] Diese Unzulänglichkeiten der räumlichen Anknüpfung an den Ort des Bereicherungseintritts wurden aber insofern hingenommen, als die anderen Lösungsan-

---

[1321] Vgl. *Schlechtriem*, IPRax 1995, 65 (69).

[1322] S. BT-Dr. 14/343 v. 1.2.1999, 9.

[1323] Text abgedruckt im *Anhang* (S. 343 ff.).

[1324] S. etwa Art. 128 Abs. 2 des Schweizer IPRG, abgedruckt im *Anhang* (S. 343 ff.).

[1325] Text abgedruckt im *Anhang* (S. 343 ff.); s. dazu oben Zweiter Teil A.II.2.b, C.III.1.

[1326] Für eine Anküpfung an den Ort des Bereicherungseintritts: *v. Bar* , IPR II, Rdnr. 741; *v. Caemmerer*, FS Rabel I, S. 333 (388); Erman/*Hohloch*, EGBGB Art. 38, Rdnr. 3; *Kropholler*, IPR, 3. Aufl., S. 456; MüKo/*Kreuzer*, I Vor Art. 38, Rdnrn. 23, 27; *Schlechtriem*, Bereicherungsansprüche, S. 29 (57 f.); ders., IPRax 1995, 65 (69); im Ergebnis ebenso *MPI*, Unveröffentlichte Stellungnahme, S. 9 („Recht des Staaes, in dem Vermögenszuwachs eingetreten ist."); LG München II IPRspr. 1989, Nr. 52; zu den anderen vorgeschlagenen Anküpfungen s.u. Fn. 1329.

[1327] S. Soergel/*Lüderitz*, Art 38 Anh I, Rdnr. 46; kritisch auch *Busse*, Bereicherungsrecht, S. 165.

[1328] Vgl. *Busse*, Bereicherungsrecht, S. 165; hier kommt das Recht des Staates in Betracht, in dessen Hoheitsgewässer die Bereicherung eingetreten ist.

sätze[1329] zu keinen befriedigenderen Ergebnissen kamen.[1330] Ferner kann man solche zufälligen Ankúpfungen über die Ausweichklausel des Art. 41 korrigieren, indem man etwa aus Wertungsaspekten eine wesentlich engere Verbindung zu dem Umweltrecht des Bereicherten annimmt.

Art. 38 Abs. 3 wird heute keine große praktische Bedeutung beigemessen[1331], da die meisten Fälle den Absätzen 1 und 2 zuzuweisen sind[1332].

3. Zusammenfassung zu den sonstigen Kondiktionen

Art. 38 Abs. 3 schreibt zum Schutz des Bereicherten, der etwas nur aufgedrängt oder ungewollt erhalten hat, eine Anknüpfung an das Recht des Staates fest, in dem die Bereicherung eingetreten ist.

Der Vorschrift kommt neben Art. 38 Abs. 1 und Abs. 2 nur untergeordnete Bedeutung zu, da von ihrem Anwendungsbereich nur die Fälle umfasst sind, die nicht schon unter Abs. 1 und Abs. 2 subsumiert werden können. Zu nennen sind etwa die Fälle der abgeirrten Leistung und der Verwendung tatsächlicher Art auf Sachen, in denen der Bereicherungsgläubiger keinen Fremdgeschäftsführungswillen und keinen Besitz an der Sache innehatte. Darüber hinaus darf die Bereicherung nicht durch eine Handlung des Bereicherten, sondern nur durch eine Handlung des Verwenders eingetreten sein. Verwendungsersatzansprüche des unrechtmäßigen Besitzers sind hingegen nicht bereicherungsrechtlich, sondern sachenrechtlich zu qualifizieren.

[1329] Daneben wurde die Anknüpfung an das Recht, am Ort des Schuldnerwohnsitzes, s. OLG Hamburg IPRspr. 1985, Nr. 35 a; BGH IPRspr. 1985, Nr. 35 b, an die lex rei sitae, vgl. *Lorenz*, FS Zweigert, S. 199 (228), an das Sachstatut, vgl. *Reuter/Martinek*, Ungerechtfertigte Bereicherung, S. 785 f.; *Plaßmeier*, Bereicherung, S. 392 (nur für die Verwendungskondiktion), sowie eine Anküpfung an das die Vermögensverschiebung beherrschende Recht, s. *Einsele*, JZ 1993, 1025 (1033); *Kegel*, IPR, S. 527, vorgeschlagen; nur terminologische Beanstandungen von *Busse*, Bereicherungsrecht, S. 167, 254, der an das Recht an dem Ort, an dem die Vermögensmehrung eingetreten ist, anknüpfen will.

[1330] S. dazu *Busse*, Bereicherungsrecht, S. 155 ff..

[1331] Vgl. *Kegel/Schurig*, IPR, S. 619; *Kropholler*, IPR, S. 491; Staudinger/*v. Hoffmann/Fuchs*, Art. 38 EGBGB, Rdnr. 17.

[1332] S.o. Dritter Teil D.II.1.

E. Anwendung der Ausweichklausel (Art. 41 EGBGB)[1333]

I. Einführung

Für eine Auflockerung der geschilderten Grundanknüpfungsregeln bestehen die für alle außervertraglichen Schuldverhältnisse in Art. 41 eröffneten Möglichkeiten.[1334] Während der *Bundesgerichtshof*[1335] im Internationalen Deliktsrecht die gesetzlichen bzw. richterrechtlichen Normen bereits unter den Vorbehalt einer Ausweichklausel stellte, stellt Art. 41 für die ungerechtfertigte Bereicherung eine echte Neuerung dar.[1336]

Die Idee einer solcher Ausweichklausel[1337] entstammt Art. 28[1338] Abs. 5.[1339] Im Gegensatz zu dieser Vorschrift, die der deutsche Gesetzgeber kraft völkerrechtlicher Verpflichtung in das EGBGB eingefügt hat, ist Art. 41 die erste Ausweichklausel, die kraft eigener Entschließung eingeführt wurde. Auch andere Länder kennen solche Klauseln. Art. 15 des Schweizer IPR-Gesetzes[1340] enthält etwa eine Ausweichmöglichkeit für das gesamte Internationale Privatrecht und damit auch für die außervertraglichen Schuldver-

---

1333 Art. 41 wird als Ausweichklausel *nach* Art. 38 geprüft; denn ohne die Feststellung des nach Art. 38 maßgeblichen Rechts fehlt es an einem Vergleichsmaßstab für die Bejahung einer wesentlich engeren Verbindung zu dem Recht eines anderen Staates, s. Erman/ *Hohloch*, EGBGB Art. 41, Rdnr. 7; Staudinger/*v. Hoffmann/Fuchs*, Art. 38 EGBGB, Rdnr. 3; **a.A.** *Spickhoff*, NJW 1999, 2209 (2211); zur Funktion von kollisionsrechtlichen Berichtigungsnormen im Allgemeinen siehe *Kreuzer*, ZfRV 1992, 168 ff. m.w.N..

1334 S. *Kropholler*, IPR, S. 491.

1335 Der *BGH* ersetzte die lex loci delicti commissi durch die lex domicilii communis des Schädigers und des Geschädigten, vgl. MüKo/*Kreuzer*, Art. 38, Rdnr. 93 m.w.N..

1336 Vgl. *Kreuzer*, RabelsZ 2001, 383 (432).

1337 *Kreuzer*, RabelsZ 2001, 383 (432), zieht den Begriff „Berichtungsklausel" für Art. 41 vor, da nur so zum Ausdruck komme, dass der Richter ermächtigt ist, die geschriebene ordentliche Kollisionsnorm nicht anzuwenden, wenn die von Art. 41 aufgestellten Voraussetzungen vorliegen.

1338 Art. 28 entspricht Art. 4 EVÜ.

1339 Die Begründung des Reformgesetzes von 1999 beginnt mit dem Hinweis, dass „ebenso wie bei vertraglichen Schuldverhältnissen (Art. 28 Abs. 5) ... Art. 41 für außervertragliche Schuldverhältnisse eine abweichende Anküpfung [erlaubt], wenn ...", s. BT-Dr. 14/343 v. 1.2.1999, 13.

1340 Text abgedruckt im (S. 343 ff.).

hältnisse. Der Vorschlag der Groupe européen de droit international privé[1341] folgt dem gleichen Ansatz, indem er je eine Berichtigungsklausel für deliktische (Art. 3 Abs. 4 GEDIP-E) und für nicht deliktische Kollisionsnormen einführen will (Art. 7 Abs. 5 GEDIP-E). Eine Art. 41 Abs. 2 Nr. 1 ähnliche Lösung findet sich für die außervertraglichen Schuldverhältnisse in Art. 7 Abs. 2 GEDIP-Entwurf. Der Vorschlag der Europäischen Kommission für Rom II[1342] hat sich dem hingegen nicht angeschlossen.
Im Zuge der Reform ist Art. 41 nicht immer auf positive Resonanz gestoßen. So rügt *Junker*[1343] etwa die mit der Ausweichklausel verbundene Rechtsunsicherheit. Da aber in der Praxis immer neue Fallkonstellationen auftreten können und eine detailliertere Regelung den Rahmen gesprengt hätte, war eine Ausweichklausel unumgänglich.[1344] In Parallele zu Art. 28 Abs. 5 soll mit Art. 41 eine für jeden Fall zufriedenstellende Lösung erlaubt werden und eine sachgerechte Beurteilung neu auftretender Probleme ermöglicht werden.[1345] Art. 41 hat dabei Kontroll- und Korrekturfunktion, um dem Anknüpfungsprinzip der engsten Beziehungen, der ratio legis principalis des Kollisionsrechts der außervertraglichen Schuldverhältnisse und des Kollisionsrechts im Allgemeinen, zum Durchbruch zu verhelfen.[1346] Da die Klausel damit ein offenes und flexibles Anknüpfungssystem für alle typischen und atypischen Fallgestaltungen unterstützt, sprechen sich auch die meisten Kollisionsrechtswissenschafter[1347] zugunsten der Regelung aus.

[1341] Text abgedruckt im *Anhang* (S. 343 ff.).

[1342] Text abgedruckt im *Anhang* (S. 343 ff.); zu Rom II s.o. Dritter Teil A.II.

[1343] Vgl. *Junker*, RIW 1998, 241 (244); ebenso *Kropholler*, IPR, S. 491; kritisch auch *Plaßmeier*, Bereicherung, S. 409 ff.: „Abgesehen von der Tatsache, dass eine Ausweichklausel ... leicht als Legitimation für ein unerwünschtes „Heimwärtsstreben" mißbraucht werden kann, erscheint die Notwendigkeit der Einführung einer ... Ausweichklausel zweifelhaft."; *Busse*, Bereicherungsrecht, S. 255, bemängelte nur die Struktur der Vorschrift; allgemein zur Berechtigung von Ausweichklauseln *Kegel*, IPR, S. 234: „Es macht mäßigen Eindruck, wenn das Gesetz Anknüpfungen nennt, dann aber mäßig ängstlich die engere Verbindung vorgehen lässt nach dem Motto: ‚Drum prüfe, wer sich ewig bindet, ob sich nicht noch was besseres findet'.".

[1344] So dann auch *Junker*, RIW 1998, 241 (244).

[1345] S. Palandt/*Heldrich*, EGBGB 41, Rdnr. 1.

[1346] S. *Kreuzer*, RabelsZ 2001, 383 (433).

[1347] Vgl. etwa *Busse*, RIW 1999, 16 (19); *Kreuzer*, RabelsZ 2001, 383 (432); *Kropholler*, IPR, S. 492; *Schlechtriem*, IPRax 1995, 65 (70); *Schaub*, RabelsZ 2002, 18 (19), befürwortet Art. 41 als Möglichkeit zur Korrektur europarechtlich bedenklicher Grundanknüpfungen.

II. Anwendungsbereich

1. Allgemeines

Ausgehend von seiner Stellung im Gesetz enthält Art. 41 grundsätzlich eine Korrekturmöglichkeit für alle Anknüpfungen, die sich aus den Artt. 38-40 ergeben. Trotzdem beschränkt Art. 41 seinen Anwendungsbereich in Absatz 1:

Die Rechtswahl durch die Parteien (Art. 42)[1348] sowie die spezielle ordre-public-Klausel (Art. 40 Abs. 3) und die alternative Anknüpfung des Direktanspruchs gegen den Haftpflichtversicherer (Art. 40 Abs. 4) werden schon vom Gesetzeswortlaut von der Ausweichklausel nicht erfasst. Durch den Ausschluss des Art. 42 vom Anwendungsbereich respektiert der Gesetzgeber die Parteiautonomie in vollem Umfang.[1349] Etwas missverständlich ist, dass in Art. 41 Abs. 2 diese Einschränkung nicht wiederholt wird. Dieser Umstand könnte dazu verleiten, Art. 41 Abs. 2 auch in den genannten Ausschlussfällen heranzuziehen. Die Geltung der in Abs. 1 gemachten Einschränkungen für die gesamte Vorschrift ergibt sich aber daraus, dass Abs. 2 nur eine beispielhafte Konkretisierung des Abs. 1[1350] darstellt, so dass die in Art. 41 Abs. 1 enthaltenen Grundsätze für die Unterfälle des Abs. 2 in jedem Fall fortgelten.

2. Anwendbarkeit der Ausweichklausel auf Leistungskondiktionen

Der Vorrang des Art. 32 Abs. 1 Nr. 5 vor Art. 38 Abs. 1[1351] wirkt sich vor allem an dieser Stelle aus. Der staatsvertragliche Ursprung des Art. 32 Abs. 1 Nr. 5 verbietet es, im Rahmen dieser Vorschrift Art. 41 heranzuziehen.
Für alle anderen Leistungskondiktionen, die grundsätzlich Art. 38 Abs. 1 zuzuweisen sind[1352], legt Art. 41 Abs. 2 Nr. 2[1353] fest, dass der gewöhnliche Aufenthalt in demselben Staat der Beteiligten für die Bestimmung des anzuwendenden Rechts unerheblich ist. Fraglich ist aber, ob bei Leistungskondik-

---

[1348] Siehe dazu schon oben Dritter Teil B.IV.1.

[1349] Vgl. *Kreuzer*, RabelsZ 2001, 383 (431).

[1350] S. Dritter Teil E.IV.1.

[1351] S.o. Dritter Teil C.I.

[1352] S.o. Dritter Teil C.II.1.a.dd(1).

[1353] Art. 41 Abs. 2 Nr. 1: „... in den Fällen des Artikels 38 *Abs. 2 und 3* und des Artikels 39 aus dem gewöhnlichen Aufenthalt ....“; Hervorhebung vom Verfasser.

tionen nicht eine wesentlich engere Verbindung zu einem Recht über Art. 41 Abs. 1 oder Abs. 2 Nr. 1 zu beachten ist, das etwa eine rechtliche oder tatsächliche Beziehung zwischen den Parteien beherrscht.

Während *Schlechtriem*[1354] eine Anwendung dieser Vorschriften nicht von vorneherein für ausgeschlossen hält, wollen andere[1355] Art. 41 bei Leistungskondiktionen erst gar nicht anwenden.

In der Gesetzesbegründung[1356] zu Art. 41 Absatz 1 heisst es: „Bei Leistungskondiktionen ... wird der Zusammenhang mit dem Rechtsverhältnis, auf das die Leistung bezogen ist, die Berücksichtigung sonstiger Beziehungen ... *von vorneherein* verbieten.“. Trotzdem ist dem Wortlaut des Abs. 1 oder des Abs. 2 Nr. 1 eine solche Einschränkung nicht zu entnehmen[1357], so dass von dessen Anwendbarkeit zunächst auszugehen ist.

Allerdings wird Art. 41 für Leistungskondiktionen keine praktische Bedeutung haben. Eine Anknüpfung an ein zwischen den Parteien bestehendes Rechtsverhältnis über Art. 41 Abs. 2 Nr. 1 1. Fall ist in diesem Fall nicht nötig und möglich, da das Statut des Rechtsverhältnisses schon über Art. 38 Abs. 1 Berücksichtigung findet. Eine Anknüpfung an das Recht am gemeinsamen gewöhnlichen Aufenthalt der Beteiligten[1358] als gem. Art. 41 Abs. 2 Nr. 1 2. Fall zu beachtende tatsächliche Beziehung verbietet sich mit Blick auf Art. 41 Abs. 2 Nr. 2.[1359] Andere tatsächliche Beziehungen sind m.E. wegen der Wertungsgleichheit des Regelbeispiels des Abs. 2 Nr. 1 2. Fall und

---

[1354] Vgl. *Schlechtriem*, IPRax 1995, 65 (70); so wohl auch *Fischer*, IPRax 2002, 1 (3); *Staudinger*, DB 1999, 1589 (1590).

[1355] S. *Busse*, Bereicherungsrecht, S. 168, 256; *v. Hoffmann*, IPR, § 11, Rdnr. 7; *Kreuzer*, RabelsZ 2001, 383 (431); MüKo/*Kreuzer*, I Vor Art. 38, Rdnr. 3; *Reithmann/Martiny*, Internationales Vertragsrecht, Rdnr. 333; *Wagner*, IPRax 1998, 429 (434).

[1356] Vgl. BT-Dr. 14/343 v. 1.2.1999, 13; Hervorhebung vom Verfasser.

[1357] In einer Stellungnahme des *MPI*, Unveröffentlichte Stellungnahme, D.I.2.a., S. 27 f. wird dies mit der Begründung unterstützt, dass man Flexibilität für eine angemessene Erfassung der Mehrpersonenverhältnisse brauche.

[1358] Beispiel: Ein aufgrund ausländischen Erbstatuts im Inland geleisteter Vermächtnisgegenstand wird zurückgefordert und sowohl der Erbe als auch der vermeintliche Vermächtnisnehmer sind Deutsche und leben im Inland, s. *Fischer*, IPRax 2002, 1 (3).

[1359] So wohl auch *Fischer*, IPRax 2002, 1 (4): „Jedoch liegt es näher, die Regelung des Art. 41 Abs. 2 Nr. 2 EGBGB bei diesen Anknüpfungsmerkmalen als abschließend und damit auf Nichtleistungskondiktionen beschränkt anzusehen.“.

des Beispiels des Abs. 2 Nr. 2 auch als nicht anknüpfungserheblich zu betrachten, da die Leistungskondiktion vom Anwendungsbereich des Abs. 2 Nr. 2 ausdrücklich ausgenommen wurde. Die Begründung einer wesentlich engeren Verbindung über Abs. 1 wird auch schwierig sein. Sind nämlich Verbindlichkeiten erfüllt worden, so müsste die Rückabwicklung einen anderen Schwerpunkt haben als die Entstehung und Erfüllung dieser Verbindlichkeit.[1360] Es ist aber kaum ein engerer Zusammenhang als mit dem Rechtsverhältnis, auf das die Leistung bezogen ist (und damit zu dessen Statut), denkbar.[1361]

Im Ergebnis ist eine Korrektur der akzessorischen Grundanknüpfung der Leistungskondiktion über Art. 41 damit nicht vorstellbar.

III. Die Generalklausel des Art. 41 Abs. 1 EGBGB

Art. 41 teilt sich in zwei Absätze auf, in denen der eine einen Grundsatz zur Anerkennung einer wesentlich engeren Verbindung niederlegt und der andere Anwendungsfallgruppen nennt.[1362]

Art. 41 Abs. 1 sieht eine von den Artt. 38 ff. abweichende Anknüpfung an das Recht vor, zu dem der Sachverhalt eine wesentlich engere Verbindung als zu dem über Artt. 38 ff. ermittelten Statut aufweist.

Zur Bestimmung der engeren Verbindung ist eine unabhängige Gesamtschau des Falles notwendig, um auf dieser Grundlage eine wesentlich überzeugendere Anknüpfung vorzunehmen.[1363] Der Sachverhalt muss bei Berücksichtigung der Gesamtumstände mit der normalerweise zur Anwendung berufenen Rechtsordnung in allenfalls geringem, mit einer anderen Rechtsordnung jedoch in wesentlich engerem Zusammenhang stehen.[1364] Es besteht bei dessen Auffindung keine Bindung an die Beispiele des Abs. 2.[1365] Es können auch Interessenabwägungen eine Rolle spielen. Maßgeblich ist, wo der Sachverhalt seinen Schwerpunkt hat. Im Unterschied zu Art. 28 Abs. 5 verlangt

---

[1360] Vgl. *Fischer*, IPRax 2002, 1 (3).
[1361] S. BT-Dr. 14/343 v. 1.2.1999, 13; *Kreuzer*, RabelsZ 2001, 383 (431).
[1362] S. *Busse*, Bereicherungsrecht, S. 255.
[1363] Palandt/*Heldrich*, EGBGB 41, Rdnr. 3.
[1364] S. *Junker*, RIW 2000, 241 (244).
[1365] Vgl. Erman/*Hohloch*, EGBGB Art. 41, Rdnr. 10; Palandt/*Heldrich*, EGBGB 41, Rdnr. 3.

Art. 41 zusätzlich einschränkend eine „wesentlich" engere Verbindung. Es müssen also den Beispielen vergleichbar deutliche Umstände vorliegen, die die Ausweichklausel auslösen.[1366]

Wie sich unten noch zeigen wird, wird es wohl nur wenige Fälle geben, die nicht unter Art. 41 Abs. 2 fallen, aber von Abs. 1 erfasst sind.[1367]

IV. Die Regelbeispiele des Art. 41 Abs. 2 EGBGB

1. Einführung

In Art. 41 Abs. 2 wird der Begriff der wesentlich engeren Verbindung aus Abs. 1 in Zusammenhang mit den außervertraglichen Schuldverhältnissen zur Erleichterung der Rechtsanwendung konkretisiert. Art. 41 Abs. 2 Nr. 1 nennt als Grund für eine wesentlich engere Verbindung eine besondere rechtliche (1. Fall) oder tatsächliche (2. Fall) Beziehung zwischen den Beteiligten in Zusammenhang mit dem Bereicherungsanspruch. Die Beispiele lehnen sich vor allem an frühere Vorschläge im Schrifttum[1368] zum Kollisionsrecht der unerlaubten Handlung an. Gegen eine solche Korrekturmöglichkeit bestanden aber auch in der Rechtswissenschaft zum Bereicherungskollisionsrecht[1369] – zumindest im Hinblick auf Art. 41 des Referentenentwurfs von 1993[1370] – keine Einwände.

Aus dem Wortlaut („insbesondere") ergibt sich zum einen, dass die in Nr. 1 und 2 genannten engeren Verbindungen nicht abschließend sind.[1371] Zum anderen („kann") ist die aus Abs. 2 ermittelte engere Beziehung nicht zwingend.[1372] Das Vorliegen einer rechtlichen oder tatsächlichen Beziehung indiziert nur eine wesentlich engere Verbindung. Eine solche muss aber noch konkret nachgewiesen werden. Wenn die Gesamtumstände zu einem anderen Ergebnis führen, steht Abs. 2 dem nicht entgegen. Dies wird durch die

---

[1366] *Spickhoff*, IPRax 2000, 1 (2).
[1367] So auch *Busse*, Bereicherungsrecht, S. 255.
[1368] S. etwa *Kropholler*, RabelsZ 1969, 601 (625 ff.); *Müller*, JZ 1986, 212 (216).
[1369] S. etwa *Busse*, Bereicherungsrecht, S. 168 ff.; *Schlechtriem*, IPRax 1995, 65 (70).
[1370] Text abgedruckt im *Anhang* (S. 343 ff.).
[1371] Vgl. Erman/*Hohloch*, EGBGB Art. 41, Rdnr. 9.
[1372] S. Erman/*Hohloch*, EGBGB Art. 41, Rdnr. 9.

Gesetzesmaterialien[1373] bestätigt. Dem Wortlaut nach sind die Beispiele damit eigentlich nicht einmal Regelbeispiele. Die Gesetzesbegründung[1374] deutet aber darauf hin, dass sie dem aber doch nahe kommen sollen.[1375] Dort heisst es[1376]: „Die Beispielsfälle ... sind nicht *abschließend* gedacht; ihre Anführung soll zur Erleichterung der Rechtsanwendung dienen". Man kann also den Beispielsfällen mit erhöhtem Beweisaufwand ausweichen.[1377] Jedoch wird es solche Abweichungen in großer Häufigkeit nicht geben.[1378] Darüber hinaus wird es wohl kaum Fälle geben, in denen eine wesentlich engere Verbindung anzuerkennen ist, der Fall aber nicht unter die Formulierung des Abs. 2 fällt.[1379]

Busse[1380] bemängelt in diesem Zusammenhang zu Recht die Struktur des Art. 41 Abs. 2: Die beiden Fallgruppen des Abs. 2 sind von ganz unterschiedlichem Abstraktionsniveau. Während Nr. 2 einen relativ konkreten Fall umschreibt, nennt Nr. 1 ganz allgemein nur das Vorliegen einer „ besonderen rechtlichen oder tatsächlichen Beziehung". Auf den ersten Blick könnte man meinen, dass der Grund für eine solche Aufgliederung darin liegt, dass in Nr. 1 direkte Beziehungen erfasst sind, während es sich bei der Beziehung in Nr. 2 um ein drittvermitteltes, nämlich jeweils zum betreffenden Staat bestehendes Verhältnis handelt. Wie sich aber noch zeigen wird, werden von Nr. 1 auch mittelbare Beziehungen erfasst. Fraglich ist deshalb, warum Nr. 1 und Nr. 2 in einem Alternativverhältnis („oder") stehen.[1381]

[1373] S. BT-Dr. 14/343 v. 1.21999, 13.

[1374] Vgl. BT-Dr. 14/343 v. 1.21999, 13.

[1375] S. *Spickhoff*, IPRax 2000, 1 (2).

[1376] Hervorhebung vom Verfasser.

[1377] Vgl. *Spickhoff*, IPRax 2000, 1 (2).

[1378] S. Erman/*Hohloch*, EGBGB Art. 41, Rdnr. 9.

[1379] S. *Busse*, Bereicherungsrecht, S. 173.

[1380] Vgl. *Busse*, Bereicherungsrecht, S. 255.

[1381] Vgl. *Busse*, Bereicherungsrecht, S. 255 ff., mit eigenem Vorschlag für eine Formulierung der Ausweichklausel (S. 257).

2. Art. 41 Abs. 2 Nr. 1 1. Fall EGBGB („rechtliche Beziehung")

a. Einführung

Der häufigste Beispielsfall für eine in Zusammenhang mit Art. 41 Abs. 2 Nr. 1 1. Fall relevante Rechtsbeziehung ist ein Vertrag zwischen den Parteien des Bereicherungsschuldverhältnisses. Bei der Eingriffskondiktion und sonstigen rechtsgrundlosen Vermögensverschiebungen kann vor allem eine vertragsakzessorische Anknüpfung in Frage kommen.[1382] Der Vertrag muss in diesem Zusammenhang - wie im Rahmen von Art. 38 Abs. 1 - nicht wirksam sein. Es reicht aus, wenn ein Vertragsschluss von den Beteiligten gemeinsam angestrebt wurde.[1383] Beruht der Vertragsabschluss hingegen auf einer Drohung, so ist eine akzessorische Anknüpfung an das Vertragsstatut abzulehnen.[1384] Beispiel: Der spanische Mieter M macht Verwendungen auf das Mietobjekt des Franzosen F in Deutschland. Über die Verwendungsersatzansprüche des Mieters gegen den Vermieter soll gem. Art. 41 Abs. 2 Nr. 1 1. Fall das Mietvertragsstatut[1385] entscheiden[1386], da es dem M ohne die Ursprungsbeziehung nicht möglich gewesen wäre, auf das Mietobjekt in dieser Weise einzuwirken.[1387]

[1382] S. schon BGHZ 35, 267 (269): „Bestand ... zwischen den Parteien bereits eine unmittelbare Rechtsbeziehung, so ist die Rechtsordnung, die über sie bestimmt, auch für einen aus dieser Rechtsbeziehung hergeleiteten Bereicherungsanspruch maßgebend.".

[1383] Vgl. *Busse*, Bereicherungsrecht, S. 170; *Schlechtriem*, Bereicherungsansprüche, S. 29 (55 Fn. 83).

[1384] S. dazu o. Dritter Teil C.II.3.i; so auch *Busse*, Bereicherungsrecht, S. 170.

[1385] Das auf den Mietvertrag anzuwendende Recht ist bei Fehlen einer Rechtswahl über Art. 28 zu ermitteln. Bei Wohnraummietverträgen soll nach Art. 28 Abs. 3 das Recht am Lageort des Grundstücks gelten. Eine Ausnahme ist gem. Art. 28 Abs. 5 für den Fall eines Mietvertrages zwischen Inländern über eine Ferienwohnung im Ausland zugunsten des Inlandsrechts zu machen, s. Palandt/*Heldrich*, EGBGB 28, Rdnrn. 5, 11; s. dazu auch *v. Hoffmann*, IPR, § 10, Rdnrn. 52 ff..

[1386] Vgl. *Busse*, Bereicherungsrecht, S. 169; *Lorenz*, FS Zweigert, S. 199 (230 Fn. 81); *Schlechtriem*, Bereicherungsansprüche, S. 29 (58); weitere Beispiele bei *Schlechtriem*, IPRax 1995, 65 (70); Staudinger/*v. Hoffmann/Fuchs*, Art 38 EGBGB, Rdnrn. 29 ff..

[1387] Vgl. *Schlechtriem*, Bereicherungsansprüche, S. 29 (55): „Entscheidendes Gewicht sollte vor allem die Tatsache haben, dass eine solche Beziehung Anlaß oder Gelegenheit zum Eingriff gegeben hat.".

Rechtspolitisch lässt sich die akzessorische Anknüpfung als allumfassende Berücksichtigung des in Zusammenhang mit einer rechtlichen Beziehung zwischen den Parteien geäußerten Parteiwillens erklären.[1388] Wer etwa einen Vertrag einer bestimmten Rechtsordnung unterstellt, ist im Zweifel auch mit deren Anwendung auf die bereicherungsrechtliche Rückabwicklung einverstanden, sofern zwischen dem Vertrag und dem bereicherungsrechtlichen Anspruch ein Zusammenhang besteht. Ferner ist Art. 41 Ausfluss des Prinzips der engsten Verbindung. Der vorherige rechtliche Kontakt der Parteien zueinander lässt es sachgerecht erscheinen, ihre bereicherungsrechtliche Beziehung dem beiden bekannten und vorhersehbaren Recht zu unterstellen.[1389]

Die wichtigste praktische Konsequenz dieser akzessorischen Anküpfung ist, dass die Parteien bei der Wahl des Vertragsstatuts auch dessen bereicherungsrechtliche Regelungen für mögliche Bereicherungsansprüche beachten müssen.

b. Anforderungen an die rechtliche Beziehung

Da das Hauptanwendungsbeispiel für eine „besondere rechtliche Beziehung" im Rahmen von Art. 41 Abs. 2 Nr. 1 1. Fall ein Schuldvertrag ist, könnte man meinen, dass nur direkte Rechtsbeziehungen zwischen den Beteiligten unter den ersten Fall des Art. 41 Abs. 2 Nr. 1 fallen. Damit sind Rechtsbeziehungen gemeint, an denen beide Parteien unmittelbar beteiligt sind.

Es kommen aber auch andere rechtliche Beziehungen in Frage, die als wesentlich engere Verbindungen anzuerkennen sind. Dies ist etwa bei Weitergabekondiktionen der Fall.[1390]. Denn will man hier über Art. 41 Abs. 2 Nr. 1 1. Fall das Rechtsverhältnis zwischen dem Erstempfänger und dem Dritten im Rahmen der Direktkondiktion berücksichtigen, so fällt auf, dass der Anspruchsteller nicht unmittelbar an diesem Rechtsverhältnis beteiligt ist. Vielmehr betrifft ihn dieses nur mittelbar, da das Rechtsverhältnis den Eigentumsverlust initiiert hat und da es zu einem Austausch des (bereicherungsrechtlichen) Anspruchgegners in Bezug auf die Herausgabe der Sache geführt

---

[1388] S. *Freitag/Leible*, ZVglRWiss 2000, 101 (110): „ ... erscheint die akzessorische Anknüpfung als Extrapolation des (hypothetischen) Parteiwillens.".

[1389] Vgl. *Freitag/Leible*, ZVglRWiss 2000, 101 (111).

[1390] S.o. Dritter Teil C.II.3.j.dd(8).

hat. Zu dem gleichen Problem kommt man, wenn man mit *Fischer*[1391] die Fälle der Direktkondiktion in Anweisungsfällen[1392] als sonstige Kondiktion i.S.v. Art. 38 Abs. 3 einstuft, um dann eine Anknüpfung an das Statut des Deckungsverhältnisses oder des Valutaverhältnisses über Art. 41 Abs. 2 Nr. 1 1. Fall zu versuchen. Der Anweisungsempfänger ist nicht als Partei unmittelbar in das im Deckungsverhältnis vorliegende Rechtsverhältnis involviert.[1393] Der Angewiesene ist im Gegenzug nicht unmittelbar an dem Rechtsverhältnis im Valutaverhältnis beteiligt. Dennoch haben die Fälle gezeigt, dass ein Rechtsverhältnis mit den genannten Eigenschaften durchaus eine engere Verbindung begründen kann. Auch *Schlechtriem*[1394] hat bereits anschaulich dargelegt, dass es ausreicht, wenn die Beziehung der Beteiligten durch einen Dritten vermittelt wurde und die Beteiligten nur mittelbar von diesem betroffen sind. Als Beispiel nennt er eine Erbauseinandersetzung, bei der durch unlautere Beeinflussung des Erblasserwillens einem gesetzlichen Erben oder testamentarisch Bedachten eine Erbaussicht entzogen wird. In diesem Fall soll auch der Bereicherungsanspruch gegen den „Beeinflusser" dem auf den Erbfall anwendbaren Recht unterliegen.

In diesen Zusammenhang gehören auch die Fälle der Ausgleichsansprüche bei gemeinsamer dinglicher Berechtigung an einer Sache wie in einem Fall des *Bundesgerichtshofes*[1395] aus dem Jahr 1961 oder die Fälle der Bereicherung zulasten der Insolvenzmasse, die bereits oben[1396] besprochen wurden.

[1391] S. *Fischer*, IPRax 2002, 1 (7).

[1392] S. dazu Dritter Teil C.II.3.j.dd(2)(b)(bb), C.II.3.j.dd(2)(b)(cc).

[1393] Vgl. *Fischer*, IPRax 2002, 1 (7); *Lorenz*, FS Zweigert, S. 199 (222 Fn. 58).

[1394] S. *Busse*, Bereicherungsrecht, S. 170; *Schlechtriem*, Bereicherungsansprüche, S. 29 (54).

[1395] Vgl. BGHZ 35, 267 (269) = IPRspr. 1960/61, Nr. 53: Es ging um die Zwangsversteigerung eines deutschen Schiffes im Ausland. Es kam zur Erlösverteilung, bei der ein nach deutschem Recht vorrangiges Schiffsgläubigerrecht entweder nicht berücksichtigt wurde oder ein Hypothekengläubiger mehr zugeteilt erhielt, als er nach dem zugrunde liegenden Rechtsverhältnis zu beanspruchen hatte. Die Eingriffskondiktion, s. *Busse*, Bereicherungsrecht, S. 170; RGRK/*Heimann-Trosien*, § 812, Rdnr. 44; Staudinger/*v. Hoffmann/Fuchs*, Art. 38 EGBGB, Rdnr. 31; Staudinger/*Lorenz*, § 812, Rdnr. 27, wegen rangwidriger Erlösverteilung soll nicht dem Ortsrecht unterliegen. Zwischen den Parteien besteht vielmehr ein Rechtsverhältnis in Form des Rangverhältnisses als Schiffsgläubiger und Gläubiger von Schiffshypotheken an demselben Schiff, das aus der dinglichen Berechtigung mehrerer Parteien an einem Schiff erwachsen ist. Dieses Rechtsverhältnis beurteilt der *BGH* vorliegend nach deutschem Recht, weil das

Auf den ersten Blick mag der Wortlaut des Art. 41 Abs. 2 Nr. 1 gegen die Berücksichtigung solcher drittvermittelter Rechtsverhältnisse sprechen, da dort von einer „rechtlichen Beziehung *zwischen* den Beteiligten“[1397] die Rede ist. Doch kann man eine Beziehung *zwischen* den Parteien auch dann annehmen, wenn die Beteiligten beide von den Wirkungen des Rechtsverhältnisses betroffen sind und damit durch das Rechtsverhältnis als Gemeinsamkeit in Verbindung stehen. Außerdem ist die Norm eher weit formuliert, da der Begriff „rechtliche Beziehung“ nicht näher konkretisiert wird. Obwohl der Wortlaut in die Irre führen kann, steht er der Annahme einer wesentlich engeren Verbindung nicht entgegen, wenn die rechtliche Beziehung, die die wesentlich engere Beziehung auslöst, nur drittvermittelt ist. Dies entspricht auch Sinn und Zweck der Vorschrift. Art. 41 will alle rechtlichen Beziehungen erfassen, aus denen sich eine wesentlich engere Beziehung ergibt. Um den Besonderheiten aller (Einzel-) Fälle gerecht werden zu können, muss die Korrekturklausel weit verstanden werden.

Im Ergebnis ist der Begriff der rechtlichen Beziehung folglich weit zu verstehen. Immer dann, wenn das in Frage kommende rechtliche Verhältnis unter wertender Betrachtungsweise eine wesentlich engere Verbindung zu begründen vermag, ist es auch als von Art. 41 Abs. 2 Nr. 1 1. Fall umfasst anzusehen.

3. Art. 41 Abs. 2 Nr. 1 2. Fall („tatsächliche Beziehung“)

Angemessen ist eine abweichende Anknüpfung aber auch außerhalb vorheriger rechtlicher Beziehungen. Dem trägt Art. 41 Abs. 2 Nr. 1 2. Fall Rechnung, der eine Korrektur der Grundanknüpfung vorsieht, wenn eine wesentlich engere Verbindung zu einer tatsächlichen Beziehung der Parteien besteht. Diese Regelung hat vor allem im Kollisionsrecht der unerlaubten Handlung Bedeutung in Zusammenhang mit Gefälligkeitsfahrten oder Reisegruppen, die aus Teilnehmern verschiedener Länder bestehen.[1398] Hier begründet der einheitliche Ausgangspunkt der Fahrt oder der Reise den erforderlichen Zusam-

---

Schiff in ein deutsches Seeschiffsregister eingetragen war und die Beteiligten Deutsche waren; kritisch zu diesem Fall *Plaßmeier*, Bereicherung, S. 63.

[1396] Anwendung der lex fori concursus, s. BGHZ 88, 147 (155 f.); s.o. Dritter Teil D.I.3.f.

[1397] Hervorhebung vom Verfasser.

[1398] Der Gesetzgeber spricht hier von einem besonderen „sozialen Kontakt“; s. BT-Dr. 14/343 v. 1.2.1999, 13.

menhang. Ist die Reise von Deutschland aus organisiert und gestartet worden, so entscheidet einheitlich das deutsche Recht.[1399]

Eine Berücksichtigung einer gemeinsamen Staatsangehörigkeit der Beteiligten als tatsächliche Beziehung ist nicht möglich, da der Gesetzgeber mit Art. 41 Abs. 2 Nr. 2 deutlich gemacht hat, dass nur der gemeinsame gewöhnliche Aufenthalt anknüpfungserheblich sein soll.

4. Art. 41 Abs. 2 Nr. 2 EGBGB („gemeinsamer gewöhnlicher Aufenthalt")

Art. 42 Abs. 2 Nr. 2 S. 1 sieht für Eingriffskondiktionen und sonstige Kondiktionen i.S.v. Art. 38 Abs. 3[1400] eine korrigierende Anknüpfung an das Recht am gemeinsamen gewöhnlichen Aufenthaltsort der Beteiligten in demselben Staat (lex domicilii communis) im Zeitpunkt des rechtserheblichen Geschehens vor. Nach Art. 41 Abs. 2 Nr. 2 S. 2 i.V.m. Art. 40 Abs. 2 S. 2 ist bei Gesellschaften, Vereinen oder juristischen Personen der Ort maßgeblich, an dem sich die Hauptverwaltung befindet oder der Ort der Niederlassung, wenn eine Niederlassung beteiligt ist. Diese Regel führt vor allem zur Anwendung inländischen Rechts bei gelegentlichen Handlungen von Inländern im Ausland.[1401] Der gemeinsame gewöhnliche Aufenthalt stellt eine tatsächliche Beziehung zwischen den Parteien dar, so dass Art. 41 Abs. 2 Nr. 2 ein Unterfall der „tatsächlichen Beziehung" von Art. 41 Abs. 2 Nr. 2 2. Fall ist. Eine Regelung in Abs. 2 war aber notwendig, um deutlich zu machen, dass nur der gemeinsame gewöhnliche Aufenthalt und nicht die gemeinsame Staatsangehörigkeit[1402] beachtlich ist.

Die inhaltliche Ausgestaltung des Begriffs „gewöhnlichen Aufenthalt" wird im Gesetz nicht näher definiert. Gemeint ist aber der Ort eines nicht nur

---

[1399] Vgl. *v. Hoffmann*, IPR, § 11, Rdnr. 42; *Spickhoff*, IPRax 2000, 1 (2).

[1400] Für den Vorrang der lex domicilii communis ist bei Leistungskondiktionen kein Platz, da die Beziehung zu dem (gescheiterten) Schuldverhältnis enger ist, s. *Kropholler*, IPR, S. 491; MüKo/*Kreuzer*, I Vor Art. 38, Rdnr. 4; *Reuter/Martinek*, Ungerechtfertigte Bereicherung, S. 794; *Zweigert/Müller-Gindullis*, IECL, Vol. III (1973), Chap. 30, sec. 25.

[1401] Vgl. *Reithmann/Martiny*, Internationales Vertragsrecht, Rdnr. 338.

[1402] **A.A.** *Kegel*, IPR, S. 528, 547, der für die Berücksichtigung des Rechts des Landes der gemeinsamen Staatsangehörigkeit bei Bereicherungseintritt während eines vorübergehenden Auslandsaufenthaltes eintrat.

vorübergehenden Verweilens, an dem der Schwerpunkt der Bindungen einer Person insbesondere in familiärer oder beruflicher Hinsicht, ihr Daseinsmittelpunkt, liegt.[1403]

Vor der Reform erkannte die Rechtsprechung[1404] diese korrigierende Anknüpfung zwar für die Geschäftsführung ohne Auftrag, nicht aber für Ansprüche aus ungerechtfertigter Bereicherung an. In der Literatur[1405] wurde im Grundsatz eine wesentlich engere Verbindung dieser Art für möglich gehalten. Unklar war demgegenüber, welche Anforderungen genau zu stellen sind.[1406]

V. Besonderheiten

1. Maßgeblicher Zeitpunkt

Art. 41 Abs. 2 nimmt Bezug auf rechtliche oder tatsächliche Beziehungen zwischen den Parteien. Fraglich ist, zu welchem Zeitpunkt diese Beziehungen bestehen müssen.

Art. 41 Abs. 2 Nr. 2 enthält einen Anhaltspunkt, indem auf den Zeitpunkt des „rechtserheblichen Geschehens" abgestellt wird. Diese zeitliche Lokalisierung ist aber eher ungenau und bedarf der Konkretisierung.[1407] Probleme können etwa Wettbewerbsverstöße bereiten, die sich über eine gewisse Zeit unbemerkt hinziehen. Zwischen dem Beginn der wettbewerbswidrigen Maßnahme und der gerichtlichen Geltendmachung eines Bereicherungsanspruchs durch den Beeinträchtigten kann etwa die Hauptverwaltung der wettbewerbswidrig handelnden Gesellschaft in ein anderes Land verlegt worden sein. Fraglich ist

---

1403 Zur Anknüpfung an den gemeinsamen gewöhnlichen Aufenthalt s. eingehend Palandt/*Heldrich*, EGBGB 5, Rdnr. 10.

1404 S. MüKo/*Kreuzer*, I Vor Art. 38, Rdnr. 4.

1405 S. etwa *v. Bar/Vogt*, JA 1991, 73 (80); *Firsching/v. Hoffmann*, IPR, § 11, Rdnr. 8; *Kropholler*, IPR, 3. Aufl., S. 456; MüKo/*Kreuzer*, II Vor Art. 38, Rdnr. 6., m.w.N..

1406 Teilweise wurde ein gemeinsamer gewöhnlicher Aufenthalt, s. *Firsching/v. Hoffmann*, § 11, Rdnr. 8; so wohl auch *Reithmann/Martiny*, Internationales Vertragsrecht, Rdnr. 334, oder Wohnsitz, vgl. Soergel/*Lüderitz*, Anh I Art. 38, Rdnr. 26, für ausreichend gehalten. Andere forderten hingegen kumulativ die gleiche Staatsangehörigkeit und einen damit übereinstimmenden gleichen gewöhnlichen Aufenthalt, vgl. *v. Bar*, IPR II, Rdnr. 742.

1407 Vgl. *Busse*, Bereicherungsrecht, S. 262.

hier, auf welchen Zeitpunkt abzustellen ist. Das Geschehen wird in dem Moment rechtlich erheblich, in dem der geltend gemachte Bereicherungsanspruch entsteht.[1408] Der Zeitpunkt der Geltendmachung des Anspruchs ist hingegen unerheblich. Im Beispielsfall ist also der Ort, an dem die Hauptverwaltung ihren Sitz hatte, zu dem Zeitpunkt entscheidend, in dem erstmals alle Voraussetzungen für einen Verstoss gegen das Wettbewerbsrecht vorlagen, so dass der Bereicherungsanspruch des Konkurrenten gegeben war.

Im Ergebnis ist im Rahmen von Art. 41 Abs. 2 also auf den Moment abzustellen, in dem der Bereicherungsanspruch entstanden ist oder entstanden wäre. Dies gilt auch für Art. 41 Abs. 1.

2. Möglichkeit der Doppelanknüpfung

In Zusammenhang mit Art. 41 stellt sich die Frage, ob diese Vorschrift auch eine Verweisung auf zwei verschiedene oder mehrere Rechtsordnungen zulässt.

Diese Ungewissheit ergibt sich beispielsweise dann, wenn man mit *Lorenz*[1409] bei der Frage nach der kollisionsrechtlichen Behandlung von Weitergabekondiktionen[1410] davon ausgeht, dass ein Direktanspruch des Anspruchstellers gegen den Dritten nur dann gegeben ist, wenn sowohl das Statut des Rechtsverhältnisses zwischen dem Anspruchsteller und dem Erstempfänger als auch das Statut des Rechtsverhältnisses zwischen dem Erstempfänger und dem Dritten einen solchen Anspruch gewährt (sog. Kumulationslösung). Fraglich ist, ob sich eine solche „Doppelanknüpfung“ nach der IPR-Reform von 1999 auf der Basis des neuen Art. 41 noch realisieren lässt.
Der Wortlaut des Art. 41 scheint einer kumulativen Anknüpfung auf den ersten Blick nicht entgegenzustehen. Allerdings müsste dann zu dem Recht beider Staaten, an die angeknüpft werden soll, eine identisch gleich enge Verbindung bestehen. Dies dürfte aber schwer möglich sein, da das in Art. 41 verankerte Prinzip der engsten Verbindung eine Gesamtschau des Falles fordert, um auf dieser Grundlage eine wesentlich überzeugendere Anknüpfung zu finden, als sie die Art. 38 Abs. 1-3 zur Verfügung stellen. Zwischen den beiden zur Auswahl stehenden Rechten wird sich durch

---

[1408] So auch *Busse*, Bereicherungsrecht, S. 262.
[1409] S.o. Fn. 1045.
[1410] S.o. Dritter Teil C.II.3.j.dd(8).

Wertungen und Abwägungen immer ein (einziges) Recht herausarbeiten lassen, das am sachnächsten ist. Deshalb ist davon auszugehen, dass der Wortlaut des Art. 41 durch die Übernahme des Prinzips der engsten Verbindung mit der dargestellten Ausfüllung dieses Begriffs eine Kumulation der Rechte nicht zulässt.

Ferner ist eine solche kumulative Anknüpfung im gesamten EGBGB nicht vorgesehen. Der Gesetzgeber hätte Art. 41 wohl auch anders formuliert, wenn eine solche Möglichkeit zur Verfügung hätte gestellt werden sollen. Die Formulierung in Art. 41 Abs. 1 hätte etwa lauten müssen: „Besteht mit dem Recht oder den Rechten eines oder mehrerer Staaten eine wesentlich engere Verbindung als mit dem Recht, das nach den Artikeln 38 bis 40 Abs. 2 maßgebend wäre, so ist jenes Recht, bzw. sind jene Rechte anzuwenden.“.

Ferner wird die Ansicht der Doppelanknüpfung auch in der Praxis keinen Anklang finden. Für den Richter stellt es einen erhöhten Zeitaufwand dar, mehrere Rechte nebeneinander anzuwenden. Dem Richter ist auch nicht jede Rechtsordnung geläufig, und es bedarf zahlreicher Recherchen. Es ist also davon auszugehen, dass die Gerichte versuchen werden, über Art. 41 *ein* sachnächstes Recht zu berufen. Daneben kann es bei einer kumulativen Anwendung zu Normwidersprüchen auf Grund von Divergenzen im Umfang des Bereicherungsanspruchs in den verschiedenen Rechtsordnungen kommen. Die Normwidersprüche ließen sich durch eine Anpassung beheben. Nach herrschender Ansicht[1411] wäre dann wertend zu bestimmen, welche Rechtsordnung die maßgebliche ist. An dieser Stelle müsste dann eine Entscheidung zwischen mehreren Rechten getroffen werden, wie sie in Art. 41 schon vorgesehen war. Die Anwendung der Kumulationslösung zeigt, dass sich unter Umständen die Entscheidung zugunsten eines Rechts, wie sie Art. 41 fordert, nur in das anwendbare Sachrecht verlagert.

Aus diesen Gründen ist Art. 41 dahin zu verstehen, dass nur *eine* Rechtsordnung, zu der eine wesentlich engere Verbindung besteht, berufen werden kann.[1412]

1411 S. *v. Hoffmann*, IPR, § 6, Rdnr. 36.

1412 So vom Ergebnis auch *Fischer*, IPRax 2002, 1 (9); *Busse*, Bereicherungsrecht, S. 197, stellt fest, dass „die Frage einer Beachtlichkeit des Bereicherungswegfalls oder die Bestimmung des Erfüllungsorts nicht mehreren Rechtsordnungen überlassen werden kann“.

3. Art. 40 Abs. 3 EGBGB analog in den Fällen des Art. 41 EGBGB?

Im Schrifttum[1413] zum Kollisionsrecht der unerlaubten Handlung wird diskutiert, ob deliktische Ansprüche nach ausländischem Recht auch dann über Art. 40 Abs. 3 analog reglementiert werden dürfen, wenn die Anknüpfung nicht nach Art. 40 Abs. 1 oder Abs. 2, sondern über Art. 41 erfolgte. Art. 40 III betrifft offenbar nur Ansprüche aus dem Recht eines anderen Staates, das nach Art. 40 Abs. 1 und Abs. 2 anwendbar ist. Eine entsprechende ordre-public-Regelung für Ansprüche aus einem nach Art. 41 anwendbaren Recht sieht die EGBGB-Novelle nicht vor.[1414]

Die gleiche Frage kann man sich für das Bereicherungskollisionsrecht stellen: Gilt Art. 40 Abs. 3 analog auf bereicherungsrechtliche Fälle, in denen das anwendbare Recht über Art. 41 bestimmt wurde?

Die Ausgangssituation ist hier eine andere als im Internationalen Deliktsrecht. Wie oben bereits dargelegt wurde[1415], ist Art. 40 Abs. 3 analog schon nicht auf die Bereicherungsfälle anwendbar, die einer Grundanknüpfung nach Art. 38 Abs. 1-3 unterliegen. Insofern kann diese spezielle ordre-public-Klausel auch dann nicht gelten, wenn über Art. 41 eine wesentlich engere Verbindung besteht. Allerdings besteht auch hier die Möglichkeit, den Bereicherten über Art. 6 vor exorbitanten Ansprüchen zu schützen, wobei die Wertungen des Art. 40 Abs. 3 zu berücksichtigen sind.

VI. Zusammenfassung zur Anwendung der Ausweichklausel

1. Art. 41 bietet eine Möglichkeit zur Korrektur der Grundanknüpfungen aus Artt. 38-40. Für das Bereicherungskollisionsrecht ist wichtig, dass Art. 42 vom Anwendungsbereich der Vorschrift gem. Art. 41 Abs. 1 ausdrücklich ausgenommen ist. Obwohl eine Abweichung von der akzessorischen Anknüpfung der Leistungskondiktion vom Wortlaut des Art. 41 Abs. 1 und Abs. 2 Nr. 1 nicht ausgeschlossen ist, ist eine wesentlich engere Verbindung des Sachverhalts zu einem anderen Recht als zu dem Recht, das das Rechtsverhältnis beherrscht, auf das sich die Leistung bezog, nicht denkbar.

[1413] S.etwa *Sack*, WRP 2000, 269 (288).

[1414] Vgl. *Sack*, WRP 2000, 269 (288).

[1415] S.o. Dritter Teil D.I.3.c.

2. Die Generalklausel des Abs. 1 wird in Abs. 2 durch eine nicht abschließende Aufzählung von Regelbeispielen zur Erleichterung der Rechtsanwendung konkretisiert. Die aus Abs. 2 er-mittelte engere Verbindung ist aber nicht zwingend. Mit einem erhöhten Beweisaufwand kann von den Beispielsfällen abgewichen werden. Für eine akzessorische Ankúpfung nach Art. 41 Abs. 2 Nr. 1 1. Fall muss das maßgebliche Rechtsverhältnis nicht wirksam sein. Es ist ausreichend, wenn ein solches von den Beteiligten nur gemeinsam angestrebt wurde. Ein unwirksamer Schuldvertrag ist aber dann unbeachtlich, wenn sich die Vertragsnichtigkeit aus einer Anfechtung wegen Drohung ergibt. Eine wesentlich engere Verbindung können aber nicht nur Schuldverträge begründen, sondern auch drittvermittelte Rechtsverhältnisse, an denen die Beteiligten oder nur eine Partei nicht unmittelbar beteilgt sind, bzw. ist. Eine Anknüpfung an das Recht, das eine tatsächliche Beziehung zwischen den Parteien beherrscht gem. Art. 41 Abs. 2 Nr. 1 2. Fall, ist vor allem im Deliktsrecht von Bedeutung. Nach Art. 41 Abs. 2 Nr. 2 ist die lex domicilii vor den Grundanknüpfungen zu beachten, wenn der Daseinsmittelpunkt beider Parteien in demselben Staat liegt.

3. Bei der Ermittlung der rechtlichen oder tatsächlichen Beziehungen, auf die Abs. 2 Bezug nimmt, ist auf den Zeitpunkt abzustellen, in dem der Anspruch entstanden ist oder entstanden wäre.

4. Über Art. 41 kann nur *ein* Recht zur Anwendung berufen werden. Eine Doppelanknüpfung an zwei oder mehrere Rechte ist nicht zulässig. Exorbitante Bereicherungsansprüche, die das nach Art. 41 ermittelte ausändische Recht dem Entreicherten zuschreibt, können mit Hilfe des Art. 6 abgewehrt werden. Bei der Frage eines ordre pulic-Verstoßes sind aber die Wertungen des Art. 40 Abs. 3 zu beachten.

F. Renvoi[1416]

I. Einführung

Der Gesetzgeber hat keine Regelung hinsichtlich der Beachtlichkeit einer Rück- und Weiterverweisung getroffen. De lege ferenda hatte man ursprünglich mit der Einführung des Prinzips der Sachnormverweisung gerechnet, etwa durch einen Verweis auf Art. 35 Abs. 1[1417] oder durch eine Regelung in

[1416] Renvoi ist die Bezeichnung für Rück- und Weiterverweisungen.

[1417] Art. 35 Abs. 1 entspricht Art. 15 EVÜ.

einer eigenen Vorschrift wie beispielsweise in Art. 10 des Vorschlages des Deutschen Rates für Internationales Privatrecht[1418] von 1982. De lege lata war die Beachtlichkeit eines renvoi streitig.[1419]

Bei den außervertraglichen Schuldverhältnissen bestand kein völkerrechtlicher Zwang - wie bei Art. 35 Abs. 1 - zur Abweichung von der Grundregel des Art. 4 zu Rück- und Weiterverweisungen im allgemeinen Teil des Einführungsgesetzes zum Bürgerlichen Gesetzbuch. Der Gesetzgeber[1420] hielt vielmehr eine Lösung der Verweisungsfrage anhand des Art. 4, der sich seit der Neuregelung des Internationalen Privatrechts im Jahre 1986 in der Praxis bewährt hat, für möglich.

Nach Art. 4 Abs. 1 S. 1 ist bei einer Verweisung auf das Recht eines anderen Staates grundsätzlich auch dessen Internationales Privatrecht anzuwenden.[1421] Daraus ergibt sich auch[1422], dass eine Verweisung auf das deutsche Recht durch das nationale Kollisionsrecht zu einer Anwendung des materiellen deutschen Rechts führt. Das deutsche Sachrecht ist gem. Art. 4 Abs. 1 S. 2 auch dann anzuwenden, wenn das ausländische Internationale Privatrecht auf das deutsche Recht zurückverweist.[1423] Nach Abs. 1 S. 1 ist damit auch eine Weiterverweisung[1424] durch die Rechtsordnung, die das deutsche Kollisionsrecht berufen hat, zu beachten.

Der Grundsatz der Beachtlichkeit des renvoi steht allerdings unter einem doppelten Vorbehalt. Eine Ausnahme ist in den Fällen einer Rechtswahl (Art. 4 Abs. 2) zu machen, und wenn eine Beachtlichkeit des Renvoi dem Sinn der Verweisung widersprechen würde (Art. 4 Abs. 1 S. 1 letzter Halbsatz). Hier

---

[1418] Text abgedruckt im *Anhang* (S. 343 ff.).

[1419] S. etwa *v. Bar*, IPR II, Rdnr. 744.

[1420] S. BT-Dr. 14/343 v. 1.2.1999, 8.

[1421] Die Verweisung unter Einschluss des Internationalen Privatrechts wird als Gesamtverweisung oder bedingte Verweisung bezeichnet.

[1422] Art. 4 Abs. 1 S. 1: „Wird auf das Recht eines *anderen* Staates verwiesen, so ist auch dessen Internationales Privatrecht anzuwenden.“; Hervorhebung vom Verfasser.

[1423] Dieser Vorgang wird als Rückverweisung oder als renvoi au premier degré bezeichnet.

[1424] Die Weiterverweisung wird auch als renvoi au second degré bezeichnet.

ist von einer Verweisung auf Rechtsnormen der maßgebenden Rechtsordnung unter Ausschluss derjenigen des Internationalen Privatrechts auszugehen.[1425] Der Ausschluss des ausländischen Internationalen Privatrechts kann aber auch durch eine Kollisionsnorm selbst angeordnet werden, indem nur auf die Sachvorschriften verwiesen wird.[1426] Dies ist etwa im Rahmen von Art. 18 Abs. 1 der Fall.

II. Die Fälle im Einzelnen

1. Rechtswahl (Art. 42 EGBGB)

Art. 42 sieht die Möglichkeit einer Statutenbestimmung durch die Parteien für die außervertraglichen Schuldverhältnisse vor.[1427] Mit Blick auf die gesetzliche Regelung in Art. 4 Abs. 2 besteht über die Art der Verweisung bei einer Rechtswahl Einigkeit. Die Parteien können nur auf die Sachvorschriften eines anderen Staates verweisen.[1428] Dahinter verbirgt sich die Vorstellung, dass nur die Wahl eines Sachrechts den Parteiinteressen entspricht, während demgegenüber die Zulassung der Gesamtverweisung zu einer nicht hinnehmbaren Unsicherheit hinsichtlich des anwendbaren Rechts führt.[1429]

2. Leistungskondiktion (Art. 38 Abs. 1 EGBGB)

Bei den Leistungskondiktionen, die unter Art. 38 Abs. 1 zu subsumieren sind, gibt es keine Art. 35 entsprechende Regelung. Aber auch in diesen Fällen

---

[1425] Macht das deutsche IPR die Anwendbarkeit ausländischen Rechts nicht von der Zustimmung durch dessen IPR abhängig, so spricht man von einer Sachnormverweisung oder von einer unbedingten Verweisung.

[1426] S. Art. 3 Abs. 1 S. 2; BT-Dr. 10/504 v. 20.10.1983, 35, 38.

[1427] S.o. Dritter Teil B..

[1428] Vgl. auch BT-Dr. 14/343 v. 1.2.1999, 8; *v. Bar*, IPR II, Rdnr. 744; Erman/*Hohloch*, EGBGB Art. 38, Rdnr. 6; *Huber*, JA 2000, 65 (72); *Kreuzer*, RabelsZ 2001, 383 (395); *Lorenz*, FS Zweigert, S. 199 (231); MüKo/*Kreuzer*, I Vor Art. 38, Rdnr. 5; Palandt/*Heldrich*, EGBGB 38, Rdnr. 1; *Reithmann/Martiny*, Internationales Vertragsrecht, Rdnr. 335; *Schaub*, RabelsZ 2002, 18 (63); *Sonnentag*, Renvoi, S. 241 ff.; *Spickhoff*, NJW 1999, 2209 (2212); *Staudinger*, DB 1999, 1589 (1590).

[1429] Vgl. BT-Dr. 10/504 v. 20.10.1983, 20, 39; kritisch dazu *Freitag/Leible*, ZVglRWiss 2000, 101 (140).

liegt nach den Materialien[1430] eine Sachnormverweisung vor, da eine Beachtlichkeit des renvoi dem Sinn der Verweisung widerspricht.[1431] Das entspricht der Auffassung, die in der Literatur[1432] - jedenfalls seit dem IPRG 1999 - herrscht. Dies ergibt sich für Grundverhältnisse, in denen ein Renvoi nicht beachtet wird, schon aus der Anlehnung an das für dieses Verhältnis geltende Recht.[1433] Aber auch darüber hinaus sollten auf Leistungskondiktionen die Sachvorschriften anwendbar sein, die das Grundverhältnis beherrschen. Dadurch wird ein Gleichlauf mit dem Grundverhältnis gesichert, der durch eine isolierte Berücksichtigung eines renvoi für die Rückabwicklung nicht durchbrochen werden darf, falls ein ausländisches Recht eine Rück- oder Weiterverweisung isoliert aussprechen sollte.[1434] Aus Gründen der Klarstellung hielt es *Schlechtriem*[1435] deshalb für sachdienlich in das Gesetz das Wort »Sachrecht« aufzunehmen.

[1430] S. BT-Dr. 14/343 v. 1.2.1999, 8.

[1431] S. auch § 46 Satz 2 des österreichischen IPR-Gesetzes, abgedruckt im *Anhang* (S. 343 ff.), der festhält, dass eine Rück- oder Weiterverweisung nicht stattfindet.

[1432] S. *v. Bar*, IPR II, Rdnr. 744; *Busse*, Bereicherungsrecht, S. 211; ders., RIW 1999, 16 (21); Erman/*Hohloch*, EGBGB Art. 38, Rdnr. 5; *Kreuzer*, RabelsZ 2001, 383 (395); MüKo/*Kreuzer*, I Vor Art. 38, Rdnr. 6; Palandt/*Heldrich*, EGBGB 38, Rdnr. 1; *Plaßmeier*, Bereicherung, S. 329; *Rauscher*, IPR, S. 267; *Reithmann/Martiny*, Internationales Vertragsrecht, Rdnr. 335; *Schlechtriem*, Bereicherungsansprüche, S. 29 (43); ders., IPRax 1995, 65 (70); Soergel/*Lüderitz*, Anh I Art 38, Rdnr. 55; *Sonnentag*, Renvoi, S. 200 f.; *Spickhoff*, NJW 1999, 2209 (2212); *Staudinger*, DB 1999, 1589 (1590); Staudinger/*v. Hoffmann/Fuchs*, Art 38 EGBGB, Rdnr. 35; so wohl auch *Lorenz*, FS Zweigert, S. 199 (231); **a.A.** etwa IPG 1973, Nr. 7 (Köln); 38 (49); IPG 1973, Nr. 8 (Heidelberg), 53 (58).

[1433] Vgl. *v. Bar*, IPR II, Rdnr. 744; *Busse*, Bereicherungsrecht, S. 211; Soergel/*Lüderitz*, Anh I Art 38, Rdnr. 55.

[1434] S. *Schlechtriem*, Bereicherungsansprüche, S. 29 (43): „Entscheidend für die Ablehnung jeglicher Rück- oder Weiterverweisung spricht auch hier, daß sie der Gefahr von »Gabelungen« und Vervielfältigungen der auf die Rückabwicklung anwendbaren Rechtsordnung vorbeugt."; zustimmend *Fischer*, IPRax 2002, 1 (9); Palandt/*Heldrich*, Vorbem v EGBGB 38, Rdnr. 3.

[1435] S. *Schlechtriem*, Bereicherungsansprüche, S. 29 (43).

3. Eingriffskondiktion (Art. 38 Abs. 2 EGBGB)

Bei der Eingriffskondiktion des Art. 38 Abs. 2 wird dagegen gem. Art. 4 Abs. 1 S. 1 grundsätzlich eine Gesamtverweisung angenommen.[1436] Die Eingriffskondiktion sollte aber wegen ihrer Affinität zum Deliktsrecht der Regelung des renvoi im Kollisionsrecht der unerlaubten Handlung[1437] folgen.[1438] Art. 40 Abs. 1 enthält jedoch ebenfalls eine Gesamtverweisung. Der angestrebte umfassende Gleichlauf deliktischer und bereicherungsrechtlicher Ansprüche würde kontakariert, wenn man die Beachtlichkeit des renvoi für den Bereicherungsanspruch im ausländischen Recht losgelöst von der deliktischen Renvoiregel des berufenen Rechts beurteilt.

Eine isolierte Rück- oder Weiterverweisung im Bereicherungsrecht ist deshalb nicht anzunehmen, da dies dem Sinn der Verweisung (Art. 4 Abs. 1 S. 1) widersprechen würde.[1439]

4. Sonstige Nichtleistungskondiktionen (Art. 38 Abs. 3 EGBGB)

Für die sonstigen Nichtleistungskondiktionen des Art. 38 Abs. 3 hat *Schlechtriem*[1440] einen Renvoi für ausgeschlossen gehalten, und zwar wegen der Dominanz des Ortes, an dem die Bereicherung eingetreten ist.

Eine Abweichung von dem Grundsatz der Gesamtverweisung könnte hier aber nur mit dem Sinn der Verweisung (Art. 4 Abs. 1 S. 1) begründet werden. Der Zweck der Anknüpfung an den Bereicherungseintrittsort liegt im

---

[1436] Vgl. *v. Bar*, IPR II, Rdnr. 744; Erman/*Hohloch*, EGBGB Art. 38, Rdnr. 5; *Fischer*, IPRax 2002, 1 (9); MüKo/*Kreuzer*, I Vor Art. 38, Rdnr. 7; *Schlechtriem*, IPRax 1995, 65 (70); *Spickhoff*, NJW 1999, 2209 (2212); so wohl auch *Staudinger*, DB 1999, 1589 (1590); offen lassend *Reithmann/Martiny*, Internationales Vertragsrecht, Rdnr. 336; **a.A.** *Rauscher*, IPR, S. 267.

[1437] S. dazu *v. Hein*, ZVglRWiss 2000, 251 ff..

[1438] S. *v. Bar*, IPR II, Rdnr. 744; *Busse*, RIW 1999, 16 (21); *Fischer*, IPRax 2002, 1 (9); *Schlechtriem*, Bereicherungsansprüche, S. 29 (43); ders., IPRax 1995, 65 (70); Staudinger/*v. Hoffmann/Fuchs*, Art 38 EGBGB, Rdnr. 36.

[1439] S. *Busse*, Bereicherungsrecht, S. 212 f.; *Fischer*, IPRax 2002, 1 (9); *Plaßmeier*, Bereicherung, S. 329 f.; **a.A.** Palandt/*Heldrich*, EGBGB 38, Rdnr. 1.

[1440] Vgl. *Schlechtriem*, IPRax 1995, 65 (70); im Ergebnis so auch *Rauscher*, IPR, S. 267.

Schuldnerschutz.[1441] Zur umfassenden Sicherung des Schuldners, der die Bereicherung oft ohne eigenes Zutun oder aufgedrängt erhält, könnte man an eine Sachnormverweisung denken. Dies ist aber nur notwendig, wenn andere Länder den Schuldnerschutz nicht in gleicher Weise berücksichtigten. Wie *Lorenz*[1442] aber feststellt, ist die Anknüpfung an den Eingriffsort durchaus verbreitet, so dass es zu Vereitelung der Zwecke der deutschen Vorschrift nur in den seltensten Fällen kommen wird. Ferner muss es der ausländischen Rechtsordnung überlassen werden, den mit Art. 38 Abs. 3 verfolgten Schuldnerschutz auf andere Weise zu gewährleisten. Nicht jede Abweichung vom Zweck der deutschen Kollisionsnorm kann einen Sinnwiderspruch im Sinne von Art. 4 Abs. 1 S. 1 nach sich ziehen, da sonst dessen Ausnahme zur Regel würde.[1443]

Aus diesen Gründen ist auch bei den sonstigen Kondiktionen im Sinne von Art. 38 Abs. 3 von einer Gesamtverweisung auszugehen.[1444]

5. Wesentlich engere Verbindung (Art. 41 EGBGB)

Wird nach der Ausweichklausel des Art. 41 an eine wesentlich engere Verbindung angeknüpft, so ist man sich bei der Bestimmung der Art der Verweisung nicht einig. Während *Huber*[1445] die Annahme einer Sachnorm-

---

[1441] S.o. Dritter Teil D.II.2.

[1442] S. *Lorenz*, FS Zweigert, S. 199 (231 f.); Staudinger/*Lorenz*, § 812, Rdnr. 128.

[1443] *Fischer*, IPRax 2002, 1 (10).

[1444] S. *v. Bar*, IPR II, Rdnr. 744; *Busse*, Bereicherungsrecht, S. 213; Erman/*Hohloch*, EGBGB Art. 38, Rdnr. 5; *Fischer*, IPRax 2002, 1 (10); MüKo/*Kreuzer*, I Vor Art. 38, Rdnr. 7; Palandt/*Heldrich*, EGBGB 38, Rdnr. 1; Staudinger/*v. Hoffmann/Fuchs*, Art 38 EGBGB, Rdnr. 37; so wohl auch *Staudinger*, DB 1999, 1589 (1590); *Reithmann/Martiny*, Internationales Vertragsrecht, Rdnr. 336, lassen die Frage hingegen offen.

[1445] S. *Huber*, JA 2000, 67 (72 f.); so auch *Bauer*, Renvoi, S. 251; *Busse*, Bereicherungsrecht, S. 214; Erman/*Hohloch*, BGB, 9. Auf., Art. 38 EGBGB, Rdnr. 20; *v. Hoffmann*, IPRax 1996, 1 (7); MüKo/*Kreuzer*, I Vor Art. 38, Rdnr. 5; *Rauscher*, IPR, S. 269; *Schaub*, RabelsZ 2002, 18 (63); Staudinger/*Hausmann*, Art. 4 EGBGB, Rdnr. 97; unklar Staudinger/*v. Hoffmann/Fuchs*, Art 38 EGBGB, Rdnr. 37; s. auch Art. 10 Abs. 1 des Vorschlages des deutschen Rates für IPR, abgedruckt im *Anhang* (S. 343 ff.); das *Max-Planck-Institut für ausländisches und internationales Privatrecht*, RabelsZ 1983, 595 (607), hält die Berufung der engsten Verbindung generell für renvoi-feindlich.

verweisung für den gesamten Art. 41 vertritt, gehen andere[1446] nur im Rahmen von Art. 41 Abs. 1 und Abs. 2 Nr. 1 von einer unbedingten Verweisung aus. *Fischer*[1447] betrachtet hingegen nur Art. 41 Abs. 2 Nr. 1 als Sachnormverweisung, da der Gesetzgeber in der Begründung zum Gesetzesentwurf[1448] nur diesen Bereich des Art. 41 von dem Grundsatz der Gesamtverweisung ausdrücklich ausgenommen hat.

Richtig ist zunächst, dass eine Sachnormverweisung anzunehmen ist, wenn eine wesentlich engere Beziehung zu einer rechtlichen oder tatsächlichen Beziehung zwischen den Beteiligten gem. Art. 41 Abs. 2 Nr. 1 besteht. Der Bereicherungsanspruch soll akzessorisch dem Statut dieser Beziehung folgen. Hier kann nicht anderes gelten als in Zusammenhang mit der Leistungskondiktion, die ebenfalls akzessorisch angeknüpft wird. Der isolierte renvoi ist auszuschliessen, um den Gleichlauf mit dem zugrundeliegenden Rechtsverhältnis nicht zu zerstören.

Im Weiteren überzeugt die Differenzieung zwischen Art. 41 Abs. 1 und Abs. 2 Nr. 2 nicht. Der Grund für diese Unterscheidung wird darin gesehen, dass es sich bei Nr. 2 um eine typisierende, nicht um eine einzelfallbezogene Anknüpfung handelt, während bei Abs. 1 unter Verzicht auf typisierende Kriterien das für den konkreten Fall sachnächste Recht unter Würdigung sämlicher Umstände berufen wird.[1449] Zu beachten ist aber, dass der gemeinsame gewöhnliche Aufenthalt nur indizielle Wirkung für die Annahme einer wesentlich engeren Verbindung entfaltet. Dieses Kriterium *kann* eine engere Verbindung begründen, muss aber nicht. Trotz Vorliegens des Indizes muss also überprüft werden, ob das Recht am gemeinsamen gewöhnlichen Aufenthalt das sachnächste Recht darstellt. Damit erfolgt auch im Rahmen von Art. 41 II Nr. 2 eine Würdigung aller Umstände des Einzelfalls, um die engere Verbindung zu dem gemeinsamen gewöhnlichen Aufenthalt zu begründen. Der erforderliche Prüfungsumfang in beiden Absätzen unterscheidet sich also nicht. Diese Prüfungsarbeit wird aber wieder aufgehoben, wenn man

---

1446 Vgl. *Kreuzer*, RabelsZ 2001, 383 (431); Palandt/*Heldrich*, EGBGB 41, Rdnr. 2, EGBGB 4, Rdnr. 9; kritisch Erman/*Hohloch*, EGBGB Art. 41, Rdnr. 4; so wohl auch *Sonnenberger*, Renvoi, S. 200 f., 179; zumindest für eine Sachnormverweisung im Rahmen von Art. 41 Abs. 2 Nr. 1: *Freitag/Leible*, ZVglRWiss 2000, 101 (139 f.).

1447 Vgl. *Fischer*, IPRax 2002, 1 (10).

1448 S. BT- Dr. 14/343 v. 1.2.1999, 8.

1449 S. *Fischer*, IPRax 2002, 1 (10); Palandt/*Heldrich*, EGBGB 41, Rdnr. 2; *Sonnentag*, Renvoi, S. 179.

mit einer Beachtlichkeit eines renvoi die Rück- oder Weiterverweisung auf ein anderes Recht zulässt.[1450] Die Annahme einer Gesamtverweisung widerspricht damit dem Sinn der Verweisung (Art. 4 I 1, letzter Hs.). Diese Meinung wird etwa auch zu Art. 14 Abs. 1 Nr. 3 vertreten, wo der Gesetzgeber ebenfalls an die engste Verbindung anknüpft.[1451] Art. 14 Abs. 1 Nr. 3 steht aber am Ende der *Kegel'schen Leiter*. Es handelt es sich dort - im Gegensatz zu Art. 41[1452] - um eine subsidiäre, hilfsweise Anknüpfung an die engste Verbindung[1453], so dass die Beachtlichkeit des renvoi dort mit guten Gründen angenommen werden kann.[1454]

Im Ergebnis bleibt festzuhalten, dass es sich um eine Sachnormverweisung handelt, wenn die Verweisung von Art. 41 ausgesprochen wird.

III. Verweisung auf eine Rechtsordnung mit Rechtsspaltung

Im Referentenentwurf vom 15. Mai 1984[1455] heißt es in Art. 42 Abs. 2: „Die Artikel 35 und ... gelten entsprechend.“. Art. 35 Abs. 2[1456] legt fest, dass sich Verweisungen auf Mehrrechtsstaaten ohne Einschaltung des interlokalen Rechts des Gesamtstaats - insoweit abweichend von Art. 4 Abs. 3[1457] - unmittelbar auf die betreffende Teilrechtsordnung beziehen. Von dem Verweis auf diese Vorschrift für die außervertraglichen Schuldverhältnisse hat man jedoch wieder Abstand genommen, so dass die allgemeine Regel des Art. 4 Abs. 3 für die Fälle der Verweisung auf eine Rechtsordnung mit Rechtspaltung heranzuziehen ist.

1450 So auch *Kreuzer*, RabelsZ 2001, 383 (431): „Bei der berichtigenden Berufung nach Art. 41 EGBGB handelt es sich jedoch um eine individualisierende Statutbestimmung, die nicht durch eine »blinde« Überantwortung an ein fremdes Kollisionsrecht wieder aufgehoben werden darf.“.

1451 S. etwa Erman/*Hohloch*, EGBGB Art. 4, Rdnr. 18; Palandt/*Heldrich*, EGBGB 14, Rdnr. 3, EGBGB 4, Rdnr. 8.

1452 Die engste Verbindung stellt bei Art. 41 ein stärkeres Anknüpfungsmoment als das der Grundregel dar, s. *Fischer*, IPRax 2002, 1 (10).

1453 S. *v. Hoffmann*, IPR, § 8, Rdnr. 23.

1454 Dafür *v. Bar*, IPR I, Rdnr. 208 m.w.N.; *Kropholler*, IPR, S. 338.

1455 Text abgedruckt im *Anhang* (S. 343 ff.); s. auch Art. 10 Abs. 2 GEDIP-E, Text ebenfalls abgedruckt im *Anhang* (S. 343 ff.); zum GEDIP-E s.o. Zweiter Teil A.II.2.b, C.III.1.

1456 Art. 35 Abs. 1 entspricht Art. 15 EVÜ; Abs. 2 entspricht Art. 19 Abs. 1 EVÜ.

1457 S. dazu allgemein *v. Hoffmann*, IPR, § 6, Rdnrn. 117 ff..

Busse[1458] merkt jedoch kritisch an, dass das Nebeneinander der beiden Vorschriften zur Rechtsspaltung dann nicht unproblematisch ist, wenn Ansprüche aus beiden Regelungsmaterien kollisionsrechtlich voneinander abhängig sind. Dies ist etwa bei einer Zuvielleistung im Rahmen eines Schuldvertrages möglich, deren bereicherungsrechtliche Rückabwicklung Art. 38 Abs. 1 und nicht Art. 32 Abs. 1 Nr. 5, für den Art. 35 II unmittelbar gilt, unterliegt. Das Gleiche gilt für die Fälle, in denen das Kondiktionsbegehren auf einem versteckten Dissens beruht. In beiden Fallgruppen erfolgt eine akzessorische Anknüpfung an das Vertragsstatut. *Busse*[1459] und das *MPI*[1460] gehen davon aus, dass in diesen Fällen Art. 4 Abs. 3 von Art. 35 Abs. 2 verdrängt wird, obwohl Art. 38 Abs. 1 nicht im Abschnitt der vertraglichen Schuldverhältnisse steht. Zu bedenken ist ferner, dass Art. 38 Abs. 1 durch die akzessorische Anknüpfung die Entscheidung über das anwendbare Recht den Vorschriften überlässt, die das Statut des Vertrages bestimmen. Art. 38 Abs. 1 „verweist“ damit umfassend auf die Artt. 27 ff.. Art. 35 Abs. 2 ist eine Vorschrift, die zur Ermittlung des auf den Vertrag anwendbaren Rechts gehört. Bei Aufrechterhaltung der strengen Akzessorietät muss Art. 38 Abs. 1 für die Fälle einer akzessorischen Anknüpfung an das Vertragsstatut Art. 35 Abs. 2 damit mit umfassen. Dadurch wird eine einheitliche Behandlung der Leistungskondiktionen gesichert, in denen ein Vertrag zwischen den Personen Kondiktionsgrund ist.

Bei einer Verweisung auf einen Mehrrechtsstaat beurteilt also Art. 35 Abs. 2 das weitere Vorgehen, wenn die Verweisung von Art. 38 Abs. 1 i.V.m. Artt. 27 ff. ausgesprochen wird. In allen anderen Fällen ist Art. 4 Abs. 3 heranzuziehen.

IV. Zusammenfassung zum renvoi

Für den zweiten Unterabschnitt des fünften Abschnitts gilt gem. Art. 4 Abs. 1 S. 1 der Grundsatz der Gesamtverweisung. Folglich ist nur in Ausnahmefällen von einer Verweisung auf eine ausländische Rechtsordnung unter Ausschluss der Vorschriften des Internationalen Privatrechts auszugehen.

[1458] S. *Busse*, Bereicherungsrecht, S. 261 f..

[1459] Vgl. *Busse*, Bereicherungsrecht, S. 261 f.; ders., RIW 1999, 16 (20).

[1460] S. *MPI*, Unveröffentlichte Stellungnahme, D. II. 2. c., S. 34.

Ein solcher Sonderfall ist bei einer Rechtswahl der Parteien gem. Art. 42, bei den Leistungskondiktionen des Art. 38 Abs. 1 und bei einer Verweisung auf das Recht der engeren Verbin-dung gem. Art. 41 gegeben.

Bei der Eingriffskondiktion ist demgegenüber in Anlehnung an das Kollisionsrecht der unerlaubten Handlung ein renvoi zu beachten. Um den Gleichlauf von bereicherungsrechtlichen und deliktischen Ansprüchen zu gewährleisten, ist aber kein isolierter renvoi für die Rückabwicklung möglich. Die sonstigen Nichtleistungskondiktionen des Art. 38 Abs. 3 sind Gesamtverweisungen.

Bei einer Verweisung auf das Recht eines Mehrrechtsstaates ist grundsätzlich die allgemeine Regel des Art. 4 Abs. 3 zu beachten. Wird die Verweisung aber von Art. 38 Abs. 1 i.V.m. Artt. 27 ff. ausgesprochen, so beurteilt sich das weitere Vorgehen nach Art. 35 Abs. 2.

G. Reichweite des Bereicherungsstatuts

Art. 32[1461] und Art. 37[1462] schreiben den Geltungsbereich des auf den Vertrag anzuwendenden Rechts fest. Im zweiten Unterabschnitt hat der Gesetzgeber, der in diesem Rahmen nicht an staatsvertragliche Vorgaben gebunden war, hingegen auf eine gesetzliche Festlegung des Umfangs des Bereicherungsstatuts[1463] verzichtet.[1464] Diese Entscheidung beruht auf der Erwägung, dass

---

[1461] S.o. Fn. 495.

[1462] S.o. Fn. 676.

[1463] Der Umfang des Statuts der GoA und des Deliktsstatuts ist ebenfalls nicht geregelt worden.

[1464] Die Europäische Kommission hat in ihrem Vorschlag, im Gegensatz zum Vorentwurf, zu Rom II nicht auf eine Festlegung der Reichweite des Statuts, das die außervertraglichen Schuldverhältnisse beherrscht, verzichtet (Art. 11 K-V). Auch die Stellungnahme der Hamburg Group of Private International Law, Stellungnahme zum Vorentwurf der Kommission für einen Rechtsakt Rom II, http://www.mpipriv_hh.mpg.de/ = http:// europa.eu.int/comm/justice_home/news/consulting_public/rome_ii/ wai/news_summary_rome2_en.htm , S. 31 , sieht einen eigenständigen Artikel *(Art. 10 a – Scope of the law applicable to non-contractual obligations arising out of unjust enrichment)* zum Umfang des Bereicherungsstatuts vor. Andere kritisierten das Fehlen einer solchen Vorschrift im Vorentwurf, s. etwa die Stellungnahme von *A. Dickinson*, http: //europa.eu.int/comm/justice_home/news/consulting_public/rome_ii/wai/news_summary_ rome2_en.htm, S. 8.

eine gesetzliche Regelung nicht für notwendig gehalten wurde[1465] und eine Festlegung des Umfangs weiterhin Judikatur und Wissenschaft überlassen werden sollte. Über die Reichweite des Bereicherungsstatuts besteht heute Einigkeit. Das berufene Statut herrscht danach über die Voraussetzungen[1466] (einschließlich etwaiger Kondiktionssperren[1467]), Inhalt[1468] und Umfang[1469] (beispielsweise Verzinsung[1470]) sowie die Rechtsfolgen des Anspruchs, einschließlich der Frage nach dem möglichen Wegfall[1471] der Bereicherung.[1472]

[1465] Einzig im Entwurf der Bundesregierung hatte man erwogen, durch eine Verweisung auf Art. 37 Nr. 2 die Unanwendbarkeit der Artt. 38 ff. auf gesellschaftsrechtliche Fragen klarzustellen, s. BT-Dr. 14/343 v. 1.2.1999, 15; *Busse* , Bereicherungsrecht, S. 261.

[1466] S. *Einsele*, JZ 1993, 1025 (1026); MüKo/*Kreuzer*, I Vor Art. 38, Rdnr. 8; ders., RabelsZ 2001, 383 (404); *Reithmann/Martiny*, Internationales Vertragsrecht, Rdnr. 338; *Schlechtriem*, Bereicherungsansprüche, S. 29 (42); ders., IPRax 1995, 65 (70); Staudinger/*v. Hoffmann/Fuchs*, Art 38 EGBGB, Rdnr. 5.

[1467] Im deutschen Recht ist an §§ 814, 815, 817 S. 2 BGB zu denken, s. *Staudinger*, DB 1999, 1589 (1589).

[1468] Vgl. *Busse*, Bereicherungsrecht, S. 233; *Einsele*, JZ 1993, 1025 (1026); MüKo/*Kreuzer*, I Vor Art. 38, Rdnr. 8; ders., RabelsZ 2001, 383 (404); Palandt/*Heldrich*, EGBGB 38, Rdnr. 5; *Reithmann/Martiny*, Internationales Vertragsrecht, Rdnr. 338; Staudinger/*v. Hoffmann/Fuchs*, Art 38 EGBGB, Rdnr. 5; *Schlechtriem*, Bereicherungsansprüche, S. 29 (42 f.); ders., IPRax 1995, 65 (70).

[1469] Vgl. *Busse*, Bereicherungsrecht, S. 233; *Einsele*, JZ 1993, 1025 (1026); MüKo/*Kreuzer*, I Vor Art. 38, Rdnr. 8; ders., RabelsZ 2001, 383 (404); *Reithmann/ Martiny*, Internationales Vertragsrecht, Rdnr. 338; *Schlechtriem*, Bereicherungsansprüche, S. 29 (42 f.); ders., IPRax 1995, 65 (70); Soergel/*Lüderitz*, Anh I Art 38, Rdnr. 52; *Staudinger*, DB 1999, 1589 (1589); Staudinger/*v. Hoffmann/Fuchs*, Art 38 EGBGB, Rdnr. 5.

[1470] S. *Busse*, Bereicherungsrecht, S. 234; Soergel/*Lüderitz*, Anh I Art 38, Rdnr. 59.

[1471] S. *v. Bar*, IPR II, Rdnr. 745; *Busse*, Bereicherungsrecht, S. 233; Erman/*Hohloch*, EGBGB Art. 38, Rdnr. 15; MüKo/*Kreuzer*, I Vor Art. 38, Rdnr. 8; ders., RabelsZ 2001, 383 (404); Palandt/*Heldrich*, EGBGB 38, Rdnr. 5; *Reithmann/Martiny*, Internationales Vertragsrecht, Rdnr. 338; *Schlechtriem*, Bereicherungsansprüche, S. 29 (42); ders., IPRax 1995, 65 (70); *Staudinger*, DB 1999, 1589 (1589); Staudinger/*v. Hoffmann/Fuchs*, Art 38 EGBGB, Rdnr. 5.

[1472] S. *v. Bar*, IPR II, Rdnr. 745; Erman/*Hohloch*, EGBGB Art. 38, Rdnr. 15; MüKo/*Kreuzer*, I Vor Art. 38, Rdnr. 8; ders., RabelsZ 2001, 383 (404); Palandt/*Heldrich*, EGBGB 38, Rdnr. 5; *Reithmann/Martiny*, Internationales Vertragsrecht, Rdnr. 338; *Schlechtriem*, Bereicherungsansprüche, S. 29 (42 f.); ders., IPRax 1995, 65 (70); Soergel/*Lüderitz*, Anh I Art 38, Rdnr. 52; *Staudinger*, DB 1999, 1589 (1589); Staudinger/*v. Hoffmann/Fuchs*, Art 38 EGBGB, Rdnr. 5.

Ferner bestimmt das Bereicherungsstatut über den Vorrang einer Leistungskondiktion gegenüber einer Nichtleistungskondiktion.[1473] Außerdem werden alle Fragen der Abwicklung eines solchen Anspruchs und seiner Modalitäten erfasst; dazu rechnet dessen Verjährung[1474] ebenso wie die Entscheidung über Leistungsort und -zeit und vergleichbare Fragen[1475].

[1473] Vgl. *v. Bar*, IPR II, Rdnr. 745; *Reithmann/Martiny*, Internationales Vertragsrecht, Rdnr. 338; *Schlechtriem*, IPRax 1995, 65 (70); so wohl auch *Kreuzer*, RabelsZ 2001, 383 (404), der dem Bereicherungsstatut die Frage nach dem „Verhältnis der einzelnen Kondiktionsansprüche" überlässt; **a.A.** *Busse*, Bereicherungsrecht, S. 234.

[1474] S. *v. Bar*, IPR II, Rdnr. 745; *Busse*, Bereicherungsrecht, S. 234; Erman/*Hohloch*, EGBGB Art. 38, Rdnr. 15; Soergel/*Lüderitz*, Anh I Art 38, Rdnr. 59.

[1475] Zum Beispiel Fristlaufbestimmungen und Präklusionsbestimmungen, s. Erman/*Hohloch*, EGBGB Art. 38, Rdnr. 15.

Vierter Teil

Internationales Zivilverfahrensrecht
- Internationale Zuständigkeit -

A. Einführung

Die Zuständigkeit eines Gerichts ist eine von Amts wegen zu prüfende Prozessvoraussetzung, von der und anderen Voraussetzungen die Zulässigkeit der Klage abhängt. Bei Klagen auf Herausgabe einer ungerechtfertigten Bereicherung vor einem deutschen Gericht, bei denen der Sachverhalt einen Ausandsbezug aufweist, ist zunächst die internationale Zuständigkeit des deutschen Gerichts zu überprüfen. Die Regelung der internationalen Zuständigkeit ist eine Aufgabe des Internationalen Zivilverfahrensrechts. Verneint das Gericht die internationale Zuständigkeit, dann ist die Klage als unzulässig abzuweisen. Eine Verweisung an ein ausländisches Gericht findet nicht statt.[1476]

Regelungen über die Jurisdiktionssphäre der Gerichte in bi- und multilateralen Abkommen oder in Rechtsakten der Europäischen Gemeinschaften gehen den Zuständigkeitsvorschriften der deutschen Zivilprozessordnung vor. Für Klagen wegen ungerechtfertigter Bereicherung ist vor allem die „Verordnung des Europäischen Rates über die gerichtliche Zuständigkeit und die Anerkennung und Vollstreckung von Entscheidungen in Zivil- und Handelssachen“ (EuGVO)[1477] vom 22. Dezember 2000 von Bedeutung, die in ihrem Geltungsbereich das multilaterale „Brüsseler EWG-Übereinkommen über die gerichtliche Zuständigkeit und die Vollstreckung gerichtlicher Entscheidun gen in Zivil- und Handelssachen“[1478] (EuGVÜ) im Verhältnis der Mitgliedstaaten zueinander[1479] ersetzt hat (Art. 68 EuGVO).

[1476] S. Zöller/*Geimer*, IZPR, Rdnr. 95.

[1477] Verordnung (EG) Nr. 44/2001 des Rates vom 22.12.2000 über die gerichtliche Zuständigkeit und die Anerkennung und Vollstreckung von Entscheidungen in Zivil- und Handelssachen, ABl. EG 2001 L 12/1 mit Berichtigung in ABl. EG L 307/28 = *Jayme/ Hausmann*, Privat- und Verfahrensrecht, Nr. 160; in Kraft seit dem 1.3.2002; s. dazu *Geimer*, IPRax 2002, 69 ff.; *v. Hoffmann*, IPR, § 3, Rdnrn. 182 ff.; *Jayme/Kohler*, IPRax 2002, 461 (464 ff.); *Wagner*, IPRax 2002, 75 ff.; zur Vorgeschichte der Berichtigung *Droz/Gaudemet-Tallon*, rev.crit.dr.int.priv. 2001, 601 (617 ff.).

[1478] „Brüsseler EWG-Übereinkommen über die gerichtliche Zuständigkeit und Vollstreckung in Zivil- und Handelssachen v. 27.06.1968“, abgedruckt bei *Jayme/ Hausmann*, Privat- und Verfahrensrecht, 10. Aufl., Nr. 150; Geltung beansprucht ferner das parallele „Lugano-Übereinkommen über die gerichtliche Zuständigkeit und Vollstreckung gerichtlicher Entscheidungen in Zivil- und Handelssachen v. 24.10.1988“ (LugÜ), abgedruckt bei *Jayme/Hausmann*, Privat- und Verfahrensrecht, Nr. 152.

Ansonsten ist auf das autonome deutsche Zivilprozessrecht zurückzugreifen. Nach dem Grundsatz der Doppelfunktion der Regeln über die örtliche Zuständigkeit[1480] ist die internationale Zuständigkeit in analoger Anwendung der Regeln über die örtliche Zuständigkeit zu bestimmen, sofern die internationale Zuständigkeit nicht ausdrücklich geregelt wurde[1481]. Die örtliche Zuständigkeit indiziert daher die internationale Zuständigkeit.[1482]

Der folgende Teil soll einen Überblick über die Gerichtsstände für die Geltendmachung bereicherungsrechtlicher Ansprüche geben. In diesem Zusammenhang kommen neben dem allgemeinen Gerichtsstand (Art. 2 EuGVO/EuGVÜ; §§ 12, 13, 17 ZPO[1483]) vor allem der Gerichtsstand des Erfüllungsortes (Art. 5 Nr. 1 EuGVO/EuGVÜ; § 29 ZPO) und der Gerichtsstand der unerlaubten Handlung (Art. 5 Nr. 3 EuGVO/EuGVÜ; § 32 ZPO) in Frage.

B. Gerichtsstände

I. Gerichtsstand des Erfüllungsortes

1. Art. 5 Nr. 1 EUGVO/EuGVÜ

Artt. 5 ff. EuGVO erweitern die Gerichtspflichtigkeit des Beklagten über den allgemeinen Gerichtsstand des Art. 2 Abs. 1 EuGVO hinaus. In Theorie und

---

1479 Das EuGVÜ gilt nur noch im Verhältnis der Mitgliedstaaten zu Dänemark, das an der EuGVO nicht teilnimmt, vgl. Art. 1 Abs. 3 EuGVO; das Amsterdamer Protokoll über die Position Dänemarks für Rechtsakte der justiziellen Zusammenarbeit in Zivilsachen nach Titel IV EGV sieht kein opt-in im Einzelfall vor, so dass nur eine bilaterale Übereinkunft mit Dänemark die Geltung der EuGVO auf diesen Staat sichern kann. Dieses Vorhaben nimmt aber erst zögernd Gestalt an, s. dazu *Jayme/Kohler*, IPRax 2002, 461 (464).

1480 Die deutschen Gerichtsstandsvorschriften bestimmen zum einen den Umfang der deutschen internationalen Zuständigkeit und zum anderen verteilen sie – sofern die deutsche internationale Zuständigkeit gegeben ist – die Rechtsprechungsaufgaben nach örtlichen Gesichtspunkten auf die einzelnen Gerichte. Deshalb sind diese Vorschriften doppelfunktional, s. Zöller/*Geimer*, IZPR, Rdnr. 37, m. Hinweisen zur Rechtsprechung.

1481 S: § 606 a Abs. 1 ZPO für Ehesachen und § 640 a Abs. 2 ZPO für Kindschaftssachen.

1482 S. *Geimer*, Zivilprozessrecht, Rdnr. 943, m.w.N..

1483 Nach dem Grundsatz „actor sequitur forum rei" sind die Gerichte in dem Land international zuständig, wo der Beklagte seinen Wohnsitz hat, s. dazu näher *v. Hoffmann*, IPR, § 3, Rdnrn. 40 ff..

Praxis von überragender Bedeutung ist Art. 5 Nr. 1 EuGVO.[1484] Im Interesse des Klägers[1485] kann eine Person, die ihren Wohnsitz im Hoheitsgebiet eines Mitgliedstaates hat, nach dieser Vorschrift vor dem Gericht des Ortes verklagt werden, an dem die Verpflichtung erfüllt worden ist oder zu erfüllen wäre[1486], wenn ein Vertrag oder Ansprüche aus einem Vertrag den Gegenstand des Verfahrens bilden.

Hat der Beklagte den vermögenswerten Vorteil aufgrund einer Leistung erlangt, die sich auf einen Schuldvertrag bezog, so ist fraglich, ob die Bereicherungsklage ebenfalls am Gerichtsstand des Erfüllungsortes geltend gemacht werden kann.

Nach herrschender Lehre[1487] in Deutschland ist Art. 5 Nr. 1 lit. a EuGVO/ EuGVÜ auf Klagen aus ungerechtfertigter Bereicherung wegen Rückabwicklung eines Vertrages anwendbar. Das englische *House of Lords*[1488] hat Art. 5 Nr. 1 EuGVÜ im Fall Kleinwort Beson Ltd v. Glasgow City Council[1489] etwa in Folge einer restriktiven Auslegung hingegen nicht auf Klagen aus ungerechtfertigter Bereicherung *(unjust enrichment)* ausgedehnt.

[1484] S. *Schack*, Zivilverfahrensrecht, Rdnr. 260.

[1485] Art. 5 Nr. 1 EuGVO gibt dem Kläger eine überschaubare und kalkulierbare Zuständigkeitsprüfung. Die Grundregel des Art. 2 Abs. 1 „actor sequitur forum rei“ vernachlässigt die legitimen Zuständigkeitsinteressen des Klägers, s. *Schack*, Zivilverfahrensrecht, Rdnr. 256; zu Art. 5 Nr. 1 EuGVÜ: *Geimer/Schütze*, Zivilverfahrensrecht, Art. 5, Rdnr. 2.

[1486] Art. 5 Nr. 1 lit. b EuGVO bestimmt den Erfüllungsort der Verpflichtung.

[1487] Zu Art. 5 Nr. 1 EuGVÜ: *Geimer/Schütze*, Zivilverfahrensrecht, Art. 5, Rdnr. 32; *Kropholler*, Europäisches Zivilprozessrecht, 6. Aufl., Art. 5, Rdnr. 11; *Lipp*, RIW 1994, 18 (20 f.); *Lorenz*, IPRax 1993, 44 (46); *Schack*, Zivilverfahrensrecht, Rdnr. 263; *Schlosser*, EuGVÜ, Art. 5, Rdnr. 5; *Siehr*, IPR, S. 264; Wieczorek/Schütze/ *Hausmann*, Art. 5 EuGVÜ, Rdnr. 6; **a.A.** MüKo/*Gottwald*, Art. 5 IZPR (EuGVÜ), Rdnr. 5; OLG Frankfurt/M., IPRspr. 1979, Nr. 153.

[1488] Vgl. Kleinwort Benson Ltd. v. Glasgow City Council [1997] 4 All E.R. 641, 646, 649; **a.A.** Court of Appeal, [1996] 2 All E.R. 257; zustimmend *Holl*, IPRax 1998, 120 ff.; wie das *House of Lords* entscheidet der *BGH* im Fall der Rückforderung von Verlobungsgeschenken, s. BGHZ 132, 105 (108) = IPRspr. 1996, Nr. 142.

[1489] 1982 schloss die schottische Stadt Glasgow verschiedene Zinsswapverträge mit der klagenden Bank ab, zu deren Durchführung dieses mehr als £ 800.000 an die Stadt zahlte. Die Verträge wurden für nichtig erklärt. Die Bank klagte in England auf Rückzahlung der an die Beklagte geleisteten Summe, s. Staudinger/*v. Hoffmann/ Fuchs*, Art 38 EGBGB, Rdnr. 39.

In Art. 5 Nr. 1 EuGVO/EuGVÜ kommt das Bestreben zum Ausdruck, wegen der engen Bindung, die ein Vertrag zwischen den Vertragsparteien schafft, sämtliche Schwierigkeiten, die bei der Erfüllung einer vertraglichen Verpflichtung auftreten können, vor ein und dasselbe Gericht, nämlich das Gericht des Erfüllungsortes, zu bringen.[1490] Leistet etwa der Verkäufer mehr als nach dem Kaufvertrag erforderlich (sog. Zuvielleistung), so könnte er bei einer restriktiven Auslegung der Vorschrift den Mehrbetrag über die Vorschriften zur ungerechtfertigten Bereicherung nicht bei dem Gericht des Erfüllungsorts herausverlangen. Dies ist aber gerade hier wenig nachvollziehbar, da es um die Vertragserfüllung im weitesten Sinne geht.

Die Leistungskondiktion ist Folge eines (gescheiterten) Vertragsverhältnisses, so dass diese m.E. gem. Art. 5 Nr. 1 lit. a EuGVO/EuGVÜ im Gerichtsstand des Erfüllungsortes geltend gemacht werden kann.[1491] Bei anderen Leistungskondiktionen, die nicht in Zusammenhang mit einem Schuldvertrag erfolgten, ist der Kläger hingegen auf den allgemeinen Gerichtsstand nach Art. 2 EuGVO/EuGVÜ oder gegebenenfalls den Gerichtsstand der unerlaubten Handlung gem. Art. 5 Abs. 1 Nr. 3 EuGVO/EuGVÜ beschränkt.

2. § 29 ZPO

Nach § 29 Abs. 1 ZPO ist ein deutsches Gericht international zuständig für Klagen aus einem Vertragsverhältnis und über dessen Bestehen, wenn die streitige Verpflichtung in Deutschland zu erfüllen ist oder war.

Die Rechtsprechung[1492] und ein Teil der Literatur[1493] nehmen Ansprüche aus ungerechtfertigter Bereicherung vom Tatbestand des § 29 ZPO aus.

1490 S. EuGH (Christos Konstantinidis), Slg. 1993-I, 178 m. Verweis auf EuGH (Martin Peters Bauunternehmung GmbH/Zuid Nederlandse Aennemers Vereniging), Slg. 1983, 987 ff..

1491 S. auch die Stellungnahme des Generalanwalts Marco Darmon v. 27.10.1992 (Shearson Lehmann Hutton Inc/TVB), Slg. 1993-I, 178 f..

1492 Vgl. BGHZ 132, 105 (109 f.) = IPRspr. 1996, Nr. 142 = NJW 1996, 1411 (1412); RGZ 49, 421 (424 f.); BayObLG BB 1990, 2442; LG Karlsruhe, MDR 1979, 681.

1493 S. Baumbach/Lauterbach/Albers/Hartmann/*Hartmann*, § 29, Rdnr. 3, 11; Musielak/*Smid*, § 29, Rdnr. 11; Stein/Jonas/*Schumann*, § 29, Rdnr. 12; Thomas/Putzo/*Putzo*, § 29, Rdnr. 3; einschränkend MüKo/*Patzina*, Zivilprozessordnung, § 29, Rdnr. 6: § 29 ZPO soll

Andere[1494] wollen die internationale Zuständigkeit bei Leistungskondiktionen hingegen nach dieser Vorschrift beurteilen.
Unumstritten ist, dass die Feststellung des Nichtbestehens eines Vertrages vor dem Gericht des Erfüllungsortes geltend gemacht werden kann.[1495] Nimmt man die Leistungskondiktion, die auf dem Nichtbestehen des Vertrages beruht bzw. beruhen kann, von dieser Vorschrift aus, so kann es zu einer Verdopplung der Prozesse kommen. Um dies zu vermeiden, ist es vorzuziehen, § 29 ZPO auch auf Klagen anzuwenden, die die Kondiktion von Leistungen zum Gegenstand haben. Dies läuft auch nicht dem Wortlaut der Vorschrift entgegen, da die Ansprüche Streitigkeiten „aus" einem (gescheiterten) „Vertragsverhältnis" betreffen.[1496]

II. Gerichtsstand der unerlaubten Handlung

1. Art. 5 Nr. 3 EUGVO/EuGVÜ

Steht die ungerechtfertigte Bereicherung nicht in Zusammenhang mit einem Vertrag, so könnte sich die internationale Zuständigkeit aus Art. 5 Nr. 3 EuGVO/EuGVÜ ergeben. Nach dieser Vorschrift ist das Gericht des Ortes international zuständig, an dem das schädigende Ereignis eingetreten ist oder einzutreten droht. Die Regelung ist aber nur anwendbar, wenn eine unerlaubte Handlung oder eine Handlung, die einer unerlaubten Handlung gleichgestellt ist, oder wenn Ansprüche aus einer solchen Handlung den Gegenstand des Verfahrens bilden.

Der *Europäische Gerichtshof*[1497] hat im Rahmen von Art. 5 Nr. 3 EuGVÜ alle Klagen in diesem Gerichtsstand für zulässig erklärt, „mit denen eine Scha-

---

nur heranzuziehen sein, wenn die Auflösung des Vertrages wegen Anfechtung und Irrtum auf eine Vertragspflicht gestützt wird.

[1494] S. Staudinger/*v. Hoffmann/Fuchs*, Art 38 EGBGB, Rdnr. 41; *Mankowski*, IPRax 1997, 173 (177); *Mues*, ZIP 1996, 739 (742); *Spickhoff*, ZZP 1996, 493 (510); Wieczorek/Schütze/*Hausmann*, § 29, Rdnr. 8; Zöller/*Vollkommer*, § 29, Rdnr. 14.

[1495] S. etwa Thomas/Putzo/*Putzo*, § 29, Rdnr. 4.

[1496] Vgl. Zöller/*Vollkommer*, § 29, Rdnr. 14.

[1497] S. EuGH (Kalfelis/Bankhaus Schröder, Münchmeyer, Hengst & Co. und andere), Slg. 1988, 5565 = RIW 1988, 901 ff. m. Anm. *Schlosser*, 987 ff. = IPRax 1989, 288 m. Aufsatz von *Gottwald*, 272 ff. = NJW 1988, 3088 (3089) m. Anm. *Geimer*, 3089 ff.; bestätigt durch EuGH (Reichert/Dresdner Bank) IPRax 1993, 28 m. Anm. *Schlosser*, 17 ff..

denshaftung des Beklagten geltend gemacht wird und die nicht an einen Vertrag anknüpfen". Im Fall *Kalfelis*[1498] hatte der Kläger mit einer in Luxemburg ansässigen Bank durch Vermittlung des deutschen Stammhauses dieser Bank Kassa- und Termingeschäfte in Silber abgeschlossen. Die Termingeschäfte des Klägers endeten mit Totalverlust. Er verklagte daraufhin die luxemburgische Bank und deren Muttergesellschaft auf Zahlung. Die Klage war gestützt auf Ansprüche aus vertraglicher Haftung (wegen Verletzung von Aufklärungspflichten) und aus deliktischer Haftung (wegen sittenwidrigen Verhaltens) sowie aus ungerechtfertigter Bereicherung, weil die Termingeschäfte in Silber als Börsentermingeschäfte für die Parteien nicht verbindlich gewesen seien. In diesem Fall stellt der *EuGH* fest: „Ein Gericht, das nach Art. 5 Nr. 3 für die Entscheidung über die Klage unter einem auf deliktischer Grundlage beruhenden Gesichtspunkt zuständig ist, ist nicht auch zuständig, über diese Klage unter anderen, nichtdeliktischen Gesichtspunkten zu entscheiden."

Der *italienische Kassationshof*[1499] hat Art. 5 Nr. 3 EuGVÜ für die Rückforderungsklage einer italienischen Bank gegen eine deutsche Bank nach einer irrtümlich an einen falschen Adressaten ausgeführten Überweisung bejaht. Nach der Gegenauffassung[1500] scheidet eine Anwendung der Vorschrift hingegen aus.

Für eine Anwendung spricht die Funktionsähnlichkeit der deliktischen und bereicherungsrechtlichen Ansprüche, die schon Grund zum Gleichlauf im autonomen deutschen Kollisionsrecht war.[1501]. Deshalb können dieselben Argumente, die im Kollisionsrecht den Ausschlag für eine einheitliche Anknüpfung dieser Ansprüche geben, hier für eine Anwendung der Vorschrift sprechen.[1502] Es muss dem Kläger möglich sein, den bereicherungsrechtlichen und den deliktischen Anspruch im selben Land geltend zu machen, wenn

---

1498 S. S. EuGH (Kalfelis/Bankhaus Schröder, Münchmeyer, Hengst & Co. und andere), Slg. 1988, 5565 = RIW 1988, 901 ff. m. Anm. Geimer, 3089 ff. = IPRax 1989, 288 m. Aufsatz von *Gottwald*, 272 ff. = NJW 1988, 3088 ff. m. Anm. *Geimer*, 3089 ff..

1499 S. Italienischer Kassationshof, riv.dir.int.priv.e proc. 1991, 772 ff.; **a.A.** österr. OGH, ZfRvgl 1998, 157 (158).

1500 Zu Art. 5 Nr. 3 EuGVÜ: *Geimer/Schütze*, Zivilverfahrensrecht, Art. 5 Rdnr. 165; *Kropholler*, Zivilprozessrecht, Art. 5, Rdnr. 58; *Schlosser*, EuGVÜ, Art. 5 EuGVÜ, Rdnr. 16; *Lorenz*, IPRax 1993, 44 (46); *Siehr*, IPR, S. 264.

1501 S.o. Dritter Teil D.I.2..

1502 Staudinger/*v. Hoffmann/Fuchs*, Art 38 EGBGB, Rdnr. 42.

beide Ansprüche auf derselben (unerlaubten) Handlung des Beklagten basieren. Macht beispielsweise ein spanischer Fotograf von einem Prominenten in Frankreich unerlaubt auf dessen Anwesen Fotos und werden diese in einer internationalen Zeitschrift publiziert, so sollten der Anspruch auf Herausgabe der Fotos und der Anspruch auf Schadensersatz wegen des untrennbaren Zusammenhangs im gleichen Land vor dem gleichen Gericht geltend gemacht werden können. Der Wortlaut des Art. 5 Nr. 3 EuGVO/ EuGVÜ spricht von „Handlungen, die einer unerlaubten Handlung gleichgestellt sind“ sowie von „Ansprüchen aus einer solchen Handlung“, die den Gegenstand des Verfahrens bilden. Auch vom Wortlaut her kann Art. 5 Nr. 3 EuGVO/EuGVÜ m.E. auf die deliktsähnlichen Eingriffskondiktionen ausgeweitet werden.[1503] Für die sonstigen Kondiktionen ist hingegen auf den allgemeinen Gerichtsstand zurückzugreifen.

2. § 32 ZPO

Auf Grund des Gleichlaufs der Eingriffskondiktion mit deliktischen Ansprüchen wird in Zusammenhang mit § 32 ZPO zunehmend vertreten[1504], dass auch Ansprüche wegen ungerechtfertigter Bereicherung unter diese Vorschrift fallen. Aus den gleichen Gründen wie zu Art. 5 Nr. 3 EuGVO/EuGVÜ kann eine Klage mit dem Ziel einer Eingriffskondiktion meines Erachtens vor einem Gericht des Landes geltend gemacht werden, in dem die (unerlaubte) Handlung begangen wurde.

III. Zusammenfassung zu den Gerichtsständen

Neben den Gerichten am Wohnsitz des Beklagten (Art. 2 EuGVO/EuGVÜ; §§ 12, 13, 17 ZPO) sind für Klagen aus ungerechtfertigter Bereicherung mit Auslandsbezug, die auf die Herausgabe einer vertraglichen Leistung gerichtet sind, auch die Gerichte an dem Ort international zuständig, an dem die vertragliche Verpflichtung zu erfüllen war (Art. 5 Nr. 1 EuGVO/EuGVÜ; § 29 ZPO). Bei Eingriffskondiktionen kann gem. Art. 5 Nr. 3 EuGVO/ EuVGÜ,

---

[1503] So auch Staudinger/*v. Hoffmann/Fuchs*, Art 38 EGBGB, Rdnr. 43.

[1504] S. Baumbach/Lauterbach/Albers/Hartmann/*Hartmann*, § 32, Rdnr. 7; *Kühnen*, GRUR 1997, 19 (21); *Spickhoff*, ZZP 1996, 493 (513); Staudinger/*v. Hoffmann/Fuchs*, Art 38 EGBGB, Rdnr. 43; Musielak/*Smid*, § 32, Rdnr. 6; Zöller/*Vollkommer*, § 32, Rdnr. 9; **a.A.** MüKo/*Patzina*, Zivilprozessordnung, § 32, Rdnr. 14; **a.A.** wohl auch Stein/Jonas/ *Schumann*, § 32, Rdnrn. 17, 24.

§ 32 ZPO zusätzlich an dem Ort geklagt werden, an dem der Eingriff vorgenommen wurde.

Anhang

Materialien und Gesetzestexte zum Kollisionsrecht der ungerechtfertigten Bereicherung

A. Vorentwurf eines EWG-Übereinkommens über das auf vertragliche und außervertragliche Schuldverhältnisse anwendbare Recht von 1972

Art. 13[1505]

Les obligations non contractuelles dérivant d'un fait autre qu'un fait dommageable sont régies par la loi du pays où il s'est produit. Toutefois si, en raison d'un élément de rattachement commun aux parties intéressées, il existe une connexion prépondérante avec la loi d'un autre pays, cette loi est applicable.

Art. 13[1506]

Die durch ein anderes als ein Schadensereignis begründeten außervertraglichen Schuldverhältnisse bestimmen sich nach dem Recht des Staates, in dem das Ereignis eingetreten ist. Besteht jedoch infolge eines den betroffenen Parteien gemeinsamen Anknüpfungspunktes eine stärkere Beziehung zu dem Recht eines anderen Staates, so ist dieses Recht anzuwenden.

[1505] Art. 13 in der amtlichen Fassung, EG-Dokument Nr. XIV/398/72 Rev.: 1.

[1506] Deutschsprachige Textfassung aus RabelsZ 1974, 211 ff. = Staudinger/*v. Hoffmann* (auszugsweise), Vorbem zu Art 38 ff. EGBGB, Rdnr. 11.

B. Vorschlag zur Reform des deutschen internationalen Privatrechts der außervertraglichen Schuldverhältnisse des Deutschen Rates für IPR von 1982[1507]

Außervertragliche Schuldverhältnisse

Artikel 1
Ungerechtfertigte Bereicherung

(1) Auf Bereicherungsansprüche wegen erbrachter Leistung ist das Recht anzuwenden, dem das Rechtsverhältnis untersteht, auf das die Leistung bezogen ist.
(2) Ansprüche wegen Bereicherung durch Eingriff in fremdes Gut unterstehen dem Recht des Ortes, an dem der Eingriff geschehen ist.
(3) Für sonstige Fälle der ungerechtfertigten Bereicherung gilt das Recht des Ortes, an dem die Bereicherung eingetreten ist.
(4) Besteht in den in Absatz 2 und Absatz 3 geregelten Fällen zu einer Rechtsordnung eine engere Beziehung als zu einem nach Absatz 2 oder Absatz 3 anwendbaren Recht, so ist jene andere Rechtsordnung maßgebend. Eine solche engere Beziehung kann vor allem durch eine zwischen den Beeiligten im Zeitpunkt des rechtserheblichen Geschehens bestehende Sonderbeziehung rechtlicher oder tatsächlicher Art gegeben sein sowie durch gewöhnlichen Aufenthalt der Beteiligten im selben Staat.
(5) Artikel 9 gilt entsprechend.

Artikel 7
Unlauterer Wettbewerb

(1) Ansprüche aus Wettbewerbsverstößen sind nach dem Recht des Staates zu beurteilen, auf dessen Markt die Wettbewerbsmaßnahme einwirkt.
(2) ...

[1507] Text aus *v. Caemmerer*, Gutachten, S. 1 ff..

Artikel 9
Rechtswahl durch die Parteien

Die Parteien können sich nach Eintritt des schädigenden Ereignisses darüber einigen, welches Recht über die Haftung entscheiden soll. Die Rechtsstellung Dritter bleibt unberührt.

Artikel 10
Rück- und Weiterverweisung; Rechtsspaltung

(1) Unter dem nach diesem Abschnitt anwendbaren Recht eines Staates sind die in diesem Staat geltenden Rechtsvorschriften unter Ausschluss derjenigen des Internationalen Privatrechts zu verstehen.
(2) Umfasst ein Staat mehrere Gebietseinheiten, von denen jede für die außervertragliche Schadenshaftung ihre eigenen Rechtsvorschriften hat, so gilt für die Bestimmung des nach diesem Abschnitt anzuwendenden Rechts jede Gebietseinheit als Staat.

C. Die Referentenentwürfe eines Gesetzes zur Ergänzung des Internationalen Privatrechts (außervertragliche Schuldverhältnisse und Sachen)[1508]

I. Erster Referentenentwurf vom 15. Mai 1984[1509]

Art. 38 (Ungerechtfertigte Bereicherung)

(1) Bereicherungsansprüche wegen erbrachter Leistungen unterliegen dem Recht, das auf das Rechtsverhältnis anzuwenden ist, auf das die Leistung bezogen ist.
(2) Ansprüche wegen Bereicherung durch Eingriff in einen fremden Gegenstand unterliegen dem Recht des Staates, in dem der Eingriff geschehen ist.

[1508] Die Artt. 38-42 EGBGB werden nicht aufgeführt, da die Vorschriften dem zweiten Referentenentwurf entsprechen.

[1509] Text von *Basedow*, NJW 1986, 2971 (2972 Fn. 8-12) = *Kropholler*, IPR, 1. Aufl., S. 540 ff..

(3) In sonstigen Fällen unterliegen Ansprüche wegen ungerechtfertigter Bereicherung dem Recht des Staates, in dem die Bereicherung eingetreten ist.

Art. 40 (Haftung)

(1) ...
(2) An die Stelle des nach Absatz 1 maßgebenden Rechts tritt
1. ...
2. bei Ansprüchen aus unlauterem Wettbewerb das Recht des Staates, auf dessen Markt die Wettbewerbsmaßnahme einwirkt, es sei denn, daß allein oder überwiegend die Geschäftsinteressen eines bestimmten Mitbewerbers betroffen sind.
(3) ...

Art. 41 (Wesentlich engere Verbindung)

(1) Besteht zu dem Recht eines Staates eine wesentlich engere Verbindung als mit dem Recht, das nach dem Artikel 38 Abs. 2 und 3 oder den Artikeln 39 oder 40 maßgebend wäre, so ist jenes Recht anzuwenden.
(2) Eine wesentlich engere Verbindung kann sich vor allem aus einer besonderen rechtlichen oder tatsächlichen Beziehung zwischen den Beteiligten oder in den Fällen des Artikels 38 Abs. 2, 3 und des Artikels 39 aus ihrem gewöhnlichen Aufenthalt in demselben Staat im Zeitpunkt des rechtserheblichen Geschehens ergeben.

Art. 42 (Gemeinsame Vorschriften)

(1) Nach Eintritt des Ereignisses, durch das ein außervertragliches Schuldverhältnis entstanden ist, können die Parteien das Recht wählen, dem es unterliegen soll. Rechte Dritter bleiben unberührt.
(2) Die Artikel 35 und 37 Nr. 2 gelten entsprechend.
(3) Artikel 40 Abs. 2 Nr. 1 und Artikel 41 sind bei Eingriffen in Immaterialgüterrechte nicht anzuwenden.

II. Zweiter Referentenentwurf vom 01. Dezember 1993[1510]

Artikel 41 (Wesentlich engere Verbindung)

(1) Besteht mit dem Recht eines Staates eine wesentlich engere Verbindung als mit dem Recht, das nach den vorstehenden Vorschriften maßgebend wäre, so ist jenes Recht anzuwenden.

(2) Eine wesentlich engere Verbindung kann sich vor allem ergeben:

1. aus einer besonderen rechtlichen oder tatsächlichen Beziehung zwischen den Beteiligten im Zusammenhang mit dem Schuldverhältnis oder

2. in den Fällen des Artikels 38 Abs. 2 und 3 und des Artikels 39 aus dem gewöhnlichen Aufenthalt der Beteiligten in demselben Staat im Zeitpunkt des rechtserheblichen Geschehens; Artikel 40 Abs. 2 Satz 2 gilt entsprechend.

D. Groupe européen de droit international privé: Proposition pour une convention européenne sur la loi applicable aux obligations non contractuelles[1511]

(GEDIP-Entwurf)

(Text adopté lors de la réunion de Luxembourg du 25-27 septembre 1999)

Titre premier
Champ d'application

Article Premier
Champ d'application

1. Les dispositions de la présente convention sont applicables, dans les situations comportant un conflit de lois, aux obligations non contractuelles.

2. Elles ne s'appliquent pas:

a) aux obligations non contractuelles découlant des relations de famille ou des relations assimilées, dans la mesure où des règles spécifiques les gouvernent;

[1510] Text von *Kropholler*, IPR, 3. Aufl., S. 575 ff.. Angeführt werden nur die Vorschriften, die gegenüber dem ersten Referentenentwurf eine Änderung erfahren haben.

[1511] Französischsprachige Originalfassung aus IPRax 1999, 286 ff.; englische Übersetzung in RabelsZ 2001, 550 ff..

b) à la responsabilité personnelle légale des associés, des organes et des personnes chargées du contrôle légal des documents comptables, pour les dettes de la société, association ou personne morale;
c) à la responsabilité du fait de l'exercice de la puissance publique;
d) en matière de dommage dans le domaine nucléaire.

Article 2
Caractère universel

La loi désignée par la présente convention s'applique même si cette loi est celle d'un Etat non contractuelle.

Titre III
Obligation dérivant d'un fait autre qu'un fait dommageable

Article 7
Droit applicable

1. L'obligation non contractuelle dérivant d'un fait autre qu'un fait dommageable est régie par la loi du pays avec lequel elle présente les liens les plus étroits.
2. Lorsque l'obligation non contractuelle se rattache à une relation préexistante ou envisagée entre les parties, il est présumé que cette obligation présente les liens les plus étroits avec le pays dont la loi régit ou régirait cette relation.
3. Sous réserve du paragraphe 2, il est présumé que l'obligation de restitution fondée sur un enrichissement sans cause présente les liens les plus étroits avec le pays dans lequel l'enrichissement s'est produit.
4. Sous réserve du paragraphe 2, il est présumé que l'obligation résultant d'une gestion d'affaires présente les liens les plus étroits avec le pays dans lequel le maître de l'affaire a sa résidence habituelle au moment de la gestion. Toutefois, il est présumé que l'obligation résultant d'une gestion d'affaire se rapportant à la protection physique d'une personne ou à la sauvegarde d'un bien corporel déterminé présente les liens les plus étroits avec le pays où se trouvait la personne ou le bien au moment de la gestion.
5. Les présomptions des paragraphes 2, 3 et 4 sont écartées lorsqu'il résulte de l'ensemble des circonstances que l'obligation présente des liens plus étroits avec un autre pays.

Titre IV
Règles communes

Article 8
Liberté de choix

Les parties peuvent choisir la loi applicable à l'obligation non contractuelle par une convention postérieure à la naissance du différend. Ce choix doit être exprès. Il ne peut pas porter atteinte aux droits des tiers.

E. Proposal for a Regulation of the European Parliament and the Council on the Law applicable to non-contractual Obligations („Rom II“)[1512]

Chapter I – Scope

Article 1 – Material Scope

1. This Regulation shall apply, in situations involving a conflict of laws, to contractual obligations in civil and commercial matters.
It shall not apply to revenue, customs or administrative matters
2. The following are excluded from the scope of this Regulation
   a) non-contractual obligations arising out of family relationships and relationships deemed to be equivalent, including maintenance obligations;
   b) non-contractual obligations arising out of matrimonial property regimes and successions;
   c) obligations arising unter bills of exchange, cheques and promissory notes and other negotiable instruments to the extent that the obligations under such other negotiable instrumentsarise out of their negotiable character;
   d) the personal legal liability of officers and members as such for the debts of a company or firm or other body corporate or incorporate, and the personal legal liability of persons responsible for carrying out the statutory audits of accounting documents.

1512 S. www.ipr.uni-koeln.de (Europäisches Kollisionsrecht).

e) non-contractual obligations among the settlers, trustees and beneficiaries of a trust;
f) non-contractual obligations arising out of nuclear damage.
3. ...

Article 2 – Universal application

Any law specified by this Regulation shall be applied whether or not it ist the law of a Member State.

Chapter II – Uniform rules

Section 2
Rules applicable to non-contractual obligations arising out of an act other than a tort or delict

Articlel 9 – Determination of the applicable law

1. If a non-contractual obligation arising out of an act other than a tort or delict concerns a relationship reviously existing between the parties, such as a contract closely connected with the non-contractual obligation, it shall be governed by the law that governs that relationsip.
2. Without prejudice to paragraph 1, where the parties have their habitual residence in the same country when the event giving rise the damage occurs, the law applicable to the non-contractual obligation shall bet he law of that country.
3. Without prejudice to paragraphs 1 and 2, a non-contractual obligation arising out of unjust enrichment shall be governed by the law of the country in which the enrichment takes place.
4. Without prejudice to paragraph 1 and 2, the law applicable to a non-contractual obligation arising out of actions performed without due authority in connection with the affairs of another person shall be thw law of the country in which the beneficiary has his habitual residence at the time of the unauthorised action. However, where a non-contractual obligation arising out of actions performed without due authority in connection with the affairs of another person relates to the physical protection of a person or of specific tangible property, the law applicable shall be the law of the country in which the beneficiary or property was situated at the time of the unauthorised action.
5. Notwithstanding paragraphs 1,2,3 and 4, where it is clear from all the circumstances of the case that the non-contractual obligation is manifestly

more closely connected with another country, the law of that other country shall apply.

6. Notwithstanding the present Article, all non-contractual obligations in the field of intellectual property shall be governed by Article 8.

Section 3
Common rules applicable to non-contractual obligations arising out of a tort or delict and out of an act other than a tort or delict

Article 10 – Freedom of choice

1. The parties may agree, by an agreement entered into after their dispute arose, to submit non-contractual obligations other than the obligations to which Article 8 applies to the law of their choice. The choice must be expressed wiht reasonable certaintly by the circumstances of the case. It may not affect the rights of third parties.

2. If all the other elements of the situation at the time when the loss is sustained are located in a country other than the country whose law has been chosen, the choice of the parties shall be without prejudice to the application of rules of the law of that country which cannot be derogated from by contract.

3. The parties' choice of the applicable law shall not debar the application of provisions of Community law where the other elements of the situation were located in one of the Member States of the European Community at the time when the loss was sustained.

Article 10 – Scope of the law applicable to non-contractual obligations

1. The law applicable to non-contractual obligations under Article 3 to 10 of this Regulation shall govern in particular:

a) the conditions and extent of liability, including the determination of persons who are liable for acts performed by them;
b) the grounds for exemption from liability, any limitation of liability and any division of liability;
c) the existence and kinds of injury or damage for which xomensation may be due;
d) within the limits of its powers, the measures which a court has power to take under its procedural law to prevent or terminate injury or damage or to ensure the provision of compensation;

e) the assessment of the damage in so far as presibed by law;
f) the question wheter a right to compensation may be assigent or inherited;
g) persons entitled to compensation for damage sustained personally;
h) liability for the acts of another person;
g) the manners in which an obligation may be extinguished and rules of prescription and limitation, including rules relationg to the commencement of a period of prescription or limitation and the interruption and suspesion of the period.

Chapter III – Other provisions

Article 20 – Exclusion of renvoi

The application of the law of any county specified by this Regulation means the application of the rules of law in force in that county other than its rules of private international law.

F. Ausländische Gesetzestexte[1513]

I. Jugoslawien:[1514] Gesetz über die Regelung von Kollisionen der Gesetze mit den Vorschriften anderer Staaten bei bestimmten Verhältnissen vom 15. Juli 1982

Zweites Kapitel
Das maßgebliche Recht

Art. 27

- Auf den ungerechtfertigten Erwerb wird das Recht angewendet, nach dem das Rechtsverhältnis, das entstanden, erwartet oder gemutmaßt wurde und das zum Erwerb geführt hat, beurteilt wird.

[1513] Die ausländischen Gesetzestexte sind *Riering*, IPR-Gesetze in Europa, entnommen, sofern nichts anderes angegeben ist. Dem Abdruck des ausländischen Originaltextes, sofern ermittelbar, folgt die deutsche Übersetzung.
[1514] Text aus RabelsZ 1985, 544 ff..

II. Liechtenstein:[1515]
Gesetz über das internationale Privatrecht vom 19. September 1996

VII. Schuldrecht

Art. 50
Bereicherung

Bereicherungsansprüche sind nach dem Recht des Staates zu beurteilen, in dem die Bereicherung eingetreten ist. Beruht die Bereicherung jedoch auf einer Leistung, die auf der Grundlage eines Rechtsverhältnisses erbracht worden ist, so sind die Sachnormen des Staates massgebend, dessen Sachnormen auf das Rechtsverhältnis anzuwenden sind; dies gilt sinngemäss für den Anspruch auf Ersatz eines Aufwandes, den ein anderer hätte machen müssen.

III. Österreich:
Bundesgesetz über das internationale Privatrecht vom 15. Juni 1978

Abschnitt 7. Schuldrecht

§ 46

Bereicherungsansprüche sind nach dem Recht des Staates zu beurteilen, in dem die Bereicherung eingetreten ist. Beruht die Bereicherung jedoch auf einer Leistung, die auf der Grundlage eines Rechtsverhältnisses erbracht worden ist, so sind die Sachnormen des Staates maßgebend, dessen Sachnormen auf das Rechtsverhältnis anzuwenden sind; dies gilt sinngemäß für den Anspruch auf Ersatz eines Aufwandes, den ein anderer hätte machen müssen.

[1515] S. Liechtensteinisches LBl., Jhrg. 1996, Nr. 194 = www.liechtenstein.li. Anm.: In Bezug auf das Bereicherungskollisionsrecht hat sich seit 1984 nichts geändert.

IV. Portugal:
Código Civil Português v. 25.11.1966
(Portugiesisches Zivilgesetzbuch vom 25. November 1966)

Livro I. Parte geral
Titulo I. Das leis, sua interpretação e aplicação
Capitulo III. Direitos dos estrangeiros e conflitos de Leis
Secção II. Normas de conflitos

Artigo 44 (Enriquecimento sem causa)

O enriquecimento sem causa é regulado pela lei com base na qual se verificou a transferencia do valor patrimonial a favor do enriquecido.

Buch I. Allgemeiner Teil
Titel I. Die Gesetze, ihre Interpretationen und Anwendung
Kapitel III. Rechte der Ausländer und Gesetzeskollisionen
Abschnitt II. Kollisionsnormen

Art. 44 (Ungerechtfertigte Bereicherung)

Die ungerechtfertigte Bereicherung wird durch das Recht geregelt, auf dessen Grundlage die Übertragung des Vermögenswertes zugunsten des Bereicherten erfolgt ist.

V. Rumänien:
Legea nr. 105 din 22 septembrie 1992
cu privire la reglementarea raporturilor
de drept internaţional privat
(Gesetz Nr. 105 zur Regelung der Rechtsverhältnisse
des Internationalen Privatrechts
vom 22. September 1992)

Capitolul VIII. Obligaţiile contractuale şi extracontractuale
Seţiunea a VII-a. Îmbogăţirea fără cauză si gesţiunea de afaceri
Art. 104

Îmbogăţirea fără cauză a unei persoane fizice sau juridice este supusă legii statului unde s-a produs.

Art. 105

În cazul în care îmbogățirea fără cauză decurge dintr-o prestatie întemeiată pe un raport juridic annual sau ale cărui efecte încetaseră în orice alt mod, legea acestuia este aplicabilă și îmbogățirii.

Kapitel VIII. Vertragliche und außervertragliche Schuldverhältnisse
Abschnitt VII. Ungerechtfertigte Bereicherung und Geschäftsführung

Art. 104

Die ungerechtfertigte Bereicherung einer natürlichen oder juristischen Person unterliegt dem Recht des Staates, in dem sie stattgefunden hat.

Art. 105

Ergibt sich die ungerechtfertigte Bereicherung aus einer Leistung, die auf einem auf ein Jahr befristeten Rechtsverhältnis beruht oder auf einem Rechtsverhältnis gründet, dessen Rechtsfolgen auf andere Art und Weise erlöschen, wird dieses hierauf anwendbare Recht auch auf die ungerechtfertigte Bereicherung angewendet.

VI. Schweiz:
Loi fédérale sur le droit international privé du 18 décembre 1987/ Bundesgesetz über das Internationale Privatrecht vom 18. Dezember 1987

Chapitre premier: Dispostitions communes
Section 3: Droit applicable

Art. 15

(1) Le droit désigné par la présente loi n'est exceptionnellement pas applicable si, au regard de l'ensemble des circonstances, il est manifeste que la cause n'a qu'un lien très lâche avec ce droit et qu'elle se trouve dans une relation beaucoup plus étroite avec un autre droit.

(2) ...

Chapitre 7: Droits réels

Art. 99

(1) Les droits réels immobiliers sont régis par le droit du lieu de situation de l'immeuble.
(2) ...

Chapitre 9: Droit des obligations
Section 2: Enrichissement illégitime

Art. 128

(1) Les prétentions pour cause d'enrichissement illégitime sont régis par le droit qui régit le rapport juridique, existant ou supposé, en vertu duquel l'enrichissement s'est produit.

(2) A défaut d'un tel rapport, ces prétentions sont régis par le droit de l'Etat dans lequel l'enrichissement s'est produit; les parties peuvent convenir de l'application de la loi du for.

1. Kapitel. Gemeinsame Bestimmungen
3. Abschnitt. Anwendbares Recht

Artikel 15

(1) Das Recht, auf das dieses Gesetz verweist, ist ausnahmsweise nicht anwendbar, wenn nach den gesamten Umständen offensichtlich ist, dass der Sachverhalt mit diesem Recht in nur geringem, mit einem anderen Recht jedoch in viel engerem Zusammenhang steht.

(2) Diese Bestimmung ist nicht anwendbar, wenn eine Rechtswahl vorliegt.

7. Kapitel: Dingliche Rechte

Artikel. 99

(1) Dingliche Rechte an Grundstücken unterstehen dem Recht am Ort der gelegenen Sache.

(2) ...

9. Kapitel: Obligationenrecht
2. Abschnitt. Ungerechtfertigte Bereicherung

Artikel 128

(1) Ansprüche aus ungerechtfertigter Bereicherung unterstehen dem Recht, dem das bestehende oder das vermeintliche Rechtsverhältnis unterstellt ist, aufgrund dessen die Bereicherung stattgefunden hat.

(2) Besteht kein Rechtsverhältnis, so unterstehen die Ansprüche aus ungerechtfertigter Bereicherung dem Recht des Staates, in dem die Bereicherung eingetreten ist; die Parteien können vereinbaren, dass das Recht am Gerichtsort anzuwenden ist.

VI. Spanien: Código Civil de 14 de julio 1889, redectado conforme a la Ley II/1981, de 13 de mayo (Zivilgesetzbuch vom 24. Juli 1989 i.d.F. des Gesetzes vom 13. Mai 1981 mit späteren Änderungen)

Titulo preliminar. De las normas jurídicas, su aplicación y eficacia
Capitulo IV. Normas de Derecho internacional privado

Art. 10

(1) ...

...

(9) Las obligaciones no contractuales se regirán por la ley del lugar donde hubiere ocurrido el hecho de que deriven.

...

En el renriquecimiento sin causa se aplicará la ley en virtud de la cual se produjo la transferencia del valor patrimonial en favor del enriquecido.

...

Einführungstitel. Von den Rechtsnormen, ihrer Anwendung und ihrer Wirksamkeit
Kapitel IV. Normen des internationalen Privatrechts

Art. 10

(1) ...

...

(9) Außervertragliche Verbindlichkeiten richten sich nach dem Recht des Ortes, an dem das Ereignis geschehen ist, von welchem sie herrühren.

...

Bei rechtsgrundloser Bereicherung wird das Recht angewandt, kraft dessen die Übertragung des Vermögenswertes zugunsten des Bereicherten eingetreten ist.

...

VII. Türkei:
Milletlerarasi Özel Hukuk ve Usul Hukuku Hakkinda Kanun
Kanun No. 2675. Kabul Tarihi: 20/5/1982
(Gesetz Nr. 2675 über das internationale
Privat- und Zivilverfahrensrecht)

I. Kisim. Milletlerarasi Özel Hukuk
II. Bölüm. Kanunlar ıhtilafı Kuralları

Sebepsiz İktisap

Art. 26

Sebepsiz iktisap hukuki bir ilişkiye dayanıyorsa bu ilişkinin tabi olduğu hukuk, diğer hallerde sebepsiz iktisabın gerçekleştiği yer hukuku uygulanır.

I. Kapitel. Internationales Privatrecht
II. Abschnitt. Anknüpfungsregeln

Ungerechtfertigte Bereicherung

Art. 26

Beruht die ungerechtfertigte Bereicherung auf einem Rechtsverhältnis, so wird das Recht, dem dieses Rechtsverhältnis unterliegt, angewandt; in anderen Fällen wird das Recht des Ortes angewandt, wo die rechtsgrundlose Bereicherung eingetreten ist.

Literaturverzeichnis

Die im Text zitierten Werke sind hier nach Autoren und Herausgebern (bei Werken ohne Autorenangaben nach Sachtiteln) geordnet. Die Werke sind nach ihrem Erscheinungsdatum, beginnend mit dem ältesten, sortiert. Im Text wurde immer die neueste Auflage verwendet, sofern dort nichts anderes angegeben ist.

Achilles, Wilhelm-Albrecht: Kommentar zum UN-Kaufrechtsübereinkommen (CISG), Neuwied/ Kriftel/Berlin 2000 (zit.: *Achilles*, CISG).

Adolphsen, Jens: Revision des EuGVÜ und neues deutsches Schiedsverfahrensrecht, ZZP 2000, S. 85 ff..

Balastèr, Gian Felix: Die ungerechtfertigte Bereicherung im internationalen Privatrecht, Winterthur 1955 (zit.: *Balastèr*, Bereicherung).

Bar, Christian v.: Internationales Privatrecht, Erster Band, Allgemeine Lehren, München 1987 (zit.: *v. Bar*, IPR I)

- Abtretung und Legalzession im neuen deutschen Internationalen Privatrecht, RabelsZ 1989, S. 462 ff..

- Internationales Privatrecht, Zweiter Band, Besonderer Teil, München 1991 (zit.: *v. Bar*, IPR II).

- Gemeineuropäisches Deliktsrecht, 1. Band, Die Kernbereiche des Deliktsrechts, seine Angleichung in Europa und seine Einbettung in die Gesamtrechtsordnung, München 1996 (zit.: *v. Bar*, Deliktsrecht).

- Die Study Group on a European Civil Code, in Peter Gottwald/Erik Jayme/Dieter Schwab (Hrsg.), Festschrift für Dieter Henrich zum 70. Geburtstag, Bielefeld 2000, S. 1 ff..

- Le Groupe d'Études sur un Code Civil Européen, rev.crit.dr.int.priv. 2001, S. 127 ff..

- Konturen des Deliktsrechtskonzepts der Study Group on a European Civil Code – Ein Werkstattbericht -, ZEuP 2001, S. 515 ff..

- Die Mitteilung der Europäischen Kommission zum Europäischen Vertragsrecht, ZEuP 2001, S. 799 ff..

- Die Resolution des Europäischen Parlaments vom 15. November 2001 zur Annäherung des Zivil- und Handelsrechts der Mitgliedstaaten, ZEuP 2002, S. 629 ff..

Bar, Christian v. / *Vogt*, Wolfgang: Konzept und Grundprinzipien des deutschen Internationalen Privatrechts, Ein Überblick über das geltende Recht (Teil 2), JA 1991, S. 73 ff..

Bartin, Etienne: De l'impossibilité d'arriver à la suppression définitive des conflits de lois, Clunet 1897, S. 225 ff..

Basedow, Jürgen: Die Neuregelung des Internationalen Privat- und Prozessrechts, NJW 1986, S. 2971 ff..

- Europäisches Internationales Privatrecht, NJW 1996, S. 1921 ff..

- Die Harmonisierung des Kollisionsrechts nach dem Vertrag von Amsterdam, EuZW 1997, S. 609.

- The Communitarization of the Conflict of Laws under the Treaty of Amsterdam, CMLRev. 2000, S. 688 ff..

- Das BGB im künftigen europäischen Privatrecht: Der hybride Kodex, AcP 2000, S. 445 ff..

- European Conflict of Laws under the Treaty of Amsterdam, in Patrick J. Borchers/Joachim Zekoll (Hrsg.), International conflict of laws for the third millenium: essays in honor of Friedrich K. Juenger, Ardsley/New York 2001, S. 175 ff. (zit.: *Basedow*, Conflict of Laws).

- Die Vergemeinschaftung des Kollisionsrechts nach dem Vertrag von Amsterdam, in Jürgen F. Baur/Heinz-Peter Mansel (Hrsg.), Systemwechsel im europäischen Kollisionsrecht, Fachtagung der Bayer-Stiftung für deutsches und internationales Arbeits- und Wirtschaftsrecht am 17.

und 18. Mai 2001, München 2002, S. 19 ff. (zit.: *Basedow*, Vergemeinschaftung des Kollisionsrechts).

Bauer, Werner: Renvoi im internationalen Schuld- und Sachenrecht, Pfaffenweiler 1985 (zit.: *Bauer*, Renvoi).

Baumbach, Adolf / *Hefermehl*, Wolfgang: Wettbewerbsrecht, Gesetz gegen den unlauteren Wettbewerb, Zugabeverordnung, Rabattgesetz und Nebengesetze, 22. Aufl., München 2001 (zit.: *Baumbach/Hefermehl*, Wettbewerbsrecht).

Baumbach, Adolf / *Hopt*, Klaus J.: Handelsgesetzbuch mit GmbH & Co., Handelsklauseln, Bank und Börsenrecht, Transportrecht (ohne Seerecht), 30. Aufl., München 2000 (zit.: *Baumbach/Hopt*, HGB).

Baumbach, Adolf / *Lauterbach*, Wolfgang / *Albers*, Jan / *Hartmann*, Peter: Zivilprozessordnung mit Gerichtsverfassungsgesetz und anderen Nebengesetzen, 60. Aufl., München 2002 (zit.: Baumbach/Lauterbach/Albers/Hartmann/*Bearbeiter*).

Beitzke, Günther: Bemerkungen zur Kollisionsrechtsvergleichung in der Praxis, RabelsZ 1984, S. 623 ff..

Berger, Christian: Die EG-Verordnung über die Zusammenarbeit der Gerichte auf dem Gebiet der Beweisaufnahme in Zivil- und Handelssachen (EuBO), IPRax 2001, S. 522 ff..

Bernstorff, Christoph Graf von: Einführung in das englische Recht, 2. Aufl., München 2000 (zit.: *v. Bernstorff*, Einführung).

Besse, Dirk: Die justitielle Zusammenarbeit in Zivilsachen nach dem Vertrag von Amsterdam und das EuGVÜ, ZEuP 1999, S. 107 ff..

Beuthien, Volker: Leistung und Aufwendung im Dreiecksverhältnis - Grenzen des Handelns im Doppelinteresse, JuS 1987, S. 841 ff..

Beutler, Bengt / *Bieber*, Roland / *Pipkorn*, Jörn / *Streil*, Jochen: Die Europäische Union- Rechtsordnung und Politik, 5. Aufl., Baden-Baden 2001 (zit.: Beutler/Bieber/Pipkorn/Streil/ *Bearbeiter*).

Binder, Heinz: Zur Auflockerung des Deliktsstatuts, RabelsZ 1955, S. 401 ff..

Blumenwitz, Dieter: Einführung in das anglo-amerikanische Recht, 5. Aufl., München 1994 (zit.: *Blumenwitz*, Einführung).

Bodenheim, Paul M.: Die Geschäftsführung ohne Auftrag im internationalen Privatrecht, Karlsruhe 1969 (zit.: *Bodenheim*, Geschäftsführung ohne Auftrag).

Boele-Woelki, Katharina: Brüssel II: Die Verordnung über die Zuständigkeit und die Anerkennung von Entscheidungen in Ehesachen, ZfRV 2001, S. 121 ff..

Bonell, Michael Joachim: An International Restatement of Contract Law: The UNIDROIT Principles of International Commercial Contracts, 2. Aufl., Irvington/New York 1997 (zit.: *Bonell*, Unidroit Principles).

Brereton, Peter: Restitution and Contract, in Francis Rose (Hrsg.), Restitution and the Conflict of Laws, Oxford 1995, S. 142 ff. (zit.: *Brereton*, Restitution).

Brox, Hans: Allgemeiner Teil des Bürgerlichen Gesetzbuchs, 26. Aufl., Köln/Berlin/Bonn/München 2002 (zit.: *Brox*, BGB AT).

Brox, Hans / *Walker*, Wolf-Dietrich: Besonderes Schuldrecht, 27. Aufl., München 2002 (zit.: *Brox/Walker*, Besonderes Schuldrecht).

- Allgemeines Schuldrecht, 28. Aufl., München 2002 (zit.: *Brox/Walker*, Allgemeines Schuldrecht).

Brückner, Bettina: Unterhaltsregreß im internationalen Privat- und Verfahrensrecht, Tübingen 1994.

Busse, Daniel: Internationales Bereicherungsrecht, Tübingen 1998 (zit.: *Busse*, Bereicherungsrecht).

- Die geplante Kodifikation des Internationalen Bereicherungsrechts in Deutschland, RIW 1999, S. 16 ff..

Caemmerer, Ernst v.: Bereicherung und unerlaubte Handlung, in Hans Dölle/Max Rheinstein/Konrad Zweigert (Hrsg.), Festschrift für Ernst Rabel, Band I, Tübingen 1954, S. 333 ff. (zit.: *v. Caemmerer*, FS Rabel I).

- Vorschläge und Gutachten zur Reform des deutschen internationalen Privatrechts der außervertraglichen Schuldverhältnisse, Tübingen 1983 (zit.: *v. Caemmerer*, Gutachten).

Callies, Christian: Nach dem »Tabakwerbung-Urteil« des EuGH: Binnenmarkt und gemeinschaftsrechtliche Kompetenzverfassung im neuen Licht, Jura 2001, S. 311 ff..

Callies, Christian / *Ruffert*, Matthias: Kommentar des Vertrages über die Europäische Union und des Vertrages zur Gründung der Europäischen Gemeinschaft –EUV/EGV-, 2. Aufl., Neuwied/ Kriftel 2002 (zit.: Callies/Ruffert/*Bearbeiter*).

Canaris, Claus-Wilhelm: Der Bereicherungsausgleich im Dreipersonenverhältnis, in Gotthard Paulus/ Uwe Diedrichsen/Claus-Wilhelm Canaris (Hrsg.), Festschrift für Karl Larenz zum 70. Geburtstag, München 1973, S. 799 ff. (zit.: *Canaris*, FS Larenz).

- Die Auswirkungen eines im Ausland ausgebrachten Arrests im inländischen Konkurs und Vergleich, ZIP 1983, S. 647 ff..

Coester-Waltjen, Dagmar: Europäisierung des Privatrechts, Jura 1998, S. 320 ff..

De Miguel Asenso, Pedro Alberto: La evolución del derecho internacional privado comunitario en el Tratado de Amsterdam, REDI 1998, S. 373 ff..

Deckert, Martina / *Lilienthal*, Nicolas O.: Die Rechtsetzungskompetenzen der EG im Privatrecht, EWS 1999, S. 121 ff..

Degner, Egbert Paul: Kollisionsrechtliche Anknüpfung der Geschäftsführung ohne Auftrag, des Bereicherungsrechts und der culpa in contrahendo, RIW 1983, S. 825 ff..

- Kollisionsrechtliche Probleme zum Quasikontrakt, Tübingen 1984 (zit.: *Degner*, Quasikontrakt).

Deipenbrock, Gudula: Das neue europäische Internationale Insolvenzrecht von der „quantité négligeable“ zu einer „quantité indispensable“, EWS 2001, S. 113 ff..

Dethloff, Nina: Europäisches Kollisionsrecht des unlauteren Wettbewerbs, JZ 2000, S. 179 ff..

Deutsch, Erwin: Allgemeines Haftungsrecht, 2. Aufl., Köln/Berlin/Bonn/ München 1996 (zit.: *Deutsch*, Haftungsrecht).

Dörner, Heinrich: Qualifikation im IPR- ein Buch mit sieben Siegeln?, StAZ 1988, S. 345 ff..

- Kondiktion gegen den Zedenten oder gegen den Zessionar?, NJW 1990, S. 473 ff..

Dörner, Heinrich / *Ebert*, Ina / *Eckert*, Jörn / *Hoeren*, Thomas / *Kemper*, Rainer / *Schulze*, Reiner / *Staudinger*, Ansgar: Bürgerliches Gesetzbuch, Handkommentar, Baden-Baden 2001 (zit.: Dörner/Ebert/Eckert/ Hoeren/Kemper/Schulze/Staudinger/*Bearbeiter*).

Drappatz, Thomas: Die Überführung des internationalen Zivilverfahrensrechts in eine Gemeinschaftskompetenz nach Art. 65 EGV, Tübingen 2002 (zit.: *Drappatz*, Überführung).

Droz, Georges A.L. / *Gaudemet-Tallon*, Hélène: La transformation de Convention de Bruxelles du 27 septembre 1968 en Règlement du Conseil concernant la compétence judiciaire, la reconnaissance et l'exécution des décisions en matière civile et commerciale, rev.crit.dr.int.priv. 2001, S. 601 ff..

Ehmann, Horst / *Thorn*, Karsten: Erfolgsort bei grenzüberschreitenden Persönlichkeitsverletzungen, AfP 1996, S. 20 ff..

Eidenmüller, Horst: Europäische Verordnung über Insolvenzverfahren und zukünftiges deutsches internationales Insolvenzrecht, IPRax 2001, S. 2 ff..

Einsele, Dorothee: Das Internationale Privatrecht der Forderungszession und der Schuldnerschutz, ZVglRWiss 1991, S. 1 ff..

- Das Kollisionsrecht der ungerechtfertigten Bereicherung, JZ 1993, S. 1025 ff..

Erman, Walter: Handkommentar zum Bürgerlichen Gesetzbuch, 2. Band (§§ 854-2385, EGBGB, ErbbauRVO, WEG, SchiffsRG, EheG, Haushalts-VO, BeurkG), 9. Aufl., Aschendorff/Münster 1993 (zit.: Erman/*Bearbeiter*, BGB, 9. Aufl.).

- Bürgerliches Gesetzbuch, Band I (§§ 1-853, HausTWG, ProdHaftG, SchuldRAnpG, VerbrKrG), 10. Aufl., Aschendorff 2000 (zit.: Erman/*Bearbeiter*).

- Bürgerliches Gesetzbuch, Band II (§§ 854-2385, AGBG, EGBGB, ErbbauVO, HausratsVO, SachenRBerG), 10. Aufl., Aschendorff 2000 (zit.: Erman/*Bearbeiter*).

Esser, Josef: Schuldrecht Band II, Besonderer Teil, 4. Aufl., Karlsruhe 1971 (zit.: *Esser*, Schuldrecht).

Esser, Josef / *Weyers*, Hans-Leo: Schuldrecht, Band II, Besonderer Teil, Teilband 2, Die gesetzlichen Schuldverhältnisse, 8. Aufl., Heidelberg 2000 (zit.: *Esser/Weyers*, Schuldrecht).

Ferid, Murad: Internationales Privatrecht, 3. Aufl., Frankfurt am Main 1986 (zit.: *Ferid*, IPR).

Fikentscher, Wolfgang: Schuldrecht, 9. Aufl., Berlin/New York 1997 (zit.: *Fikentscher*, Schuldrecht).

Firsching, Karl: Einführung in das internationale Privatrecht, 3. Aufl., München 1987 (zit.: *Firsching*, IPR).

Firsching, Karl / *Hoffmann*, Bernd v.: Internationales Privatrecht, 5. Aufl., München 1997 (zit.: *Firsching/v. Hoffmann*, IPR).

Fischer, Gerfried: Abschied vom ordre public bei Börsentermingeschäften im Ausland, IPRax 1999, S. 450 ff..

- Die Neuregelung des Kollisionsrechts der ungerechtfertigten Bereicherung und der Geschäftsführung ohne Auftrag im IPR-Reformgesetz von 1999, IPRax 2002, S. 1 ff..

Flume, Werner: Die Zahlungszuwendung im Anweisungs-Dreiecksverhältnis und die Problematik der ungerechtfertigten Bereicherung, NJW 1984, S. 464 ff..

Frankenstein, Ernst: Internationales Privatrecht, Zweiter Band, Berlin-Grunewald 1929 (zit.: *Frankenstein*, IPR II).

Freitag, Robert / *Leible,* Stefan: Das Bestimmungsrecht des Art. 40 Abs. 1 EGBGB im Gefüge der Parteiautonomie im Internationalen Deliktsrecht, ZVglRWiss. 2000, S. 101 ff..

- Ergänzung des kollisionsrechtlichen Verbraucherschutzes durch Art. 29 a EGBGB, EWS 2000, S. 242 ff..

Freyberger, Dietrich: Verkehrsunfälle mit Auslandsberührung, MDR 2001, S. 970 f..

Fritz, Daniel Friedemann / *Bähr*, Rainer M.: Die Europäische Verordnung über Insolvenzverfahren- Herausforderung an Gerichte und Insolvenzverwalter, DZWiR 2001, S. 221 ff..

Fuchs, Angelika: Der praktische Fall - Internationales Privat - und Verfahrensrecht: Caroline von M., JuS 2000, S. 879 ff..

Fuchs, Angelika / *Hau,* Wolfgang / *Thorn,* Karsten: Fälle zum Internationalen Privatrecht, München 2000 (zit.: *Fuchs/Hau/Thorn*, Fälle).

Gandolfi, Guiseppe: Code Européen des Contrats- Avant-projet, Mailand 2000 (zit.:*Gandolfi*, Code Européen des Contracts).

- Der Vorentwurf eines Europäischen Vertragsgesetzbuches, ZEuP 2002, S. 1 ff..

Geimer, Reinhold: Internationales Zivilprozessrecht, 3. Aufl., Köln 1997 (zit.: *Geimer*, Zivilprozessrecht).

- Salut für die Verordnung (EG) Nr. 44/2001 (Brüssel I-VO) - Einige Betrachtungen zur „Vergemeinschaftung“ des EuGVÜ, IPRax 2002, S. 69 ff..

Geimer, Reinhold / *Schütze*, Rolf A.: Europäisches Zivilverfahrensrecht, Kommentar zum EuGVÜ und zum Lugano-Übereinkommen, München 1997 (zit.: *Geimer/Schütze*, Zivilverfahrensrecht).

Gmür, Rudolf / *Roth*, Andreas: Grundriss der deutschen Rechtsgeschichte, 9. Aufl., Neuwied/Kriftel/ Berlin 2000 (zit.: *Gmür/Roth*, Rechtsgeschichte).

Gottwald, Peter: Europäische Gerichtspflichtigkeit kraft Sachzusammenhang, IPRax 1989, S. 272 ff..

Grabitz, Eberhard / *Hilf*, Meinhard: Das Recht der Europäischen Union, EUV/EGV, Band I, 18. Ergänzungslieferung Mai 2001, München 2001 (zit.: Grabitz/Hilf/*Bearbeiter*, EU I).

- Das Recht der Europäischen Union, Band II, EUV/EGV, Stand Februar 2002, München 2002 (zit.: Grabitz/Hilf/ *Bearbeiter*, EU II).

Graue, Eugen Dietrich: Der Trust im Internationalen Privat- und Steuerrecht, in Andreas Heldrich/Dieter Henrich/ Hans Jürgen Sonnenberger (Hrsg.), Festschrift für Murad Ferid zum 70. Geburtstag: Konflikt und Ordnung, München 1978, S. 151 ff. (zit.: *Graue*, FS Ferid).

Groeben, Hans v.: Kommentar zum EU-, EG- Vertrag, Band 2/II, Artikel 88-102 EGV, 5. Aufl., Baden-Baden 1999 (zit.: Groeben/*Bearbeiter*).

Groeben, Hans v. / *Thiesing*, Jochen / *Ehlermann*, Claus-Dieter: Kommentar zum EU-/EG- Vertrag, Band 5, Artikel 210-248 EGV, Artikel H-S EUV, 5. Aufl., Baden-Baden 1997 (zit.: Groeben/Thiesing/Ehlermann/ *Bearbeiter*).

Grolimund, Pascal: Drittstaatenproblematik des europäischen Zivilverfahrensrechts, Tübingen 2000 (zit.: *Grolimund*, Drittstaatenproblematik).

Gruber, Urs: Der Direktanspruch gegen den Versicherer im neuen deutschen Kollisionsrecht, VersR 2001, S. 16 ff..

Grundmann, Stefan: Qualifikation gegen die Sachnorm, München 1985 (zit.: *Grundmann*, Qualifikation).

Grunewald, Barbara: Bürgerliches Recht, 5. Aufl., München 2002 (zit.: *Grunewald*, Bürgerliches Recht).

Guiliano, Mario / *Lagarde*, Paul: Bericht über das Übereinkommen über das auf vertragliche Schuldverhältnisse anzuwendende Recht, ABl. EG 1980 C 282/1 ff. (zit.: *Giuliano/Lagarde*, Bericht, ABl. EG 1980 C 282/1 ff..).

Guiliano, Mario / *Lagarde*, Paul / *van Sasse van Yselt*, Th.: Acts and Documents of an International Colloquium on the European Preliminary Draft Convention on the Law Applicable to Contractual and Non-contractual Obligations- held in Copenhagen on April 29-30, 1974, in Ole Lando/Bernd v. Hoffmann/Kurt Siehr (Hrsg.), European Private International Law of Obligations, Tübingen 1975, S. 241 ff. (zit.: *Guiliano/Lagarde/van Sasse van Yselt*, Acts and Documents).

Habermann, Gregor: Die Geschäftsführung ohne Auftrag im System des deutschen Internationalen Privatrechts, Mainz 1990 (zit.: *Habermann*, Geschäftsführung ohne Auftrag).

Hadding, Walther: Der Bereicherungsausgleich beim Vertrag zu Rechten Dritter, Tübingen 1971 (zit.: *Hadding*, Bereicherungsausgleich).

Hailbronner, Kay / *Thierry*, Claus: Amsterdam- Vergemeinschaftung der Sachbereiche Freier Personenverkehr, Asylrecht und Einwanderung sowie Überführung des Schengen- Besitzstandes auf EU- Ebene, EuR 1998, S. 583 ff..

Hartwieg, Oskar / *Korkisch*, Friedrich: Die geheimen Materialien zur Kodifikation des deutschen Internationalen Privatrechts 1881-1896, Tübingen 1973 (zit.: *Hartwieg/Korkisch*, Geheime Materialien).

Hay, Peter: Ungerechtfertigte Bereicherung im internationalen Privatrecht: ein Vergleich zwischen dem deutschen Recht und dem amerikanischen Restatement Second, Frankfurt a.M. 1978 (zit.: *Hay*, Bereicherung).

- Einführung in das amerikanische Recht, 3. Aufl., Darmstadt 1990 (zit.: *Hay*, Einführung).

Hein, Jan v.: Günstigkeitsprinzip oder Rosinentheorie?- Erwiderung auf Lorenz, NJW 1999, 2215; NJW 1999, S. 3174 f..

- Das Günstigkeitsprinzip im Internationalen Deliktsrecht, Tübingen 1999.

- Rück- und Weiterverweisungen im neuen deutschen Internationalen Deliktsrecht, ZVglRWiss. 2000, S. 251 ff..

- Rechtswahlfreiheit im Internationalen Deliktsrecht, RabelsZ 2000, S. 595 ff..

- Französisches und deutsches Internationales Deliktsrecht auf dem Weg nach „Rom II", ZEuP 2001, S. 150 ff..

Helms, Tobias: Die Anerkennung ausländischer Entscheidungen im Europäischen Eheverfahrensrecht, FamRZ 2001, S. 257 ff..

Hepting, Reinhard: Was sind „abgeschlossene Vorgänge" im Sinne des Art. 220 Abs. 1 EGBGB?, StAZ 1987, S. 188 ff..

- Intertemporale Fragen des internationalen Ehescheidungsrechts: Wann sind Scheidung und Versorgungsausgleich „abgeschlossen"?, IPRax 1988, S. 153 ff..

Heß, Burkhard: Die "Europäisierung" des internationalen Zivilprozessrechts durch den Amsterdamer Vertrag- Chancen und Gefahren, NJW 2000, S. 23 ff..

- Die Integrationsfunktion des Europäischen Zivilverfahrensrechts, IPRax 2001, S. 389 ff..

- Aktuelle Perspektiven der europäischen Prozessrechtsangleichung, JZ 2001, S. 573 ff..

Hoffmann, Bernd v.: Das auf die Geschäftsführung ohne Auftrag anzuwendende Recht, in Ernst v. Caemmerer (Hrsg.), Vorschläge und Gutachten zur Reform des internationalen Privatrechts der außervertraglichen Schuldverhältnisse, Tübingen 1983, S. 80 ff. (zit.: *v. Hoffmann,* Geschäftsführung ohne Auftrag).

- Empfiehlt es sich, das EG-Übereinkommen über das auf vertragliche Schuldverhältnisse anzuwendende Recht in das deutsche IPR- Gesetz zu inkorporieren?, IPRax 1984, S. 10 ff..

- Internationales Haftungsrecht im Referentenentwurf des Bundesjustizministeriums vom 1.12.1993, IPRax 1996, S. 1 ff..

- The Relevance of European Community Law, in Bernd v. Hoffmann (Hrsg.), European Private International Law, Nijmegen 1998, S. 19 ff. (zit.: *v. Hoffmann*, European Community Law).

- Internationales Privatrecht, 6. Aufl., München 2000 (zit.: *v. Hoffmann*, IPR, 6. Aufl.).

- Internationales Privatrecht, 7. Aufl., München 2002 (zit.: *v. Hoffmann*, IPR).

Hohloch, Gerhard: Kollisionsrecht in der Staatengemeinschaft - Zu den Strukturen eines internationalen Privat- und Verfahrensrechts in der Europäischen Union, in Gerhard Hohloch/Rainer Frank/Peter Schlechtriem (Hrsg.), Festschrift für Hans Stoll zum 75. Geburtstag, Tübingen 2001, S. 533 ff. (zit.: *Hohloch*, FS Stoll).

Holl, Volker H.: Der Gerichtsstand des Erfüllungsortes nach Art. 5 Nr. 1 EuGVÜ bei einem „claim for restitution based on unjust enrichment“, IPRax 1998, S. 120 ff..

Honsell, Heinrich: Kommentar zum UN-Kaufrecht, Heidelberg 1997 (zit.: Honsell/*Bearbeiter*).

Hub, Thorsten: Die Neuregelung der Anerkennung und Vollstreckung in Zivil- und Handelssachen und das familienrechtliche Anerkennungs- und Vollstreckungsverfahren, NJW 2001, S. 3145 ff..

Huber, Peter: Das internationale Deliktsrecht nach der Reform, JA 2000, S. 67 ff..

Hübner, Ulrich / *Constantinesco,* Vlad: Einführung in das französische Recht, 3. Aufl., München 1994 (zit.: *Hübner/Constantinesco*, Einführung).

Hüßtegge, Rainer: Internationales Privatrecht einschließlich Grundzüge des Internationalen Verfahrensrechts, Examenskurs für Referendare, München 1999 (zit.: *Hüßtegge*, IPR).

Israël, Jona: Conflicts of Law and the EC after Amsterdam - A Change for the Worse?, MJ 2000, S. 81 ff..

Jauernig, Othmar: Bürgerliches Gesetzbuch mit Gesetz zur Regelung des Rechts der Allgmeinen Geschäftsbedingungen, 10. Aufl., München 2003 (zit.: Jauernig/*Bearbeiter*).

Jayme, Erik: Scheidung gemischtnationaler Ehen nach deutschem Recht und Auslegung des Art. 17 Abs. 1 Satz 2 EGBGB, IPRax 1987, S. 167 ff..

- Ein Internationales Privatrecht für Europa, Heidelberg 1991 (zit.: *Jayme*, IPR).

- Internationales Privatrecht und postmoderne Kultur, ZfRV 1997, S. 230 ff..

- Entwurf eines EU-Übereinkommens über das auf außervertragliche Schuldverhältnisse anzuwendende Recht- Tagung der Europäischen Gruppe für Internationales Privatrecht in Den Haag, IPRax 1998, S. 140 f..

- Zum Jahrtausendwechsel: Das Kollisionsrecht zwischen Postmoderne und Futurismus, IPRax 2000, S. 165 ff..

Jayme, Erik / *Hausmann*, Rainer: Internationales Privat- und Verfahrensrecht, 3. Aufl., München 1986 (zit.: *Jayme/Hausmann*, Privat- und Verfahrensrecht, 3. Aufl.).

- Internationales Privat- und Verfahrensrecht, 10. Aufl., München 2000 (zit.: *Jayme/Hausmann*, Privat- und Verfahrensrecht, 10. Aufl.).

- Internationales Privat- und Verfahrensrecht, 11. Aufl., München 2002 (zit.: *Jayme/Hausmann*, Privat- und Verfahrensrecht).

Jayme, Erik / *Kohler*, Christian: Das Internationale Privat- und Verfahrensrecht der EG auf dem Wege zum Binnenmarkt, IPRax 1990, S. 353 ff..

- Europäisches Kollisionsrecht 1997- Vergemeinschaftung durch „Säulenwechsel“?, IPRax 1997, S. 385 ff..

- Europäisches Kollisionsrecht 1999- Die Abendstunde der Staatsverträge, IPRax 1999, S. 401 ff..

- Europäisches Kollisionsrecht 2002: Zur Wiederkehr des Internationalen Privatrechts, IPRax 2002, S. 461 ff..

Jayme, Erik / *Mansel*, Heinz-Peter: Internationales Bankrecht und Doppelbesteuerung: Tagung der Deutsch-italienischen Juristenvereinigung, IPRax 1991, S. 427 ff..

- Internationales Bankenrecht und Doppelbesteuerung: Tagung der Deutsch-italienischen Juristenvereinigung, IPRax 1992, S. 126 ff..

Junker, Abbo: Internationales Privatrecht, München 1998 (zit.: *Junker*, IPR).

- Neue Entwicklungen im Internationalen Privatrecht, RIW 1998, S. 741 ff..

- Die IPR-Reform von 1999: Auswirkungen auf die Unternehmenspraxis, RIW 2000, S. 241 ff..

- Das Internationale Unfallrecht nach der IPR- Reform von 1999, JZ 2000, S. 477 ff..

Kahn, Franz: Gesetzeskollisionen. Ein Beitrag zur Lehre des Internationalen Privatrechts, Jher.Jb. 1891, S. 1 ff..

Kamionka, Jürgen: Der Leistungsbegriff im Bereicherungsrecht, 1. Teil: Einleitung und Grundlagen, JuS 1992, S. 845 ff..

- Der Leistungsbegriff im Bereicherungsrecht, 3. Teil: Bereicherungsrechtliche Dreipersonenverhältnisse, JuS 1992, S. 929 ff..

Kegel, Gerhard: Internationales Privatrecht, 6. Aufl. 1987 (zit.: *Kegel*, IPR, 6. Aufl.).

- Internationales Privatrecht, 7. Aufl., München 1995 (zit.: *Kegel*, IPR).

Kegel, Gerhard / *Schurig,* Klaus: Internationales Privatrecht, 8. Aufl., München 2000 (zit.: *Kegel/ Schurig,* IPR).

Keller, Max / *Siehr,* Kurt: Allgemeine Lehren des Internationalen Privatrechts, Zürich 1986 (zit.: *Keller/Siehr,* IPR).

Kemper, Jutta: Die Verordnung (EG) Nr. 1346/2000 über Insolvenzverfahren, ZIP 2001, S. 1609 ff..

Kerameus, Konstantinos D.: Erweiterung des EuGVÜ – System und Verhältnis zu Drittstaaten, in Peter Gottwald (Hrsg.), Revision des EuGVÜ – Neues Schiedsverfahrensrecht, Bielefeld 2000, S. 75 ff. (zit.: *Kerameus,* Erweiterung des EuGVÜ).

Knoch, Lothar: Die Aufgliederung der Kondiktionen in der modernen Zivilrechtsdogmatik in ihren Auswirkungen auf das Internationale Privatrecht, Münster 1963 (zit.: *Knoch,* Aufgliederung der Kondiktionen).

Koch, Harald / *Magnus,* Ulrich / *Winkler von Mohrenfels,* Peter: IPR und Rechtsvergleichung, Ein Studien- und Übungsbuch zum Internationalen Privat- und Zivilverfahrensrecht und zur Rechtsvergleichung, 2. Aufl., München 1996 (zit.: *Koch/Magnus/Winkler von Mohrenfels,* IPR und Rechtsvergleichung).

Koch, Robert: Zur Neureglung des Internationalen Deliktsrechts- Beschränkung des Günstigkeitsprinzips und Einführung der vertragsakzessorischen Bestimmung des Deliktsstatuts?, VersR 1999, S. 1453 ff..

Koenig, Christian / *Haratsch,* Andreas: Einführung in das Europarecht, 3. Aufl., Tübingen 2000 (zit.: *Koenig/Haratsch,* Europarecht).

König, Detlef: Vereinheitlichung des internationalen Schuldrechts in der Europäischen Gemeinschaft, EuR 1975, S. 289 ff..

Kohler, Christian: Kein Weg zur Rechtsvereinheitlichung- Zur Übernahme des EG- Übereinkommens vom 19. Juni 1980 über das auf vertragliche Schuldverhältnisse anzuwendende Recht, EuR 1984, S. 155 ff..

- Interrogations sur les sources du droit international privé européen après le traité d'Amsterdam, rev.crit.dr.int.priv. 1999, S. 1 ff..

- Die Revision des Brüsseler und des Luganer Übereinkommens über die gerichtliche Zuständigkeit und die Vollstreckung gerichtlicher Entscheidungen in Zivil- und Handelssachen - Generalia und Gerichtsstandsproblematik -, in Peter Gottwald (Hrsg.), Revision des EuGVÜ- Neues Schiedsverfahrensrecht, Bielefeld 2000, S. 1 ff. (zit.: *Kohler*, Revision).

Koppensteiner, Hans-Georg / *Kramer*, Ernst A.: Ungerechtfertigte Bereicherung, 2. Aufl., Berlin/New York 1988.

Kreuzer, Karl Friedrich: Apfelschorf im „Alten Land", Kollisionsrechtliche Probleme der Produkthaftung, IPRax 1982, S. 1 ff..

- Wettbewerbsverstöße und Beeinträchtigungen geschäftlicher Interessen (einschl. der Verletzung kartellrechtlicher Schutzvorschriften), in Ernst v. Caemmerer (Hrsg.), Vorschläge und Gutachten zur Reform des deutschen Internationalen Privatrechts der außervertraglichen Schuldverhältnisse, Tübingen 1983, S. 232 ff. (zit.: *Kreuzer*, Wettbewerbsverstöße).

- Zur Funktion von kollisionsrechtlichen Berichtigungsnormen, ZfRV 1992, S. 168 ff..

- Die Europäisierung des Internationalen Privatrechts- Vorgaben des Gemeinschaftsrechts, in Peter-Christian Müller-Graff (Hrsg.), Gemeinsames Privatrecht in der Europäischen Gemeinschaft, Baden-Baden 1993, S. 373 ff. (zit.: *Kreuzer*, Europäisierung, 1. Aufl.).

- Die Europäisierung des Internationalen Privatrechts- Vorgaben des Gemeinschaftsrechts, in Peter-Christian Müller-Graff (Hrsg.), Gemeinsames Privatrecht in der Europäischen Gemeinschaft, 2. Aufl., Baden-Baden 1999, S. 457 ff. (zit.: *Kreuzer*, Europäisierung).

- Die Vollendung der Kodifikation des deutschen Internationalen Privatrechts durch das Gesetz zum Internationalen Privatrecht der außervertraglichen Schuldverhältnisse und Sachen vom 21.5.1999, RabelsZ 2001, S. 383 ff..

Kreuzer, Karl / *Klötgen*, Paul: Die Shevill-Entscheidung des EuGH: Abschaffung des Deliktsortsgerichtsstands des Art. 5 Nr. 3 EuGVÜ für ehrverletzende Streudelikte, IPRax 1997, S. 90 ff..

Kronke, Herbert / *Berger*, Gerlinde: Wertpapierstatut, Schadensersatzpflichten der Inkassobank, Schuldnerschutz in der Zession – Schweizer Orderschecks auf Abwegen, IPRax 1991, S. 316 ff..

Kropholler, Jan: Ein Anknüpfungssystem für das Deliktsstatut, RabelsZ 1969, S. 601 ff..

- Das Unbehagen am forum shopping, in Dieter Henrich/ Bernd v. Hoffmann (Hrsg.), Festschrift für Karl Firsching, München 1985, S. 165 ff. (zit.: *Kropholler*, FS Firsching).

- Internationales Privatrecht, Tübingen 1990 (zit.: *Kropholler*, IPR, 1. Aufl.).

- Internationales Privatrecht, 3. Aufl., Tübingen 1997 (zit.: *Kropholler*, IPR, 3. Aufl.).

- Internationales Privatrecht, 4. Aufl., Tübingen 2001 (zit.: *Kropholler*, IPR).

- Europäisches Zivilprozessrecht, 7. Aufl., Heidelberg 2002 (zit.: *Kropholler*, Zivilprozessrecht).

Kühnen, Thomas: Kann der Entschädigungsanspruch gemäß § 33 PatG 1981, 24 Abs. 5 PatG 1968 im besonderen Gerichtsstand der unerlaubten Handlung geltend gemacht werden?, GRUR 1997, S. 19 ff..

Kullmann, Josef: Die Rechtsprechung des BGH zum Produkthaftpflichtrecht in den Jahren 1998- 2000, NJW 2000, S. 1916 ff..

Kunz, Karl-Heinz: Internationales Privatrecht, 4. Aufl., Köln/ Berlin/ Bonn/ München 1998 (zit.: *Kunz*, IPR).

Lauterbach, Wolfgang: Vorschläge und Gutachten zur Reform des deutschen internationalen Personen- und Sachenrechts, Tübingen 1972 (zit.: *Lauterbach*, Gutachten zum internationalen Personen- und Sachenrecht).

Lando, Ole / *Beale*, Hugh: The Principles of European Contract Law, Part I and II, The Hague/London/Boston 2000 (zit.: *Lando/Beale*, Principles).

Lando, Ole / *Clive*, Eric/ *Prüm*, André / *Zimmermann*, Reinhard: Principles of European Contract Law - Part III, The Hague 2003 (zit.: *Lando/Clive/ Prüm/Zimmermann*, Principles III).

Larenz, Karl / *Canaris*, Claus-Wilhelm: Lehrbuch des Schuldrechts, Zweiter Band, Besonderer Teil, 2. Halbband, 13. Aufl., München 1994 (zit.: *Larenz/Canaris*, Schuldrecht).

Leible, Stefan: Kollisionsrechtlicher Verbraucherschutz im EVÜ und in EG-Richtlinien, in Hans Schulte-Nölke/ Rainer Schulze (Hrsg.), Europäische Rechtsangleichung und nationale Privatrechte, Baden- Baden 1999, S. 353 ff. (zit.: *Leible*, Verbraucherschutz).

Leible, Stefan / *Staudinger*, Ansgar: Die europäische Verordnung über Insolvenzverfahren, KTS 2000, S. 533 ff..

- Art. 65 im System der Zuständigkeit, European Legal Forum 2001, S. 225 ff..

Lenz, Carl Otto: EG-Vertrag, Kommentar zu dem Vertrag zur Gründung der Europäischen Gemeinschaften in der durch den Amsterdamer Vertrag geänderten Fassung, 2. Aufl., Köln/Basel/Genf/ München/Wien 1999 (zit.: Lenz/ *Berabeiter*).

Lewald, Hans: Règles générales des conflits de lois, Rec des Cours 1939 III, S. 1 ff..

Lipp, Volker: Die Durchsetzung des Eigentumsvorbehalts in England, RIW 1994, S. 18 ff..

Loewenheim, Ulrich: Bereicherungsrecht, 2. Aufl., München 1997 (zit.: *Loewenheim*, Bereicherungsrecht).

Loewenheim, Ulrich / *Winckler*, Annemarie: Grundfälle zum Bereicherungsrecht, 2. Teil. Die Leistungskondiktion, JuS 1982, S. 668 ff..

Lorenz, Stephan: Zivilprozessuale Konsequenzen der Neuregelung des Internationalen Deliktsrechts: Erste Hinweise für die anwaltliche Praxis, NJW 1999, S. 2215 ff..

Lorenz, Werner: Der Bereicherungsausgleich im deutschen internationalen Privatrecht, in Herbert v. Bernstein/Ulrich Drobnig/ Hein Kötz (Hrsg.), Festschrift für Konrad Zweigert zum 70. Geburtstag, Tübingen 1981, S. 199 ff. (zit.: *Lorenz*, FS Zweigert).

- Die Anknüpfung von Bereicherungsansprüchen bei fehlendem Einverständnis über den Rechtsgrund der Vermögensbewegung, IPRax 1985, S. 328 ff..

- Fehlerhafte Banküberweisungen mit Auslandsberührung, NJW 1990, S. 60 ff..

- Internationale Zuständigkeit für die Rückforderungsklage einer italienischen Bank nach fehlerhafter Ausführung einer Giroüberweisung nach Deutschland, IPRax 1993, S. 44 ff..

Loorschelders, Dirk: Persönlichkeitsschutz in Fällen mit Auslandsberührung, ZfRV 1991, S. 48 ff..

- Die Anpassung im Internationalen Privatrecht, Heidelberg 1995 (zit.: *Looschelders*, Anpassung).

- Persönlichkeitsschutz in Fällen mit Auslandsberührung, ZVglRWiss 1996, S. 48 ff..

- Die Beurteilung von Straßenverkehrsunfällen mit Auslandsberührung nach dem neuen internationalen Deliktsrecht, VersR 1999, S. 1316 ff..

Lüderitz, Alexander: Internationales Privatrecht, 2. Aufl., Neuwied/ Kriftel/ Berlin 1992 (zit.: *Lüderitz*, IPR).

Lüke, Gerhard / *Walchshöfer*, Alfred: Münchener Kommentar zur Zivilprozessordnung, Band 3 (§§ 808-1048, EGZPO, GVG, EGGVG, Internationales Zivilprozessrecht), München 1992 (zit.: Müko/ *Bearbeiter*).

Mänhardt, Franz / *Posch*, Willibald: Internationales Privatrecht, Rechtsvergleichung, Einheitsprivatrecht: Eine Einführung in die internationale Dimension des Privatrechts, 2. Aufl., Wien 1999 (zit.: *Mänhardt/Posch*, IPR).

Mankowski, Peter: Verlöbnisbruch, konkurrierende Deliktsansprüche und Rückforderung von Geschenken im Internationalen Privat- und Zivilprozessrecht, IPRax 1997, S. 173 ff..

- Das Internet im Internationalen Vertrags- und Deliktsrecht, RabelsZ 1999, S. 203 ff..

- Internet und Internationales Wettbewerbsrecht, GRUR/Int. 1999, S. 909 ff..

Marschall, Wolfgang Frhr. v.: Kollisionsrechtliche Probleme von Schadensverlagerung und Regreß, in Ernst v. Caemmerer (Hrsg.), Vorschläge und Gutachten zur Reform des internationalen Privatrechts der außervertraglichen Schuldverhältnisse, Tübingen 1983, S. 190 ff. (zit.: *Marschall*, Schadensverlagerung und Regreß).

Max-Planck-Institut für ausländisches und internationales Privatrecht: Kodifikation des deutschen Internationalen Privatrechts, Stellungnahme des Max-Planck-Instituts für ausländisches und internationales Privatrecht zum Regierungsentwurf von 1983, RabelsZ 1983, S. 595 ff..

- Unveröffentlichte Stellungnahme zum Entwurf vom 15.5.1983 eines Gesetzes zur Ergänzung des Internationalen Privatrechts (außervertragliche Schuldverhältnisse und Sachen), Hamburg 1984 (zit.: *MPI*, Unveröffentlichte Stellungnahme).

Medicus, Dieter: Bürgerliches Recht, 19. Aufl., Köln/Berlin/Bonn/München 2002 (zit.: *Medicus*, Bürgerliches Recht).

Meyer-Grimberg, Christoph: Rechtswahl im internationalen Bereicherungsrecht, IPRax 1992, S. 153 f..

Meyer-Sparenberg, Wolfgang: Staatsvertragliche Kollisionsnormen, Berlin 1990 (zit.: *Meyer-Sparenberg*, Staatsvertragliche Kollisionsnormen).

Micklitz, Hans-W. / *Rott*, Peter: Vergemeinschaftung des EuGVÜ in der Verordnung (EG) Nr.44/2001, EuZW 2001, S. 325 ff..

Morse, C.G.J.: Cross Border Insolvency in the European Union, in Patrick J. Borchers/Joachim Zekoll (Hrsg.), International conflict of laws for the third millenium: essays in honor of Friedrich K. Juenger, Ardsley/New York 2001, S. 233 ff. (zit.: *Morse*, Cross Border Insolvency).

Müller, Klaus: Delikte mit Auslandsberührung, JZ 1986, S. 212 ff..

Müller-Graff, Peter-Christian: Justiz und Inneres nach Amsterdam - Die Neuerungen in erster und dritter Säule, Integration 1997, S. 271 ff..

Müller-Graff, Peter-Christian / *Kainer*, Friedemann: Die justitielle Zusammenarbeit in Zivilsachen in der Europäischen Union, DRiZ 2000, S. 350 ff..

Mues, Jochen: Die Notwendigkeit verbraucherschützender Gerichtsstandsregelungen am Beispiel des Teilzahlungskaufes, ZIP 1996, S. 739 ff..

Musielak, Hans-Joachim: Kommentar zur Zivilprozessordnung, 3. Aufl., München 2002 (zit.: Musielak/*Bearbeiter*).

Neuhaus, Paul Heinrich: Grundbegriffe des IPR, 2. Aufl., Tübingen 1976 (zit.: *Neuhaus*, Grundbegriffe).

Neumeyer, Karl: Internationales Privatrecht, Berlin 1923 (zit.: *Neumeyer*, IPR).

Nolte, Georg: Zur Technik der geplanten Einführung des EG-Schuldvertragsübereinkommens in das deutsche Recht aus völkerrechtlicher Sicht, IPRax 1985, S. 71 ff..

North, Peter: The EEC Convention on the Law Applicable to Contractual Obligations (1980): Its History and Main Features, in Peter North (Hrsg.), Contract Conflicts, Amsterdam 1982, S. 7 f. (zit.: *North*, Contractual Obligations).

North, Peter / *Fawcett*, J.J.: Private International Law, 13. ed., London/ Edinburgh/Dublin 1999 (zit.: *North/Fawcett*, Private International Law).

Palandt, Otto: Bürgerliches Gesetzbuch, 53. Aufl., München 1994 (zit.: Palandt/*Berarbeiter*, BGB, 53. Aufl.).

- Bürgerliches Gesetzbuch, 56. Aufl., München 1997 (zit.: Palandt/ *Berarbeiter*, BGB, 56. Aufl.).

- Bürgerliches Gesetzbuch, 57. Aufl., München 1998. (zit.: Palandt/ *Berarbeiter*, BGB, 57. Aufl.).

- Bürgerliches Gesetzbuch, 58. Aufl., München 1999 (zit.: Palandt/ *Berarbeiter*, BGB, 58. Aufl.).

- Bürgerliches Gesetzbuch, 61. Aufl., München 2002 (zit.: Palandt/ *Berarbeiter*).

Pfeiffer, Thomas: Die Entwicklung des Internationalen Vertrags-, Schuld- und Sachenrechts 1997-1999, NJW 1999, S. 3674 ff..

- Der Stand des Internationalen Sachenrechts nach seiner Kodifikation, IPRax 2002, S. 270 ff..

Picone, Paolo / *Wengler*, Wilhelm: Internationales Privatrecht, Darmstadt 1974 (zit.: *Picone/Wengler*, IPR).

Pielorz, Michael: Wende im deutschen internationalen Insolvenzrecht, IPRax 1984, S. 241 ff..

Pirrung, Jörg: Die XV. Tagung der Haager Konferenz für Internationales Privatrecht – Trustübereinkommen vom 1. Juli 1985, IPRax 1987, S. 52 ff..

Plaßmeier, Heiko: Ungerechtfertigte Bereicherung im Internationalen Privatrecht aus rechtsvergleichender Sicht, Berlin 1996 (zit.: *Plaßmeier*, Bereicherung).

Patrzek, Katrin U.: Die vertragsakzessorische Anknüpfung im Internationalen Privatrecht dargestellt anhand des Deliktsrechts, der Geschäftsführung ohne Auftrag, des Bereicherungsrechts und der culpa in contrahendo, München 1992 (zit.: *Patrzek*, Vertragsakzessorische Anknüpfung).

Puszkajler, Peter: Das internationale Scheidungs- und Sorgerecht nach Inkrafttreten der Brüssel II-Verordnung - Erste Hinweise für die Praxis anhand von Fällen, IPRax 2001, S. 81 ff..

Raape, Leo: Internationales Privatrecht, 5. Aufl., Berlin/Frankfurt a.M. 1961 (zit.: *Raape*, IPR).

Rabel, Ernst: Das Problem der Qualifikation, RabelsZ 1931, S. 241 ff..

Rauscher, Thomas: Internationales Privatrecht, Heidelberg 1999 (zit.: *Raucher*, IPR).

Rebmann, Kurt / *Säcker*, Franz-Jürgen: Münchener Kommentar zum Bürgerlichen Gesetzbuch, Band 7, Einführungsgesetz zum Bürgerlichen Gesetzbuch, Internationales Privatrecht, 2. Aufl., München 1990 (zit.: MüKo/*Bearbeiter*, BGB, Bd. 7, 2. Aufl.).

- Münchener Kommentar zur Zivilprozessordnung mit Gerichtsverfassungsgesetz, Band 1, §§ 1-354, München 1992 (zit.: MüKo/*Bearbeiter*, Zivilprozessordnung).

- Münchener Kommentar zum Bürgerlichen Gesetzbuch, Schuldrecht, Besonderer Teil III (§§ 705-853), 3. Aufl., München 1997 (zit.: MüKo/ *Bearbeiter*).

- Münchener Kommentar zum Bürgerlichen Gesetzbuch, Band 10, Einführungsgesetz zum Bürgerlichen Gesetzbuch (Art. 1-38), 3. Aufl., München 1998 (zit.: MüKo/*Berarbeiter*).

- Münchener Kommentar zum Bürgerlichen Gesetzbuch, Band 11, Internationales Handels- und Gesellschaftsrecht, Einführungsgesetz zum Bürgerlichen Gesetzbuch (Art. 50-237), 3. Aufl., München 1999 (zit.: MüKo/*Bearbeiter*).

Reithmann, Christoph / *Martiny*, Dieter: Internationales Vertragsrecht, Das internationale Privatrecht der Schuldverträge, 4.Aufl., Köln 1988 (zit.: *Reithmann/Martiny*, Internationales Vertragsrecht, 4. Aufl.).

- Internationales Vertragsrecht, Das internationale Privatrecht der Schuldverträge, 5. Aufl., Köln 1996 (zit.: *Reithmann/Martiny*, Internationales Vertragsrecht).

Remien, Oliver: European Private International Law, the European Community and its Emerging Area of Freedom, Security and Justice, CMLRev. 2001, S. 53 ff..

Reuter, Dieter / *Martinek,* Michael: Handbuch des Schuldrechts, Band 4, Ungerechtfertigte Bereicherung, Tübingen 1983 (zit.: *Reuter/Martinek*, Ungerechtfertigte Bereicherung).

RGRK: Das Bürgerliche Gesetzbuch, Band II, 5. Teil, §§ 812-831, 12. Auflage, Berlin/New York 1989 (zit.: RGRK/*Bearbeiter*).

Riering, Wolfgang: IPR-Gesetze in Europa, Textausgabe in Originalsprache mit deutschen Übersetzungen, München 1997 (zit.: *Riering*, IPR-Gesetze in Europa).

Röhl, Klaus F.: Allgemeine Rechtslehre, 2. Aufl., Köln/Berlin/Bonn/München 2001 (zit.: *Röhl*, Rechtslehre).

Rudisch, Bernhard: Der Beitritt Österreichs zum Römer Schuldvertragsübereinkommen, RabelsZ 1999, S. 70 ff..

Sack, Rolf: Die kollisions- und wettbewerbliche Beurteilung grenzüberschreitender Werbe- und Absatztätigkeit nach deutschem Recht, GRUR/Int. 1988, S. 320 ff..

- Das internationale Wettbewerbs- und Immaterialgüterrecht nach der EGBGB-Novelle, WRP 2000, S. 269 ff..

Sandrock, Otto: Das Kollisionsrecht des unlauteren Wettbewerbs zwischen dem internationalen Immaterialgüterrecht und dem internationalen Kartellrecht, GRUR/Int. 1985, S. 507 ff..

Savigny, Friedrich Carl v.: System des heutigen Römischen Rechts, Bd. VIII, Berlin 1849 (zit.: *Savigny*, Römisches Recht).

Schack, Haimo: Rechtswahl im Prozeß, NJW 1984, S. 2737 ff..

- Urheber- und Urhebervertragsrecht, Tübingen 1997 (zit.: *Schack*, Urheber- und Urhebervertragsrecht).

- Die EG-Kommission auf dem Holzweg nach Amsterdam, ZEuP 1999, S. 805 ff..

- Internationales Zivilverfahrensrecht, 3. Aufl., München 2002 (zit.: *Schack*, Zivilverfahrensrecht).

Schaub, Renate: Die Neuregelung des Internationalen Deliktsrechts in Deutschland und das europäische Gemeinschaftsrecht, RabelsZ 2002, S. 18 ff..

Schlechtriem, Peter: Bereicherungsansprüche im internationalen Privatrecht, in Ernst v. Caemmerer (Hrsg.), Vorschläge und Gutachten zur Reform des internationalen Privatrechts der außervertraglichen Schuldverhältnisse, Tübingen 1983, S. 29 ff. (zit.: *Schlechtriem*, Bereicherungsansprüche).

- Zur bereicherungsrechtlichen Rückabwicklung fehlerhafter Banküberweisungen im IPR, IPRax 1987, S. 356 f..

- Internationales Bereicherungsrecht: Ein Beitrag zur Anknüpfung von Bereicherungsansprüchen im deutschen Internationalen Privatrecht, IPRax 1995, S. 65 ff..

- Schuldrecht Besonderer Teil, 5. Aufl., Tübingen 1998 (zit.: *Schlechtriem*, Schuldrecht).

- Kommentar zum Einheitlichen UN-Kaufrecht, 3. Aufl., München 2000 (zit.: Schlechtriem/*Berarbeiter*).

Schlosser, Peter F.: Das anfechtbar verschenkte Ferienhaus in der Provence und die internationale Zuständigkeit der Gerichte, IPRax 1993, S. 17 ff..

- EuGVÜ, Europäisches Gerichts- und Vollstreckungsübereinkommen mit Luganer Übereinkommen und den Haager Übereinkommen über Zustellung und Beweisaufnahme, München 1996 (zit.: *Schlosser*, EuGVÜ).

Schlosshauer-Selbach, Stefan: Das Internationale Privatrecht in der Fallbearbeitung, 2. Teil: Fallbearbeitungssystem, JuS 1985, S. 786 ff..

- Internationales Privatrecht, Heidelberg 1989 (zit.: *Schlosshauer-Selbach*, IPR).

Schmied, Christoph: Das Zusammenspiel von Einheitlichem UN-Kaufrecht und nationalem Recht: Lückenfüllung und Normenkonkurrenz, Zugleich ein Beitrag zur Rechtsvergleichung auf dem Gebiet von Willensmängeln sowie vor- und nebenvertraglichen Pflichten und ihren Äquivalenten im deutschen und amerikanischen Recht sowie im UN-Kaufrecht, Berlin 1996 (zit.: *Schmied*, UN-Kaufrecht).

Schnauder, Franz: Leistung ohne Bereicherung? Zu Grundlagen und Grenzen des finalen Leistungsbegriffs, AcP 1987, S. 142 ff..

Schulte-Nölke, Rolf: Ein Vertragsgesetzbuch für Europa?, JZ 2001, S. 917 ff..

Schulze, Reiner / *Zimmermann*, Reinhard: Basistexte zum Europäischen Privatrecht, 2. Aufl., Baden-Baden 2002 (zit.: *Schulze/Zimmermann*, Basistexte).

Schwarze, Jürgen: EU-Kommentar, 1. Aufl., Baden-Baden 2000 (zit.: Schwarze/ *Bearbeiter*).

Schwintowski, Hans Peter / *Schäfer*, Frank A.: Bankrecht, Commercial Banking – Investment Banking, Köln/Berlin/Bonn/München 1997 (zit.: *Schwintowski/Schäfer*, Bankrecht).

Serick, Rolf: Zur Behandlung des anglo-amerikanischen Trust im kontinentaleuropäischen Recht, in Rolf Dietz/ Heinz Hübner (Hrsg.), Festschrift für Hans Carl Nipperdey zum 70. Geburtstag, Band II, München/Berlin 1965, S. 653 ff. (zit.: *Serick*, FS Nipperdey II).

Siehr, Kurt: Zum Vorentwurf eines EWG-Übereinkommens über das internationale Schuldrecht, AWD 1973, S. 569 ff..

- Internationales Privatrecht: Deutsches und europäisches Kollisionsrecht für Studium und Praxis, Heidelberg 2001 (zit.: *Siehr*, IPR).

Soergel, Hans-Theodor: Kommentar zum Bürgerlichen Gesetzbuch, Band 10, Einführungsgesetz, 12. Aufl., Stuttgart/Köln/Berlin 1996 (zit.: Soergel/ *Bearbeiter*).

- Bürgerliches Gesetzbuch mit Einführungsgesetz und Nebengesetzen, Band 13, Schuldrechtliche Nebengesetze, Übereinkommen der Vereinten Nationen über Verträge über den internationalen Warenkauf (CISG), 13. Aufl., Stuttgart/Berlin/Köln/Mainz 2000 (zit.: Soergel/*Bearbeiter*, CISG).

Sonnenberger, Hans Jürgen: La loi allemande du 21 mai 1999 sur le droit international privé des obligations non contractuelles et des biens, rev.crit.dr.int.priv. 1999, S. 647 ff..

- Der Entwurf eines Europäischen Vertragsgesetzbuches der Akademie Europäischer Privatrechtswissenschaftler- ein Meilenstein, RIW 2001, S. 409 ff..

- Privatrecht und Internationales Privatrecht im künftigen Europa: Fragen und Perspektiven, RIW 2002, S. 489 ff..

Sonnenberger, Hans-Jürgen / *Großerichter*, Helge: Konfliktlinien zwischen internationalem Gesellschaftsrecht und Niederlassungsfreiheit, Im Blickwinkel: Die Centros-Entscheidung des EuGH als gesetzgeberische Herausforderung, RIW 1999, S. 721 ff..

Sonnentag, Michael: Der Renvoi im Internationalen Privatrecht, Tübingen 2001.

Spickhoff, Andreas: Gerichtsstand des Sachzusammenhangs und Qualifikation von Anspruchsgrundlage, ZZP 1996, S. 493 ff..

- Die Restkodifikation des Internationalen Privatrechts: Außervertragliches Schuld- und Sachenrecht, NJW 1999, S. 2209 ff..

- Die Tatortregel im neuen Deliktskollisionsrecht, IPRax 2000, S. 1 ff..

Spier, Jaap / *Haazen*, Olav A.: The European Group on Tort Law („Tilburg Group“) and the European Principles of Tort Law, ZEuP 1999, S. 469 ff..

Stadler, Astrid: Der Streit um das Zessionsgrundstatut – eine endlose Geschichte?, IPRax 2000, S. 104 ff..

- Die Reform des deutschen Zustellungsrechts und ihre Auswirkungen auf die internationale Zustellung, IPRax 2002, S. 471 ff..

Stathopoulos, Michael: Europäisches Recht, Vertragsrecht und ratio scripta - Zuständigkeit und Perspektiven, ZEuP 2003, S. 243 ff..

Staudinger, Ansgar: Das Gesetz zum Internationalen Privatrecht für außervertragliche Schuldverhältnisse vom 21.5.1999, DB 1999, S. 1589 ff..

- Rom, Brüssel, Berlin und Amsterdam: Chiffren eines Europäischen Kollisionsrechts für Verbraucherverträge, ZfRV 2000, S. 93 ff..

- Internationales Verbraucherschutzrecht made in Germany, RIW 2000, S. 416 ff..

- Vertragsstaatenbezug und Rückversicherungsverträge im EuGVÜ (zu EuGH, 13.7.2000-Rs. C-412/98-Josi Group Reinsurance Company SA / Universal General Insurance Company (UGIC), unten S. 520, Nr. 38), IPRax 2000, S. 483 ff..

- Die Mitteilung der Kommission zum Europäischen Vertragsrecht, VuR 2001, S. 353 ff..

Staudinger, Julius v.: Einführungsgesetz zum Bürgerlichen Gesetzbuche, Teil 3, Art. 13-17 (Internationales Eherecht, §§ 606-606b, 328 ZPO, Internationales Verfahrensrecht, Ehesachen), 10./11. Aufl., Berlin 1973 (zit.: Staudinger/*Bearbeiter*, EGBGB, 10./11. Aufl.).

- Kommentar zum Bürgerlichen Gesetzbuch mit Einführungsgesetz und Nebensgesetzen, Zweites Buch, Recht der Schuldverhältnisse, §§ 741-822, 12. Aufl., Berlin 1986 (zit.: Staudinger/*Bearbeiter*, Zweites Buch, 12. Aufl.).

- Kommentar zum Bürgerlichen Gesetzbuche, EGBGB/IPR, Einleitung zum IPR; Art. 3-6 EGBGB, 13. Aufl., Berlin 1996 (zit.: Staudinger/*Bearbeiter*).

- Kommentar zum Bürgerlichen Gesetzbuche/IPR, Internationales Sachenrecht, 13. Aufl., Berlin 1996 (zit.: Staudinger/*Bearbeiter*, Internationales Sachenrecht).

- Kommentar zum Bürgerlichen Gesetzbuche mit Einführungsgesetz und Nebengesetzen, Einführungsgesetz zum Bürgerlichen Gesetzbuch/IPR, Art. 38 EGBGB, 13. Aufl., Berlin 1998 (zit.: Staudinger/ *Bearbeiter*, IPR, 13. Aufl.).

- Kommentar zum Bürgerlichen Gesetzbuche mit Einführungsgesetz und Nebengesetzen, Zweites Buch, Recht der Schuldverhältnisse, §§ 812-822, Neubearbeitung von 1999, Berlin 1999 (zit.: Staudinger/*Bearbeiter*).

- Internationales Wiener UN- Kaufrecht (CISG), 13. Aufl., Berlin 1999 (zit.: Staudinger/*Bearbeiter*, CISG).

- Kommentar zum Bürgerlichen Gesetzbuch mit Einführungsgesetz und Nebengesetzen, Einführungsgesetz zum Bürgerlichen Gesetzbuche/IPR, Art. 38-42 EGBGB, Neubearbeitung 2001, Berlin 2001 (zit.: Staudinger/*Bearbeiter*).

- Kommentar zum Bürgerlichen Gesetzbuch mit Einführungsgesetz und Nebengesetzen, EGBGB/IPR, Art. 27-33 EGBGB, 13. Aufl., Berlin 2002 (zit.: Staudinger/*Bearbeiter*).

Stein, Friedrich / *Jonas*, Martin: Zivilprozessordnung, Band 1, §§ 1-90, 21. Aufl., Tübingen 1993 (zit.: Stein/Jonas/*Berabeiter*).

Steinebach, Lothar: Entwurf eines Übereinkommens der Haager Konferenz über das auf Trusts anzuwendende Recht und über ihre Anerkennung, RIW 1986, S. 1 ff..

Stevens, Robert: The Choice of Law Rules of Restitutionary Obligations, in Francis Rose (Hrsg.), Restitution and the Conflict of Laws, Oxford 1995, S. 180 ff. (zit.: *Stevens*, Restitutionary Obligations).

Stoll, Hans: Rechtskollision bei Schuldnermehrheit, in Albrecht Dieckmann / Frank Rainer / Hans Hanisch / Spiros Simitis (Hrsg.), Festschrift für

Wolfram Müller-Freienfels, Baden-Baden 1986, S. 631 ff. (zit.: *Stoll*, FS Müller-Freienfels).

- Zur gesetzlichen Regelung des internationalen Sachenrechts in Artt. 43-46 EGBGB, IPRax 2002, S. 259 ff..

Stolte, Wilhelm: Der Leistungsbegriff: Ein Gespenst des Bereicherungsrechts, JZ 1990, S. 220 ff..

Streinz, Rudolf: Europarecht, 5. Aufl., Heidelberg 2001 (zit.: *Streinz*, Europarecht).

Tarko, Ihor: Ein Europäischer Justizraum: Errungenschaften auf dem Gebiet der justitiellen Zusammenarbeit in Zivilsachen, ÖJZ 1999, S. 401 ff..

Tebbens, Harry Duintjer: Ein Ziviljustizraum in der Europäischen Union – auf Kosten einer Aushöhlung der internationalen Zusammenarbeit?, in Jürgen F. Baur/Heinz-Peter Mansel (Hrsg.), Systemwechsel im europäischen Kollisionsrecht, Fachtagung der Bayer-Stiftung für deutsches und internationales Arbeits- und Wirtschaftsrecht am 17. und 18. Mai 2001, München 2002, S. 171 ff. (zit.: *Tebbens*, Ziviljustizraum in der Europäischen Union).

Teneiro, Mario / *Karsten*, Jens: Unfair Terms in Consumer Contracts: Uncertainties, contradictions and novelties of a Directive, in Hans Schulte-Nölke/ Reiner Schulze (Hrsg.), Europäische Rechtsangleichung und nationale Privatrechte, Baden-Baden 1999, S. 223 ff. (zit.: *Teneiro/ Karsten*, Consumer Contracts).

Thun-Hohenstein, Christoph: Der Vertrag von Amsterdam- Die neue Verfassung der EU, Wien 1997 (zit.: *Thun-Hohenstein*, Vertrag von Amsterdam).

Tiedtke, Klaus: Bereicherungsschuldner bei der Sicherungsabtretung einer nur vermeintlich bestehenden Forderung, WM 1999, S. 517 ff..

Tilmann, Winfried: Zweiter Kodifikationsbeschluss des Europäischen Parlaments, ZEuP 1995, S. 534 ff..

Tilmann, Winfried / *van Gerven*, Walter: Die Kompetenzen der EU zur Schaffung eines einheitlichen Europäischen Schuld- und Sachenrechts und die mögliche Rechtsgrundlage, in Europäisches Parlament (Generaldirektion Wissenschaft) (Hrsg.), Untersuchung der Privatrechtsordnungen der EU im Hinblick auf Diskriminierung und die Schaffung eines Europäischen Zivilgesetzbuches (Arbeitsdokument PE 168.511), JURI 103 DE, S. 185 ff. (zit.: *Tilmann/van Gerven*, Kompetenzen der EU).

Thomas, Heinz / *Putzo*, Hans: Zivilprozessordnung mit Gerichtsverfassungsgesetz, den Einführungsgesetzen und europarechtlichen Vorschriften EuGVVO, EheVO, ZustellungsVO, ZustDG, AVAG), 24. Aufl., München 2002 (zit.: Thomas/Putzo/*Bearbeiter)*.

Ulmer, Eugen: Die Immaterialgüterrechte im Internationalen Privatrecht, Köln/Berlin/Bonn/München 1975 (zit.: *Ulmer*, Immaterialgüterrechte).

Unidroit: Unidroit principles of international commercial contracts, Rom 1994 (zit.: *Unidroit* (Hrsg.), Principles of international commercial contracts).

Vogelsang, Wolfgang: Die Neuregelung des Internationalen Deliktsrechts: Ein erster Überblick, NZV 1999, S. 497 ff..

Wägenbaur, Rolf: EU-Kommission erwägt die Ausarbeitung eines europäischen Vertragsrechts, ZRP 2001, 533 f..

Wagner, Rolf: Zur Anknüpfung der Frage nach dem Bestehen von Persönlichkeitsrechten im außervertraglichen Schuldrecht, JZ 1993, S. 1034 ff..

- Das internationale Bereicherungsrecht bei Eingriffen in Persönlichkeitsrechte, RIW 1994, S. 195 ff..

- Der Regierungsentwurf eines Gesetzes zum Internationalen Privatrecht für außervertragliche Schuldverhältnisse und für Sachen, IPRax 1998, S. 429 ff..

- Ein neuer Anlauf zur Vereinheitlichung des IPR für außervertragliche Schuldverhältnisse auf EU-Ebene, EuZW 1999, S. 709 ff..

- Zum Inkrafttreten des Gesetzes zum Internationalen Privatrecht für außervertragliche Schuldverhältnisse und für Sachen, IPRax 1999, S. 210 ff..

- Zusammenführung verbraucherschützender Kollisionsnormen aufgrund von EG-Richtlinien in einem neuen Art. 29 a EGBGB – Ein Beitrag zur internationalprivatrechtlichen Umsetzung der Fernabsatz-Richtlinie, IPRax 2000, S. 249 ff..

- Die Anerkennung und Vollstreckung von Entscheidungen nach der Brüssel-II-Verordnung, IPRax 2001, S. 73 ff..

- Vom Brüsseler Übereinkommen über die Brüssel I-VO zum Europäischen Vollstreckungstitel, IPRax 2002, S. 75 ff..

Wandt, Manfred: Die Geschäftsführung ohne Auftrag im Internationalen Privatrecht, Berlin 1989 (zit.: *Wandt*, Geschäftsführung ohne Auftrag).

Weller, Matthias: Zur Handlungsortbestimmung im internationalen Kapitalanlegerprozeß bei arbeitsteiliger Deliktsverwirklichung, IPRax 2000, S. 202 ff..

Wieczorek, Bernhard / *Schulze*, Rolf A.: Zivilprozessordnung und Nebengesetze, Erster Teilband (Einleitung; §§ 1 bis 49, EuGVÜ), 3. Aufl., Berlin/New York, 1994 (zit.: Wiecozorek/Schulze/ *Bearbeiter*).

Wieling, Heinrich: Drittzahlung, Leistungsbegriff und fehlende Anweisung, JuS 1978, S. 801 ff..

Wilburg, Walter: Die Lehre von der ungerechtfertigten Bereicherung nach österreichischem und deutschem Recht, Graz 1934.

Wilderspin, Michael: Die Vergemeinschaftung des internationalen Schuldrechts (Rom I, Rom II): Stand und Persprektiven, in Jürgen F. Baur/ Heinz-Peter Mansel (Hrsg.), Systemwechsel im europäischen Kollisionsrecht, Fachtagung der Bayer-Stiftung für deutsches und internationales Arbeits- und Wirtschaftsrecht am 17 und 18. Mai 2001, München 2002, S. 77 ff. (zit.: *Wilderspin*, Vergemeinschaftung des internationalen Schuldrechts).

Wolff, Martin: Das Internationale Privatrecht Deutschlands, 3.Aufl., Berlin/ Göttingen/Heidelberg 1954 (zit.: *Wolff,* IPR).

Ziegert, Ulrich: Verkehrsunfälle mit Auslandsbeteiligung, ZfS 2000, S. 5 ff..

Zimmermann, Reinhard: Die „Principles of European Contract Law", Teil I, ZEuP 1995, S. 731 ff..

- Konturen eines Europäischen Vertragsrechts, JZ 1995, S. 477 ff..

- Die „Principles of European Contract Law", Teile I und II, ZEuP 2000, S. 391 ff..

Zöller, Richard: Zivilprozessordnung mit Gerichtsverfassungsgesetz und den Einführungsgesetzen, mit Internationalem Zivilprozessrecht, Kostenanmerkungen, 23. Aufl., Köln 2002 (zit.: Zöller/ *Bearbeiter*).

Zweigert, Konrad: Bereicherungsansprüche im internationalen Privatrecht, SJZ 1947, S. 247 ff..

Zweigert, Konrad / *Kötz,* Hein: Einführung in die Rechtsvergleichung, 3. Aufl., Tübingen 1996 (zit.: *Zweigert/Kötz,* Rechtsvergleichung).

Zweigert, Konrad / *Müller-Gindullis,* Dierk: Private International Law, Quasi-Contracts, IECL, Vol. III, Chap. 30, Tübingen/Mouton/Den Haag/Paris 1973.

STUDIEN ZUM VERGLEICHENDEN UND INTERNATIONALEN RECHT

Herausgeber: Bernd von Hoffmann, Erik Jayme und Heinz-Peter Mansel

Band 1 Ferdinand Henke: Die Datenschutzkonvention des Europarates. 1986.

Band 2 Peter Czermak: Der express trust im internationalen Privatrecht. 1986.

Band 3 Peter Kindler: Der Ausgleichsanspruch des Handelsvertreters im deutsch-italienischen Warenverkehr. Eine rechtsvergleichende und kollisionsrechtliche Untersuchung. 1987.

Band 4 Wilhelm Denzer: Stellung und Bedeutung des Engineers in den FIDIC-Bauvertragsbedingungen. 1988.

Band 5 Marijan-Maximilian Lederer: Die internationale Enteignung von Mitgliedschaftsrechten unter besonderer Berücksichtigung der französischen Enteignungen 1982. 1989.

Band 6 Rainer Esser: Klagen gegen ausländische Staaten. 1990.

Band 7 Chang Jae-Ok: Auf dem Weg zu einer Materialisierung des Immateriellen ? Personen-, Persönlichkeitsschutz und Geldersatz des immateriellen Schadens in rechtsvergleichender Hinsicht am Beispiel des koreanischen und japanischen Zivilrechts unter besonderer Berücksichtigung des deutschen Rechts. 1990.

Band 8 Paul-Frank Weise: Lex mercatoria. Materielles Recht vor der internationalen Handelsschiedsgerichtbarkeit.1990.

Band 9 Werner Born: Der Auftrittsvertrag für Musikgruppen im Bereich der Rock- und Popmusik. 1990.

Band 10 Ralf Erich Jürgens: IPR und Verfassung in Italien und in der Bundesrepublik Deutschland. 1990.

Band 11 Rainer Gildeggen: Internationale Schieds- und Schiedsverfahrensvereinbarungen in Allgemeinen Geschäftsbedingungen vor deutschen Gerichten. 1991.

Band 12 Klaus Grabinski: Die kollisionsrechtliche Behandlung des Durchgriffs bei rechtlich verselbständigten Unternehmen in privater oder öffentlicher Hand. 1991.

Band 13 Dieter Stummel: Konkurs und Integration. Konventionsrechtliche Wege zur Bewältigung grenzüberschreitender Insolvenzverfahren. 1991.

Band 14 Joachim Güntzer: Die Rechtsstellung des Geschäftsführers im spanischen Aktienrecht. Die Neuregelung des spanischen Aktienrechts nach dem Beitritt Spaniens zur EG. 1991.

Band 15 Sabine Isenburg-Epple: Die Berücksichtigung ausländischer Rechtshängigkeit nach dem Europäischen Gerichtsstands- und Vollstreckungsübereinkommen vom 27.9.1968. Untersuchungen zum Anwendungsbereich von Art. 21 EuGVÜ unter schwerpunktmäßiger Behandlung der Frage nach der Bestimmung eines europäischen Streitgegenstandsbegriffs. 1992.

Band 16 Ulrich Nickl: Die Qualifikation der culpa in contrahendo im Internationalen Privatrecht. 1992.

Band 17 Theo Rauh: Leistungserschwerungen im Schuldvertrag. Eine rechtsvergleichende Untersuchung des englischen, US-amerikanischen, französischen und deutschen Rechts unter besonderer Berücksichtigung der gerichtlichen Praxis. 1992.

Band 18 Bernadette Chaussade-Klein: Vorvertragliche "obligation de renseignements" im französichen Recht. 1992.

Band 19 Josef Sievers: Verbraucherschutz gegen unlautere Vertragsbedingungen im französischen Recht. Vom Code civil zum "Code de la consommation" – die Entstehung eines Sonderprivatrechts für Verbraucher. 1993.

Band 20 Achim Schäfer: Grenzüberschreitende Kreditsicherung an Grundstücken, unter besonderer Berücksichtigung des deutschen und italienischen Rechts. 1993.

Band 21 Eugenio Hernández-Breton: Internationale Gerichtsstandsklauseln in Allgemeinen Geschäftsbedingungen. Unter besonderer Berücksichtigung des deutsch-südamerikanischen Rechtsverkehrs (dargestellt am Beispiel Argentinien, Brasilien und Venezuela). 1993.

Band 22 Ingo Reng: Unterhaltsansprüche aufgrund nichtehelicher Lebensgemeinschaft – Internationales Privatrecht und ausländisches materielles Recht. 1994.

Band 23 Stefanie Roloff: Die Geltendmachung ausländischer öffentlicher Ansprüche im Inland. 1994.

Band 24 Katharina Ludwig: Der Vertragsschluß nach UN-Kaufrecht im Spannungsverhältnis von Common Law und Civil Law. Dargestellt auf der Grundlage der Rechtsordnungen Englands und Deutschlands. 1994.

Band 25 Malte Diesselhorst: Mehrparteienschiedsverfahren. Internationale Schiedsverfahren unter Beteiligung von mehr als zwei Parteien. 1994.

Band 26 Manfred Kost: Konsensprobleme im internationalen Schuldvertragsrecht. 1995.

Band 27 Wolff-Heinrich Fleischer: Das italienische Wettbewerbsrecht und die Probleme des selektiven Parfümvertriebs unter Berücksichtigung der Rechtslage in Frankreich und Deutschland. 1995.

Band 28 Angelika Fuchs: Lateinamerikanische Devisenkontrollen in der internationalen Schuldenkrise und Art. VIII Abschn. 2 b) IWF-Abkommen. 1995.

Band 29 Jacques Matthias Aull: Der Geltungsanspruch des EuGVÜ: "Binnensachverhalte" und Internationales Zivilverfahrensrecht in der Europäischen Union. Zur Auslegung von Art. 17 Abs. 1 S. 1 EuGVÜ. 1996.

Band 30 Hartmut Ost: EVÜ und fact doctrine. Konflikte zwischen europäischer IPR-Vereinheitlichung und der Stellung ausländischen Rechts im angelsächsischen Zivilprozeß. 1996.

Band 31 Stefan Wagner: Die Testierfähigkeit im Internationalen Privatrecht. 1996.

Band 32 Wolfgang Jakob Hau: Positive Kompetenzkonflikte im Internationalen Zivilprozeßrecht. Überlegungen zur Bewältigung von *multi-fora disputes*. 1996.

Band 33 Markus Schütz: UN-Kaufrecht und *Culpa in contrahendo*. 1996.

Band 34 Volker Geyrhalter: Das Lösungsrecht des gutgläubigen Erwerbers. Ein "vergessener" Kompromiß und die Auswirkungen auf das heutige deutsche Recht unter besonderer Berücksichtigung des internationalen Sachenrechts. 1996.

Band 35 Andreas Kramer: Abwicklungsstörungen bei Kaufverträgen. Die Lieferung vertragswidriger Sachen im deutschen und italienischen Recht. 1996.

Band 36 Petra Krings: Erfüllungsmodalitäten im internationalen Schuldvertragsrecht. 1997.

Band 37 Tonja Gaibler: Der rechtsgeschäftliche Irrtum im französischen Recht. 1997.

Band 38 Dirk Otto: Rechtsspaltung im indischen Erbrecht. Bedeutung und Auswirkungen auf deutsch-indische Nachlaßfälle. 1997.

Band 39 Gregor W. Decku: Zwischen Vertrag und Delikt. Grenzfälle vertraglicher und deliktischer Haftung dargestellt am Beispiel der Berufs- und Expertenhaftung zum Schutze des Vermögens Dritter im deutschen und englischen Recht. 1997.

Band 40 Ulrike Höpping: Auswirkungen der Warenverkehrsfreiheit auf das IPR unter besonderer Berücksichtigung des Internationalen Produkthaftungsrechts und des Internationalen Vertragsrechts. 1997.

Band 41 Andreas Bartosch: Die vermögensrechtlichen Beziehungen der Ehegatten bei bestehender Ehe im englischen Recht – Eigentum, Besitz, Schuldvertrag. 1997.

Band 60 Islamisches und arabisches Recht als Problem der Rechtsanwendung. Symposium zu Ehren von Professor Emeritus Dr. iur. Omaia Elwan. Veranstaltet vom Institut für ausländisches und internationales Privat- und Wirtschaftsrecht der Universität Heidelberg und der Gesellschaft für Arabisches und Islamisches Recht e.V. Herausgegeben von Herbert Kronke, Gert Reinhart und Nika Witteborg. 2001.

Band 61 Patrick Fiedler: Stabilisierungsklauseln und materielle Verweisung im internationalen Vertragsrecht. 2001.

Band 62 Werner Mangold: Die Abtretung im Europäischen Kollisionsrecht. Unter besonderer Berücksichtigung des spanischen Rechts. 2001.

Band 63 Eike Dirk Eschenfelder: Beweiserhebung im Ausland und ihre Verwertung im inländischen Zivilprozess. Zur Bedeutung des US-amerikanischen discovery-Verfahrens für das deutsche Erkenntnisverfahren. 2002.

Band 64 Bernd Ehle: Wege zu einer Kohärenz der Rechtsquellen im Europäischen Kollisionsrecht der Verbraucherverträge. 2002.

Band 65 Heiko Lehmkuhl: Das Nacherfüllungsrecht des Verkäufers im UN-Kaufrecht. 2002.

Band 66 Jochen Nikolaus Schlotter: Erbrechtliche Probleme in der Société Privée Européenne. IPR-Harmonisierung im einheitlichen Europäischen Rechtsraum. 2002.

Band 67 Konrad Ost: Doppelrelevante Tatsachen im Internationalen Zivilverfahrensrecht. Zur Prüfung der internationalen Zuständigkeit bei den Gerichtsständen des Erfüllungsortes und der unerlaubten Handlung. 2002.

Band 68 Tobias Bosch: Die Durchbrechungen des Gesamtstatuts im internationalen Ehegüterrecht. Unter besonderer Berücksichtigung deutsch-französischer Rechtsfälle. 2002.

Band 69 Ursula Philipp: Form im amerikanischen Erbrecht. Zwischen Formalismus und harmless error. 2002.

Band 70 Christian Stefan Wolf: Der Begriff der wesentlich engeren Verbindung im Internationalen Sachenrecht. 2002.

Band 71 André Fomferek: Der Schutz des Vermögens Minderjähriger. Ein Vergleich des deutschen und des englischen Rechts unter Berücksichtigung des schottischen und irischen Rechts. 2002.

Band 72 Nicolas Blanchard: Die prozessualen Schranken der Formfreiheit. Beweismittel und Beweiskraft im EG-Schuldvertragsübereinkommen in deutsch-französischen Vertragsfällen. 2002.

Band 73 Markus Dreißigacker: Sprachenfreiheit im Verbrauchervertragsrecht. Der Verbraucher im Spannungsfeld zwischen kultureller Identität und Privatautonomie. 2002.

Band 74 Vassiliki Myller-Igknay: Auskunftsansprüche im griechischen Zivilrecht. Auswirkungen im deutsch-griechischen Rechtsverkehr sowie im deutschen internationalen Privat- und Verfahrensrecht. 2003

Band 75 Stefan Bruinier: Der Einfluss der Grundfreiheiten auf das Internationale Privatrecht. 2003.

Band 76 Nika Witteborg: Das gemeinsame Sorgerecht nichtverheirateter Eltern. Eine Untersuchung im soziologischen, rechtsgeschichtlichen, verfassungsrechtlichen, rechtsvergleichenden und internationalen Kontext. 2003.

Band 77 Peter Stankewitsch: Entscheidungsnormen im IPR als Wirksamkeitsvoraussetzungen der Rechtswahl. 2003.

Band 78 Jan Wilhelm Ritter: Euro-Einführung und IPR unter besonderer Berücksichtigung nachehelicher Unterhaltsverträge. Eine Untersuchung mit Blick auf das deutsche, französische und schweizerische Recht. 2003.

Band 42 Helene Boriths Müller: Die Umsetzung der europäischen Übereinkommen von Rom und Brüssel in das Recht der Mitgliedstaaten. Dargestellt am Beispiel Deutschlands und Dänemarks. 1997.

Band 43 Bernd von Hoffmann / Myong-Chang Hwang (eds.): The Public Concept of Land Ownership. Reports and Discussions of a German-Korean Symposium held in Seoul on October 7-9, 1996. 1997.

Band 44 Oliver Heeder: Fraus legis. Eine rechtsvergleichende Untersuchung über den Vorbehalt der Gesetzesumgehung in Deutschland, Österreich, der Schweiz, Frankreich und Belgien unter besonderer Berücksichtigung des Internationalen Privatrechts. 1998.

Band 45 Heinrich Schütt: Deliktstyp und Internationales Privatrecht. Dargestellt an grenzüberschreitenden Problemen der Arzthaftung. 1998.

Band 46 Axel Steiner: Die stillschweigende Rechtswahl im Prozeß im System der subjektiven Anknüpfungen im deutschen Internationalen Privatrecht. 1998.

Band 47 Martina Schulz: Der Eigentumsvorbehalt in europäischen Rechtsordnungen. Rechtsvergleichende Untersuchung des deutschen, englischen und französischen Rechts unter besonderer Berücksichtigung von Erweiterungen und Verlängerungen. 1998.

Band 48 Karin Dreher: Die Rechtswahl im internationalen Erbrecht. Unter besonderer Berücksichtigung des italienischen IPR-Reformgesetzes N. 218 vom 31. Mai 1995. 1999.

Band 49 Giuliano Gabrielli: Das Verhältnis zwischen der Anfechtung wegen Eigenschaftsirrtums und den Gewährleistungsansprüchen im deutschen, österreichischen und italienischen Recht. 1999.

Band 50 Bernd von Hoffmann / Myong-Chan Hwang (eds.): Developments in Land Law. Reports and Discussions of a German-Korean Symposium held in Berlin and Trier on July 21-24, 1997. 1999.

Band 51 Volker Heidbüchel: Das UNCITRAL-Übereinkommen über unabhängige Garantien und Standby Letters of Credit. Vergleiche mit den Richtlinien der Internationalen Handelskammer, dem deutschen, englischen und US-amerikanischen Recht. 1999.

Band 52 Jan Christoph Nordmeyer: Pflichtteilsansprüche und Wiedervereinigung. Eine systematische Analyse der Ausgleichsansprüche nach BGB-Pflichtteilsrecht unter besonderer Berücksichtigung der durch den Wiedervereinigungsprozeß eingetretenen Wertveränderungen. 1999.

Band 53 Bettina Linder: Vertragsabschluß beim grenzüberschreitenden Verbraucherleasing. 1999.

Band 54 Almontasser Fetih: Die zivilrechtliche Haftung bei Vertragsverhandlungen. Eine rechtsvergleichende Studie zum deutschen, französischen, ägyptischen und islamischen Recht. 2000.

Band 55 Sona Rajani: Die Geltung und Anwendung des Gemeinschaftsrechts im Vereinigten Königreich von Großbritannien und Nordirland. Der Grundsatz der Parlamentssouveränität im Wandel. 2000.

Band 56 Joachim Kayser: Gegenmaßnahmen im Außenwirtschaftsrecht und das System des europäischen Kollisionsrechts. Eine Analyse der EU-Abwehrverordnung gegen die Auswirkungen extraterritorialer Rechtserstreckung eines Drittlandes. 2001.

Band 57 Albrecht Conrad: Qualifikationsfragen des Trust im Europäischen Zivilprozeßrecht. 2001.

Band 58 Bernd Borgmann: Die Entsendung von Arbeitnehmern in der Europäischen Gemeinschaft. Wechselwirkungen zwischen Kollisionsrecht, Grundfreiheiten und Spezialgesetzen. 2001.

Band 59 Aleksandar Jaksic: Arbitration and Human Rights. 2002.

Band 79 Wolf Richard Herkner: Die Grenzen der Rechtswahl im internationalen Deliktsrecht. 2003.

Band 80 Ira Ditandy: Internationale Zuständigkeit. Neuregelung durch die LOPJ 1985. Vergleich mit dem europäischen Vorbild und Auswirkungen auf das spanische internationale Zivilverfahrensrecht. 2003.

Band 81 Andrea Verena Schefold: Werbung im Internet und das deutsche Internationale Privatrecht. 2004.

Band 82 Klaus Herkenrath: Die Umsetzung der Richtlinie 93/13/EWG über missbräuliche Klauseln in Verbraucherverträgen in Deutschland, dem Vereinigten Königreich, Frankreich und Italien. Auswirkungen nationaler Umsetzungstechniken auf dem Harmonisierungserfolg. 2003.

Band 83 Alexander Thünken: Das kollisionsrechtliche Herkunftslandprinzip. 2003.

Band 84 Barbara v. Daumiller: Die Rechtswahl im italienischen internationalen Erbrecht: und ihre Auswirkungen im deutsch-italienischen Rechtsverkehr. 2003.

Band 85 Robert Mödl: Macht, Verantwortlichkeit und Zurechnung im Konzern. Eine rechtsvergleichende Untersuchung auf der Grundlage des deutschen, spanischen und US-amerikanischen Rechts. 2003.

Band 86 Ursula Kerpen: Das Internationale Privatrecht der Persönlichkeitsrechtsverletzungen. Eine Untersuchung auf rechtsvergleichender Grundlage. 2003.

Band 87 Barbara Ploeckl: Umgangsrechtsstreitigkeiten im deutsch-französischen Rechtsverkehr. Bestehende internationale und nationale Regelungen und der geplante *europäische Besuchstitel*. 2003.

Band 88 Katrin Wannemacher: Die Außenkompetenzen der EG im Bereich des Internationalen Zivilverfahrensrechts. Der räumliche Anwendungsbereich des Art. 65 EGV am Beispiel der EuGVO und der EheVO. 2003.

Band 89 Maren B. Eilinghoff: Das Kollisionsrecht der ungerechtfertigten Bereicherung nach dem IPR-Reformgesetz von 1999. 2004.

Band 90 Patrick Niehr: Die zivilprozessuale Dokumentenvorlegung im deutsch-englischen Rechtshilfeverkehr nach der deutschen und der englischen Prozessrechtsreform. 2004.

Alexander Thünken

Das kollisionsrechtliche Herkunftslandprinzip

Frankfurt am Main, Berlin, Bern, Bruxelles, New York, Oxford, Wien, 2003.
341 S.
Studien zum vergleichenden und internationalen Recht.
Herausgegeben von Bernd von Hoffmann, Erik Jayme und
Heinz-Peter Mansel. Bd. 83
ISBN 3-631-51512-X · br. € 56.50*

Das kollisionsrechtliche Herkunftslandprinzip verfolgt den Zweck, grundsätzlich nur das Recht des Staates der Niederlassung eines europaweit tätigen Anbieters für anwendbar zu erklären. In Ergänzung zu den Grundfreiheiten des EG-Vertrages bewirkt es damit eine Entlastung des Anbieters. Die Arbeit untersucht, ob und inwieweit das Prinzip als Kollisionsnorm des internationalen Privatrechts bereits seinen Ausdruck in der Gesetzgebung gefunden hat. Sie sieht das Prinzip als geeignetes Instrument der Harmonisierung an und kommt zum Ergebnis, dass es mit den Maximen des internationalen Privatrechts vereinbar ist. Bei aller Befürwortung zeigt sie gleichwohl seine Grenzen auf. Dabei geraten unter anderem die Regelungen der Richtlinie über den elektronischen Geschäftsverkehr ins Blickfeld.

Aus dem Inhalt: Das kollisionsrechtliche Herkunftslandprinzip als Prinzip des internationalen Privatrechts · Verhältnis zu den Grundfreiheiten des EG-Vertrags · Internationalprivatrechtliche Interessen · E-Commerce-Richtlinie und Recht des unlauteren Wettbewerbs · Kritik am Marktortprinzip · Senkung von Schutzstandards oder *Race to the bottom* · Durchbrechungen und Grenzen des kollisionsrechtlichen Herkunftslandprinzips

Kolibri 360 GmbH
Ferdinand-Jühlke-Straße 7
99095 Erfurt, Deutschland
produktsicherheit@kolibri360.de

Druck:
CPI Druckdienstleistungen GmbH
im Auftrag der
Kolibri 360 GmbH
Ferdinand-Jühlke-Str. 7
99095 Erfurt